集人文社科之思 刊专业学术之声

集 刊 名：中国经济学
主管单位：中国社会科学院
主办单位：中国社会科学院数量经济与技术经济研究所

JOURNAL OF CHINA ECONOMICS

《中国经济学》编辑委员会

顾　问：（按姓氏笔划排序）

王一鸣　朱　玲　刘世锦　李　扬　汪同三　张宇燕　林毅夫　高培勇
谢伏瞻　蔡　昉　潘家华

主　编：李雪松
副主编：李海舰　张友国　郑世林（常务）

委　员：（按姓氏笔划排序）

王利民　史　丹　刘守英　安同良　李海舰　李雪松　李稻葵　杨开忠
何德旭　张　军　张　斌（社科大）张友国　张永生　张晓晶
陈　希（美国）　陈诗一　周黎安　郑世林　郑江淮　郑新业　荆林波
姚　洋　姚枝仲　秦　雨（新加坡）都　阳　高文书　黄群慧　戚聿东
龚六堂　董志勇　蔡跃洲　魏后凯

编辑部
主　任：郑世林
副主任：陈星星　焦云霞

2023年第1辑（总第5辑）

集刊序列号：PIJ-2022-449
中国集刊网：www.jikan.com.cn
集刊投约稿平台：www.iedol.cn

封面题字：郭沫若书法集字

社会科学文献出版社"优秀新创集刊"（2022）

中国人文社会科学学术集刊 AMI 综合评价期刊报告（2022）"入库"期刊

JOURNAL OF CHINA ECONOMICS

2023 年第 1 辑（总第 5 辑）

中国社会科学院　主管

中国社会科学院数量经济与技术经济研究所　主办

社会科学文献出版社

SOCIAL SCIENCES ACADEMIC PRESS (CHINA)

中国经济学

2023 年第 1 辑（总第 5 辑）

Journal of China Economics

2023 年 3 月出版

中国经济高质量发展的路径研究

——基于"新技术群"的加持

李海舰　李真真[*]

摘　要： 高质量发展是中国式现代化的本质要求，是全面建设社会主义现代化国家的首要任务。基于"技术—经济"研究范式，即技术革命引致经济变革，探讨中国经济高质量发展的路径，涵盖"三个变革"，即动力变革、效率变革、质量变革。其中，动力变革包括"五个根本转向"：从要素驱动转向创新驱动、从传统要素转向数据要素、从实体空间转向虚拟空间、从物理基础设施转向数字基础设施、从物质资本投资转向人力资本投资；效率变革包括"三个精准连接"：微观层面研发、制造、营销、营运四个区段精准连接，中观层面创新链、产业链、供应链、价值链四个链条精准连接，宏观层面生产、分配、交换、消费四个环节精准连接；质量变革包括"三个深度融合"：微观层面生产者和消费者深度融合、中观层面实体经济和虚拟经济深度融合、宏观层面有为政府和有效市场深度融合。在"新技术群"的加持下，在动力变革的基础上，通过效率变革和质量变革，实现中国经济高质量发展和高速度增长相统一的新型发展模式。

关键词： 中国经济　高质量发展　高速度增长　新技术群　新型发展模式

---

* 李海舰，研究员，中国社会科学院数量经济与技术经济研究所，电子邮箱：lihaijian0930@sina.com；李真真，博士研究生，中国社会科学院大学商学院，电子邮箱：lizhenzhen@ucass.edu.cn。

一 引言

2017年10月，党的十九大报告首次提出"高质量发展"的新表述，表明中国经济已由高速度增长阶段转向高质量发展阶段。2022年10月，党的二十大报告指出，高质量发展是中国式现代化的本质要求，是全面建设社会主义现代化国家的首要任务，要加快构建新发展格局，着力推动高质量发展。新时代新征程，中国经济如何实现高质量发展成为摆在我们面前的一个极为重要的时代课题。面对疫情冲击，中国经济表现出强大的韧性和活力，数字经济、智能经济、共享经济、零工经济等新经济形态释放出强大的发展潜力，成为疫情常态化防控下工作、学习、生活、生产的重要保障，并带来以"无接触""宅经济""云办公"等为代表的数字化、智能化新体验，推动了中国经济高质量发展。

高质量发展的背后是"新技术群"的支撑。"新技术群"是指以互联网为代表的新技术系列组合，包括大数据、云计算、互联网、物联网、区块链、人工智能、虚拟现实、增强现实、数字孪生、5G、量子技术、元宇宙等，正从点的爆发走向群的突破，从单一技术走向叠加技术（李海舰和李燕，2020）。从"新技术群"走势看，经历了从信息互联网到移动互联网、从消费互联网到产业互联网、从互联网到物联网、从万物互联到万物智能、从弱人工智能到强人工智能、从强人工智能到超人工智能、从物联网到智联网再到元宇宙的转变。从"新技术群"分类看，大多为通用技术，如连接技术、数字技术、智能技术、计算技术等。从"新技术群"特点看，具有高渗透性、广覆盖性、高创新性、强赋能性、泛替代性，渗透到国民经济各个部门、覆盖生产生活方方面面，既赋能传统生产要素，也替代传统要素。从"新技术群"性质看，既是技术，也是基础设施，还是产业，更是思维方式。在"新技术群"的加持下，推动经济高质量发展是当前中国经济发展面临的重要课题。

基于"技术—经济"范式，技术革命引致经济变革、引领经济发展。综观历史，每次重大技术革命都会突破经济发展中的某些制约和瓶颈，打破原有经济发展模式，形成新的经济发展模式。18世纪60年代至20世纪初，以蒸汽机、汽船和火车为代表的第一次工业革命和以电力技术、汽车、飞机为代表的第二次工业革命推动人类社会从农业经济时代走向工业经济时代；20世纪中后期，以电脑、原子能、生物工程、航天技术等为代表的第三次技术革命推动人类社会从工业经济时代走向信息经济时代；现今，以人工智能、大数据、互联网、物联网、区块链、元宇宙等"新技术群"为代表的第四次技术革命正推动人类社会从信息经济时代走向数字经济时代。每一次重大技术革命都会深刻影响和改变世界格局，技术实力已经成为影响和决定世界经济格局和国家力量对比的关键因素。从大国崛起的规律看，无一不遵循"从技术强国到经济强国"的规律：15世纪至16世纪，西班牙和葡萄牙的航海技术在欧洲大陆处于领先地位，新航路的开辟使其获得低成本的原料和广阔的市场，西班牙和葡萄牙因此率先崛起；18世纪60年代至19世纪40年代，第一次工业革命在英国发生，生产力得到前所未有的大发展，英国崛起成为日不落帝国；19世纪中后期至20世纪初，第二次工业革命主要在欧洲大陆（德国）和美国发生，科技驱动经济发展，德国和美国崛起。现今，放眼全球，新一轮技术革命汹涌而至。那些在经济发展中走在前列的国家都在借助技术革命重构新经济模式，催生新产业、培育新业态，推动经济不断发展。"风起于青萍之末，浪成于微澜之间"，百年未有之大变局孕育百年未有之大机遇。我们要紧随"时代呼唤"，将经济发展置身于"时代洪流"，把握新一轮技术革命的"时代机遇"。新时代新征程，中国经济要想实现高质量发展，需要进行一系列变革：首先进行动力变革，然后在动力变革的基础上进行效率变革和质量变革。动力变革、效率变革、质量变革是实现中国经济高质量发展的根本路径。只有推动"三个变革"，经济发展才能"跟上时代""在时代里"；只有依靠"新技术群"的支撑，才能实现"三个变革"。

本文的边际贡献可能有以下几点：一是基于"技术—经济"研究范式，探索"新技术群"如何推动中国经济高质量发展，并据此对发展路径进行系统性梳理；二是基于微观、中观、宏观视角，具体分析微观企业层面、中观产业层面、宏观机制层面进行动力变革、效率变革、质量变革的路径；

三是基于数字经济时代，传统的经济学、管理学理论框架需要重构，本文的研究突破了新古典经济学的一些分析范式。

二　动力变革

推动经济高质量发展，动力变革是基础。在这个过程中，最重要的是依靠"新技术群"的加持，培育经济发展新动能。

（一）从要素驱动转向创新驱动

推动经济发展有两条基本路径：一是增加要素投入，二是推动技术进步。其中，技术进步的源泉是创新。改革开放以来，中国经济发展取得了举世瞩目的成就，但主要是依赖劳动力、资本、土地等生产要素的大量投入，面临的人口红利下降、资源过度消耗、生态环境污染等问题日益严峻。进入新时代，中国经济发展开始从要素驱动转向创新驱动，从根本上进行动力变革。

1. 要素驱动

当经济增长主要由要素驱动时，生产要素处于核心位置，投入要素越多，经济总量越大。然而，结合中国近几十年的经济增长情况：从劳动要素看，新中国成立后，医疗卫生条件大幅改善，人口死亡率大幅降低，人口迅速增加，为经济增长提供了充足的劳动力。在很长一段时间，中国享受了人口红利带来的经济增长。由于劳动年龄人口众多，发展劳动密集型产业具有优势，中国成为"世界工厂"，经济实现较快增长。随着中国人口红利逐渐消失，劳动人口无限供给的时代即将结束。国家统计局的数据显示，2021年中国人口自然增长率仅为0.34‰。联合国的预测表明，2021~2022年很有可能是中国总人口峰值，此前联合国预测中国人口峰值可能在2029~2030年到来，对比此前预测其将中国人口峰值时间提前了8~9年。2021年中国劳动年龄人口（15~64岁）占比为67.1%，自2010年以来持续下降。据此判断，中国已迎来了"刘易斯拐点"，劳动年龄人口由过剩转向短缺，劳动力价格上升，再依靠劳动密集型产业很难实现进一步的经济增长。此外，索洛模型从理论上表明人口增长不能解释人均产出增长，只能解释总产出持续增长，要想实现人均产出增长还得依靠技术进步。从土地要素看，相对于其他生产要素，土地是有限的。过去，一些地方经济增长过度依赖土地资源，过度采矿、过度捕捞、过度使用化肥农药等，虽然在短时间内实现了经济增长，但是对生态环境造成了损害，无法实现经济可持续发展。从资本要素看，经济增长确实需要资本积累，但是经济增长理论表明，资本增加对人均收入只会产生水平效应（Level Effect），即高的资本水平会导致高的产出水平，不具有增长效应（Growth Effect），也就是说，这种增长只是暂时的，在到达新的稳态后会保持不变，人均产出的持续增长必然来自技术进步。

2.创新驱动

"祸兮福之所倚，福兮祸之所伏"，当前我国面临的要素瓶颈，既是经济发展动力不足的"痛点"，也是经济动力变革的"靶点"。从经济学理论看，索洛模型表明人均产出的增长由技术进步所决定，内生经济增长理论进一步表明研发创新是技术进步的根源（Romer，1990）。在新形势下，要想破解劳动力、土地、资本等生产要素的制约，就要把创新摆在经济发展中的关键位置，推动由要素驱动转向创新驱动。创新解决的是经济发展中的动力问题，而经济发展的动力又决定了经济发展的质量和效益。进一步来讲，创新不仅驱动经济发展，而且引领经济发展。当前，面对新一轮技术革命和产业变革的新趋势与新挑战，技术创新的速度不断加快、广度不断拓展、深度不断延伸，各国都把创新作为全球竞争的战略选择，纷纷出台创新驱动发展战略。中国经济发展比以往任何时候都需要将创新作为第一动力。2012年，党的十八大明确提出实施创新驱动发展战略。2012~2021年，我国创新驱动发展取得了丰硕成果。全社会研发投入稳步增长，2021年研发投入总量为2.8万亿元，同比增长14.6%，中国研发投入规模多年稳居世界第二，仅次于美国。研发投入强度也不断上升，从2012年的1.91%提高到2021年的2.44%。要在"新技术群"的加持下，以技术创新为核心，统筹推动技术创新和制度创新。一是推动技术创新。发力"新技术群"建设，建成技术创新强国。当前，"新技术群"的发展加速了技术创新进程，一方面，互联网、5G技术的发展使得信息传输和知识传播渠道更广、速度更快、效率更高，扩大了整个经济体的知识容量，推动技术创新；另一方面，互联网"零时间、零距离、零成本、无边界"的特点降低了经济活动参与主体交流学习、模仿创新的难度，提升了各主体的创新活力。推动技术创新，要统筹基础研究和应用研究，坚持不懈地专注于基础研究，与时俱进地注重应用牵引；要强化战略导向和目标引领，在5G、人工智能、空间技术等颠覆性、战略性技术上下好"先手棋"，积累技术优势，占据制高点。二是推动制度创新。利用"新技术群"，高效赋能制度创新。将数字技术融入社会治理过程，构建高效的"数智化"政务体系，推动国家治理体系和治理能力现代化。反过来，制度创新为技术创新开辟通道，进一步推动技术创新。总之，"新技术群"能为推动中国经济高质量发展提供源源不断的强劲动力。

（二）从传统要素转向数据要素

回顾经济发展历程，根据驱动经济发展的生产要素间差异，可将经济发展的演进路线归纳如下：经济发展1.0时代，经济发展由劳动力、资本、土地"旧三要素"驱动；经济发展2.0时代，在劳动力、资本、土地"旧三要素"的基础上增加了知识、技术、管理"新三要素"，这六种要素可被统称为"传统要素"，经济发展由这六种要素共同驱动；经济发展3.0时代，在劳动力、资本、土地、知识、技术、管理的基础上出现了第七要素——数据，数据不仅是关键的生产要素，而且是高维生产要素，成为经济高质量发展的引领力量。

1.传统要素

（1）劳动力、资本和土地

劳动力是指人们在生产活动中所付出的一切体力和智力的总和；资本可以分为货币资本和实物资本，存货、固定资产这些以实物形态存在的资本都属于实物资本；土地不仅意味着土地本身，还包括了山川、湖泊、河流等一切自然资源。农业经济时代，劳动力、资本和土地被认为是推动经济发展的三大生产要素。许多古典经济学家对此进行了阐述：英国古典经济学的创始人威廉·配第（William Petty）提出"劳动是财富之父，土地是财富之母"的观点；亚当·斯密（Adam Smith）在《国民财富的性质和原因的研究》一书中指出"劳动是创造国民财富的源泉";大卫·李嘉图（David Ricardo）批判性地继承了亚当·斯密劳动价值论的观点，认为劳动力是最重要的生产要素；让-巴蒂斯特·萨伊（Jean-Baptiste Say）在《政治经济学概论》一书中提出了"生产三要素论"，认为劳动力、资本和土地是生产过程中必不可少的三要素。

（2）知识、技术和管理

伴随工业革命的爆发，人类进入了工业经济时代，知识、技术、管理"新三要素"与"旧三要素"融合，发挥出生产力倍增的"乘数效应"：一是知识要素注入原有生产要素，形成知识与劳动力、资本和土地的融合。知识作为生产中的一种重要投入，具有边际报酬递增的特点，推动产出水平不断提高。二是技术要素注入原有生产要素，形成技术与劳动力、资本和土地的融合。在劳动力、资本和土地给定的情况下，技术进步可以提高产出水平、提升产品质量、创造出新产品。也就是说，技术进步可以结合原有生产要素发挥"乘数效应"，增加产出。三是管理要素注入原有生产要素，形成管理与劳动力、资本和土地的融合。管理是指企业家组织建立、经营管理企业的能力。管理作为一种生产要素，"看不见""摸不着"但蕴含着巨大的效能，可以对劳动力、资本、土地、知识、技术等生产要素进行高效整合，不仅能够促使这些要素释放本身的潜能，而且能够赋能这些要素，使得劳动力、资本、土地、知识、技术及其相互间的组合效能倍增，产生"乘数效应"。

2. 数据要素

伴随新一轮技术革命，人类进入数字经济时代。以互联网为代表的"新技术群"的快速发展和广泛应用，使得每个人每天的活动都产生了海量数据，数据因此成为一种新的生产要素。根据中国信息通信研究院对数据要素的定义，数据要成为生产要素需要经历两个阶段：第一阶段，数据成为数据资源，这一过程通过数据的采集、存储、处理和分析来完成，使其具备使用价值；第二阶段，数据资源参与经济活动，为使用者带来经济利益，成为数据要素。数据作为一种全新的生产要素，具有不同于"传统要素"的鲜明特征（李海舰和赵丽，2021）：①虚拟性，在开发应用软件的工厂，员工从事应用软件开发，数据作为生产要素被投入生产过程，但不具有实物形态。②替代性，数据对传统要素具有替代效应。一是对土地的替代，利用"数字孪生"技术可以将真实物理世界映射到虚拟数字世界，将部分经济活动转移到虚拟世界进行，以缓解土地资源紧张问题。二是对劳动力的替代，在生产领域工业机器人可以代替人类从事一些简单、重复、高危活动，在财务领域财务机器人可以代替人工处理记账、对账等基本财务活动。三是对管理的替代，借助深度学习技术，机器能够像人一样思考，代替人脑进行分析、预测和决策。③共享性，数据可以高效地零成本共享。一方面，大量数据存储在"云端"，便于企业内部、企业间、企业与政府间实现高效共享；另一方面，数据要素的边际成本为零，可以实现零成本共享。④跨界性，不同类型的数据间进行跨界。企业的点状数据、行业的线状数据可以通过整合形成多维数据，企业可以实时调用，实现跨界发展。⑤融合性，数据与劳动力融合可以提高劳动效率，数据与资本融合可以优化资本配置，数据与技术融合可以促进技术进步。⑥渗透性，数据可渗透到其他生产要素中，使一切"数据化"。⑦智能性，智能搜索、智能分析、智能决策等融入生产生活的方方面面，催生了智能产品、智能生产、智能服务，开启了"智能时代"。⑧即时性，信息技术的发展加速了数据传输和处理过程，使企业能够快速响应、实时生产。这样一来，如果把劳动力、资本、土地"旧三要素"看作一类"点要素"，即只能依靠自身增加来推动经济增长，无法进行拓展；把知识、技术、管理"新三要素"看作一类"线要素"，可通过与其他生产要素融合，产生"乘数效应"，那么，数据要素更像是一类"面要素"，可以全面渗透，全方位、多层次推动经济发展，这是由数据要素的自身特征决定的：一是数据要素可零成本复制、无限量供给，打破了劳动力、资本、土地等要素的供给有限性，突破了经济增长长期以来存在的"天花板"；二是数据要素"零时间、零距离、无边界"的特征，突破了传统要素的时空桎梏，使得实体虚拟融为一体、线上线下融为一体，拓展了经济发展边界；三是对数据要素的深度挖掘不会造成资源过度消耗、生态环境污染，反而能够建立起万物互联、万物智能的"数智化"经济体系，促使经济发展向高端化、智能化、绿色化转型。必须指出，从传统要素驱动到数据要素驱动并不意味着要完全抛弃传统要素，传统要素仍然还在发挥作用，但是要逐步过渡到以数据要素为主。也就是说，数据要素不是对传统要素的否定，而是在传统要素基础上的创新与发展，是对传统要素的优化与超越。当数据要素逐渐占据主导地位时，经济发展的动力就实现了由传统要素到数据要素的转换。近年来，中国经济发展的实践表明，数据要素正逐渐成为推动经济发展的重要驱动力，作为国民经济的"稳定器""加速器"，数字经济的作用更加明显，2021年中国数字经济规模达到45.5万亿元，高于同期GDP增速3.4个百分点，占GDP比重达到39.8%，数字经济在国民经济中的地位更加稳固、支撑作用更加明显。

（三）从实体空间转向虚拟空间

过去，经济发展主要由劳动力、资本、土地等传统要素驱动，这些要素大多为实体要素，经济活动因此局限在实体空间。现在，在"新技术群"的加持下，经济发展从要素驱动转向创新驱动，从传统要素转向数据要素，经济活动逐渐向虚拟空间转移。

1.实体空间

人们对实体空间的认识经历了三个阶段（李海舰等，2018）。第一阶段：空间1.0，主要指陆域。陆域可以分为地上和地下两个部分。在最开始的时候，经济活动仅在地上进行。后来，随着人口扩张、经济发展，有限的地面资源已经无法承载生产生活的需求，人们开始探索地下空间，部分经济活动转向地下，地铁的出现缓解了地面交通拥挤问题，地下停车场、地下超市扩展了人们生活娱乐的空间。第二阶段：空间2.0，包括陆域和海域。横向来看，海域可分为近海和远海；纵向来看，海域可分为浅海和深海。生命起源于海洋，海洋蕴含着人类生产生活所需的各种自然资源，例如生物资源、油气资源。随着技术进步，中国在海洋探测领域取得了显著成就。认识海洋、经略海洋，实现陆海统筹发展是空间2.0阶段的目标。第三阶段：空间3.0，涵盖陆域、海域和空域。根据距离陆地的远近不同，空域可分为低空、高空和太空。居住方面，由于人口不断增长和土地资源稀缺，房屋建筑物不断向高处发展。出行方面，乘坐飞机已经成为人们远距离出行的通常选择，不仅缓解了地面交通拥堵的问题，还节省了人们远距离出行的时间。太空探索方面，中国取得了重大进展，载人航天取得新突破，空间探测获得新发现，这大大扩展了人类活动的空间。

2.虚拟空间

空间1.0、空间2.0和空间3.0阶段，企业生产和产业布局主要集中在实体空间。进入"数智时代"，在"新技术群"的加持下，一个与实体空间相对的虚拟空间应运而生。实体空间和虚拟空间融合成为空间4.0。在空间4.0阶段，产品生产和产业布局逐步从实体空间转向虚拟空间。

（1）产品生产从实体空间转向虚拟空间。①虚拟研发。一是借助互联互通技术，编织覆盖全球的研发网络，打破传统研发时空制约，降低研发环节诸多成本，实现"零时间、零距离、零成本、无边界"（李海舰和陈小勇，2011）。二是借助数字孪生技术，通过虚实空间共生演进，提高研发能力、研发效率，实现"所思即所得""所见即所得"。②虚拟制造。一是以互联互通技术为支撑的虚拟制造，超越地理空间限制，连接世界各地资源，实现企业的无边界发展。二是以数字孪生技术为支撑的虚拟制造，构建物理世界数字镜像，通过虚实映射实时同步，赋能虚拟制造全面升级。③虚拟营销。借助数字技术，一是追踪收集用户"数字痕迹"，用"网络数据"代替"调研问卷"，实现精准互动、精准营销；二是通过智能推荐和实体广告，打造线上线下协同互补营销网络，形成"以虚带实、以实带虚，虚中有实、实中有虚，虚实结合、融为一体"的营销体系。④虚拟营运。借助数字技术，营运环节呈现"数字化、虚拟化、网络化、智能化"特征，实现"零物质、零员工、零仓库、零资金、零时滞"营运模式，在降低营运成本的同时提升营运效率。总体来说，借助"新技术群"，打破实体空间制约，构建虚拟空间场景，形成"小实体大虚拟""小核心大外围"发展模式，为企业产品生产带来新的突破。

（2）产业布局从实体空间转向虚拟空间。随着"新技术群"的发展应用，地理空间对经济活动的限制逐渐减弱：从劳动力看，企业可在全球范围选择质优价廉的劳动力组织生产，员工可在线办公而不受制于地理空间制约，劳动力对产业布局的影响逐渐减弱；从土地看，数字孪生技术超越现实空间限制，生成虚拟空间，大幅节约土地使用，土地对产业布局的影响逐渐减弱；从原材料和动力看，生产过程实现"脑体分离"（李海舰和聂辉华，2002），可用原材料和动力的范围越来越广，原材料和动力对产业布局的影响逐渐减弱；从交通看，随着高铁轨道交通、大飞机技术快速发展，在发达的物流支撑下，交通运输对产业布局的影响逐渐减弱；从市场看，数字技术使销售不再局限于当地市场，扩展到更加广阔的全球市场，当地市场对产业布局的影响逐渐减弱。由此，带动产业集聚向虚拟空间转移。根据工业和信息化部等五部门发布的《虚拟现实与行业应用融合发展行动计划（2022—2026 年）》，到 2026 年，我国拟打造 10 个具有区域影响力、引领虚拟现实生态发展的集聚区。虚拟空间产业集聚可有三种模式，一是以数字平台为核心的虚拟空间产业集聚，打破企业之间的信息孤岛，推动商业模式从单一制造向多维服务转变；二是以生态系统为核心的虚拟空间产业集聚，打破企业之间的有形边界，形成既高度分工又高度合作的模块化产业集群；三是以产业园区为核心的虚拟空间产业集聚，打破固有的地域产业限制，形成实体产业园区与虚拟产业园区融合的新型产业园区，开展跨区域跨领域合作。在"新技术群"的加持下，推动产业布局向虚拟空间转移，一要全面加强自上而下的顶层设计，超前布局新型数字基础设施，有效连接实体空间与虚拟空间；二要统筹布局虚拟空间数字集群，形成与重大区域战略部署相匹配、相协调的数字产业集群；三要充分发挥网络组织的枢纽作用，建立一批以平台企业为核心的生态体系，优化虚拟产业生态。

（四）从物理基础设施转向数字基础设施

基础设施是经济社会发展的底层支撑，现代经济体系建构在基础设施之上。工业经济时代，经济活动主要依靠铁路、公路、机场、桥梁、码头（俗称"铁公基"）等传统基础设施，即物理基础设施。数字经济时代，随着互联网、人工智能、5G 等新技术的发展，基础设施开始向信息化、数字化、网络化、智能化方向发展，"新技术群"成为数字经济时代的新型基础设施，即数字基础设施。

1. 物理基础设施

新中国成立以来，中国在物理基础设施建设方面持续发力，取得了显著成果。铁路方面，建成了"三横五纵"的铁路主干线网络；高速铁路方面，建成了"四纵四横"的高速铁路主干线网络。公路方面，形成了以首都放射线、东西横向线、南北纵向线为主骨架的公路网；高速公路方面，建成了以"五纵七横"为主骨架的高速公路网。水运方面，不仅形成了以长江、珠江、松花江、淮河和京杭大运河为主的内河航运路线，而且与世界上 160 多个国家和地区建立了海洋航运联系。航空运输方面，建成了北京、上海、广州等多个航空港，有多条国际航线连接世界上的主要国家和地区。管道运输方面，建成了西气东输、川气东送等多条油气输送主干道；邮政方面，实现了"乡乡设点，村村通邮"；能源方面，建成了以大庆油田、胜利油田、克拉玛依油田等为代表的多个石油工业基地；水利方面，修建了南水北调、引滦入津、引黄济青等多个水资源调配工程，修建了大批水利基础设施。这些物理基础设施的发展，建立了实体空间联系，便利了日常生产生活，促进了中国经济发展。但是，物理基础设施有自身的局限性，存在时间空间约束。

2. 数字基础设施

以互联网为代表的"新技术群"具有互联互通、全面连接的公共属性，成为经济发展的底层系统和基础支撑，成为数字经济时代的新型基础设施，即数字基础设施。2018 年 12 月，中央经济工作会议首次提出"新型基础设施"这一概念，包括 5G、人工智能、工业互联网、物联网。随后，中央层面多次提出并部署与"新基建"相关的任务。经过初步梳理，目前关于"新基建"有"两分法""三大类""七领域"的说法。具体而言，"两分法"将"新基建"分为狭义"新基建"和广义"新基建"。其中，狭义"新基建"即数字基础设施，指以互联网为代表的新一代信息技术群，包括 5G、人工智能（计算机视觉、自然语言处理）、工业互联网、物联网、云计算、虚拟（增强）现实、数字孪生、区块链、量子信息技术、车联网、ICT（信息通信技术）等。广义"新基建"不仅包括"新技术群"本身，还包括利用"新技术群"对交通、能源、水利、城市等物理基础设施进行数字化升级改造，进而形成的智慧交通、智慧能源、智慧水利、智慧城市等融合基础设施。"三大类"是指信息基础设施、融合基础设施和创新基础设施。其中，信息基础设施指新一代信息技术演化生成的基础设施，即前文所述狭义"新基建"的范围；信息基础设施加上融合基础设施就是前文所述广义"新基建"的范围；而创新基础设施指为创新活动提供支撑的基础设施，例如重大科技基础设施、科教基础设施、产业技术创新基础设施。"七领域"是指5G、大数据中心、人工智能、工业互联网、特高压、新能源汽车充电桩、高速轨道交通。可以看出，不论如何分类，新型基础设施的核心都是数字基础设施。因此，要在"新技术群"的加持下，加快推进数字基础设施建设。一是注重规划引领，统筹落实好重大科技基础设施、民生保障基础设施的建设方案；二是加大资金支持力度，综合利用财政政策和货币政策工具，支持数字基础设施建设；三是补短板、强弱项，加大对中西部地区数字基础设施建设的支持力度，加快"卡脖子"技术攻关研究；四是坚持以用促建，优先支持满足群众迫切需求、对经济发展带动作用突出的数字基础设施建设。总之，就是要在"新技术群"的加持下，实现从物理基础设施到数字基础设施的转变，推动物理基础设施提质升级。这样，动力变革完成后，数字基础设施将成为经济社会的重要基础设施，推动供给端生产方式的变革和需求端生活方式的变革，成为支撑数字经济发展的保障和促进数字经济发展的引擎。截至2022年8月底，中国千兆用户超过7000万，5G基站超过210万，全国算力总规模超过150EFlops，数字基础设施已经处于全球领先水平。需要指出的是，数字基础设施与物理基础设施不是相互排斥、相互对立，而是相互补充、相互支持，数字基础设施推动物理基础设施提质升级，让物理基础设施释放新动能、焕发新活力。基础设施的本质是连接，比较而言，物理基础设施重在"有形连接"，连接实体与实体；而数字基础设施重在"无形连接"，打破物理时空制约，连接实体与虚拟、虚拟与虚拟（李海舰和李燕，2019）。数字基础设施与物理基础设施一起，把实体空间与实体空间、虚拟空间与虚拟空间、实体空间与虚拟空间之间连接起来，形成虚实结合、互联互通的数字经济基础设施新布局，为中国经济高质量发展提供支撑和保障。

（五）从物质资本投资转向人力资本投资

工业经济时代，经济发展的动力主要来自劳动力、资本、土地等传统要素，物质资本投入很大。数字经济时代，在"新技术群"的加持下，经济发展的动力主要来自创新，而创新主要依靠人力资本投资。本质上看，过去经济发展的动力是"投物"，现在经济发展的动力是"投人"，经济发展的动力发生了根本性的变革。

1.物质资本投资

工业经济时代，不论在经济理论还是经济实践中，投资重点都在物质资本领域。从理论上看，新古典经济学认为资本就是物质资本，传统的主流经济学教材将投资定义为对物质资本的支出，例如国外Romer编写的高级宏观经济学教材中将投资定义为物质资本品投资（Romer，2012），国内高鸿业主编的西方经济学教材中将投资定义为对机器设备、厂房建筑物的支出（高鸿业，2011），而在会计学理论中资本被认为是货币资本。显然，不论是货币还是机器设备、厂房都属于物质资本投资。与此相对应，新古典经济增长理论认为人口增长、资本积累等物质资本投入是经济增长的主要源泉。在实践中，过去的几十年里，中国经济增长主要靠劳动力、资本、土地等物质资本的大规模投入，经济增长方式表现为劳动密集型、资本密集型和资源密集型。这种依靠物质资本投入的经济增长方式，在推动经济增长的同时消耗了大量的资源和能源，不是一条可持续经济发展之路，显然也不是一条高质量经济发展之路。

2.人力资本投资

理论上看，人力资本这一概念最早由Schultz提出，他认为一切形式的物质资本投入，无论是资本的积累、劳动力的增长还是土地及其他可再生物质资本的增加，都无法完全解释现实中的经济增长，这背后应该还有一个非常重要但一直被忽视的要素，这个要素就是人力资本（Schultz，1961）。人力资本是每个人所具有的与经济活动有关的知识、技能、能力和其他属性。此后，越来越多的研究发现人力资本理论在解释长期经济增长机理时发挥了重要作用，而且在经济增长中人力资本投资所起的作用大于物质资本投资（Lucas，1988；Romer，1986）。随着人力资本在经济发展中的作用机理越来越明晰，人力资本的重要性越来越被认同，许多发展中国家都把人力资本投资作为摆脱贫困和实现增长的重要手段。结合中国现实来看，经济发展动力由要素驱动转向创新驱动，其实质是从主要依靠物质资本投资转向主要依靠人力资本投资（李海舰等，2018）。"盖有非常之功，必待非常之人"。人是创新的主体和源泉，创新是人的智力产物，只有对人进行投资才能产出知识产权、专利技术等。尤其在当前要实现以"新技术群"为支撑的经济高质量发展，中国比以往任何时候都更加需要人才。根据联合国教科文组织统计研究所的数据，2020年每百万人中研发人员数[①]居前五位的国家依次是韩国、瑞典、丹麦、芬兰、挪威，分别为8714人、7930人、7692人、7527人、6699人，中国居世界第39位，仅为1585人，略高于世界平均水平1342人。通过这组数据可以发现，尽管近年来中国越来越重视研发人才，但相比于主要发达国家还存在较大差距。要完成动力变革的目标，实现经济高质量发展，我们还需持续加大人力资本投资。关于如何进行人力资本投资，发展经济学认为人力资本包括健康资本、教育资本、培训资本（Becker，1965；Schultz，1961）。因此，进行人力资本投资就是对人的健康、教育和培训进行投资，这种传统的人力资本投资更加注重智力、技能等认知能力对个体的影响。随着研究的深入，越来越多的研究表明性格、情绪、心态、意志力、创造力等非认知能力因素对人力资本的影响更为重要（Heckman等，2006；李晓曼和曾湘泉，2012）。这是因为，一方面，非认知能力可以通过影响认知能力而间接影响人力资本水平，例如性格良好、意志坚强的个体往往倾向于获得更高的教育水平、积极参加培训、保持身体健康，从而提高劳动效率；另一方面，非认知能力可以直接影响工作效率（王鹏飞等，2022）。综合认知能力和非认知能力两种视角，新人力资本理论认为人力资本投资贯穿人的一生，涵盖孕育、生育、养育、教育、培训、健康、休闲、养老的全生命过程，因此要在全生命周期进行人力资本投入（李海舰等，2022）。具体来看：①孕育。婴儿在胚胎阶段就会形成自己的性格，更准确地说，婴儿有的是性格的蓝本，我们可以通过早期的积极干预来修正胚胎的神经结构，从而改善基因决定的性格（Knudsen等，2006）。例如，胎教、宫内矫正就属于孕育的人力资本投资。②生育。目前中国低生育率的原因在于高生育成本。鉴此，国家需要出台鼓励生育、降

---

① 每百万人中研发人员数这一指标，美国2020年的数据缺失。

低生育成本的政策措施，减轻家庭生育负担，如将不孕不育、无痛分娩纳入医保；完善生育配套体系，如提供男女双方平等的带薪生育假；允许辅助生育技术，如冷冻卵子、人工授精、试管婴儿等。③养育。家庭对性格具有潜移默化的影响（杜丽群和王欢，2021），因此在此阶段要注重保持良好的家庭氛围，让孩子在健康有爱的环境中成长。而国家层面则需要配合财税措施，减轻家庭养育负担，如发展普惠托育服务、发放育儿补贴，为家庭养育提供全方位保障。④教育。百年大计，教育为本。不论过去、现在还是将来，教育都是非常重要的人力资本投资。要继续深化教育体制改革，加快发展学前教育，全面普及高中阶段免费教育，继续扩大高等教育规模，不断提高劳动者受教育水平。⑤培训。如今，人工智能、数字孪生、云计算、区块链等新技术层出不穷，传统知识体系不断瓦解，新型知识体系加速重构，知识更新速度加快。因此，要更加重视员工在岗培训，持续提高员工技能。⑥健康。健康包括身体健康和心理健康。身体健康方面，要制定实施国民营养计划，引导居民形成科学的饮食习惯，加强对流行病的防治工作，建立重大公共卫生事件应急体系。心理健康方面，要加大全民心理健康科普力度，全面提升心理健康素质。⑦休闲。现在越来越多的研究表明休闲是人力资本投资中非常重要的一环。一方面，休闲有利于提高认知能力，闲暇时进行的运动、阅读、社交等活动，不仅可以提高身体素质，而且能够愉悦心情、开阔思维，提升学习效果和工作绩效，从而提高受教育水平和培训效率；另一方面，休闲有利于提高非认知能力，运动、旅行、健身、社交等休闲活动有利于激发个体创造力，培育坚强的意志力，塑造良好的性格（王鹏飞等，2022）。鉴于此，要大力发展闲暇经济，促进个体全面发展，激发个体创新活力，造就拔尖创新人才（李海舰和李燕，2021）。⑧养老。建立完善的养老保障体系，提高老年人退休后的生活质量，持续发挥退休人员创新活力，不断释放老年"智慧红利"。

三　效率变革

推动经济高质量发展，效率变革是主线，技术变革是提高效率的关键。

过去，由于技术落后，微观层面企业生产、中观层面产业对接、宏观层面运行机制效率较低。现在，随着"新技术群"的广泛应用，微观、中观、宏观层面的运行效率大幅提高。

（一）微观层面研发、制造、营销、营运四个区段精准连接

微观层面企业分为研发、制造、营销、营运四个区段（李海舰和聂辉华，2002）。借助于"新技术群"，四个区段得以精准连接，既实现四个区段内部精准连接，又实现四个区段之间精准连接。从分工看，拆分，分到极致；从合作看，整合，合到极致。这种拆分、整合在"新技术群"的加持下，得以精准连接、即时连接。

1.研发、制造、营销、营运四个区段内部精准连接

（1）研发。广义研发可分为研究、开发、设计、策划等环节，借助于"新技术群"，研发内部各个环节实现精准连接。首先，在大数据的支持下，企业获得消费者在网络上留下的"数字痕迹"，利用数据挖掘技术进行语义分析，预测用户需求，以此作为研发的起点。其次，借助数字技术，调动世界各地的研发资源，组建研发团队。再次，借助互联网、物联网、人工智能、数字孪生技术进行建模、调试，形成产品的设计稿。最后，将设计完成的产品发布到互联网上，用户利用网络即时反馈，企业再根据用户的反馈进行修改完善，最终使产品满足用户需求。

（2）制造。广义制造可分为试制、一般部件制造、核心部件制造、组装等环节。试制、一般部件制造、核心部件制造、组装是制造环节极致分工的结果，借助于互联网技术，制造环节经过"四分五裂"，可分散到全球，充分利用世界各地的比较优势。分工需要整合，借助于互联网技术再将世界各地的试制、一般部件制造、核心部件制造、组装环节精准连接起来。相比于传统企业"小而全""大而全"的生产方式，这种"小而精""小而专"既极致分工又精准连接的生产方式极大地提高了制造环节的效率。

（3）营销。广义营销可分为渠道、品牌、销售、物流、服务等环节。例如，借助于"新技术群"，在销售环节，企业通过大数据捕捉用户信息，进行用户画像，精准推送产品；在物流环节，无人机、无人仓、智能机器

人的运用极大地提高了物流效率，产品被快速精准地送到消费者手中；在服务环节，用户可以在原购物网站、企业论坛反馈使用过程中遇到的问题，企业收到反馈后安排线下人员精准解决用户反馈的问题。总之，借助"新技术群"，可将广义营销的各个环节精准匹配、精准连接。

（4）营运。广义营运包括连接、集成、整合、配置等环节。借助于"新技术群"，企业的营运过程逐渐向数字化转型。在"上云用数赋智"行动的支持下，基于"数据+算力+算法"，将总部与分部之间、内部与外部之间、上游与下游之间的诸环节即时连接、精准连接，使得营运管理更加及时、更为安全。

2.研发、制造、营销、营运四个区段之间精准连接

研发、制造、营销、营运四个区段内部精准连接固然重要，但是，只有四个区段之间精准连接才能形成一个完整的价值链条流程。以微博团购衣服为例，店主通过微博私信团购博主衣服的产品款式图、面料材质信息、产品团价、店铺名称等内容，团购博主如果觉得这款衣服适合进行团购就会私信回复店主，由此开启整个流程。研发阶段，博主和店主选好款式以后，店主会去面料市场挑选合适的面料。在此期间，有团购意愿的网友在互联网上通过自己的微博账号发表意见，店主和博主根据这些意见进行修改完善。样衣完成后会进行团品询团，相关征询会发在博主的微博里，一般呼声比较高的产品会开团，呼声比较低的产品会流团。网友也可以点开博主的微博快速查看团品剧透。有时候样衣初版完成后，有一些细节需要调整，博主会把衣服调整的相关进度情况发在微博里。网友进入博主的微博，一起挑选衣服的面料，可以对衣服的版型提出修改意见，博主和店主针对合理的建议予以采纳，然后继续修改样衣。制造阶段，样衣调整完毕以后，会进行点赞备货，店主按照微博点赞的数量进行备货。备完一批现货后，才能开团。营销阶段，如果有需要试穿报告的团品，到时会发微博抽取不同身材的网友进行试穿，网友获得衣服试穿名额后需要在微博上发送试穿报告，提供给众多网友参考。除此之外，从设计环节到制造环节每一次在微博上的剧透其实都是无形中的营销，激发了网友的购买意愿。营运阶段，由于衣服的生产数量依据网友的点赞数量、购买者的信息即时传

递到店家，整个营运过程可以做到零库存。大多数时候，在开团后的几分钟甚至几秒钟，衣服就被一抢而空。回看整个过程，借助以互联网为代表的"新技术群"形成的这一即时通信和信息分享平台，网友的购买意愿与店家的生产过程精准对接，研发、制造、营销、营运全流程可无缝隙连接。店主根据网友认可的最终设计进行生产，生产多少就能销售多少，整体上做到了零库存。

（二）中观层面创新链、产业链、供应链、价值链四个链条精准连接

中观层面产业可分为创新链、产业链、供应链、价值链四个链条。在"新技术群"的加持下，四个链条得以精准连接：一是四个链条内部都精准连接，二是四个链条之间精准连接。当前，世界各国都在竞争产业链的链长、供应链的链主、价值链的枢纽、创新链的领头（李海舰和杜爽，2021）。在"新技术群"的加持下，我们需要围绕创新链布局产业链、优化供应链、提升价值链，推动产业层面效率变革。

1.创新链、产业链、供应链、价值链四个链条内部精准连接

（1）创新链。创新链是一项成果从创意产生到形成产品的整个链条，可细分为创意提出、要素整合、研发创造、商品化、社会效用化等环节。创新首先得有 Idea（创意），借助大数据技术，进行深度数据挖掘和分析，有助于形成创新 Idea；然后，依靠互联网技术，跨时间、跨地区整合全球的研发人员、资金、设备、知识、信息等各创新要素，形成"无边界"的科研力量；接着，在要素整合的基础上，依托"新技术群"进行研发创造，能够更快速有效地发现新知识，形成新成果；再接下来，借助于技术孵化平台，将上一个环节的科研成果进行样品化、商品化；最后，在"新技术群"的支持下将商品广泛应用于生活中，产生社会效用。

（2）产业链。产业链是对产业间基于"技术—经济"的联系而表现出的环环相扣的关联关系的形象描述。过去，产业（第一产业、第二产业、第三产业）就是产业。后来，随着技术革命引致产业分工细化，从部门成为产业、产品成为产业，到部件成为产业、区段成为产业，甚至环节成为产业（李海舰和聂辉华，2002），整个过程分工越来越细、效率越来越高。然而，分工需要整合，借助于"新技术群"，建立高阶数据平台，不同数据

来源即时交互，实现全程信息自感知，将每一环节的不同模块、每一区段的不同环节、每一产品的不同区段、每一部门的不同产品、每一产业的不同部门精准连接，形成不同的产业链，产业链上的各个企业集中优势力量打优点、打一点，你做好你的那一段，我做好我的这一段，专注某一环节、某一模块，最终借助于互联网技术集成起来，从而实现低成本、高效率。

（3）供应链。传统意义上，一个完整的供应链涵盖了供货商、生产商、分销商、零售商和消费者等环节。疫情防控常态化几乎让所有企业都深刻认识到了供应链安全的重要性，应对供应链危机的全链条管理，关键在于运用"新技术群"构建"超互联"的业务模式，将供应链内部的各个环节即时连接、精准连接。具体而言，借助"新技术群"，通过数据打通，实现供应链多层次的可见，防患于未然。疫情期间，原材料、零部件、组装厂、运输路线，每一环节都有可能成为卡点。因此，"超互联"模式下的制造业，意味着对供应链的高度可见性，由于将可见性渗入了供应链的每一层级，实现"超互联"的制造企业可在中断之前做好准备。比如，供应商的原材料短缺，某一地的暂时封锁；再如极端天气、地缘冲突，这类信息和数据会统一归集到一个平台上。这样一来，整个供应链实现了前置性预见和即时性处理。

（4）价值链。价值链将生产经营活动分为基本活动和支持活动两大类，基本活动包括进货物流、生产经营、出货物流、市场销售、服务，支持活动包括采购管理、技术研发、人力资源、基础设施（如组织结构、企业文化、惯例、控制系统、财务、企划）。"新技术群"将价值链内部基本活动之间、基本活动与支持活动之间以及支持活动之间精准连接、即时连接。

2.创新链、产业链、供应链、价值链四个链条之间精准连接

产业层面从创新链开始，创新链是生产的源头；创新完成以后形成产品，产品产业化继而形成产业链；为了实现产业链得需要供应链，供应链为产业链提供保障；价值链渗透在创新链、产业链、供应链的诸环节，最终实现价值。比较而言，创新链、产业链、供应链展现的是信息流和物质流，而价值链展现的是资金流。在"黑天鹅"频出的现今，只有依托"新

技术群"，将创新链、产业链、供应链、价值链连接统观，才能实现信息流、物质流、资金流的统一协同，在不确定性中找到一条确定性的发展路径。以微软提出的"超互联"业务模式为例，"超互联"业务的首要特征是连接，超互联的目标是实现企业全流程信息自感知、全要素事件自决策、全场景周期自迭代，即将业务相关的方方面面全维连接，以此形成数据和管理的闭环。比如，连接企业到产业链的上下游，连接客户反馈与产品研发创新链，连接销售与供应链，连接制造端到办公端的全价值链。无论是连接产业链、创新链、供应链还是价值链，都涉及一种能力，即连接能力。连接是将业务的方方面面连接成全局视野，发现新机遇，降低潜在风险，全面提升效率。而将连接落实到实操层面上则需要"新技术群"的支撑。可以说，以人工智能和数字孪生为基础的数据平台，为实现"四链连接"提供了坚实的底座和工具。

（三）宏观层面生产、分配、交换、消费四个环节精准连接

根据马克思主义经济循环理论，社会再生产由生产、分配、交换、消费四个环节构成，形成一个完整的循环。生产是循环的起点，分配和交换是连接生产与消费的桥梁和纽带，消费是循环的终点，同时是新一轮循环的起点。正是由于消费的需要，所以必须进行新的生产、分配和交换，如此周而复始、循环反复，推动经济社会不断向前发展。而一旦循环出现堵点和堵塞，社会再生产就会出现问题（谢富胜和匡晓璐，2022）。一个国家的经济循环能力决定了该国的经济发展水平，经济循环的效率决定了经济发展的效率。党的二十大报告指出，要加快构建以国内大循环为主体、国内国际双循环相互促进的新发展格局。构建新发展格局，畅通国内国际双循环，本质上就是要打通生产、分配、交换、消费环节的堵点，将生产、分配、交换、消费环节精准连接、即时连接。科学技术是第一生产力，畅通循环中的各个环节，关键在于"新技术群"的支撑。当前，以互联网为代表的"新技术群"蓬勃发展，广泛融入社会再生产全过程。通过"新技术群"的加持，加快建设网络强国、数字中国，打通社会再生产各环节堵点，畅通国民经济循环，提高经济运行效率。

1.生产、分配、交换、消费四个环节内部堵点打通

（1）打通生产环节的堵点。生产环节的堵点，一是要素流通不畅，二是技术供给不足。因此，一是畅通生产要素流动。生产要素作为生产过程的基本元素，其流动畅通是国内再生产畅通的基础和保障（李海舰等，2022）。借助"新技术群"，建立要素交易市场线上平台，促进其更大范围内的自由流动，提高要素生产效率。依托数字技术，加快数据要素参与生产过程，规范数据要素交易市场，释放数据效能。二是推动生产研发创新。在"新技术群"的加持下，信息传输速度加快，知识传播效率提高，加快技术创新与扩散，提高全要素生产率。

（2）打通分配环节的堵点。分配环节的堵点，一是居民收入占GDP的比重较低，二是居民之间收入差距过大。因此，一是提高居民收入占GDP的比重。数字经济时代，零工经济等新经济形态兴起。在互联网技术的推动下，员工由在职员工变为在线员工，从一人一职变为一人多职，从领取一份工资变为领取多份工资，工资收入因此实现倍增。二是缩小居民之间收入差距。"新技术群"的不断涌现，催生出众多互联网平台企业，为低收入居民提供了更多就业机会。例如，快递员、外卖员、网约车司机等职业的出现，使得原来没有工作或者收入较低的居民可以通过送快递、送外卖、开网约车等获得一份收入，原本低收入群体的收入获得提高。

（3）打通交换环节的堵点。交换环节的堵点，主要是流通成本偏高。据统计，中国社会物流总成本占GDP比重为14.6%，发达国家一般是10%以下。鉴于此，一是减少商品流通环节。借助互联网技术，实现点对点直通直达，减少批发、零售等中间环节，降低交易费用，提高流通效率。二是建设现代流通体系。推动5G基站、大数据中心、互联网、城际高速铁路和城市轨道交通等新型基础设施建设，完善线上线下基础设施网络，打通堵点、连接断点，构建覆盖陆域、海域、空域、虚拟空间，涵盖通信、交通、资金流、物流的大流通体系（李海舰等，2022）。

（4）打通消费环节的堵点。消费环节的畅通需要同时具备"有钱可花、有钱能花"。目前，消费环节存在诸多堵点，例如居民收入较低、消费意愿不足、传统消费下降。打通消费环节的堵点，一是刺激居民消费意愿。例

如，借助精准高效的大数据分析，识别低收入人群，对其提供消费补贴；又如，借助互联网平台，通过微信公众号、应用程序发放消费券，刺激消费需求；再如，借助网络直播带货，通过沉浸式体验，"真听真看真感受"，激发消费者的购买欲望。二是培育新消费增长点。疫情冲击导致经济增速放缓，传统消费受到抑制。然而，在"新技术群"的加持下，数字经济、智能经济等新经济形态驱动的新型消费正成为新的消费增长点。借助"新技术群"，远程就医、在线教育成为现实，智能配送、智慧家居融入生活，推动数字消费发展。

2.生产、分配、交换、消费四个环节之间精准连接

打通各种堵点，方能精准连接。借助"新技术群"，首先打通生产、分配、交换、消费各环节内部的堵点，实现各环节内部畅通。然后，在各环节内部畅通的基础上，使各环节之间精准连接。具体而言，生产环节——信息传递效率提高，生产与消费实现精准连接，产业数字化、数字产业化进程加快，新产品、新业态、新模式不断涌现；分配环节——产业数字化提高劳动效率，数字产业化提供新型就业，居民整体收入水平提升，收入差距缩小；交换环节——流通效率不断提高，现代流通体系不断完善；消费环节——新业态、新模式催生新需求，促进消费升级。总之，"新技术群"推动生产、分配、交换、消费之间精准连接、即时连接，使其各环节间环环相扣、相互促进：生产作为社会再生产过程的起点，"新技术群"的发展带动生产环节的发展，生产环节的发展带动消费环节的发展；作为社会再生产过程的终点和新一轮再生产的起点，消费环节的发展又倒逼生产环节的发展；分配和交换作为中间环节，其发展加速了生产环节和消费环节的循环过程。通过这种内在联动关系，最终形成强有力的大循环。从经济数据看，我国打造双循环全新发展体系已初见成效，2022年第一季度内需对我国经济增长的贡献率为96.3%，超大规模市场优势持续显现；中国经贸"朋友圈"越来越大，共建"一带一路"的"朋友圈"扩展至149个国家，与26个国家和地区签署了19个自贸协定。立足自身，持续释放内需潜能；坚持开放，深度融入全球经济，中国开启高质量发展新征程。

四 质量变革

推动经济高质量发展，质量变革是主体。①同样，质量变革离不开"新技术群"的支撑。工业经济时代，由于地形阻隔、交通不便，物理世界"碎片化"；数字经济时代，技术革命导致万物互联，整个底层逻辑打通，物理世界由"碎片化"转向"一体化"，融合发展成为时代主题。根据广义融合的思想，质量变革要在多个层次实行深度融合。

（一）微观层面生产者和消费者深度融合

在"新技术群"的加持下，质量变革在微观层面发生巨大变化。过去，由于物理空间的阻隔，以公路、铁路为代表的传统基础设施沟通成本高、时效低，生产者生产与消费者消费被严格割裂开来。现在，以互联网为代表的"新技术群"作为新型基础设施将物理空间打通，以低成本、高效率的方式打破了生产与消费的边界，生产者与消费者融为一体，并推动生产者规模经济、范围经济与消费者规模经济、范围经济深度融合。

1. 生产者与消费者合一

以互联网为代表的"新技术群"消除了消费者与生产者之间的距离。过去，沟通不便乃至成本过高，消费者与生产者之间隔着"万水千山、迢迢银汉"，"鸿雁在云鱼在水，惆怅此情难寄"；现在，互联网将消费者与生产者连接起来，5G以每秒几千兆的速度进行数据传输，纵有"万水千山"也可"云聚万里"，"虽乘奔御风，不以疾也"。也就是说，在"新技术群"的赋能下，生产者与消费者逐渐从割裂走向融合，你中有我，我中有你，合而为一（李海舰和李燕，2020）。消费者深度参与企业研发、企业制造、企业营销、企业服务，从产品的接受者变为产品的引领者。具体而言：①消费者参与企业研发。目前，很多企业都推出了消费者参与研发的互联网平台，例如天猫的TMIC（天猫新品创新中心），良品铺子、小罐茶通过TMIC让消费者参与新品研发，提高了产品质量。又如，海尔推出的

---

① 需要指出的是，此处质量变革中的质量是狭义概念，与文中所述中国经济高质量发展中广义的质量概念不同，中国经济高质量发展中的质量同时包含了高效率和高质量。

COSMOPlat工业互联网平台，引导消费者全流程体验和参与，以帮助其挖掘用户潜在需求，进行新产品的开发。②消费者参与企业制造。不论是传统的工业企业还是新型的信息科技企业，都在尝试让消费者参与制造过程。以海尔为例，其推出的COSMOPlat工业互联网平台，让消费者全流程参与制造，实现大规模个性化的定制。再如，字节跳动旗下的抖音短视频直接让消费者成为生产者，抖音用户在观看喜欢的短视频的同时，进行跟拍并发布新视频，由此成为抖音视频的生产者。③消费者参与企业营销。互联网使人人成为自媒体，它打破了消费者之间信息交流的时空限制，每个消费者都成为企业营销中不可忽视的一股力量。以"粉丝经济"为例，"粉丝"角色让消费者更尽心尽力地进行产品的推广，如通过微博、微信朋友圈转发评论，在小红书种草安利等，充分利用网络快速大规模的传播效应，进行"病毒式"传播，激发更多的潜在消费者进行购买，以此发挥"粉丝效应"（李海舰和李燕，2021）。④消费者参与企业服务。在"新技术群"的加持下，包括医院、银行在内的各行各业都在推行"消费者自助服务"。比如，现在去医院就诊，患者可先在医院的微信公众号上进行预约挂号，或者在医院的医疗自助服务终端机上进行预约、挂号、缴费、打印病例和化验单。再如，消费者办理银行业务，一般的查询业务可直接在银行的微信公众号或者银行App上自助进行，一些存取款业务可在银行的自助服务终端机（ATM）上进行。

2.生产者规模经济与消费者规模经济深度融合

过去，生产者数量少，他们之间容易通过联盟的方式团结起来，形成卡特尔，从而获取高额利润；相反，消费者数量众多且分散在世界各地，在只能通过上门、短信、电话联系的情形下，联合起来的成本极高且收益极低。在这种情况下，企业具有规模经济，而消费者却不具有（李海舰等，2014）。现在，随着互联网的应用，不仅生产者之间联合的成本比以往更低，而且消费者之间开始联合起来，这种联合随着从信息互联网到移动互联网的发展不断紧密。"零时间、零距离、零成本、无边界"的移动互联网把消费者彼此联系起来，形成了全国乃至全世界范围的消费者联盟。过去不可能实现的这种大联合，现在通过互联网技术，只要几小时甚至几分钟就可以实现了。消费者大联合的典型，如美团、拼多多、淘宝的团购模式。尤其新冠肺炎疫情期间，美团、拼多多、淘宝等各大互联网企业相继推出了美团优选、多多买菜、淘宝买菜等社区团购业务，居民可以在手机上下单进行粮油、蔬菜、水果、日用品等必需品的团购，这种集中采购辅以无接触配送的团购模式，减少了人与人之间的物理接触，在降低疫情传播风险的同时保障了居民的日常生活需求。这里，基于"新技术群"的发展，消费者具有了规模经济，而且生产者规模经济逐步与消费者规模经济深度融合。

借助互联网技术，生产者规模经济与消费者规模经济的融合范围可以涵盖所有产品，不仅包括原本畅销的头部产品、热门产品、大众产品，而且包括原本滞销的尾部产品、冷门产品、小众产品。一是以头部产品、热门产品、大众产品为例。过去，生产者在这类产品上具有规模经济效应，消费者因无法联合起来而不具备规模经济效应。现在，借助互联网技术，消费者联合起来，形成消费者规模经济。消费者规模经济的形成改变了企业的成本模式。过去，消费者以个人的方式与企业对接，企业一个个接单，这种碎片化的模式导致企业成本很高；现在，消费者团购使得企业一接单就有几百个甚至几万个，这种集中购买的模式大大降低了企业的成本。企业成本的降低进一步导致单位产品价格的下降，吸引越来越多的消费者进行团购，消费者团购规模的扩大又进一步降低企业的成本，如此正向循环下去（李海舰等，2018），由此形成生产者规模经济与消费者规模经济深度融合的正反馈效应。二是以尾部产品、冷门产品、小众产品为例。过去，这类产品因滞销而占用实体空间，生产者不愿意大规模生产，因此无法形成生产者规模经济，消费者规模经济更是无从谈起。现在，"新技术群"的发展将实体空间与虚拟空间打通（李海舰和李燕，2020），在虚拟空间中产品的展示成本几乎为零，使得此类产品的成本大大降低。而且，互联网具有无边界性，可以将世界各地拥有相同消费品位的消费者联合起来，原本的尾部产品、冷门产品、小众产品因为消费者规模的无边界扩展而形成数量庞大的需求。这样一来，尾部产品、冷门产品、小众产品形成了生产者规模经济和消费者规模经济；并且，生产者规模经济和消费者规模经济深度融合，进一步产生正反馈效应。

3. 生产者范围经济与消费者范围经济深度融合

一直以来，生产者依据技术、管理的相关性，进行多产品联合生产，形成生产者范围经济。现在，消费者在网络购物平台进行一站式购物，一次性购买多种产品，可以获得更多的折扣和优惠，由此形成了消费者范围经济。例如，消费者购买家电，不仅需要彩电，还需要冰箱、洗衣机、热水器等，如果都到一个平台去购买，这就形成了消费者范围经济；像海尔生产彩电、冰箱、洗衣机、热水器，一些技术、管理都是通用的，不仅可以用到彩电上，还可以用到冰箱、洗衣机、热水器上，这就形成了生产者范围经济。生产者范围经济导致单位产品价格降低，吸引消费者大范围购买，而消费者购买产生的范围经济又进一步导致生产者成本的降低，由此形成生产者范围经济与消费者范围经济深度融合的正反馈效应。

需要指出的是，在"新技术群"的加持下，不仅仅是生产者规模经济与消费者规模经济、生产者范围经济与消费者范围经济两者之间深度融合，更重要的是生产者规模经济、范围经济与消费者规模经济、范围经济四者之间深度融合。例如，消费者在海尔的购物平台团购家电，不仅购买彩电，而且购买冰箱、洗衣机、热水器等，一次团购几百万台，这就形成了消费者规模经济和范围经济。然后，订单交给生产者去生产，生产者规模经济、范围经济就产生了。两类经济——供给端的规模经济、范围经济和需求端的规模经济、范围经济深度融合、相互促进，高效互动、良性循环。如此一来，网络经济的双边效应、多边效应得以显现，导致经济发展的成本降低、质量提高。

（二）中观层面实体经济和虚拟经济深度融合

互联网的本质是互联互通，即"拆墙、打通、融合"。就中观产业层面而言，有了"新技术群"以后，不仅实体经济内部、虚拟经济内部的墙被拆除了，而且实体经济与虚拟经济之间的墙也被拆除了；不仅实体经济内部、虚拟经济内部被打通了，而且实体经济和虚拟经济之间也被打通了；不仅实体经济内部、虚拟经济内部深度融合了，而且实体经济和虚拟经济之间也深度融合了。通过深度融合，实体经济借助虚拟经济崛起，虚拟经

济依托实体经济壮大，两者互动、互补、互助，共同推动经济的高质量
发展。

1. 实体经济内部深度融合

工业经济时代，实体经济中的农业、工业、服务业（排除掉金融业、
房地产业，下同）是分开的（李海舰等，2018）。数智经济时代，"新技术
群"把实体经济内部打通，一二三产业融合发展成为新趋势。借助"新技
术群"，依靠数据驱动、软件定义、平台链接、系统整合等手段，农业工
业化、制造业服务化、服务业平台化，形成农业、工业、服务业三大产业
交叉渗透、融合发展的新模式、新业态（李海舰等，2022），实现实体经
济内部三次产业的深度融合。以广东省饶平县为例，该县借助互联网技
术，以农业为支撑、以服务业为引导，刺激工业转型升级，不断推动农
业、工业和服务业深度融合，打造从田间地头到厨房餐桌的数字化农产品
供应链，走出了一条数字经济背景下的"三业"融合发展新道路。具体而
言，在 2016 年国家大力推行"农村互联网建设"的背景下，饶平县因时
而变、随事而制，当机立断成立县电子商务协会，依托当地海产品特色举
办大蚝美食节，并借此利用互联网，让农户把海产品放在网上销售，当地
的海产品很快就在网上"火了"，大量网络订单随之涌来，由此开辟了农
村电商发展的道路。电商的发展首先带动了当地物流业的发展，当地随之
建立了电子商务服务中心、云仓、快递物流配送网点，形成了辐射全县的
物流服务网络，物流业的发展让电商业如猛虎加之羽翼。农业与服务业
（物流业）之间相互促进，携手"起舞"。围绕当地特点农产品，饶平县
打造了线上线下两个展厅，线下实地展播，线上进行农产品数字化展示，
并提供一站式选购服务。在农业与服务业"共舞"之时，工业随之"起
舞"。销路打开以后，当地自然需要更多的货源来满足来自全国各地的订
单需求，因此当地大力发展农产品的深加工。例如，将南姜加工成南姜
粉，将梅子加工成梅子粉，以茶为原料加工成水果茶等，然后与网红主播
合作销售。如此正向循环，当地的种植养殖（农业）、农产品深加工（工
业）和电商物流（服务业）深度融合，走出了一条经济高质量发展的新
道路。

2. 虚拟经济内部深度融合

虚拟经济指金融业等。以金融业为例，包括银行、证券、保险等。过去，银行业只能经营信贷等业务，证券业只能经营投资理财等业务，保险业只能经营各种保险理赔业务，三者之间存在清晰的边界。不仅如此，银行、证券、保险内部也具有清晰的业务边界。以银行业为例，过去，中国银行主要经营外汇业务，农业银行主要负责与农业相关的业务，建设银行主要负责对基建项目进行贷款，工商银行主要经营企事业单位贷款（李海舰和陈小勇，2011）。现在，"新技术群"把虚拟经济内部打通了，将银行、证券和保险以电子化的方式连接起来，实现了一站式金融服务，银行、证券、保险开始深度融合。现在，不论去到某家银行、证券公司抑或保险公司，都能办完所有的金融业务。比如，去到某家银行，银行的业务包含了保险业务，同时工作人员还能够帮你去做投资，可以买基金、黄金，还有各种理财产品；去到某家保险公司，它也在卖理财产品。此外，"新技术群"的应用也有效控制了银行、证券、保险"三业"融合所带来的风险。过去之所以采用分业经营，主要原因在于混业经营导致风险传染，而这种风险很难控制。现在，利用大数据技术，可以全面分析用户特征，对企业信用、个人信用进行定级，遇到风险因子即时告警；利用人工智能技术，风险控制模型由过去主要依靠数学家计算转变为机器自学习，瞬间即可完成自动更新，大幅提高了风险预测和管理水平；利用区块链技术，能够进行去中心化、分布式的存储，可以防止篡改、全程追溯，构建金融业的信任基础。因此，在"新技术群"的加持下，不论是传统金融企业还是互联网企业都在进行整合，着力推动银行、证券、保险深度融合。以传统金融企业为例，中国工商银行从过去负责发放企事业单位贷款到现在已经发展成一个涵盖工银理财等证券业务、工银安盛人寿等保险业务的一站式服务平台；中国平安保险（集团）从过去主营平安保险到现在已经发展成一个涵盖平安银行、平安证券的一站式服务平台。这种一站式的服务把整个金融行业打通了，打通以后，资金可以更好地寻找出口。当然，互联网企业也在做这些事情，而且它们做得更加彻底。这是因为，对它们而言这个"防火墙"根本就不存在，它们天生就是一体化的，天生就是一个大平台。

例如，蚂蚁集团旗下汇集了支付宝、余额宝、网商银行、芝麻信用、蚂蚁宝等相关平台，业务内容涵盖了日常支付、银行信贷、投资理财、财产保险、人寿保险等，形成了覆盖银行、证券、保险的一站式服务平台，使得金融服务更加全面、更加便捷。

3. 实体经济与虚拟经济之间深度融合

实体经济与虚拟经济是一个硬币的两面，不是相互对立、相互排斥，而是相辅相成、相互促进。一方面，实体经济是虚拟经济发展的基石，没有实体经济，虚拟经济就会成为空中楼阁；另一方面，虚拟经济是实体经济发展的血脉，没有虚拟经济，实体经济就会因贫血而萎缩（李海舰等，2022）。因此，要实现经济高质量发展，就必须推动实体经济与虚拟经济深度融合。实体经济与虚拟经济深度融合的关键在于科技。借助以互联网为代表的"新技术群"，通过"元宇宙+"打通实体经济与虚拟经济，实现二者协同发展、良性循环。

具体而言，一是通过"元宇宙+金融"模式推动金融创新，增强金融服务实体经济的能力。过去，由于信息不对称，市场中的金融资源配置存在"信贷配给"和"信贷歧视"，以银行为代表的中介机构无法甄别债务人的质量，偏好将资金投向风险较低的国有企业和大型企业，使得非国有企业、中小企业无法获得持续成长所必需的金融资源。此外，政府通过"利率管制"干预金融资源初始配置过程，使得金融市场无法发挥其调节导向作用，金融机构无法对高效率的行业和项目提供较长期的贷款支持，导致实体经济无法获得持续成长所必需的金融资源。现在，在以互联网为代表的"新技术群"的加持下，银行可以方便地搜集客户在互联网上的"数字痕迹"，建立完善的"大数据风控体系"，大大降低了银行与企业之间的信息不对称，中小企业比过去更容易获得信贷资金。此外，政府大力推行数字普惠金融，这让更多中小企业获得了发展所需的资金。需要指出的是，在推动"元宇宙+金融"模式的同时，要建立"元宇宙+金融"的监管体系，让监管跟上创新的步伐，让创新有章可依。二是通过"元宇宙+实体"模式推动实体经济转型升级，为虚拟经济发展打下坚实的基础。产业内部，传统产业通过"元宇宙+"进行自我革新，充分利用"元宇宙+"开放、高效、低成本的特点，进行"智慧研发""智慧生产""智慧营销""智慧营运""智慧服务"，构建"数智经济"下的产业生态体系，促进产业转型升级，经济提质增效。产业之间，元宇宙与传统产业相结合，进行跨界、破界、无界，形成新产品、新模式、新业态。例如，传统零售业与元宇宙相结合形成"新零售"，传统教育行业与元宇宙相结合形成"线上教育"。总之，利用"元宇宙+"赋能实体经济，充分利用以互联网为代表的"新技术群"的力量，推动实体经济高质量发展，为虚拟经济提供不竭的源头活水。

（三）宏观层面有为政府和有效市场深度融合

政府和市场的关系可有四种组合：一是弱市场弱政府，二是弱市场强政府，三是强市场弱政府，四是强市场强政府。现在，在"新技术群"的支撑下，政府与市场的组合关系发生了重大变化，二者之间正由过去的"弱市场弱政府""弱市场强政府""强市场弱政府"向"强政府强市场"转变。具体而言，政府依靠大数据、云计算判断决策，市场借助大数据、云计算提前预测，政府和市场基于"数据+算力+算法"，二者发挥作用的方式都发生了重大变化，政府变强了，市场也变强了，政府和市场的关系被完全重塑了。因此，必须摒弃过去政府与市场"此强彼弱""此弱彼强""你强它就弱""你弱它就强"的观念，通过构建"强政府强市场"的模式，形成"双强"格局（李海舰和杜爽，2022）。宏观层面打造"强政府"和"强市场"，形成有为政府和有效市场相互配合、相互促进的良性格局。

1.打造新时代下的有为政府

科学的宏观调控和有效的政府治理是新时代下有为政府的基本要求，是中国经济高质量发展的内在优势。首先借助"新技术群"，实现科学的宏观调控。一是发展规划。充分利用数字技术优势，高效收集处理数据资源，从中挖掘规律、分析问题，提高发展的前瞻性、针对性、有效性。二是政策组合。例如，财政政策，借助"数据+算力+算法"，提高跨周期调节能力，实现财政资金精准高效投放，促进资源合理配置；货币政策，合理有效利用数字技术，强化逆周期调节能力，推动货币政策工具直达实体，助力小微企业发展；产业政策，加快发展数字经济，促进产业结构优化升级；科技政策，完善科技创新体系，推动"新技术群"发展；区域政策，利用数字技术赋能区域协调发展，提升经济发展质量。其次借助"新技术群"，实现有效的政府治理。一是决策过程智能化。利用"新技术群"，将经济活动中产生的所有数据实时接入政府网络、直达政务云端，使政府决策实现自感知、自更新、自完善，提高政府决策的即时性、科学性和有效性。二是公共服务亲民化。数智时代，政府服务方式从线下分散办理到线上集中办理，群众办理各种业务比以前更加方便。过去，许多政府部门散落在城郊各个角落，居民和企业办业务需要在不同地点之间来回奔波，而且一些业务需要排很长的队，有时候天亮就出门办理业务、日落业务才完成办理。现在，利用"新技术群"，中央和地方都推出了数字服务大厅，例如中央层面的国务院客户端和微信小程序，各个省份的数字化服务大厅。这样一来，居民和企业可以在线上完成一站式业务办理，"指上办、一键办、跨省办"成为常态，这告别了过去跑断腿、排长队的现象。

2.打造新时代下的有效市场

借助"新技术群"，市场即时感知、提前预测，市场体系和市场机制得以重塑。一是利用"新技术群"重塑市场体系。在"新技术群"的应用中，市场体系逐步由过去的线下市场、实体市场转变为线上市场、云端市场，形成"虚中有实、实中有虚，虚实结合、融为一体"的新型市场体系。例如，证券交易领域，随着电子化交易全面取代线下交易，2017年港交所宣布关闭交易大厅，所有交易转为线上进行，这是金融科技发展所导致的结果，可以有效提升市场运行效率。再如，利用物联网技术，将买卖双方的后台系统与云端平台相连接，通过目录管理和信息机制协调买卖双方的利益，最终实现云交换流程，整个过程快速高效，用相对较少的资源实现了实体市场的功能。二是利用"新技术群"重塑市场机制。市场机制包括价格机制和供求机制。过去，信息不畅通、传递不及时，价格机制和供求机制之间存在滞后性，导致市场预测不准，妨碍了价格机制和供求机制发挥作用。以服装市场为例，过去，一些服装生产商看到某些款式的服装很流行，价格高、卖得好，就纷纷生产这种款式的衣服，可服装生产需要周期，从采购布料到批量生产完成以后，可能这款衣服早已过季，其他厂商也生产了大量类似款式的衣服，导致大量库存积压，降低了服装市场的运行效率。现在，在互联网、大数据的支持下，企业可以全方面、多渠道搜集用户信息，精准预测用户需求，即时与用户交流，实现大规模个性化定制，减少了库存浪费，供需错配情况得到缓解，市场的有效性得到提高。

3.有为政府和有效市场之间深度融合

社会主义市场经济的健康发展，既要充分发挥市场在资源配置中的决定性作用，又要更好发挥政府作用。因此，需要推动有为政府和有效市场深度融合，为经济高质量发展提供体制机制保障。过去，我们认为政府和市场相互排斥、各行其道，主要原因在于技术制约；今后，依托"新技术群"，能够把有为政府和有效市场两者打通。作为政府主体和市场主体共同的技术支撑，"新技术群"的发展应用，关系到有为政府和有效市场深度融合的程度与效果。鉴于此，技术层面，一要尊重技术发展客观规律。在全社会营造宽松自由的科研环境，不断扩大研发投入规模和加大投入力度，鼓励科研人员不断探索世界，在基础研究领域持续深耕，提升学科整体水平，为技术发展筑牢坚实根基。二要加快完善数据基本制度。数字经济时代，数据的可靠性、相关性、及时性，直接关系到政府治理和市场运行的效率，因此要高效开发经济数据资源，建立经济治理数据中心，充分发挥数据要素作用，打破部门之间数据壁垒，彻底解决数据孤岛问题，推动政府市场之间信息共享。三要提升技术成果转化效率。搭建技术成果转化平台，完善政府、企业、高校和科研院所协同创新机制，推动产学研用协同发展，让数字技术更好地服务政府和市场运行，创新市场运行体系机制以及宏观政策落地方式。四要完善决策信息和智力支持系统。加快提升运用"新技术群"能力，利用"数据+算力+算法"进行市场运行形势研判以及政策模拟效果评估，助力市场政府决策优化，保障宏观经济平稳运行。通过以上举措，推动有为政府和有效市场在促进经济发展方面共同发力。根据国家发改委数据，中国经济总量由2012年的53.9万亿元上升到2021年的114.4万亿元，占世界经济的比重从11.3%上升到超过18%，人均国内生产总值从6300美元上升到超过1.2万美元。回首这十年来，中国经济之所以能不断跃上新台阶，一个重要原因就是在转向高质量发展的进程中，让政府和市场优势互补、相得益彰，推动经济发展实现量的合理增长和质的有效提升。事实证明，推动有效市场和有为政府之间深度融合，是我国实现高质量发展的必然选择。

五　结语

面对世纪疫情冲击下经济增速放缓的复杂严峻形势，以互联网为代表的"新技术群"为中国经济发展注入一泓"活水"。这里，"新技术群"其实代表的是数字化转型。当今世界，变局既带来挑战又孕育希望，而科技创新成为变局中的关键因素。有鉴于此，我们要抓好数字化转型的机遇，利用"新技术群"的连接和融合的功能，释放新动能，塑造新优势，推动中国经济高质量发展。

基于新一轮技术革命的大背景，本文分析了中国经济高质量发展的路径，涵盖"三个变革"，即动力变革、效率变革、质量变革。具体来说，动力变革包括"五个根本转向"，效率变革包括"三个精准连接"，质量变革包括"三个深度融合"。这里，动力变革是基础，效率变革是主线，质量变革是主体。基于"新技术群"的加持，首先进行动力变革，然后一体推进效率变革和质量变革。需要指出的是，连接和融合，这是以互联网为代表的"新技术群"的使命所在、关键所系。连接重在提高效率，而效率变革主要体现为高速度；融合重在提高质量，而质量变革主要体现为高质量。长期以来，我们认为经济发展要么是高速度的，要么是高质量的，二者不能同时兼顾。显然，这不符合辩证法的思想，效率和质量都是影响经济内生性增长和高质量发展的关键变量，推动经济发展需要高质量和高速度相统一。今后，如果大部分或全部经济活动转向由"新技术群"来加持，利用好数字化转型，就能兼顾高质量和高速度，实现中国经济高质量发展和高速度增长相统一的新型发展模式。

一般而言，在发展模式中，关于质量（广义）和速度的关系，可有四种组合：一是低质量低速度发展模式，二是高质量低速度发展模式，三是低质量高速度发展模式，四是高质量高速度发展模式。目前，在人类社会发展的历史长河中，前三种模式都已经历过。今后，在全面建设社会主义现代化国家新时代新征程的发展中，正在或将要尝试的则是第四种发展模式，即把高质量发展和高速度增长统一起来，实现"双高"并重发展模式。这将是人类社会发展史上的一次伟大创举，可谓前所未有。

参考文献

［1］杜丽群、王欢，2021，《家庭经济学视角下人力资本理论研究进展》，《经济学动态》第5期。

［2］高鸿业主编，2011，《西方经济学（宏观部分）》，中国人民大学出版社。

［3］李海舰、陈小勇，2011，《企业无边界发展研究——基于案例的视角》，《中国工业经济》第6期。

［4］李海舰、杜爽，2021，《中国现代化国家建设中的"十化"问题》，《经济与管理》第1期。

［5］李海舰、杜爽，2022，《"十二个更加突出"：习近平新时代中国特色社会主义思想精髓》，《改革》第5期。

［6］李海舰、李文杰、李然，2018，《新时代中国企业管理创新研究——以海尔制管理模式为例》，《经济管理》第7期。

［7］李海舰、李燕，2019，《企业组织形态演进研究——从工业经济时代到智能经济时代》，《经济管理》第10期。

［8］李海舰、李燕，2020，《对经济新形态的认识：微观经济的视角》，《中国工业经济》第12期。

［9］李海舰、李燕，2021，《美学经济研究论纲》，《山东大学学报》（哲学社会科学版）第4期。

［10］李海舰、聂辉华，2002，《全球化时代的企业运营——从脑体合一走向脑体分离》，《中国工业经济》第12期。

［11］李海舰、田跃新、李文杰，2014，《互联网思维与传统企业再造》，《中国工业经济》第10期。

［12］李海舰、赵丽，2021，《数据成为生产要素：特征、机制与价值形态演进》，《上海经济研究》第8期。

［13］李海舰、朱芳芳、李凌霄，2018，《对新经济的新认识》，《企业经济》第11期。

［14］李海舰、朱兰、孙博文，2022，《新发展格局：从经济领域到非经济领域——加速启动"五位一体"新发展格局的构建》，《数量经济技术经济研究》第10期。

［15］李晓曼、曾湘泉，2012，《新人力资本理论——基于能力的人力资本理论研究动态》，《经济学动态》第11期。

［16］王鹏飞、夏杰长、王俊彦，2022，《时间配置视角下的新人力资本理论：演进与展望》，《山东财经大学学报》第3期。

［17］谢富胜、匡晓璐，2022，《以问题为导向构建新发展格局》，《中国社会科学》第6期。

［18］Becker G. S. 1965. "A Theory of the Allocation of Time." *The Economic Journal*, 75 (299): 493–517.

［19］Heckman J. J., Stixrud J., Urzua S. 2006. "The Effects of Cognitive and Noncognitive Abilities on Labor Market Outcomes and Social Behavior." *Journal of Labor Economics*, 24(3): 411–482.

［20］Knudsen E. I., Heckman J. J., Cameron J. L., Shonkoff J. P. 2006. "Economic, Neurobiological, and Behavioral Perspectives on Building America's Future Workforce." *Proceedings of the National Academy of Sciences*, 103(27): 10155–10162.

［21］Lucas R. 1988. "On the Mechanics of Economic Development." *Journal of Monetary Economics*, 22(1): 3–42.

［22］Romer D. 2012. *Advanced Macroeconomics*. New York: McGraw-Hill.

［23］Romer P. M. 1986. "Increasing Returns and Long-Run Growth." *Journal of Political Economy*, 94(5): 1002–1037.

［24］Romer P. M.1990. "Endogenous Technological Change." *Journal of Political Economy*, 98 (5): 71–102.

［25］Schultz T. W. 1961. "Investment in Human Capital." *The American Economic Review*, 51 (1): 1–17.

（责任编辑：焦云霞）

二十大报告蕴含的时代课题：五个文明协调发展如何塑造中国经济学

郭楚晗　张　燕[*]

摘　要： 党的二十大报告对于全面建成社会主义现代化强国的战略安排是，从2020年到2035年基本实现社会主义现代化。因此中国经济学的理论工作者还有12年时间需要完成基本建立中国经济学知识体系这个既艰巨而又紧迫的任务。习近平总书记关于人类文明新形态的概念提出，以及推动"五个文明"协调发展的战略指示，是中国式现代化新道路的重要论述，对建构中国经济学理论与话语体系有着重要学术指导意义。中国经济学的理论特性在于，一方面具备揭示发展中国家后发经济实力赶超的经济增长一般性规律的能力，另一方面也是以实现人的全面发展和全人类可持续发展为归宿的经济学中国学派，是"一般性"与"特殊性"的高度协同。"五个文明"协调发展的重要论述从物质、政治、精神、社会、生态五个层面，锚定了中国经济学的多维度构建，体现了对经济问题的导向意识、人本关怀与意识形态的制度特性、经济发展在空间与时间维度的可持续理念，是中国经济学理论体系建设的全面性保障。

关键词： 二十大报告　中国式现代化　"五个文明"　中国经济学

一　引言

党的二十大报告指出，中国在改革开放以及社会主义现代化建设中取得

---

[*]　郭楚晗，博士研究生，云南大学经济学院，电子邮箱：644867194@qq.com；张燕，云南大学经济学院副研究员，剑桥大学发展研究中心客座研究员，电子邮箱：yz333@cam.ac.uk。感谢匿名审稿专家的宝贵意见，文责自负。

了巨大成就。我国经济实力实现历史性跃升，从 2012 年到 2021 年，国内生产总值从 54 万亿元增长到 114 万亿元，我国经济总量占世界经济的比重达 18.5%，提高 7.2 个百分点，稳居世界第二位。中国式现代化建设创造了人类经济史上不曾有过的发展奇迹，但中国经济学本土理论研究一直裹足不前（黄群慧，2021；刘守英，2022）。中国经济学的学科体系、学术体系、话语体系建设进展缓慢，尤其是在学术命题、学术思想、学术观点、学术标准、学术话语上的能力和水平同我国经济在世界上的影响力很不相称（裴长洪，2022）。正如党的二十大报告所言，中国经济为我们继续前进奠定了坚实基础、提供了重要保障，同时一系列长期积累及新出现的突出矛盾和问题亟待解决。党的二十大报告还指出实践没有止境，理论创新也没有止境，需要不断谱写马克思主义中国化时代化新篇章。因此，聚焦中国式现代化道路经济发展的叙事逻辑，讲好中国经济发展对世界的贡献，提升中国经济学的国际话语权，力争在党的二十大报告规划的时间表里，取得中国经济学知识体系方面的重大突破，成为摆在中国经济学理论工作者面前一道紧迫而又必须逾越的难题。

按照党的二十大报告规划，全面建成社会主义现代化强国，总的战略安排是分两步走：从 2020 年到 2035 年基本实现社会主义现代化；从 2035 年到本世纪中叶把我国建成富强民主文明和谐美丽的社会主义现代化强国。按照上述规划，2035 年基本实现社会主义现代化的同时，理应建成或者大体建立中国经济学知识体系。也就是说，中国经济学的理论工作者还有 12 年时间需要完成这个既艰巨而又紧迫的任务，否则 12 年后，哪怕中国实现了社会主义现代化但其理论知识体系依旧空白，中国话语在世界经济知识体系中仍然缺位。因此，"未来五年是全面建设社会主义现代化国家开局起步的关键时期"，也是中国经济发展的历史特殊时期。学理化、体系化"中国经济学"，需要理论工作者彰显中国经济发展的国别特殊性、把脉经济发展的一般性规律，同时锤炼总结人民当家作主的社会主义市场经济的阶级特殊性。可以说，当下正是中国经济学理论工作者吹响理论攻坚战的号角，攻坚克难奋发有为的关键时期，也是形成具有鲜明中国特色的"系统化经济学说"的创新时期。

中国的经济学理论体系建设的演进历程就是从追求西方经济学一般性到寻求自主独立性的经济大国意识觉醒的过程。中国经济学早期建设过程中的苏化或者西化倾向，在一定历史时期对形成和繁荣中国经济学理论、理解和解释市场经济发挥了积极作用。但由于苏式经济乃至西方经济学皆不是万能经济学，照搬二者并不足以解释、解决中国经济发展的具体疑难。

同时，西方主流经济学体系（新古典经济学）是剥离了历史、制度、文化等众多现实因素的高度抽象——在形式上追求完美均衡的数学表达，在复杂经济现实面前则缺乏理论与经济实践的深度契合。现行西方经济学理论的盲点和弊端也佐证了中国急需建立独立自主的、符合国情的经济学理论体系，如表1所示。

表1 中国经济学的研究现状概览

研究任务	需要建立自主的知识体系，摆脱"西方中心论"，将"中国经验"升华为"中国理论"	西方经济学或苏联范本无法适配中国的历史与实践，西方经济学存在弊端和盲点	中国式现代化是典型的赶超型发展奇迹，其中包括增长奇迹、减贫奇迹，也有"快速成长"的烦恼。中国经济学的知识体系建设是对后发赶超型现代化路径经济规律的一般性总结
研究体系	学科体系	学术体系	话语体系
	以中国经济学教材、手册、年鉴等学科基础项目为抓手	以重大经济理论和经济现实问题研究为主攻方向	以推进政治话语学理化、学术话语大众化、中国话语国际化为基本要求
研究内容	经济制度理论	经济运行理论	经济发展理论
	如生产力、生产关系理论，公有制理论，对外经济贸易理论	如社会主义市场经济理论，货币与财政政策、金融安全理论	如新发展理念、习近平生态文明思想

围绕以上研究范畴，中国经济学理论工作者已经积累了大量的研究成果。最近，教育部公布编写中国首批经济学教材名单，共有13所学校、25个团队入选。所编写的九本教材是《中国特色社会主义经济学》《中国宏观经济学》《中国微观经济学》《中国发展经济学》《中国开放型经济学》《中国金融学》《中国财政学》《中国区域经济学》《中华人民共和国经济史》。九本"中"字头的教材是我们对中国经济发展模式的实践总结和理论升华。除此以外，还有中国社会科学院拟推出的工具类图书《中国经济学手册》。手册围绕新中国70多年来，特别是改革开放40余年中国经济学发展主线，

系统研究梳理具有中国特色、中国气派、中国风格的标志性和标识性的经济学理论成果，总结展示中国经济学取得的进展，推动构建中国特色经济学的学科体系、学术体系、话语体系。另外，中国人民大学国家经济学教材建设重点研究基地正式启动并持续推进《中国经济学研究手册》研究工程。中国社会科学院、中国人民大学的行动与教育部大力推动编写的中国经济学教材形成了"多轮驱动"，共同推动中国经济学建设的良性循环，真正落实习近平总书记强调的"用中国理论阐述中国实践，用中国实践升华中国理论"。

党的二十大报告揭示了推进党的理论创新的根本途径，提出了一系列新思想、新观点、新要求，为中国经济学建构提供了新思路和方法论。习近平总书记在报告中指出，继续推进实践基础上的理论创新，首先要把握好新时代中国特色社会主义思想的世界观和方法论，坚持好、运用好贯穿其中的立场、观点、方法。这一重要要求一方面需要用创新理论为中国经济学理论"实现历史性变革、系统性重塑、整体性重构"，开辟马克思主义中国化时代化新境界；另一方面在创新理论的同时，兼顾"问题导向，系统观念"，"不断提出真正解决问题的新理念新思路新办法"。

贯彻落实党的创新理论，运用好"六个必须坚持"的立场观点方法，是指导中国经济学理论重塑的"指南针"、破解难题的"金钥匙"。习近平总书记指出，我们坚持和发展中国特色社会主义，推动物质文明、政治文明、精神文明、社会文明、生态文明协调发展，创造了中国式现代化新道路，创造了人类文明新形态。①中国共产党团结带领全国人民创造的"人类文明新形态"标注了中国式现代化道路的创新发展，展现了中国特色社会主义创造的伟大文明成就。这既是中国共产党人奋进在实现中华民族伟大复兴路上的政治宣告，也是当代学术命题。"新形态"意味着对中国式道路所蕴含的文明的另类概括，昭示在某些理论领域可能同步产生"新形态"的新范式，它有自己特有的理念、价值和崭新的学术样式。

中国经济快速增长一跃成为世界第二大经济体，向理论界提出了总结

---

① 2021 年 7 月，习近平总书记在庆祝中国共产党成立 100 周年大会上的发言。2021 年 11 月，习近平总书记在党的十九届六中全会上再次重申，"党领导人民成功走出中国式现代化道路，创造了人类文明新形态"。

和概括其经济发展道路的中国经济学构建命题。中国经济学应以马克思主义经济思想为指引，吸收我国改革开放以来的经济发展思想，特别是党的十八大以来我国在"百年未有之大变局"背景下提出的"以国内大循环为主体、国内国际双循环相互促进的新发展格局"重要思想，作为中国经济学建构的出发点和创新源，这是与西方经济学的最大区别和最鲜明的特点。中国经济学在创造人类文明新形态中具有独特的价值意蕴，应当如何进行理论创新并揭示中国式现代化道路的中国经济学理论表达，是中国经济学人无法回避的时代课题。我们成功走出了一条适合中国国情的中国式现代化道路，创造了人类文明新形态，在"五个文明"协调发展中取得了丰硕成果。我国"五个文明"的建设成就，对中国经济学提炼与形成具有反哺、滋养与促进作用。任何经济学理论体系的发展都是范式的重塑与演进（张林和郭楚晗，2022）。"五个文明"协调发展的"人类文明新形态"是融合了中国现代化路径进程的经济、制度、文化、生态等多方位的全新范式体现，是滥觞于马克思主义经济学、西方经济学的中国化实践，衍生于中国传统经济思想和中国经济现代化改革的经验提炼（程霖等，2020）。剖析"五个文明"的协调发展，有助于理论创新，揭示中国式现代化道路的中国经济学理论表达，对中国经济学提炼与塑造具有反哺、滋养与促进作用。

二 "五个文明"协调发展拓宽拓深中国经济学边界与内容

（一）"五个文明"塑造中国经济学的逻辑起点

"五个文明"协调发展塑造中国经济学的逻辑起点在于正视中国经济学的特殊性。对于世界文明多样性形态的认识彻悟，意味着经济学不再追求"普世"性，也不必强调何种经济制度最为"优越"，而是要求符合具体国家经济实情。当前中国经济学的知识体系构建过程围绕着"中国国情"量身定制，主要从社会经济关系、经济运行、经济发展三个层面出发，对中国的经济制度、经济效率效益、经济发展动力和经济安全进行研究框架的锚定（洪银兴，2022）。"五个文明"协调发展实际上是在更广阔的维度搭建了中国经济学知识体系的"四梁八柱"——通过政治文明、物质文明、社会文明、精神文明、生态文明的协调发展，五维锚定中国经济学的知识体系建设，将中国经济学知识体系构建的视野从狭义的经济学研究延伸至社会、政治、文史、生态等多领域、跨学科的交叉合作平台。"五个文明"协调发展锚定的中国经济学知识体系架构，是截然不同于西方经济学的全新范式。西方主流经济学剥离了历史、制度、文化等众多现实因素，在形式上追求完美均衡的数学表达，在复杂经济现实面前则缺乏理论与经济实践的深度契合。中国经济学不停留在抽象概念分析上，而是直面现实经济问题，旨在成为经世济民、经世致用的经济学科。中国经济学知识体系的构建，一方面以21世纪马克思主义政治经济学为指导，不排斥有选择地汲取西方经济学的积极成果；另一方面也以现行西方经济学理论的盲点和弊端为鉴，迫切呼唤建立独立自主的、符合中国国情的经济学理论体系。

"五个文明"一起抓，彰显了中国经济学知识体系的全面性。发展物质文明，推进了现代化经济体系建设取得重大进展。在物质文明建设成就上，我国在改革开放四十余年时间内实现"弯道超车"——超越西方发达国家几百年工业化历程，创造了经济快速发展奇迹，推动世界经济格局深度调整，推动世界力量对比出现"东升西降"的变化，同时并未像部分发展中国家那样深陷"中等收入陷阱"、依附性陷阱。努力建设社会主义政治文明，巩固和发展生动活泼、安定团结的政治局面。避免了西方金钱政治、党派纷争、政治极化、议而不决、短期行为的弊端，保证人民依法通过多种途径和形式管理国家事务、管理经济和文化事业、管理社会事务。推动精神文明建设高质量发展，牢牢掌握意识形态工作领导权，坚持以社会主义核心价值观引领文化建设，加强社会主义核心价值体系建设，注重用社会主义先进文化建设社会主义文化强国，提高社会文明程度，构筑起中国精神、中国价值，巩固全党全国各族人民团结奋斗的共同思想基础，形成了具有强大凝聚力和引领力的社会主义意识形态。大力提高社会文明程度，推进社会公平正义和民生福祉达到新水平。中国通过减贫治理实现福利分配公正，挑战了西方的福利国家理论，是福利国家理论的创新式发展。推动生态文明建设，坚持绿色发展理念，努力推进人与自然和谐共生的现代化。我国生态环境保护发生历史性、转折性、全局性变化，破解了发展与保护难题，为人类应对气候变化等全球性挑战提供了中国智慧和中国方案。

"五个文明"协调发展统筹兼顾中国经济学的多维度构建。习近平总书记指出，要在坚持以经济建设为中心的同时，全面推进经济建设、政治建设、文化建设、社会建设、生态文明建设，促进现代化建设各个环节、各个方面协调发展，不能长的很长、短的很短。实现物质文明、政治文明、精神文明、社会文明、生态文明的协调发展是社会全面进步的基础和前提，也是中国式现代化的应有之义。中国共产党充分吸取了西方现代化发展的经验教训，以工业化、信息化、城镇化、农业现代化叠加发展的"并联式"发展取代西方"串联式"现代化过程，体现了中国式现代化的协调性。中国式现代化不是单向度的现代化，而是统筹推进五个文明协调发展的现代化。

（二）"五个文明"协调发展拓宽中国经济学研究边界

从文明新形态所涵盖的内容看，"新"表现在我们在内在统一性的基础上，又延伸出新的创造。从文明创新的方式看，"新"表现在思想理念、制度体系、发展道路、人文精神、社会实践等方面，并且构成有机统一的整体，不是任何其他文明形态的简单模仿或"再版""翻版"，也不是对传统文明形态的局部修补和改良。从文明产生的基础看，"新"表现在以社会主义先进文化为本体，充分吸收革命文化、中华优秀传统文化和一切人类文明先进成果，是在中国特色社会主义伟大实践中形成的具有划时代意义的整体性文明创新。

"五个文明"协调发展创造人类文明新形态，拓宽了中国经济学研究边界。中国经济学的研究范围有多宽？马克思在写作马克思主义经济学时原本有六册计划，包括资本、地产、雇佣劳动、国家、对外贸易、世界市场。《资本论》只是马克思六册计划的第一册，也就是后来的政治经济学的基本框架和核心内容。中国经济学应该至少包括中国特色社会主义政治经济学、中国宏观经济学、中国微观经济学、中国发展经济学、中国开放型经济学、中国区域经济学、中国经济史、中国金融学、中国财政学和中国贸易经济学等。

经济学家黄亚生在《"中国模式"到底有多独特？》这本文集中将中国经济发展模式与二十世纪六七十年代的巴西作了比较，他发现两者之间有着惊人的相似。黄亚生的结论是，中国经济的发展模式并不独特，无论是成功经验还是发展困境，都不是中国特有的，都可以从世界其他国家的身上找到影子。成功经验是，中国的发展类似东亚各国，比如土地改革、民营经济的支持和教育卫生方面的投入；欠缺经验则可以在拉美国家找到影子，如民营企业的生存发展受到挤压、消费低、收入增速低。因此，中国经济的发展模式是对其他国家经济发展经验的高度凝练和严格存续。中国经济学的研究边界，不仅仅包括研究本国经济自身，也包括分析国外经济发展的经验与弯路，理解国别经济发展的一般性与特殊性。这就要求理论工作者在经济研究过程中兼顾经济模式、制度模式、政治模式、文化模式、地域特征（生态模式），这也正是"五个文明"协调发展的题中应有之义。

按照"五个文明"协调发展，中国经济实践成就需要从政治、经济、文化、管理、历史等多个学科视角去认识和阐释；中国经济学研究边界需要根据创新发展、协调发展、绿色发展、开放发展和共享发展的时代要求，与时俱进、动态协同扩张，深入挖掘经济运行的科学内涵、基本规律以及内在机理。中国式现代化涉及经济、社会、政治、文化的全方位转型，其间必然蕴含着国家和民族在历史文化视野中对现代化的不同价值取向和模式选择。当前，尤其需要重点尝试构建符合中国国情、基于中国实践、具有中国特色的政治经济学、创新发展经济学、生态经济学、共同富裕经济学等，努力形成中国特色的经济学学术体系，以此多维锚定创新特色的中国可持续社会主义经济学理论搭建。全面学理化阐释中国式现代化中关于经济发展物质财富的积累、制度模式的创新、中华文化的弘扬以及价值体系的塑造。

中国经济学的建立应该研究我国独有的资源禀赋，我国的政治制度、国家体制、经济环境、文化历史等。经济学是研究稀缺资源的合理配置与利用，稀缺性研究体现了经济学派的差异，唯有把握了我国独特的政治、体制、历史、文化、意识形态等资源禀赋，并作为约束条件具体分析，解释"五个文明"体系下的行为和现象，才能对中国经济学有所贡献。越是国家和民族的则越是世界的，中国经济学只有独立于西方经济学，才能成为完整的独立的中国经济学知识体系。

（三）"五个文明"协调发展拓深中国经济学研究内容

"五个文明"协调发展拓深中国经济学研究内容。中国经济走出了一条对外开放和对内改革充分结合的渐进式改革开放发展之路，具有鲜明的后发转型大国的特征，中国开放型经济学教材应对此有充分的学理总结和理论凝练。中国作为后发大国，开放型经济发展过程中的渐进式改革开放路径，是前无古人的伟大探索，具有丰富的实践内涵，有待借此总结提炼具有原创性、解释力、标识性的新概念、新范畴、新表述。

西方已经拥有一套完善的微观—宏观范式的经济学体系架构，我国至今还没有建立中国宏观经济学、中国中观经济学。因此，将中国伟大经济建设所形成的独创性重大理论成果学理化升华，形成中国宏观、中观经济切实可行的理论，是未来中国经济学的一大创新窗口。例如关于中国特色宏观经济调控理论的探索。相较于侧重于低收入阶段经济体经济发展研究的传统发展经济学，以及致力于发达经济体的总量调控而缺乏结构性调整的新古典经济学，中国经济学在解决一系列发展中经济体的经济疑难实践中走出了一条独特的社会经济制度变革范式（张卓元，2022）。因此，中国经济学对这段经济发展实践的学理化阐释，填补了传统发展经济学与新古典经济学的理论空白。例如中国在对宏观经济调控的探索方面，形成了极具国别性特色的结构性调控政策，诸如财政政策、产业政策、货币政策、区域政策等，通过这些原本在西方主流经济学中被视作"扭曲"的结构性政策，中国的宏观调控在实际的经济运作中颇具成效。

如果说传统发展经济学解决了低收入问题，新古典经济学解决了高收入问题，那么发展中国家的经济起飞到发达经济体的理论指导存在一个断层或者说理论空白，这个空白应由中国发展经济学理论来填补。洪银兴（2022）指出，中国经济学的知识体系构建是从社会经济关系、经济运行、经济发展三个层面出发，对经济制度、经济效率效益、经济发展动力和经济安全进行理论研究框架的锚定。基于此，当前中国经济学研究的定点有三：一是社会主义初级阶段的生产关系，二是社会主义市场经济的经济运行，三是跨越"中等收入陷阱"实现全面现代化的经济发展。目前，围绕这三大项经济学研究定点，已经形成了如社会主义初级阶段、社会主义本质论、"三个有利于"标准、家庭联产承包责任制、先富和共富、公有经济主体论、按劳分配与要素分配结合论、五大发展理念、供给侧结构性改革等不同于西方的原创性的中国"术语"。

三 "五个文明"协调发展全面具体"定制"了中国经济学

（一）中国经济学在建成全面小康的丰富"物质文明"中建构中国学派

小康是中华民族的千年梦想和夙愿。中国共产党人接续历代圣哲不懈的追求与梦想，踔厉奋发，领导人民终于从"小康社会"到"总体小康"再到"全面小康"，小康梦想终于成真。习近平总书记在庆祝中国共产党成立100周年大会上的讲话中指出，我们实现了从高度集中的计划经济体制到充满活力的社会主义市场经济体制、从封闭半封闭到全方位开放的历史性转变，实现了从生产力相对落后的状况到经济总量跃居世界第二的历史性突破，实现了人民生活从温饱不足到总体小康、奔向全面小康的历史性跨越。为此，2021年9月国务院新闻办公室发布《中国的全面小康》白皮书，这是对习近平总书记在庆祝建党百年大会上"全面建成小康社会"庄严宣告的全面阐释。全面建成小康社会昭示物质文明建设成就：国民经济持续快速增长，国家经济实力显著增强，人民生活水平显著提高。全面建成小康社会代表了我国物质文明的建设成就，是我们在中国式现代化新道路上艰辛探索和不断创新中创造的。

与此同时，经济改革发展的理论和政策也体现了一系列中国式经济学的创新——提出经济体制改革的核心是处理好政府和市场的关系，实现了理论上的重大突破和实践上的重大创新；作出了我国经济发展进入新常态的重大论断，提出了创新、协调、绿色、开放、共享的新发展理念；加快建设创新型国家，确立"三去一降一补"、"破、降、立"和"巩固、增强、提升、畅通"等阶段性方针政策；促进中国产业结构向高级化、绿色化、智能化方向转型升级，提升了中国工业化质量；构建以国内大循环为主体、国内国际双循环相互促进的新发展格局，推进了经济现代化进程。

从实践来看，中国式现代化新道路的科学性、超越性和成长性是中国经济发展的重大成果，为中国经济学理论创新和构建打下了扎实的基础。中国经济学新样式有可能表现在以下方面。

首先是中国式现代化理论。"中国式现代化"是中国共产党在探索现代化建设过程中提出的一个重要概念，是"四个现代化"概念的深化与发展。全面建设社会主义现代化强国，既不同于西方资本主义发达国家的现代化，也不同于苏联传统社会主义模式的现代化，中国式现代化道路不是"传统的""外来的"，更不是"西化的"，而是中国"独创的"的。只有在积极推进实践基础上的中国式现代化理论创新，才能形成中国经济学的话语体系、学术体系和学科体系。

其次是社会主义市场经济理论。习近平总书记在阐述马克思主义政治经济学的发展创新时提到，中国社会主义经济理论的一个重要创新，便是社会主义市场经济理论。[①]社会主义与市场经济的有机结合，是中国特色社会主义的重大理论和伟大实践。它是以社会主义初级阶段国情和理论为前提，在产权、分配、调节、开放等体制机制方面，在区域发展、新型农村、城镇布局、生态环境、民生改善、人口计划、教科文卫体等发展建设方面，均形成较为系统的理论。中国社会主义市场经济理论是整体性、系统性和综合性的创新，中国社会主义市场经济理论具有学理的科学性。这是因为该体系是由经济事实、基本概念、理论命题、实践检验、理论应用等不同环节组成的逻辑内洽体系，而这种逻辑体系揭示中国经济实践的内在规律并完成了实践标准的检验。

最后是习近平经济思想。习近平经济思想为什么"能"？一是习近平经济思想是构建中国经济学的理论基础。习近平经济思想是发展中国特色社会主义经济的总纲领和行动指南。它有明确研究对象、时代主题、科学内涵、独特学术话语体系和以中国实际问题为导向的科学方法论。二是习近平经济思想突出党对经济工作的领导，是中国经济学最核心、最本质的特征。中国特色社会主义经济制度的最大优势是党对经济工作的统一领导，

---

① 2015年11月23日，中共中央政治局就马克思主义政治经济学基本原理和方法论进行第二十八次集体学习，习近平总书记在会上阐述了马克思主义政治经济学的重要意义和发展创新等问题。

党的领导不仅是创新发展中国经济学的政治原则，而且是区别于西方经济学的根本制度，是中国经济学重大理论研究课题和重要理论创新内容。三是习近平经济思想是建构中国经济学概念框架体系的源泉。如创新、协调、绿色、开放、共享的新发展理念，经济发展新常态，供给侧结构性改革，现代化经济体系等，这些概念具有丰富深刻的内涵，构建了中国经济学概念框架体系与理论研究命题。四是习近平经济思想关于政府和市场的关系的阐述，是中国经济学理论的内核和精髓。市场和政府的关系始终是西方经济学关注的最重要的命题之一，习近平经济思想强调"使市场在资源配置中起决定性作用"和"更好发挥政府作用"的并重，所构建起来的政府与市场关系已经远远超越了西方经济学理论范畴，系统化梳理市场与政府的关系，并形成理论学说，就是中国经济学最大的理论贡献。中国经济学应以此为契机，研究习近平经济思想在引领中国经济发展的过程中不断形成的新经验、深化的新认识、贡献的新方案，打造易于为国际社会所理解和接受的中国经济学新概念、新范畴、新表述。

（二）中国经济学是"政治文明"取得历史性成就的建设召唤

一个国家的政治文明都有本国国情和历史文化传统的烙印，在政治文明建设中彰显其鲜明政治意识和政治制度。因此，政治文明建设是国家有目的的、有价值导向的政治行为，执政党和国家必然会按照自己的意志和价值取向来设计和推动政治文明建设，政治文明建设会呈现多样性和异质性特征，最终必然投射到经济建设之中，具体化并被标准编制、系统反映在经济学理论中。中国经济学要论证中国特色社会主义生产方式的优越性并揭示其客观经济规律性，必须提出并突出"中国经济学"的政治色彩。

中国经济学建构需要加入政治制度、意识形态等维度，从而形成以社会主义政治文明、社会主义经济制度形态等多维框架为支柱的新经济学范式。经济学自产生起就是政治与经济的学术统一。高鸿业先生早在1981年就提出西方发展经济学具有诱导发展中国家走资本主义道路的意识形态本质。陈岱孙先生在1983年也明确指出了西方经济学的阶级性——服务于资本的积累和资本家对剩余价值的占有。基于此，西方经济学围绕着"新自由主义"的立场，紧密拥护"自由市场调节"的信仰，一方面将马歇尔的微观经济分析与凯恩斯的宏观经济调控理论折中融合成了现代主流经济学的庞大系统框架，试图营造一门具有"普世性"的经济科学；另一方面极力追求资本主义生产方式的资本利益最大化，掩盖其对剩余价值剥削和占有的政治属性。

党的十六大报告指出，发展社会主义民主政治，建设社会主义政治文明，是全面建设小康社会的重要目标。这是首次在党的文献中提出建设社会主义政治文明。政治文明成果主要包括政治制度进步和政治观念提升。迄今为止，我们构建了中国特色政治制度，包括人民代表大会制度、中国共产党领导的多党合作和政治协商制度等；提出了"社会主义政治文明"这个创新概念，表达了政治民主化、政治公开化、政治法治化和政治科学化的社会主义政治文明追求。通过机构改革，转变政府职能，提高政府管理效率等取得了显著成效。其中，坚持加强党的全面领导是我国政治体制改革的历史性成就，是政治文明建设取得的辉煌成果之一。建立健全党对一切工作的领导体制机制，把党的领导与政府职能有机统一，理顺党政机构职责关系，有助于统筹调配、运转协调，形成统一高效的领导体制机制。

一百年来，党对经济工作的领导树立起从毛泽东经济思想到邓小平经济思想再到习近平经济思想的传承和创新"路标"。尤其是党的十八大以来，党对经济工作的领导特色在于：一是坚持以习近平经济思想指导经济工作、引领经济高质量发展。以习近平同志为核心的党中央围绕"实现什么样的发展、怎样实现发展"这一重大问题，提出了一系列新理念新思想新战略，在实践中形成和发展了习近平经济思想。其主要内容包括，树立"五大发展的理念"，以及厘清社会主义市场经济体制中政府与市场的关系等内容。二是加强党领导经济工作的制度化，形成了中央层面集体学习、专项会议、季度分析、年底召开中央经济工作会议的制度，以及根据经济形势变化召开中央全面深化改革委员会会议的党领导经济工作体制机制。三是不断改进经济决策方法。比如开展经济领域的调查研究，召集无党派人士、经济界学者研判经济发展的大政方针。四是不断改进经济动员方法，结合不同历史时期的特点，通过转移支付等计划、市场相结合的手段刺激经济增长。

习近平经济思想体现了中国经济学"中国版"的鲜明政治标识，对推进和拓展中国式现代化道路进行了深邃思考和科学判断。中国经济学应以此为契机，研究习近平经济思想在引领中国经济发展的过程中不断形成的新经验、深化的新认识、贡献的新方案，打造易于为经济学界所理解和接受的中国经济学新概念、新范畴、新表述。党领导经济工作是中国共产党百年实践中确立的重大政治原则，但是如何在学理上阐明党的领导与经济工作的关系，党的领导与政府和市场的互动关系，党的领导与公平、正义和效率的测度等问题，仍然是中国经济学需要深入研究的新课题。中国共产党百年取得的经济领域辉煌成就说明，党领导一切已经成为当代中国文明的模式，也是中国经济学有别于西方经济学的新样式。

（三）中国经济学在"精神文明"达到新高度中彰显社会主义经济学特质

发展精神文明，增强人民精神力量、提高社会文明程度、广泛凝聚人民精神力量，巩固全体人民团结奋斗的共同思想基础，是不断拓宽中国式现代化新道路的深厚支撑。当代中国的经济发展经验是不能够与过去五千年的精神文明割裂开来的。当前中国经济行为人的思维方式、消费观、危机意识以及行为模式等都刻着中华文明五千年的烙印。这也决定了中国经济学所谓的"话语特色"，是以中华五千年优秀精神文明的传承为底色的。西方经济学范式抽象掉了意识形态因素，以逻辑演绎方式形成了微观—宏观范式的主流经济学体系，似乎适用于任何文明形态和国家社会，实际上却脱离了真实世界。均衡理论虽然完美到能够逻辑自洽，但其普适性只适用于以西方文明为基础的经济学，适合于对西方经济特别是工业化的理论解释。中国传统经济思想具有先进的思想表达、丰富的经济内涵，形成了一系列具有中国特色的经济学概念，闪耀着经济思想智慧之光，一度成为西方经济学的先行思想构成因素之一。

新中国成立70多年来，我国经济高歌猛进一跃成长为世界第二大经济体，实现了从低收入国家到中高收入国家的历史性跨越。伴随中国社会物质文明进入极大丰富充足时期，我国精神文明建设取得了重大进展。习近平总书记指出，新时代精神文明建设应当在目标维度上推动精神文明建设与物质文明建设的平衡、内容维度上用文化自信思想指引精神文明建设内容体系的优化、方法维度上用创新思维方法助推精神文明建设实践活动的完善，为中国经济学提供新的理论支撑和实践指导。习近平总书记提出文化自信思想，并指出文化自信是更基础、更深厚的自信，文化自信是建立在对中华民族传统文化有较为全面且深刻的理解，从心理上最大限度地接受中华民族传统文化的濡化与熏陶，并将其转变为自身的道德规范和实践指引，立足于精神文明的文化自信将对中国经济学建设产生重要影响。

首先，社会主义精神文明引领下的中国经济学是社会主义经济学。中国经济学是对中国经济发展尤其是改革开放以来经济快速发展实践的系统理论总结。中国经济发展是在中国共产党领导下的经济发展，是以马克思主义及其中国化理论为指导的经济发展，是社会主义经济发展成功经验的系统总结，这就决定了中国经济学首先是社会主义经济学。其次，中国经济学体现人民性特征。人民性是贯穿中国经济学建设的逻辑主线。党对经济工作的领导，中央和地方经济工作的重点与经济发展努力方向，无不是以人民根本利益为宗旨，因此人民范畴贯穿了中国经济制度、经济运行、经济发展等中国经济学基本问题的始终。最后，中国经济学要善于汲取融通中国传统优秀经济思想。国外著名经济学家并不吝啬赞美中国传统优秀经济思想。弗朗斯瓦·魁奈在《中华帝国的专制制度》中，就曾高度赞扬中国的重农思想，认为中国对于自然法则的研究"臻于最高程度的完善"，"中国的统治制度是建立在自然法的基础上"，认为中国的理论"完全可以作为一切国家的范例"，并以中国的案例证明"确立自然秩序的那些规律是永恒和颠扑不破的"。凯恩斯在1912年为《孔门理财学》所做的书评中花了约三分之一的篇幅来转述中国的货币制度和思想，并指出汉代贾谊、宋代袁燮、明代叶子奇等"中国学者早就懂得格雷欣法则和数量理论"。再如司马迁也早在亚当·斯密之前就在《史记·货殖列传》中提出了市场机制的概念，以及"看不见的手"的等价隐喻。中国历史上数次变法变革——管仲改革、商鞅变法、王莽改制、北魏孝文帝改革、刘晏变法、后周世宗改革、范仲淹庆历新政、王安石变法、张居正改革、戊戌变法、清末新政等，都是社会经济发展到了一定时期对既有体制机制桎梏的突破，其中包含经济制度变法。诚如钱穆所言"任何一项制度，绝不是孤立存在的"。对于中国经济学而言，经济制度改革的系统性、整体性、协同性是大难题。如何处理好政府与市场的关系，中国历史上政治与经济改革思想，对于当下的中国经济学建设具有重要借鉴意义。

（四）中国经济学在"社会文明"感召下成就人与社会的新经济学范式

英国哲学家托马斯·霍布斯在《利维坦》中第一次使用"文明"一词来描绘"教化""高雅"的社会状态。广义的社会文明囊括了政治、经济、文化、社会等多领域多方面的人类财富的总和，是整个社会开化程度和社群进步状态的综合性呈现形式；狭义的社会文明则指代物质文明、精神文明、政治文明等微观、具体文明形态的集中聚合，具体表现为社会的综合发展和人们生活质量、生活幸福指数的状态。因此，在"社会文明"的感召下构建中国经济学，不仅仅需要理论工作者们科学合理、全面系统的理性规划，还需要全方位统筹兼顾，抬高视野和战略立足点，针对世界形势、经济政策和社会发展制定与时俱进的系统优化方案。

党的十九大首次提出社会文明是国家建设发展目标。[①]党的十九届五中全会把"社会文明程度得到新提高"写入"十四五"经济社会发展主要目标：社会文明程度得到新提高，社会主义核心价值观深入人心，人民思想道德素质、科学文化素质和身心健康素质明显提高，公共文化服务体系和文化产业体系更加健全，人民精神文化生活日益丰富，中华文化影响力进一步提升，中华民族凝聚力进一步增强。可见，社会主义核心价值观是社会文明的中心理念，它将国家价值目标、社会价值准则和公民价值规范有机融合在一起。在24个字的社会主义核心价值观中，[②]"富强、民主、文明、和谐"是国家追求的价值目标；"自由、平等、公正、法治"是社会遵

---

① 从原来的四个文明变成五个文明，即物质文明、政治文明、精神文明、生态文明和社会文明。

② 社会主义核心价值观是指"富强、民主、文明、和谐，自由、平等、公正、法治，爱国、敬业、诚信、友善"。

守的价值取向；"爱国、敬业、诚信、友善"是公民恪守的价值准则。从经济学视角解读"富强、民主、文明、和谐"国家层面的价值目标，对构建中国经济学具有学术指导意义。

首先，"富强"即国富民强，是社会主义现代化国家经济建设的目标追求，是承载中华民族复兴梦的美好夙愿，也是国家富足、邦泰人安的物质基础。社会主义核心价值观将"富强"放于首位，这是自鸦片战争以来"国贫民弱"的历史教给中华民族的真理，唯有以经济为中心解放和发展生产力，实现国家富庶、兵力强盛，才能战胜内部贫弱、避免外部挨打。从经济学理论和经济实践来说，社会主义国家的富强，一方面要体现国家制度与社会主义公有制经济制度的优越性；另一方面要体现沿着中国式现代化道路走向共同富裕的国家强盛。以公有制为主体、多种所有制经济共同发展的中国特色社会主义经济制度是社会主义富强的前提。没有公有制主体谈不上国强，摒弃多种所有制的共同富裕不可能民富。而共同富裕本身是效率与公平的统一，"富裕"意味着生产力的高效率发展，没有效率的发展不可能实现富裕。

其次，我国经济工作始终坚持人民当家做主，"民主"成为中国经济的鲜明特征。我们将马克思民主理论与中国实际相结合，走出了一条不同于西方的中国特色社会主义民主，即中国式民主之路。中国式现代化发展道路的前提是破除思想僵化、解放思想，关键在于民主。没有民主就不会有思想解放、理论创新。例如，在宏观经济层面，我们实行分权式民主，在中央与地方关系上，实现向地方有效分权，强调权力下放，调动地方的积极性与主动性。经济民主体现在国家向社会、政府向市场分权。在微观管理层面，推行企业协商民主制度建设，认为企业、工会和职工代表都是民主协商的平等主体，制度建设目标是促进劳资双方及职工内部不同利益群体之间求同存异、平等议事、共谋发展。主要采取的形式有健全会议式协商、完善投票式协商、强化团体式协商、开展专题式协商、丰富个体式协商和探索群体式协商。

再次，西方经济学抽掉了"文明"形态因素（金碚，2022），近乎形式主义地追求数学检验。剥离历史和文化的高度抽象看似使西方经济学在形式上达到了完美的均衡状态，但诸如强调个体主义的自利人原则经济预设实际上仍然是衍生于西方文明基础。各国历史文化和社会制度产生的文明差异自古就存在。没有文化多样性，就没有人类文明的斑斓多姿。滋生于中国文明土壤的中国经济学意味着不会再追求所谓的"普世"价值，也不必强调何种经济制度最为"优越"，而是要求符合中国国情。中国文明经济学就是要研究如何将资源合理配置促进文明发展，把道德血液输送进一切经营活动，文明经济学反对急功近利，主张经济搭台、文明唱戏。

最后，社会"和谐"讲求和谐经济学，谋求经济制度安排协调好各方经济主体利益。一个企业仅是追求利润不会成功，一个社会仅是追求经济总量增长也不会美好。和谐经济是将和谐主线贯穿于生产、分配和消费诸环节，它倡导经济系统内部与外部的和谐，以克服失衡经济学所带来的内部经济而外部不经济行为，它是不同经济主体之间利益和谐的经济。当今"和谐"理念已渗透到中国经济社会发展的各个层面，"和谐"理念催生中国经济积极变化。"既要金山银山，也要绿水青山"的全新经济实践不断深入，在新一轮经济增长周期内，作为衡量经济增长质量的科技进步贡献率的比重大幅增加，说明中国经济增长方式正在发生重大变化。可见，和谐能创造出无限潜力的生产力，和谐经济学是文明时代和谐发展视野下的主流经济学。

"富强、民主、文明、和谐"是社会主义中国的不懈追求。社会主义核心价值观是社会主义意识形态的本质要求和社会规范。世界银行在《2015年世界发展报告》中指出，社会规范是指群体成员广泛接受的、关于群体成员可能做什么、应当做什么的共同信仰。市场经济需要规则约束有关主体行为规范，也需要优化营商软环境的社会主义核心价值观的规范引导。社会主义核心价值观是一种制度安排，严格说是非正式制度安排。其经济学意义在于：界定了人的行为规则，节约了决策与行为选择的时间，节约交易成本，节约监督成本和减少搭便车行为。中国经济学建构必须考量"社会文明"因素影响，把握社会主义核心价值观建设需要与遵循社会主义市场制度的辩证关系。

首先，中国经济学要从注重"物"与"事件"的研究转变为关注"人"

与"社会"的"美好生活经济学"研究。以人与社会的互动来开阔视野，注重社会多元性、包容性和融合性等社会因素，以人们美好生活经济学的追求为研究目标，围绕就业、收入分配、教育和中央关注、人民群众关心的问题展开，探讨创造人民美好生活的经济学路径以及共同富裕经济学。其次，文明的多形态、多样化需要引入文化、社会和制度等维度，形成涵盖经济生态理性、价值多元文化和人口社会影响因素的域观经济学范式。中国经济学必然摒弃单一因素走多样性生态化"复杂经济学"的道路。再次，中国经济学的研究方向需要关注文明发展进程中的社会领域：一是聚焦科技事物的追踪和研究，比如新能源革命等；二是聚焦区块供应链研究，分析区块链在农产品食品、医疗健康、汽车、航空、运输物流、供应链金融等领域的应用场景，研究中国的核心竞争力、产业集群和产业供应链的经营等问题；三是注重民生经济领域研究，紧扣新时代民生经济学研究的三大关键领域即教育、医疗和住房，研究"让全体人民学有所教"的民生经济学、"让全体人民病有所医"的民生经济学、"让全体人民住有所居"的民生经济学。最后，中国经济学仍需关注中国的人口社会、教育健康和政府市场等问题，这既体现了鲜明的中国特色，同时也是中国经济学应答中国社会文明昌盛的题中应有之义。

（五）中国经济学是"生态文明"范式下的理论意识自醒

绿水青山就是金山银山。只有实现经济发展与生态文明建设有机统一，才能走好经济发展、生活富足、环境优美的文明发展道路。生态文明是人类与自然之间相互作用而产生的一种文明形态，是人类物质文明和精神文明的总和，是经济社会与资源环境协调发展的文明状态，也是实现人类社会可持续发展所必需的社会进步状态。党的十九届六中全会通过的《中共中央关于党的百年奋斗重大成就和历史经验的决议》指出，党的十八大以来，党中央以前所未有的力度抓生态文明建设，全党全国推动绿色发展的自觉性和主动性显著增强，美丽中国建设迈出重大步伐，我国生态环境保护发生历史性、转折性、全局性变化。这说明我国生态文明建设取得了重大进展。党的十八大以来，以习近平同志为核心的党中央从中华民族永续发展的高度出发，深刻把握生态文明建设在新时代中国特色社会主义事业中的重要地位和战略意义，大力推动生态文明理论创新、实践创新、制度创新，创造性提出一系列新理念新思想新战略，形成了习近平生态文明思想。

习近平生态文明思想丰富了中国式现代化道路。从西方国家现代化的历程来看，现代化与工业文明相伴而生，在实现生产力快速发展的同时付出了巨大的生态环境代价。习近平生态文明思想在深刻反思西方传统现代化模式的基础上，站在人类命运和中华民族永续发展的战略高度，提出我们建设的现代化是人与自然和谐共生的现代化，强调坚持尊重自然、顺应自然、保护自然基本原则，守住自然生态安全边界，将美丽中国作为社会主义现代化强国建设重要目标，致力于实现生态化和现代化共融共赢。另外，习近平生态文明思想拓展了人类文明新形态。习近平生态文明思想提出的生态文明是工业文明发展到一定阶段的产物，是实现人与自然和谐发展的新要求，使生态文明成为人类文明新形态的核心要件和鲜明特质。从生态文明角度看，人类文明新形态"新"在以人与自然和谐共生为价值引领，"新"在坚持以人民为中心的立场、以满足人民优美生态环境需要为目标，"新"在强调有为政府和有效市场的结合，在加强党对生态文明建设全面领导的同时，将市场化机制作为实现外部性内部化的治理手段。习近平总书记指出，"十四五"时期我国生态文明建设进入了以降碳为重点战略方向、推动减污降碳协同增效、促进经济社会发展全面绿色转型、实现生态环境质量改善由量变到质变的关键时期。这是以习近平同志为核心的党中央敏锐洞察我国进入新发展阶段的重大历史跨越，深刻把握人与自然发展规律和我国现代化建设重要特征，作出的重大战略决策，指明了生态文明建设的历史方位。

习近平生态文明思想在新时代中国特色社会主义建设中的践行，为中国经济学的理论与方法创新提供了研究的土壤。首先，需要强化生态文明范式下的中国经济学理论意识。西方一些经济学家和生态学家从保护自然的角度分析自然的价值，有的学者按照效用价值原理，核算生态系统的服务价值，却不能在市场中得以实现。无论是古典经济学的劳动价值，还是新古典经济学的效用价值，抑或是自然保护经济学的非使用价值，都没有正视自然的价值，没有认识到自然创造价值是人类社会财富价值的源泉之一。"绿水青山就是金山银山"理念以朴实的语言，科学揭示了自然的价值，明确自然能够创造价值。目前的分配制度是按照劳动力、资本、土地、知识、技术、管理、数据等生产要素的市场贡献决定报酬，而没有明确将自然要素纳入其中。"绿水青山就是金山银山"理念的分配理论，认可了自然的贡献及其应享的回报，说明过去传统的经济学理论和方法论体系越来越不适应向生态文明转型进程中的经济社会发展实际，需要用"绿水青山就是金山银山"理念进行改进和重塑，进一步明确自然作为价值来源和生产力要素的贡献与地位。生态产品中，不仅包含着产品生产者的劳动，而且包含着人类世世代代的保护性劳动和开发性劳动。加强这方面研究，有助于不断深化对"绿水青山就是金山银山"理念的学理化阐释。

其次，需要建设中国新时代生态经济体系。2018年5月，习近平总书记在全国生态环境保护大会上提出，要加快构建生态文明体系，加快建立健全以生态价值观念为准则的生态文化体系，以产业生态化和生态产业化为主体的生态经济体系。建设新时代生态经济体系应当以习近平生态文明思想为指导，研究生态系统和经济系统叠加的复合系统的模式、结构、功能、运行及其规律性的学科体系。在理论创新方面，要加强生态文明理论的研究阐释。一是全面系统、完整准确地研究阐释习近平生态文明思想理论体系的内容组成、内在逻辑和思想精髓。二是把理论研究与社会实践结合起来，加强对绿色技术创新成果转化机制、政府绿色采购制度等重点领域的研究。三是加快构建生态文明范式下中国经济学的学科体系、学术体系、话语体系。

最后，中国经济学既要探究在生态经济领域如何适应生产力发展要求变革的生产关系、完善体制机制，又要探究生态经济发展规律。结合我国生态文明建设的实践具体问题，创新发展中国特色生态经济学，深入研究生态产品的产权界定和交易规则、成本收益核算、碳达峰碳中和的实现路径等重要问题。力争2030年前实现碳达峰，2060年前实现碳中和，是以习近平同志为核心的党中央统筹国内国际两个大局作出的重大战略决策，是着力解决资源环境约束突出问题、实现中华民族永续发展的必然选择，是一场广泛而深刻的经济社会变革。深入研究碳达峰碳中和目标任务的实现路径，也是创新发展中国经济学的重要内容。

四 结语

"五个文明"协调发展决定了中国经济学的理论特性。中国经济学既具备揭示发展中国家后发经济实力赶超的经济增长一般性规律的能力，也是以"经世济民、经世致用"为理论建设的目标，以厚德载物为资源配置的原则，以自强不息为发展的方式，以实现人的全面发展和全人类可持续发展为归宿的经济学中国学派，是彰显中国智慧的中国方案。因此，把脉物质文明、政治文明、精神文明、社会文明、生态文明的协调发展，是中国社会全面进步的基础和前提，也是中国经济学核心特征之所在。构建中国自主的经济学知识体系不是像西方经济学那样构建单向度的一般性经济增长理论，而是统筹推进"五个文明"协调发展的有机整体和宏大工程。人类文明新形态的创建与"五个文明"的建设成就，对中国经济学建构起着反哺、滋养与促进作用。

参考文献

[1] 陈岱孙，1983，《西方经济学与我国的现代化》，《世界经济》第9期。

[2] 程恩富，2017，《经济思想发展史上的当代中国社会主义市场经济理论》，《学术研究》第2期。

[3] 程霖、张申、陈旭东，2020，《中国经济学的探索：一个历史考察》，《经济研究》第9期。

[4] 丁涛，2022，《西方经济学意识形态批判与新时代中国经济学发展》，《世界社会主义研究》第5期。

[5] 高鸿业，1981，《为什么要研究西方发展经济学》，《世界经济》第7期。

[6] 高培勇，2022，《深入学习贯彻习近平总书记重要讲话精神加快构建中国特色经济

学体系》，《管理世界》第6期。

［7］黄群慧，2021，《中国共产党领导社会主义工业化建设及其历史经验》，《中国社会科学》第7期。

［8］洪名勇，2018，《社会主义核心价值观：一个经济学的解释框架》，《贵州大学学报（社会科学版）》第5期。

［9］洪银兴，2022，《论中国式现代化的经济学维度》，《管理世界》第4期。

［10］金碚，2022，《工业化从机器观向生态观的衍生》，《中国发展观察》第7期。

［11］刘守英，2022，《中国经济学知识体系的自主性和一般性》，《公共管理与政策评论》第6期。

［12］潘家华，2020，《构建生态文明范式下的新经济学》，《民生周刊》第18期。

［13］裴长洪，2022，《术语的革命：中国开放型经济学的建构——在百年建党经验指引下探索理论创新之路》，《南京社会科学》第1期。

［14］宋光茂，2022，《什么是中国特色生态经济学?》《人民日报》8月23日。

［15］徐杨、李曦辉，2022，《人类文明新形态下中国学派的建构探讨——经济学管理学中国学派研究60人论坛第四届年会观点综述》，《首都经济贸易大学学报》第1期。

［16］杨祖增，2022，《高水平建设现代化经济体系的全局意义和战略部署》，《浙江经济》第8期。

［17］张林、郭楚晗，2022，《西方经济学多元主义的演进与中国经济学的多元建构：一种范式转换与重塑》，《上海经济研究》第9期。

［18］中共中央宣传部、中华人民共和国生态环境部编，2022，《习近平生态文明思想学习纲要》，学习出版社、人民出版社。

［19］周绍东、张毓颖，2022，《我们需要什么样的中国经济学》，《安徽师范大学学报（人文社会科学版）》第2期。

［20］周文、何雨晴，2022，《西方经济学话语特征与中国经济学话语体系建设》，《山东大学学报（哲学社会科学版）》第1期。

［21］曾贤刚，2020，《构建新时代生态经济学　建设新时代生态经济体系》，《人民周刊》第15期。

［22］张卓元，2022，《建构中国自主的经济学知识体系——评〈中国经验与中国经济学〉》，《经济学动态》第4期。

（责任编辑：焦云霞）

经济治理结构演变的历史规律研究

连锦泉　李睿睿　吕　岩[*]

摘　要： 围绕市场和政府在经济发展中的作用与边界问题，经济学已有百年纷争。党的二十大报告提出要充分发挥市场在资源配置中的决定性作用，更好发挥政府作用，其经济学含义是通过优化经济治理结构，进一步推动生产效率提升。本文旨在探寻人类社会发展进程中经济治理结构演变的历史规律及其现实意义。首先，采用量化政府治理效用占比方法，基于英国822年和中国919年政府治理占比呈"U"形演变的特征事实，提出人类社会经济治理结构中政府治理占比演变随经济社会发展呈先下降后上升的"U"形特征、市场治理占比演变呈倒"U"形特征假说。其次，建立经济治理结构演变模型，用新古典范式证明经济治理结构内生于微观个体对政府治理成本与收益的权衡，得出政府治理占比与经济发展水平之间存在二次相关关系，并使用全球137个经济体219年的数据实证予以验证。最后，将假说上升为理论，从分工协作、交易成本与经济治理出发，提出经济治理结构演变的历史规律，并演绎人类社会经济发展历程。本文解释了新中国成立后经济治理结构演变的历史成因，预判未来人类社会经济治理结构中政府治理占比将高位上升的演变趋势。在当今世界面临百年未有之大变局下，把握经济治理结构演变的历史规律和未来发展趋势，更好地运用

---

* 连锦泉（通讯作者），首席经济学家，中国人民财产保险股份有限公司，电子邮箱：lianjinquan@picc.com.cn；李睿睿，中国人民财产保险股份有限公司，电子邮箱：liruirui@picc.com.cn；吕岩，中国人民财产保险股份有限公司，电子邮箱：lvyan09@picc.com.cn。感谢匿名审稿专家的宝贵意见，文责自负。

经济治理推动我国经济发展，助力加快推进中国式现代化，具有重大的理论和现实意义。

关键词： 经济治理结构　政府治理　市场治理　分工协作

一　引言

自人类社会诞生以来，从原始部落到工业化国家都面临着如何组织开展经济活动，更好发挥分工与协作作用，以更高效率获取更多经济产出的问题，到现代这一问题演变为如何更好发挥市场和政府的作用。围绕市场和政府在经济发展中的作用与边界问题，经济学已有百年纷争。政府和市场作用表现为政府和市场对经济的治理效用，二者治理效用大小反映为经济治理结构。研究经济治理结构具有重大的理论价值和现实指导意义，许多学者对此问题进行了深入研究。

治理的原意是控制、引导和操纵[①]，原本主要用于公共事务相关的管理活动领域。联合国全球治理委员会对治理的定义是：治理是各种公共的或私人的个人和机构管理其共同事务的诸多方式的总和，是使相互冲突的或不同的利益得以调和并且采取联合行动的持续的过程。20世纪80年代后，"治理"概念被频繁使用在经济学研究中，用以描述公共部门和私人部门对经济活动的控制、引导、操纵、调节等行为，促使经济活动形成良好秩序，提高生产效率，推动经济更好发展，进而形成"经济治理"概念。

根据《新帕尔格雷夫经济学大辞典（第三版）》中的定义，经济治理是指通过正式或非正式制度，支持经济活动和经济交易的过程，包括保护产权、执行契约、采取集体行动以提供物理或组织基础设施等（Eatwell 和 Milgate，2018）[②]。围绕经济治理对经济发展的作用，Bota-

---

① 《牛津英语词典》对"治理"方式的界定包括控制、指导、调节影响、支配、掌握等，并指出"治理"代表了一种良好秩序（Eatwell 和 Milgate，2018）。

② 参见 "Economic Governance" 词条，John Eatwell, Murray Milgate, Peter Newman. 2018. "The New Palgrave Dictionary of Economics（Third Edition）." Palgrave Macmillan，p.3289。

Avram（2018）基于数据实证，提出国家层面的经济治理是经济增长的格兰杰原因，反之则无法确认。Mamun 等（2017）、Daryaei 等（2017）基于数据实证，提出经济治理质量是经济增长的关键驱动因素。Murrell 和 Olson（1991）、Olson 等（2000）认为好的治理使后发国家能够充分发挥后发优势，实现比发达国家更快的经济增长。Li（2003）基于治理方式，将经济治理划分为关系治理和规则治理，并提出在市场规模较小时，关系治理的交易成本较低，在市场规模较大时，规则治理的交易成本较低。Dixit（2009）提出，好的经济治理通过保护产权、执行契约、促进合作等方式，促进经济活动开展。围绕经济治理的主体，萨缪尔森指出现代经济是混合经济，经济体通过政府和市场开展经济治理，调节微观经济个体的经济活动（萨缪尔森等，2013）。青木昌彦将市场治理归纳为各种经济主体在市场上按各方一致认同并遵循的规则开展经济活动的过程（青木昌彦，2001）。萨缪尔森将政府治理概括为"政府通过它的资源所有权和实施经济政策的权力解答基本的经济问题"（萨缪尔森等，2013），斯蒂格利茨认为政府治理是政府通过管制、税收、补贴等方式改变经济个体行为，同时直接从事一部分经济活动并发挥作用（斯蒂格利茨，2005）。政府和市场在经济治理中的作用边界和所发挥作用的大小表现为经济治理结构，萨缪尔森将其归纳为"市场和政府界限"（萨缪尔森等，2013），斯蒂格利茨将其表述为"定义政府活动和私人活动的合适界限"（斯蒂格利茨，2005）。也有学者认为经济治理主体还包括社会[①]，形成政府、市场、社会三元治理结构。

不仅现代经济需要政府参与，在近代乃至古代，类似政府通过威权控制、管理经济个体开展经济活动的现象就普遍存在。从某种意义上说，原始社会的氏族和部落管理、奴隶社会和封建社会的王国统治都与现代政府

[①] 如威廉姆森（2020）将社会准则、习俗、道德观念、传统等因素纳入治理机制，奥斯特罗姆（2012）基于对社区自我管理的研究，提出"多中心治理理论"。虽然奥斯特罗姆肯定社区自治的作用，但究其本质仍然从属于广义的市场治理。在没有政府威权参与下，社区自治是建立在市场机制基础上的自我治理。

治理有相似之处①，例如依托威权制定制度、组织或参与经济活动、提供公共品、实施再分配等。为研究和叙事方便，本文在考察经济治理结构历史演变时，将历史上类似现代政府治理经济的方式也都纳入政府治理范畴。同样，在古代和近代，虽然还没出现现代意义的市场经济，但个体在开展经济活动时，无论是在自然经济条件下的剩余产品交换，还是在商品经济条件下的简单商品交换，其所遵循的行为规范与现代市场治理有类似之处，例如都需要明确产权、遵守契约、恪守信用，本文在考察经济治理结构历史演变时，也将历史上类似市场治理经济的方式纳入市场治理范畴。有学者提出的社会治理问题，由于其主要通过社会自治约束个体行为，从本质上讲仍属于非威权治理，本文将社会治理也纳入市场治理范畴。

围绕市场和政府的重要性问题，在经济学百年纷争中，已成为划分经济学主要流派的重要标志。这一纷争可以追溯到重商主义和古典经济学的争辩，斯密对重商主义提出批判，认为政府应当主张自由放任政策（兰德雷斯和柯南德尔，2014）。20世纪30年代，哈耶克和凯恩斯围绕政府和市场的作用展开了"世纪之辩"，战后西方各国奉行凯恩斯主义，政府干预成为主流经济思想。20世纪70年代，以哈耶克、弗里德曼等学者为代表的新自由主义反对政府干预，坚持市场自我调节和缩减政府功能，在大滞胀后期取代凯恩斯主义获得主流地位。2008年全球金融危机爆发后，学界又出现了回归凯恩斯主义的倾向，再度提倡政府干预，如克鲁格曼认为，凯恩斯主义理论提出了正确的政策建议，即采用积极的财政政策（德弗洛埃，2019）。政府和市场关系论战，历经百年，这一论战实质是围绕经济治理结构展开。如凯恩斯主张扩大传统政府管理功能，实质是提升政府作用，哈耶克和弗里德曼主张回到自由市场和政府作用最小化时代，实质是提升市场作用。

从古代到现代，经济治理结构一直在发生改变。许多学者致力于研究经济治理结构演变的内在根源，探寻经济体在不同条件下的最优经济治理

---

① 如恩格斯在《反杜林论》中指出，在原始公社中存在维护共同利益的工作，被赋予了某种全权，这是国家权力的萌芽。这样的职位，在任何时候的原始公社中，例如在最古的德意志的马尔克公社中，甚至在今天的印度，还可以看到。

结构问题。萨缪尔森指出，合理划分市场和政府界限是一个长期而持久的课题（萨缪尔森等，2013）。斯蒂格利茨指出，政府发挥的作用及政府应发挥怎样作用的观点，随时间的推移而有明显变化……私人部门在提供有效结果、满足特定基本社会需要上有很大局限性，矫正这些失灵的努力导致政府在市场经济中的作用扩大（斯蒂格利茨，2005）。瓦格纳提出工业革命完成后公共支出不断增长的"瓦格纳法则"，其实质是政府职能不断扩张的外在表现。萨缪尔森将最优经济治理结构问题归纳为市场和政府的"黄金分割线"（萨缪尔森等，2013），坦茨将其归纳为"如何在两个极端之间确定政府的最优干预度"（坦茨，2014）。Wallis和North（1986）基于对美国经济的测量，发现1870~1970年美国经济中交易部门的占比和政府开支的占比都出现明显上升。North（1990）、North和Wallis（1994）提出制度的存在是为了降低市场交易不确定性。政府可以通过界定竞争与合作的基本规则，降低交易不确定性，以使社会产出最大化。人们以自身利益最大化为导向，不断改变交易的协定或契约，无数次具体而微小的变化积累形成重大的制度变迁。Williamson（1971）基于交易成本开展市场与企业的最优治理边界研究，为开展政府和市场最优经济治理结构的研究提供借鉴方法。布坎南（2020）指出人们通过个体或集体方式针对经济资源的使用做出决策，集体结果产生于众多以各种个体身份行事的人的效用最大化行为。

上述研究表明，经济治理对经济体的经济增长具有重大影响。对经济治理的研究，传承了古典经济学、新古典经济学对市场作用的研究，凯恩斯主义对政府干预的研究，新古典对政府和市场边界的研究，以及新制度经济学、新经济史学对经济制度和政府作用的研究。党的二十大报告提出以中国式现代化全面推进中华民族伟大复兴，深入推进国家治理体系和治理能力现代化，在经济领域要充分发挥市场在资源配置中的决定性作用，更好发挥政府作用，其经济学含义是通过塑造契合中国经济发展的经济治理结构，构建高水平社会主义市场经济，加快构建新发展格局，推动高质量发展。因此，进一步研究经济治理作用于经济发展的内在逻辑，把握经济治理结构演进的历史规律，对于从理论上破解政府与市场作用的百年纷争，从实践上把握好政府和市场边界，更好地运用经济治理推动经济高质量发展，助力加快推进中国式现代化，具有极为重要的理论和现实意义。

为揭示经济治理结构演变的历史规律，本文采用度量政府治理占比方法，基于英国822年和中国919年财政开支占经济产出比例数据，发现随着经济发展水平的提升，政府治理占比呈现由高到低再由低到高的"U"形特征。鉴于英国和中国经济治理结构演变史具有代表性，我们提出人类社会政府治理占比的历史演变具有"U"形特征，市场治理占比演变呈倒"U"形特征假说；为验证假说，建立经济治理结构模型，指出最优治理结构内生于经济体内微观个体对生产效率的追求，提出经济治理结构理论，基于全球137个经济体在过去219年的历史数据，验证模型的科学性，将假说上升为理论，并提出经济治理结构演变的历史规律；据此解释了新中国成立后我国经济治理结构演变成因，并研判未来人类社会经济治理结构中的政府治理占比将高位上升的演变趋势。

二 经济治理结构及其度量方法

（一）经济治理与经济治理结构

如引言所述，为反映经济发展中政府和市场发挥作用大小，学者引入经济治理和经济治理结构等概念。基于概念引入初衷，综合前人研究，本文认为经济治理是指人类通过正式或非正式制度安排，对经济活动所进行的控制、管理、规范和引导，包括政府治理和市场治理。其中，政府治理是指政府部门基于威权，制定法律法规、实施经济政策、直接开展经济活动，对经济进行控制、管理和引导。为开展实证研究，我们将与之相似的、在古代和近代通过威权来控制和管理经济的方式也纳入政府治理范畴。市场治理是指市场基于个体逐利，通过市场机制规范和引导经济个体开展经济活动的方式。同样为了开展实证研究，我们将现代市场经济出现之前、在自然经济条件下的剩余产品交换和简单商品经济条件下的商品交换所遵循的规范，以及社会自治等都纳入市场治理范畴。

政府治理通过制定和维护经济制度，促进经济有序开展；通过实施经济政策和直接开展经济活动，缓解外部性问题、提供公共品、增进分配公平、稳定宏观经济，推动经济增长。市场治理通过供求机制、价格机制、竞争机制、风险机制，为微观经济个体提供各方一致遵循的经济规则，促进市场信息传递，引导资源有效配置，协调微观经济个体开展经济活动。

经济治理在经济发展中所发挥的作用体现为经济治理效用。经济治理效用是指人类通过政府或市场开展经济治理，调和个体利益冲突，提升经济体生产效率的成效。按经济治理主体，可分为政府治理效用和市场治理效用。不同经济体、不同历史时期，政府治理和市场治理在经济治理中所发挥的效用不尽相同，二者效用相对大小体现为经济治理结构，即经济治理结构可表示为政府治理和市场治理各自发挥效用的占比，根据定义可表示为：

$$政府治理效用占比+市场治理效用占比≡1 \qquad (1)$$

（二）经济治理结构度量方法

财政是国家能力的基石，财政收支是政府履行职能的经济基础，政府职能边界决定了财政收支的范围和规模。除大规模战争等特殊情况外，政府占用并配置的资源越多，说明政府规模越大，治理经济的能力越强，发挥的治理效用就越大。与政府治理相似，微观经济个体通过市场配置自身所拥有的资源，实现自身利益最大化。微观主体通过市场配置的资源越多，市场治理效用就越大。因此，经济体在开展经济活动过程中，政府和市场所占有并配置的资源多少，决定了政府和市场的经济治理能力大小①。在这里，政府和市场可占有并配置的资源是指经济体年度经济产出，与我们通常表达的"市场配置资源"或"政府配置资源"中所指的资源的含义不同。

当假设政府为理性政府，追求经济体利益最大化，个体有限理性，追

---

① 世界银行提出WGI指数度量经济体经济治理质量，侧重于具体的治理实践，能有效覆盖的历史年份有限，较难支持本文研究的开展。同时，本文研究结论认为，经济体在不同发展阶段的最优经济治理结构不同，难以找到一套特定的最优经济治理结构和配套指标体系，适用于全球几百年来上百个经济体的经济治理结构演变研究。

求个体利益最大化时，二者基于各自利益最大化目标形成治理结构均衡，此时政府治理边际效用与市场治理边际效用相等。根据上述分析，我们提出如下命题：

当经济治理结构处于均衡状态时，政府和市场各自所配置资源占经济体总产出比重大小，反映政府和市场治理效用相对高低。

设在时间 t，经济体的总产出为 Y_t，经济体资源配置形成的总的经济治理效用为 U_t。不考虑外债影响，经济体总产出等于经济体可配置的资源总量。

假设经济体有且仅有政府和市场两种资源配置方式，政府配置的资源为 $Y_{G,t}$，治理效用为 $U_{G,t}$；市场配置的资源为 $Y_{M,t}$，治理效用为 $U_{M,t}$。进一步，我们假设不存在某种经济治理既属于政府治理又属于市场治理，那么：

$$Y_{G,t} + Y_{M,t} = Y_t \tag{2}$$

$$U_{G,t} + U_{M,t} = U_t \tag{3}$$

记 $Y_{G,t} = g_t Y_t$，$Y_{M,t} = a_t Y_t$，其中，g_t 和 a_t 分别为政府和市场所配置资源占经济体总产出的比重，$g_t + a_t = 1$；令 R_t 表示政府和市场配置资源的比值，则有：

$$R_t = \frac{Y_{G,t}}{Y_{M,t}} = \frac{g_t}{a_t} \tag{4}$$

记 $S_t = U_{G,t}/U_{M,t}$，S_t 表示政府与市场经济治理效用大小的比值。

设政府配置资源大小与其产出的经济治理效用高低的函数关系为 $F_{G,t}$，则有：

$$U_{G,t} = F_{G,t}\left(Y_{G,t}\right)$$

基于理性政府假设，$U_{G,t}$ 是 $Y_{G,t}$ 的增函数，即 $F_{G,t}$ 满足 $F'_{G,t}\left(Y_{G,t}\right) > 0$。我们进一步假设政府配置资源的边际效用递减，即 $F''_{G,t}\left(Y_{G,t}\right) < 0$。

设市场配置资源大小与其产出的经济治理效用高低的函数关系为 $F_{M,t}$，则有：

$$U_{M,t} = F_{M,t}(Y_{M,t})$$

同样假设 $F_{M,t}$ 满足 $F'_{M,t}(Y_{M,t}) > 0$，且 $F''_{M,t}(Y_{M,t}) < 0$。

假设 $F_{G,t}(0) = 0$，$F_{M,t}(0) = 0$，即政府或市场配置资源为 0 时，其经济治理效用也为 0。

基于理性政府和个体有限理性假设，政府和个体基于各自利益最大化目标形成治理结构均衡。在经济治理结构处于均衡状态时，经济体资源配置产生的经济治理效用最大。均衡状态下的经济治理结构由如下目标函数和约束条件确定：

$$\text{Max: } U_t = F_{G,t}(Y_{G,t}) + F_{M,t}(Y_{M,t}) \tag{5}$$

$s.t.$

$$Y_{G,t} + Y_{M,t} = Y_t \tag{6}$$

当经济体资源配置产生的经济治理效用最大时，政府配置的资源记为 $\tilde{Y}_{G,t}$，市场配置的资源记为 $\tilde{Y}_{M,t}$。此时，$\tilde{Y}_{G,t}$ 与 $\tilde{Y}_{M,t}$ 的组合存在以下三种情形。

情形 1：当 $\tilde{Y}_{G,t} = Y_t$ 时，$\tilde{Y}_{M,t} = 0$，此时，$F_{M,t}(\tilde{Y}_{M,t}) = 0$，则有：

$$U_t = F_{G,t}(\tilde{Y}_{G,t}) + F_{M,t}(\tilde{Y}_{M,t}) = F_{G,t}(\tilde{Y}_{G,t})$$

政府治理效用在经济治理效用中占比为 1，市场治理效用为 0，命题成立。

情形 2：当 $\tilde{Y}_{G,t} = 0$ 时，$\tilde{Y}_{M,t} = Y_t$，此时，$F_{G,t}(\tilde{Y}_{G,t}) = 0$，则有：

$$U_t = F_{G,t}(\tilde{Y}_{G,t}) + F_{M,t}(\tilde{Y}_{M,t}) = F_{M,t}(\tilde{Y}_{M,t})$$

市场治理效用在经济治理效用中占比为 1，政府治理效用为 0，命题仍旧成立。

情形 3：存在 $0 < \tilde{Y}_{G,t} < Y_t, 0 < \tilde{Y}_{M,t} < Y_t$，使 U_t 达到最大值，此时 $\tilde{Y}_{G,t}$ 和 $\tilde{Y}_{M,t}$ 应满足：

$$\frac{\mathrm{d}U_t}{\mathrm{d}Y_{G,t}} = \frac{\mathrm{d}F_{G,t}\left(\tilde{Y}_{G,t}\right)}{\mathrm{d}Y_{G,t}} + \frac{\mathrm{d}F_{M,t}(\tilde{Y}_{M,t})}{\mathrm{d}Y_{G,t}} = \frac{\mathrm{d}F_{G,t}\left(\tilde{Y}_{G,t}\right)}{\mathrm{d}Y_{G,t}} + \frac{\mathrm{d}F_{M,t}(\tilde{Y}_{M,t})}{\mathrm{d}Y_{M,t}}\frac{\mathrm{d}Y_{M,t}}{\mathrm{d}Y_{G,t}} = 0$$

根据（6）式，$\dfrac{\mathrm{d}Y_{M,t}}{\mathrm{d}Y_{G,t}} = -1$，因此

$$\frac{\mathrm{d}F_{G,t}\left(\tilde{Y}_{G,t}\right)}{\mathrm{d}Y_{G,t}} = \frac{\mathrm{d}F_{M,t}(\tilde{Y}_{M,t})}{\mathrm{d}Y_{M,t}} \tag{7}$$

当经济体资源配置产生的经济治理效用最大时，政府配置资源的边际治理效用和市场配置资源的边际治理效用相等。

设对于政府配置的任意规模资源 $Y_{G,t}$，$0 < Y_{G,t} < Y_t$，$f_{G,t}\left(Y_{G,t}\right)$ 为政府配置资源 $Y_{G,t}$ 的边际效用与均衡点 $\tilde{Y}_{G,t}$ 处的边际治理效用的比值，则有 $Y_{G,t}$ 所形成的边际经济治理效用为均衡点 $\tilde{Y}_{G,t}$ 的边际治理效用乘以函数值 $f_{G,t}\left(Y_{G,t}\right)$：

$$\frac{\mathrm{d}F_{G,t}\left(Y_{G,t}\right)}{\mathrm{d}Y_{G,t}} = f_{G,t}\left(Y_{G,t}\right)\frac{\mathrm{d}F_{G,t}(\tilde{Y}_{G,t})}{\mathrm{d}Y_{G,t}} \tag{8}$$

由 $\dfrac{\mathrm{d}F_{G,t}\left(Y_{G,t}\right)}{\mathrm{d}Y_{G,t}} > 0$，$\dfrac{\mathrm{d}F_{G,t}(\tilde{Y}_{G,t})}{\mathrm{d}Y_{G,t}} > 0$，我们得到，$\forall Y_{G,t} \geq 0, f_{G,t}\left(Y_{G,t}\right) > 0$。

同样，设市场配置的任意规模资源 $Y_{M,t}$，$0 < Y_{M,t} < Y_t$，$f_{M,t}\left(Y_{M,t}\right)$ 为市场配置资源的边际效用与均衡点 $\tilde{Y}_{M,t}$ 处的边际治理效用的比值，则有 $Y_{M,t}$ 所形成的边际经济治理效用为均衡点 $\tilde{Y}_{M,t}$ 的边际治理效用乘以函数值 $f_{M,t}\left(Y_{M,t}\right)$：

$$\frac{\mathrm{d}F_{M,t}\left(Y_{M,t}\right)}{\mathrm{d}Y_{M,t}} = f_{M,t}\left(Y_{M,t}\right)\frac{\mathrm{d}F_{M,t}(\tilde{Y}_{M,t})}{\mathrm{d}Y_{M,t}} \tag{9}$$

由 $\dfrac{\mathrm{d}F_{M,t}\left(Y_{M,t}\right)}{\mathrm{d}Y_{M,t}} > 0$，$\dfrac{\mathrm{d}F_{M,t}(\tilde{Y}_{M,t})}{\mathrm{d}Y_{M,t}} > 0$，我们得到，$\forall Y_{M,t} \geq 0, f_{M,t}\left(Y_{M,t}\right) > 0$。

$$F_{G,t}\left(Y_{G,t}\right) = \int_0^{Y_{G,t}} \frac{\mathrm{d}F_{G,t}\left(Y_{G,t}\right)}{\mathrm{d}Y_{G,t}}\mathrm{d}Y_{G,t} = \frac{\mathrm{d}F_{G,t}(\tilde{Y}_{G,t})}{\mathrm{d}Y_{G,t}}\int_0^{Y_{G,t}} f_{G,t}\left(Y_{G,t}\right)\mathrm{d}Y_{G,t}$$

$$F_{M,t}\left(Y_{M,t}\right) = \int_0^{Y_{M,t}} \frac{\mathrm{d}F_{M,t}\left(Y_{M,t}\right)}{\mathrm{d}Y_{M,t}} \mathrm{d}Y_{M,t} = \frac{\mathrm{d}F_{M,t}\left(\tilde{Y}_{M,t}\right)}{\mathrm{d}Y_{M,t}} \int_0^{Y_{M,t}} f_{M,t}\left(Y_{M,t}\right) \mathrm{d}Y_{M,t}$$

由此得到：

$$S_t = \frac{U_{G,t}}{U_{M,t}} = \frac{F_{G,t}\left(Y_{G,t}\right)}{F_{M,t}\left(Y_{M,t}\right)} = \frac{\dfrac{\mathrm{d}F_{G,t}\left(\tilde{Y}_{G,t}\right)}{\mathrm{d}Y_{G,t}} \int_0^{Y_{G,t}} f_{G,t}\left(Y_{G,t}\right)\mathrm{d}Y_{G,t}}{\dfrac{\mathrm{d}F_{M,t}\left(\tilde{Y}_{M,t}\right)}{\mathrm{d}Y_{M,t}} \int_0^{Y_{M,t}} f_{M,t}\left(Y_{M,t}\right)\mathrm{d}Y_{M,t}} = \frac{\int_0^{Y_{G,t}} f_{G,t}\left(Y_{G,t}\right)\mathrm{d}Y_{G,t}}{\int_0^{Y_{M,t}} f_{M,t}\left(Y_{M,t}\right)\mathrm{d}Y_{M,t}} \quad (10)$$

$f_{G,t}\left(Y_{G,t}\right) > 0$，因此 $\int_0^{Y_{G,t}} f_{G,t}\left(Y_{G,t}\right)\mathrm{d}Y_{G,t}$ 是 $Y_{G,t}$ 的单调连续增函数。$f_{M,t}\left(Y_{M,t}\right) > 0$，且 $Y_{G,t} + Y_{M,t} = Y_t$，因此 $\int_0^{Y_{M,t}} f_{M,t}\left(Y_{M,t}\right)\mathrm{d}Y_{M,t}$ 是 $Y_{G,t}$ 的单调连续减函数。因此，$\dfrac{\int_0^{Y_{G,t}} f_{G,t}\left(Y_{G,t}\right)\mathrm{d}Y_{G,t}}{\int_0^{Y_{M,t}} f_{M,t}\left(Y_{M,t}\right)\mathrm{d}Y_{M,t}}$ 是 $Y_{G,t}$ 的单调连续增函数，即 S_t 是 $Y_{G,t}$ 的单调连续增函数。

由（2）、（4）式可得：

$$Y_{G,t} = \frac{Y_t}{1 + 1/R_t} \quad (11)$$

由于 S_t 是 $Y_{G,t}$ 的单调连续增函数，根据（11）式，S_t 是 R_t 的单调连续增函数。这说明，经济治理结构和政府与市场的配置资源结构是单调连续递增的一一映射关系，即政府和市场各自所配置资源占经济体总产出比重大小，与政府和市场治理效用相对高低，呈连续单调的一一映射关系，命题在情形3仍旧成立。

综合上述三种情形，命题"当经济治理结构处于均衡状态时，政府和市场各自所配置资源占经济体总产出比重大小，反映政府和市场治理效用相对高低"得证。

（三）经济治理结构度量方法验证

1901~2020 年，美国政府对经济干预程度和奉行的经济思想先后发生了三次重大变化，形成了美国经济治理结构演变的四个历史阶段，并已为学界普遍认同。在人类社会发展历程中，经济治理结构处于动态变化过程，这一过程是围绕经济治理结构均衡上下波动的过程，可视为动态均衡，满足度量方法适用于经济治理结构均衡的前提（后续实证均采用该观点），为此本文根据上述经济治理结构度量方法，测算这四个历史阶段美国政府配置资源占总产出比重，对照史实验证上述命题。

我们进一步用政府财政开支占GDP比重度量政府配置资源占经济体总产出比重。政府财政开支与政府在经济总产出中所配置资源并不完全等同，会受到政府非货币化支出或债务因素影响。一是在财政国家建立之前，政府存在以非货币化形式配置资源现象，学者在处理此类问题时，往往将配置的非货币化资源进行货币化估测，使不同时期的经济数据具有可比性。这部分资源等同于财政支出，但因估算误差可能带来财政支出和政府配置资源差异，我们认为这样的估算误差是可以接受的。二是政府举债和偿债因素会造成财政开支与政府配置资源差异。但政府年度净增举债带来的年度间财政支出变化幅度差异，在长周期统计分析中可忽略。因此，本文用政府财政开支占GDP比重度量政府配置资源占经济体总产出比重。萨缪尔森等（2013）用美国政府的支出规模和税收规模来刻画政府职能扩张趋势，斯蒂格利茨（2005）指出，在政府对经济的影响方面，经济学家发现了一个特别便于使用的指标，那就是公共支出占经济总量比率。在樊纲等（2010）的研究中，也曾运用类似方法度量政府和市场配置资源高低。

第一个阶段（1901~1928年），在1929年大萧条之前，美国奉行自由主义，政府对经济干预程度低。在自由主义政策下，美国经济快速发展的同时，蕴含的供需失衡加剧，加上政府调控力度低，终于在1929年爆发严重的经济危机，经济增速大幅下降，史称"大萧条"。

第二个阶段（1929~1982年），从大萧条发生到1982年前后，由于自由主义难以应对大萧条，1933年美国实施罗斯福新政，通过全面强化政府干预遏制大萧条。此后，美国政府奉行凯恩斯主义，政府治理占比明显提升。

第三个阶段（1983~2007年），20世纪70年代美国经济陷入滞胀。1981年里根执政，为遏制滞胀，奉行新自由主义，降低政府干预，之后历届政府也都采取经济自由化政策（刘鹤，2013），政府治理在这一阶段改变了之前持续上升趋势，较第二阶段末期出现回落。

第四个阶段（2008 年至今），2008 年爆发全球金融危机。美国政府再度强化干预，采取了大规模的财政刺激政策和量化宽松货币政策，政府治理占比明显上升。2020 年疫情暴发后，美国启动更大规模的财政刺激政策和量化宽松政策，政府治理占比进一步提升。

回顾过去 120 年，美国政府治理占比经历了先上升后下降再上升的过程。如图 1 所示，本文基于帕尔格雷夫经济统计（米切尔，2002）和美国商务部数据，整理 1901 年以来美国政府财政开支占 GDP 比重数据，测算这四个历史时期美国政府财政开支占 GDP 比重，验证了在这四个历史阶段该指标也同样经历先上升后下降再上升的变化过程。

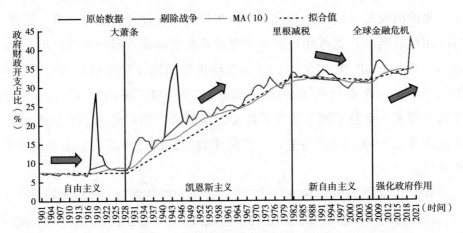

图 1 美国政府财政开支占 GDP 比重

注：①美国 1929 年之前的财政开支占比数据根据帕尔格雷夫经济统计测算，由于美国地方政府同口径数据缺失，统一按 1929 年全口径开支与 1928 年联邦政府开支的差值 5.1% 估计。美国 1929 年之后的财政开支占比数据根据美国商务部数据测算。②一战、二战、海湾战争后的财政开支占比数据按线性方式剔除，形成剔除战争后的数据曲线。③MA（10）为向前 10 年滑动平均数据，拟合曲线基于 MA（10）数据分段线性拟合。

资料来源：B.R. 米切尔编，2002，《帕尔格雷夫世界历史统计 美洲卷 1750—1993 年（第四版）》，贺力平译，经济科学出版社；美国商务局数据库，https：//www.bea.gov/data/。

历史数据显示，在奉行自由主义的第一个阶段（1901~1928年），美国政府财政开支占比大致呈现一条水平直线，平均占比7.7%。在大萧条之后实施罗斯福新政、凯恩斯主义盛行的第二个阶段（1929~1982年），财政开支占比显著提升[①]，形状近似于直线，由8.1%提升到33.8%。在新自由主义盛行的第三个阶段（1983~2007年），财政开支占比出现了一定幅度回落，2007年回落到31.8%[②]。在全球金融危机爆发后的第四个阶段（2008年至今），财政开支占比再度快速上升，到2020年上升到42.8%。美国过去120年政府治理变化的历史事实验证了政府开支占GDP比重的变化反映政府治理占比大小的变化。

需要说明的是，政府财政开支占比反映政府治理占比大小，但并不能因政府在某项治理上直接支出大小，而说明政府该项治理效用的高低。因为政府各项治理效用的高低是基于政府整体治理能力，其大小由政府占有和配置的资源大小，即政府开支占GDP的比重决定。但引入政府结构性支出，能更清楚地洞察经济治理为适应经济发展需要是怎样变化的，这是本研究下一步的努力方向。

三　经济治理结构历史演变的特征事实

美国120年的经济发展历程仅涵盖工业革命后的历史阶段，要探寻人类社会经济治理结构演变的历史规律，它不具有代表性。综合历史延续性、经济代表性、数据可获取性等维度因素，选取英国和我国进行分析。

（一）英国政府治理占比历史演进呈"U"形特征

本文基于帕尔格雷夫历史统计（米切尔，2002）、IMF数据，整理英国在1200~2021年间822年的财政开支占GDP比重数据，绘制政府开支占比的历史曲线，曲线如图2所示。

---

① 罗斯福新政于1933年开始实施，但之前几年美国GDP出现较大负增长，因此数据显示财政支出占比有明显提升。

② 1988~1992年受老布什政府加税政策影响，财政开支占比小幅回升，但只是暂时性影响，里根新政后到金融危机前整体呈下降趋势。

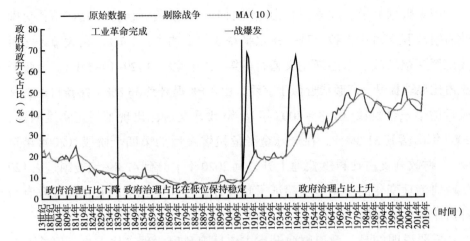

图2　英国政府财政开支占GDP比重

注：①英国18世纪之前缺乏连续年份财政开支数据，本文基于对英国税赋的历史考证，估测13~18世纪的财政开支占比。②一战、二战后的财政开支占比数据按线性方式剔除，形成剔除战争后的数据曲线。③MA（10）为向前10年滑动平均数据曲线。

资料来源：B.R.米切尔编，2002，《帕尔格雷夫世界历史统计 欧洲卷 1750—1993年（第四版）》，贺力平译，经济科学出版社；IMF数据库，https://www.imf.org/external/datamapper/datasets。

　　基于历史数据的比对分析，我们可以看出，从13世纪到工业革命完成之前，英国财政开支占比从高位逐步下降，从工业革命完成后到一战爆发前，英国财政开支占比在低位保持相对稳定。一战爆发后，英国进入战时经济。一战结束后到21世纪，英国财政开支占比总体呈上升趋势，其间虽然有波动，但总体趋势没有改变。在822年的历史中，英国财政开支占比总体上经历了由高到低再由低到高的过程，呈现出"U"型特征。需要说明的是，人类社会在工业革命前的上千年历史中发展极为缓慢，与工业革命后两三百年的历史巨变形成鲜明对比，因此图2曲线左侧的下降相较右侧的上升不明显，但英国政府支出占比从最左侧的20%以上下降到中间低点的不到7%，降幅超13个百分点，下降趋势明显。

　　为深入洞察英国政府财政开支占比演变的历史规律，以人均GDP的自然对数为横轴，以政府财政开支占比为纵轴，绘制英国政府财政开支占比与对数人均GDP关系曲线，考察财政开支占比随经济发展的演变趋势，曲线绘制如图3所示。

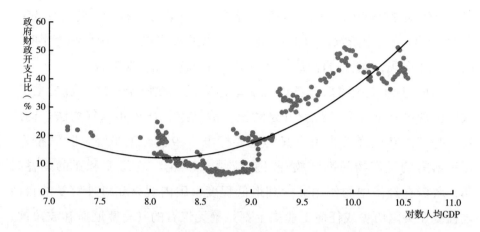

图3 英国政府财政开支占比与对数人均GDP关系

注：人均GDP数据引自麦迪逊2020年数据库，https://www.rug.nl/ggdc/historicaldevelopment/maddison/releases/maddison-project-database-2020。

图3说明，随经济发展英国财政开支占比的演变呈"U"型特征。通过二元线性回归，将散点数据拟合成如下二次函数，其中g_t为政府财政开支占比，$\ln(y_t)$为对数人均GDP，拟合优度为74.75%。

$$g_t = 0.072\ln(y_t)^2 - 1.16\ln(y_t) + 4.9 \qquad R^2 = 0.7475$$

拟合函数为二次函数，函数的二次项为正，对应曲线为一条"U"形曲线。

根据图2、图3两条"U"形曲线，以及前文政府治理占比度量方法，我们得出如下结论：随时间变化，英国822年的政府治理占比曲线，以及随人均GDP变化政府治理占比曲线都呈"U"形特征。在工业革命完成之前，政府治理占比从高位逐步下降，在工业革命完成至一战结束，政府治理占比在低位保持稳定，从一战结束后至今，总体呈上升趋势。

在英国历史发展进程中，政府治理占比演变呈"U"形特征，具有深刻的历史原因，反映出经济发展程度和经济治理结构相互影响的客观关系。

图 2 展示从中世纪到工业革命完成前，英国政府治理占比由高位逐步下降。在这段时期，英国经济发展水平低，政府组织开展大规模经济活动，以弥补较低的个体生产效率。政府严格管理经济活动，推行重商主义政策，全面干预经济（李新宽，2008）。随着经济发展水平提升，19 世纪上半叶英国从全面干预逐步转向自由放任（马赛厄斯和波拉德，2004）。

19 世纪 40 年代前后，英国工业革命完成，政府奉行经济自由主义，政府治理占比下降到低位，并延续至一战结束。1846 年《谷物法》的废除，是英国转向经济自由主义的重要标志。19 世纪上半叶，除酒精外，几乎所有的生产物品都已放开（克拉潘，1986）。在维多利亚的鼎盛时期，政府在经济中的作用减少到最低程度，国内贸易和对外贸易的自由化程度在英国历史或任何工业史上都是绝无仅有的（马赛厄斯和波拉德，2004）。

一战后政府采取经济干预措施以提振经济。大萧条爆发后，英国进一步加强政府干预。二战后开始建设福利国家。虽然撒切尔新政、新工党"第三条道路"变革等引起了 20 世纪 80 年代后政府开支占比的波动，但这是政府治理上升过程中因政策的矫枉过正而出现的阶段性迂回，总体来看一战后英国政府职能不断扩张，政府治理占比呈上升趋势。

（二）中国政府治理占比历史演进呈"U"形特征

本文基于 IMF、中国统计局数据，以及相关历史文献考证，绘制我国 12 世纪至今的财政开支占比曲线，如图 4 所示。从图 4 可以看出，改革开放前，我国政府治理占比从高位下降，改革开放后加快下降，1997 年后从低位上升，整体呈"U"形特征。

与英国一样，本文绘制了我国政府财政开支占比与对数人均 GDP 关系曲线，考察随经济发展财政开支占比的演变趋势，如图 5 所示。可以看出，我国财政开支占比随经济发展的演变也呈"U"形特征。通过二元线性回归，将散点数据拟合成如下二次函数，其中 g_t 为政府财政开支占比，$\ln(y_t)$ 为对数人均 GDP，拟合优度为 57.09%。

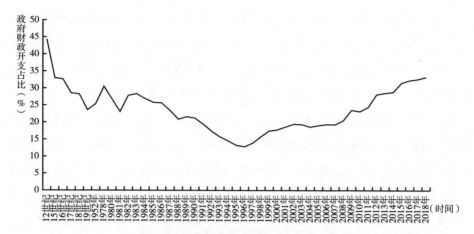

图4 我国政府财政开支占GDP比重

注：①新中国成立前的财政开支占比数据，根据相关学者对宋、明、清等朝代相关年份的财政和GDP研究，结合麦迪逊2020年数据库估测的中国在相应年份GDP的相对大小进行测算。②为与后文数据口径保持一致，新中国成立后到1981年的财政开支占比数据根据国家统计局官网数据库计算，https：//data.stats.gov.cn，1982年之后的财政开支占比数据引自IMF数据库，https：//www.imf.org/external/datamapper/datasets。

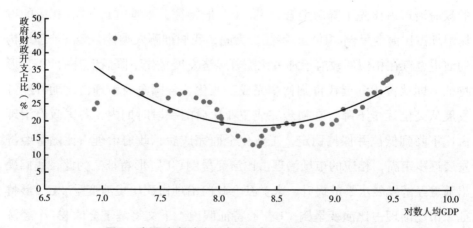

图5 我国政府财政开支占比与对数人均GDP关系

注：政府财政开支占比数据同图4。人均GDP数据引自麦迪逊2020年数据库，https：//www.rug.nl/ggdc/historicaldevelopment/maddison/releases/maddison-project-database-2020。

$$g_t = 0.0868\ln\left(y_t\right)^2 - 1.4479\ln\left(y_t\right) + 6.2237 \qquad R^2 = 0.5709$$

拟合函数为二次函数，函数的二次项为正，对应曲线为一条"U"形曲线。

根据图4、图5两条"U"形曲线，以及前文政府治理占比度量方法，我们得出如下结论：我国900多年的政府治理占比曲线，以及随人均GDP变化政府治理占比曲线都呈"U"形特征。在改革开放之前，我国财政开支占比长期处于高位，并随着经济发展而缓慢下降，改革开放后，我国工业化进程加快，市场规模快速扩大，财政支出占比开始快速下降，从1978年的30.5%降低到1996年的12.9%。1997年后，随着经济发展水平进一步提升，市场体系不完善问题凸显，我国通过强化政府治理来弥补市场缺陷，财政支出占比出现回升趋势，从1996年的12.9%上升到2018年的33.3%。下文将对我国经济治理结构演变做进一步分析。

（三）人类社会经济治理结构历史演进特征假说

英国和我国经济治理结构演变的史实说明，无论是西方国家还是东方国家，无论是发达经济体还是发展中经济体，其经济治理结构也并非稳定不变。随着历史演进、经济发展水平的提升，英国和我国经济治理结构中的政府治理占比先下降后上升，呈"U"形特征，根据（1）式，相应的市场治理占比演变呈倒"U"形特征。为此，我们推测人类社会经济治理结构的演进也存在相似的政府治理占比随着经济发展呈先下降后上升的"U"形特征，即从古代到近代再到初步完成工业化，各国政府治理占比随着经济发展从高位逐步下降，在初步完成工业化后的一段时期内，各国政府治理占比下降到低位并保持稳定，工业化全面完成后，政府治理占比随着经济发展逐步走高，相应的市场治理占比演变呈倒"U"形特征。为此，我们提出随着经济发展水平的提升，人类社会政府治理占比历史演变呈"U"形特征、市场治理占比演变呈倒"U"形特征假说。下文将基于全球137个经济体219年的历史数据开展实证研究，论证该假说的科学性，将假说上升为理论，并建立相应模型。

四　经济治理结构演变的理论、模型和实证

为验证人类社会政府治理占比的历史演变呈"U"形特征、市场治理占比演变呈倒"U"形特征假说，揭示经济治理结构演变的历史规律及其经济学原理，本文建立经济治理结构演变的理论模型，并用全球137个经济体1800~2018年的数据开展实证研究。

（一）经济治理结构演变模型

设经济体经济总产出为Y_t，人口总量为L_t，人均产出为y_t。假设经济体由代表性微观经济个体组成，个体有限理性，追求自身利益最大化，厌恶让渡资源给政府配置，厌恶政府管制。经济体存在政府且负责管理经济，满足理性政府假设，追求经济体利益最大化。

设微观个体在时间t的生产效率为E_t，潜在生产效率为P_t，$E_t \geq 1, P_t > 1$，个体开展经济活动的努力程度为e_t，e_t的取值处于区间$[0,1]$。微观个体生产效率高低与个体潜在生产效率大小和个体努力程度高低有关。假设E_t为潜在生产效率P_t的e_t次幂：

$$E_t = P_t^{e_t} \tag{12}$$

微观个体潜在生产效率是指个体生产效率的最大潜能。当$e_t = 1$时，$E_t = P_t$，即生产效率等于潜在生产效率；当$e_t = 0$时，$E_t = 1$，此时个体生产效率最低。

1.微观经济个体努力程度系数e_t

不考虑外债影响，经济体总产出形成经济体待配置资源。个体有限理性，厌恶让渡资源给政府配置。当个体将部分待分配资源让渡给政府配置时，相同绩效的劳动报酬降低，根据激励理论，个体努力程度下降，其努力程度下降幅度与让渡给政府配置的资源大小有关。当个体让渡给政府配置的资源为0时，经济体所有待分配资源均由个体自主配置，个体生产的努力程度为100%。

设在时间t，政府配置资源占经济体总产出的比重为g_t，它对个体努力程度的影响为$W(g_t)$，W是g_t的增函数，$\dfrac{\mathrm{d}W}{\mathrm{d}g_t} \geq 0$，则有：

$$e_t = 1 - W(g_t) \tag{13}$$

假设 W 是 g_t 的线性增函数，线性系数为 ω_1，$0 \leqslant \omega_1 \leqslant 1$，$\omega_1$ 为个体将资源让渡给政府配置的厌恶系数，则有：

$$W\left(g_t\right) = \omega_1 g_t \tag{14}$$

$$e_t = 1 - \omega_1 g_t \tag{15}$$

2.微观经济个体的潜在生产效率 P_t

个体潜在生产效率 P_t，由个体在无市场摩擦、无外生冲击、无政府赋能的理想市场中的潜在生产效率 A_t，分工深化带来交易不确定性上升对个体生产效率的负面影响 C_t，以及政府配置资源赋能微观个体生产效率提升幅度 M_t 共同决定。

分工深化加大个体逐利带来的公共品缺失、分配失衡、负外部性、不完全竞争等的不利影响，增加交易难度，也扩大外生冲击、信息不确定、信息不对称等因素对交易达成的影响，二者增加的交易不确定性对个体生产效率带来负面影响，在模型中，我们都纳入交易不确定性增加的影响范畴。

假设 P_t 与 A_t、C_t、M_t 之间的函数关系为：

$$P_t = A_t{}^{\alpha} C_t{}^{-\beta} M_t{}^{\gamma} \tag{16}$$

α、β、γ 为 A_t、C_t、M_t 对生产效率 P_t 的影响系数，$\alpha > 0$，$\beta > 0$，$\gamma > 0$。

（1）个体在理想市场的潜在生产效率 A_t。

根据斯密—杨格定理，经济发展水平提高带来市场规模扩大，市场规模扩大促进分工深化，分工深化提升个体生产效率，个体生产效率提升反过来助推经济发展，因此经济发展水平与理想市场的潜在生产效率呈正相关。

在无市场摩擦、无外生冲击、无政府赋能的理想市场，我们用索洛模型描述经济体产出，如式（17）所示，它满足索洛模型假设，其中 K_t 为资本投入，$\tilde{L}_t$ 为劳动人口数量，$\tilde{A}_t$ 为全要素生产率。设劳动参与率为 ϑ，经济体人口数量为 L_t，$\tilde{L}_t = \vartheta L_t$。

$$Y_t = F\left(K_t, \tilde{A}_t \tilde{L}_t\right) \tag{17}$$

（17）式两边同除以 $\tilde{A}_t\tilde{L}_t$，根据索洛模型假设，则有：

$$\frac{Y_t}{\tilde{A}_t\tilde{L}_t} = F\left(\frac{K_t}{\tilde{A}_t\tilde{L}_t}, 1\right) \tag{18}$$

将 $\tilde{L}_t = \vartheta L_t$ 代入（18）式，令 $A_t = \vartheta\tilde{A}_t$，$\tilde{y}_t = \frac{Y_t}{\tilde{A}_t\tilde{L}_t}$，$k_t = \frac{K_t}{\tilde{A}_t\tilde{L}_t}$，则 $\tilde{A}_t\tilde{L}_t = A_t L_t$，$y_t = A_t\tilde{y}_t$，则有：

$$\tilde{y}_t = F\left(\frac{K_t}{\tilde{A}_t\tilde{L}_t}, 1\right) = f(k_t) = \frac{y_t}{A_t} \tag{19}$$

即

$$y_t = A_t f(k_t) \tag{20}$$

其中，k_t 表示经济体在时间 t 的单位有效劳动的平均资本，即

$$k_t = \frac{K_t}{\tilde{A}_t\tilde{L}_t} = \frac{K_t}{A_t L_t}$$

进一步，我们用科布—道格拉斯生产函数具体描述生产函数 f，即

$$\tilde{y}_t = f(k_t) = k_t^\theta, \ 0 < \theta \leqslant 1$$

那么，

$$\ln(\tilde{y}_t) = \theta\ln(k_t) \tag{21}$$

在无市场摩擦、无外生冲击、无政府赋能的理想市场中，根据索洛模型推论，平衡增长路径上的 k_t 满足：

$$k_t = \frac{s\tilde{y}_t}{l+q+d} = \frac{sy_t}{(l+q+d)A_t} \tag{22}$$

其中，s、l、q、d 分别表示储蓄率、人口增长率、技术进步率和资本折旧率。将（22）式两边取对数，得到：

$$\ln(k_t) = \ln(s) + \ln(y_t) - \ln(l+q+d) - \ln(A_t) \tag{23}$$

因此，根据（19）、（21）、（23）式可以得到：

$$\ln(y_t) = \ln(A_t) + \ln(\tilde{y}_t) = \ln(A_t) + \theta\left[\ln(s) + \ln(y_t) - \ln(l + q + d) - \ln(A_t)\right]$$

$$\ln(A_t) = \ln(y_t) + \frac{\theta}{1-\theta}\ln\left(\frac{l+q+d}{s}\right) \tag{24}$$

记

$$\varphi = \frac{\theta}{1-\theta}\ln\left(\frac{l+q+d}{s}\right) \tag{25}$$

那么，在时间 t 分工形成的理想市场中的生产效率 A_t 为：

$$A_t = y_t\left(\frac{l+q+d}{s}\right)^{\frac{\theta}{1-\theta}} = e^{\ln(y_t)+\varphi} \tag{26}$$

（2）分工深化带来交易不确定性增加对个体生产效率的负面影响 C_t。

分工深化提升专业化水平，提高个体生产效率，但带来生产链条延长、交易类别增多、总交易次数增加。每类交易面临的外生冲击、信息不确定、信息不对称等因素增加，会增加交易的不确定性，放大个体逐利带来的不利影响，反向影响个体生产效率的提升。

首先，建立个体经济活动所面临的交易不确定性对生产效率的负面影响模型。设在时间 t 个体开展经济活动共需完成 n_t 类商品和服务交易，它们串联形成经济活动链条。假设在时间 t，对于每类商品或服务交易，个体每次开展交易的交易条件和交易面临的不确定性都相同，交易不确定性对个体生产效率的负面影响也都相同。设个体开展经济活动所需的第 i 类商品或服务交易的不确定性对个体生产效率的负面影响为 $\tau_{i,t}$，$1 \leqslant i \leqslant n_t$，$\tau_{i,t} > 1$。个体开展经济活动所面临的交易不确定性对个体生产效率的负面影响 C_t，由个体开展经济活动所需的 n_t 类交易所面临的各自不确定性对个体生产效率的负面影响相乘得到：

$$C_t = \prod_{i=1}^{n_t} \tau_{i,t} \tag{27}$$

其次，建立个体开展经济活动的交易类别数量与经济发展水平之间的关系模型。交易种类越多，总交易次数越大。在时间 t，设与个体开展经济活动有关的商品或服务交易类别仅为一类时，个体交易次数为N_1。个体经济活动每增加一类交易，都会改变经济活动链条上原有交易结构，新结构下的总交易次数是原有总交易次数的倍数。假设增加第i类商品或服务交易，个体总交易次数增长为原交易次数的ρ_i倍，$\rho_i>1$，$i>1$。设个体开展经济活动共需完成n_t类商品和服务交易，其总交易次数为N_{n_t}，则有：

$$N_{n_t}=N_1\prod_{i=2}^{n_t}\rho_i \tag{28}$$

记

$$\left(\bar{\rho}_{n_t}\right)^{n_t-1}=\prod_{i=2}^{n_t}\rho_i \tag{29}$$

即$\bar{\rho}_{n_t}$是ρ_i的几何平均值，$2\leqslant i\leqslant n_t$。经济运行的复杂性使得个体经济活动的交易种类繁多，开展经济活动的总交易次数巨大。根据大数定律，假设$\bar{\rho}_{n_t}$收敛到一个常数ρ，则有：

$$N_{n_t}=N_1\prod_{i=2}^{n_t}\rho_i=N_1(\rho)^{n_t-1} \tag{30}$$

经济体发展水平越高，生产迂回链条越长，与个体经济活动有关的交易次数就越多，二者具有相关关系。假设总交易次数与人均产出线性相关，在不考虑其他影响因素下，则有：

$$N_{n_t}=N_1(\rho)^{n_t-1}=\delta_t y_t$$

δ_t为平均每次交易额的倒数。因总交易次数巨大，根据大数定律，假设δ_t收敛到常数δ：

$$N_{n_t}=N_1(\rho)^{n_t-1}=\delta y_t \tag{31}$$

即

$$n_t=\frac{\ln(y_t)}{\ln(\rho)}+\frac{\ln(\delta)-\ln(N_1)}{\ln(\rho)}+1 \tag{32}$$

记 $r = \dfrac{1}{\ln(\rho)}$，$h = \dfrac{\ln(\delta) - \ln(N_1)}{\ln(\rho)} + 1$，则有

$$n_t = r \times \ln(y_t) + h \tag{33}$$

即与个体开展经济活动相关的交易种类随对数人均 GDP 提升而增长，增长率为 r。

再次，建立某类交易的不确定性对生产效率的负面影响与经济发展水平之间的关系模型。经济发展水平提升的背后是生产迂回链条加长，经济复杂度增加，每类交易面临的不确定性上升，对个体生产效率的负面影响也相应提高。因此，与个体经济活动相关的某类交易的不确定性对生产效率的负面影响程度，与经济发展水平相关。我们假设二者呈线性关系，即对第 i 类商品或服务交易，增加的交易不确定性对生产效率的负面影响 $\tau_{i,t}$ 与人均产出 y_t 线性相关，相关系数为 μ_i，$\mu_i > 0$。在不考虑其他影响因素下，则有：

$$\tau_{i,t} = \mu_i y_t \tag{34}$$

最后，求解个体开展经济活动所面临的交易不确定性对个体生产效率的负面影响模型。由（27）、（34）式可得：

$$C_t = \prod_{i=1}^{n_t} \tau_{i,t} = \prod_{i=1}^{n_t} (\mu_i y_t) = \left(\prod_{i=1}^{n_t} \mu_i\right) y_t^{\ n_t} \tag{35}$$

记

$$\left(\bar{\mu}_{n_t}\right)^{n_t} = \prod_{i=1}^{n_t} \mu_i \tag{36}$$

即 $\bar{\mu}_{n_t}$ 为 n_t 类交易不确定性的影响系数的几何平均值，$1 \leqslant i \leqslant n_t$。由于交易类别繁多，基于大数定律，假设 $\bar{\mu}_{n_t}$ 收敛到一个常数 μ，$\mu > 0$，则：

$$C_t = \left(\prod_{i=1}^{n_t} \mu_i\right) y_t^{\ n_t} = (\mu y_t)^{n_t} \tag{37}$$

如上分析，由（33）和（37）式可得，个体开展经济活动所面临的交

易不确定性增加对个体生产效率的负面影响 C_t 为：

$$C_t = \left(\mu y_t\right)^{n_t} = \left(\mu y_t\right)^{r \times \ln(y_t) + h} \tag{38}$$

（3）政府赋能微观经济个体提高生产效率的幅度 M_t。

政府运用个体所让渡配置的资源建立和维护市场秩序、组织赈灾救灾、提供公共品、实施转移支付、开展宏观调控和政府投资，赋能个体提高生产效率。但同时个体有限理性，厌恶政府管制，根据公共选择理论，个体不信任政府、存在寻求监管俘获或政策套利行为，导致个体不积极配合政府经济活动，不自愿执行政府制定、实施的经济制度和经济政策。

设微观个体通过政府赋能获得的生产效率提高比例为 M_t，M_t 大小与政府配置资源占比 g_t 的高低有关，g_t 越高，M_t 就越大，设函数关系式为 $M_t = H(g_t)$，假设函数 H 满足以下性质：

$H(0) = 1$，即当政府配置资源占比 g_t 为 0 时，政府对微观个体生产效率没有影响。

$\dfrac{\mathrm{d}H}{\mathrm{d}g_t} \geqslant 0$，即当政府配置资源占比提升时，政府赋能微观个体提高生产效率幅度也提升。

尽管有研究显示，当政府开支占比高到一定程度时，进一步提升开支占比对提升社会福利的作用不显著（坦茨，2014）。但这一现象源于政府开支占比提升带来的个体努力程度下降，以及个体不积极配合政府经济活动，不自愿执行政府制定的经济制度、经济政策等对冲了政府赋能。当我们单独考虑财政开支提升的负面影响时，一个追求经济体利益最大化的理性政府，当财政开支提升时，即政府配置资源占比提高时，会带来个体赋能的提升。

根据个体有限理性假设，个体厌恶政府管制，在政府配置资源占比相同的情况下，个体对政府管制的厌恶程度越高，越不积极配合政府经济活动、越不自愿执行经济制度和经济政策，政府赋能个体提升生产效率的幅度就越低，因此 M_t 大小与个体对政府管制的厌恶程度有关。

设个体对政府管制的厌恶系数为 ω_2，$0 \leqslant \omega_2 \leqslant 1$，函数 H 满足 $\dfrac{\mathrm{d}H}{\mathrm{d}\omega_2} \leqslant 0$，即当个体的政府管制厌恶系数上升时，政府赋能个体提高生产效率的幅度下降。

当函数 H 满足上述假设条件时，进一步假设 M_t 与 g_t 的函数关系式 H 的具体函数形式为：

$$M_t = \left[(1 - \omega_2)m \right]^{g_t} \tag{39}$$

其中，m 为政府配置资源对个体的赋能系数，根据理性政府假设，有 $m > \dfrac{1}{1 - \omega_2}$，即 $(1 - \omega_2)m > 1$。

在（39）式中，当 $g_t = 0$ 时，即政府配置资源占比为 0 时，$M_t = 1$。当 $g_t = 1$，即政府配置所有资源时，$M_t = (1 - \omega_2)m$。

因此，由（26）、（38）、（39）式可得微观经济个体潜在生产效率 P_t 为：

$$P_t = \left[e^{\ln(y_t)+\varphi} \right]^{\alpha} \left[\left(\mu y_t \right)^{r \times \ln(y_t)+h} \right]^{\beta} \left[(1 - \omega_2)m^{g_t} \right]^{\gamma} \tag{40}$$

3.政府配置资源占经济体总产出的比重 g_t

由（12）式、（13）式可知，个体的生产效率为：

$$E_t = P_t^{e_t} = P_t^{1-\omega_1 g_t}$$

个体面临的问题是权衡并接受一个合理的资源配置让渡比例，由政府配置资源赋能个体提高生产效率，在对冲负面影响后，实现生产效率最大化问题：

$$\text{Max } E_t = P_t^{1-\omega_1 g_t} \tag{41}$$

上述问题与对 E_t 取对数后的问题等价：

$$\text{Max } \ln\left(E_t \right) = \left(1 - \omega_1 g_t \right) \ln\left(P_t \right) \tag{42}$$

其中，

$$\ln\left(P_t \right) = \ln\left(A_t^{\alpha} C_t^{-\beta} M_t^{\gamma} \right) = \alpha \ln\left(A_t \right) - \beta \ln\left(C_t \right) + \gamma \ln\left(M_t \right) \tag{43}$$

由（26）、（38）、（39）式得到的A_t、C_t、M_t代入（43）式，可得：

$$\ln\left(P_t\right)=\alpha\left[\ln\left(y_t\right)+\varphi\right]-\beta\left\{\left[r\ln\left(y_t\right)+h\right]\left[\ln\left(y_t\right)+\ln\left(\mu\right)\right]\right\}+\gamma g_t\ln\left(m\right) \quad (44)$$
$$+\gamma g_t\ln\left(1-\omega_2\right)$$

$$\ln\left(E_t\right)=\left(1-\omega_1 g_t\right)\left\{\alpha\left[\ln\left(y_t\right)+\varphi\right]-\beta\left\{\left[r\ln\left(y_t\right)+h\right]\left[\ln\left(y_t\right)+\ln\left(\mu\right)\right]\right\}\right.$$
$$\left.+\gamma g_t\ln\left(m\right)+\gamma g_t\ln\left(1-\omega_2\right)\right\} \quad (45)$$

我们首先证明在（45）式中，g_t存在某一取值，使$\ln\left(E_t\right)$取最大值。

$\ln E_t$对g_t的一阶导数为：

$$\frac{\mathrm{d}\ln E_t}{\mathrm{d}g_t}=-\omega_1\left\{-\beta r\left[\ln\left(y_t\right)\right]^2+\left[\alpha-\beta r\ln\left(\mu\right)-\beta h\right]\ln\left(y_t\right)+\alpha\varphi-\beta h\ln\left(\mu\right)\right.$$
$$\left.+\gamma g_t\ln\left(m\right)+\gamma g_t\ln\left(1-\omega_2\right)\right\}+\left(1-\omega_1 g_t\right)\gamma\ln\left(m\right)$$
$$+\left(1-\omega_1 g_t\right)\gamma\ln\left(1-\omega_2\right) \quad (46)$$

$\ln E_t$对g_t的二阶导数为负：

$$\frac{\mathrm{d}^2\ln E_t}{\mathrm{d}g_t{}^2}=-2\omega_1\gamma\ln\left[m\left(1-\omega_2\right)\right]<0 \quad (47)$$

进一步考察$g_t=0$时，$\ln E_t$对g_t的一阶导数为：

$$\left.\frac{\mathrm{d}\ln E_t}{\mathrm{d}g_t}\right|_{g_t=0}=-\omega_1\left\{-\beta r\left[\ln\left(y_t\right)\right]^2+\left(\alpha-\beta r\ln\left(\mu\right)-\beta h\right)\ln\left(y_t\right)+\alpha\varphi-\beta h\ln\left(\mu\right)\right\} \quad (48)$$
$$+\gamma\ln\left[m\left(1-\omega_2\right)\right]$$

当$\omega_1=0$，$\omega_2=0$时，

$$\left.\frac{\mathrm{d}\ln E_t}{\mathrm{d}g_t}\right|_{g_t=0}=\gamma\ln m>0 \quad (49)$$

因此，存在$\omega_1^{**}>0$，当$0<\omega_1<\omega_1^{**}$，$\omega_2=0$时

$$\left.\frac{\mathrm{d}\ln E_t}{\mathrm{d}g_t}\right|_{g_t=0}>0 \quad (50)$$

又有 $\forall \omega_1 \geq 0$，当 ω_2 趋近于 1 时，

$$\lim_{\omega_2 \to 1} \frac{\mathrm{d}\ln E_t}{\mathrm{d}g_t}\bigg|_{g_t=0} = -\infty \tag{51}$$

因此由（50）式和（51）式，可知存在 $\omega_1^* > 0$ 和 $\omega_2^* > 0$ 使得当 $\omega_1 = \omega_1^*$、$\omega_2 = \omega_2^*$ 时，

$$\frac{\mathrm{d}\ln E_t}{\mathrm{d}g_t}\bigg|_{g_t=0} = 0 \tag{52}$$

同时，我们进一步考察 $g_t = 1$ 时，$\ln E_t$ 对 g_t 的一阶导数为：

$$\frac{\mathrm{d}\ln E_t}{\mathrm{d}g_t}\bigg|_{g_t=1} = -\omega_1\Big\{-\beta r\big[\ln(y_t)\big]^2 + \big(\alpha - \beta r\ln(\mu) - \beta h\big)\ln(y_t) + \alpha\varphi - \beta h\ln(\mu)$$

$$+ 2\gamma\ln(m) + 2\gamma\ln(1-\omega_2)\Big\} + \gamma\ln(m) + \gamma\ln(1-\omega_2)$$

当 $\gamma \to 0$ 时，

$$\lim_{\gamma \to 0} \frac{\mathrm{d}\ln E_t}{\mathrm{d}g_t}\bigg|_{g_t=1} = -\omega_1\Big\{-\beta r\big[\ln(y_t)\big]^2 + \big(\alpha - \beta r\ln(\mu) - \beta h\big)\ln(y_t) + \alpha\varphi - \beta h\ln(\mu)\Big\} < 0$$

因此，存在 $\gamma^* > 0$，使得当 $0 < \gamma < \gamma^*$ 时，

$$\frac{\mathrm{d}\ln E_t}{\mathrm{d}g_t}\bigg|_{g_t=1} < 0$$

即当 $0 \leq \omega_1 < \omega_1^*$，$0 \leq \omega_2 < \omega_2^*$，$0 < \gamma < \gamma^*$ 时，

$$\frac{\mathrm{d}\ln E_t}{\mathrm{d}g_t}\bigg|_{g_t=0} > 0, \ \frac{\mathrm{d}\ln E_t}{\mathrm{d}g_t}\bigg|_{g_t=1} < 0, \ \frac{\mathrm{d}^2\ln E_t}{\mathrm{d}g_t^2} < 0$$

因此，当 $0 \leq \omega_1 < \omega_1^*$，$0 \leq \omega_2 < \omega_2^*$，$0 < \gamma < \gamma^*$ 时，存在 g_t 使得 $\frac{\mathrm{d}\ln E_t}{\mathrm{d}g_t} = 0$，此时 $\ln(E_t)$ 达到最大值，E_t 达到最大值，则：

$$\frac{\mathrm{d}\ln E_t}{\mathrm{d}g_t} = -\omega_1 \Big\{ -\beta r \big[\ln(y_t)\big]^2 + \big[\alpha - \beta r \ln(\mu) - \beta h\big]\ln(y_t) + \alpha\varphi - \beta h \ln(\mu)$$

$$+ \gamma g_t \ln(m) + \gamma g_t \ln(1-\omega_2) \Big\} + (1-\omega_1 g_t)\gamma\ln(m)$$

$$+ (1-\omega_1 g_t)\gamma\ln(1-\omega_2) = 0 \tag{53}$$

整理可得：

$$g_t = \frac{\beta r}{2\gamma\ln\big[m(1-\omega_2)\big]}\ln(y_t)^2 - \frac{\big(\alpha - \beta r\ln(\mu) - \beta h\big)}{2\gamma\ln\big[m(1-\omega_2)\big]}\ln(y_t)$$

$$+ \frac{\gamma\ln\big[m(1-\omega_2)\big] - \omega_1\alpha\varphi + \omega_1\beta h\ln(\mu)}{2\omega_1\gamma\ln\big[m(1-\omega_2)\big]} \tag{54}$$

记系数分别为：

$$R_1 = \frac{\beta r}{2\gamma\ln\big[m(1-\omega_2)\big]}$$

$$R_2 = -\frac{\alpha - \beta r\ln(\mu) - \beta h}{2\gamma\ln\big[m(1-\omega_2)\big]}$$

$$R_3 = \frac{\gamma\ln\big[m(1-\omega_2)\big] - \omega_1\alpha\varphi + \omega_1\beta h\ln(\mu)}{2\omega_1\gamma\ln\big[m(1-\omega_2)\big]}$$

那么，

$$g_t = R_1\ln(y_t)^2 + R_2\ln(y_t) + R_3 \tag{55}$$

上述模型说明，对个体而言，为实现生产效率最大化，个体需要将 g_t 比例的资源让渡给政府配置，这一让渡比例内生于经济体内的个体行为[①]，让渡比例 g_t 与经济发展水平 $\ln(y_t)$ 有关，呈二次相关关系。根据前文命题，

[①] 布坎南（2020）指出，经济体的经济资源配置由个体的效用最大化行为决定。在其《民主财政论，财政制度与个体选择》中表述为人们通过个体或集体方式对经济资源的使用做决策……集体结果产生于众多以各种个体身份行事的人的效用最大化行为……个体决定公共部门的规模、成本和收益的分配。

个体让渡由政府配置的资源占比 g_t 可反映政府治理占比高低，因此政府治理占比与 $\ln(y_t)$ 的关系为二次相关关系。

$R_1 > 0$，二次曲线性质决定 g_t 与 $\ln(y_t)$ 的关系呈先下降后上升的 "U" 型特征。g_t 的上升与下降，取决于在不同经济发展水平上，个体将资源让渡政府配置，在考虑个体厌恶政府管制的负面影响后，政府最终对个体生产效率提升的赋能大小，与个体因厌恶让渡资源给政府配置，导致个体生产努力程度下降之间的权衡。

当 $\ln(y_t) < \dfrac{\alpha - \beta r \ln(\mu) - \beta h}{2\beta r}$ 时，g_t 随 $\ln(y_t)$ 上升而下降，即当经济体发展水平较低时，个体生产效率较低，需要通过向政府让渡较高占比的资源配置而获取政府较高的赋能。随着分工深化，个体生产效率提升，个体让渡资源给政府配置获取政府赋能的需要下降，同时个体厌恶政府管制导致政府赋能效果降低，而个体资源让渡厌恶对生产效率的负面影响增大，个体让渡资源给政府配置的占比将随经济发展水平的提升而下降。

当 $\ln(y_t) = \dfrac{\alpha - \beta r \ln(\mu) - \beta h}{2\beta r}$ 时，g_t 为最小，即当经济体发展到一定水平时，个体向政府让渡资源的占比下降到最低。

当 $\ln(y_t) > \dfrac{\alpha - \beta r \ln(\mu) - \beta h}{2\beta r}$ 时，g_t 随 $\ln(y_t)$ 上升而上升，即当经济发展水平较高时，分工深化带来的交易不确定性快速上升。为了更好利用分工深化提升生产效率，同时减少交易不确定性提高带来的负面影响，个体加大对政府的资源配置让渡，通过政府治理赋能个体提升生产效率，因此 g_t 随经济发展水平提高而上升。

上述权衡的根源在于，分工与协作推动经济发展水平提升，经济发展水平提升反过来推动分工与协作的深化。分工深化在提高个体生产效率的同时带来分工成本上升，负面影响个体生产效率，它需要加强协作以降低分工成本，但加强协作会使协作成本上升，需要通过动态调整政府治理占比协调分工与协作深化带来的正反两方面影响，最终有利于实现生产效率最优。因此，政府治理占比的变化趋势是两种影响叠加的结果。

上述模型推论证明人类社会政府治理占比演变呈"U"形特征，根据（1）式，人类社会市场治理占比随经济发展呈先上升后下降趋势，表现为倒"U"型特征。至此，我们完成对人类社会经济治理结构演变的模型构建。

（二）对经济治理结构演变模型的实证检验

上述理论模型提出政府配置资源占经济体总产出的比重 g_t 与经济发展水平 $\ln(y_t)$ 呈二次相关关系。我们选取全球137个经济体[①]1800~2018年的数据验证上述关系[②]。

我们以2011年美元不变价计的各国人均GDP度量经济体人均产出 y_t。与前文处理方式一致，我们用政府财政开支占GDP的比重度量政府配置资源占经济体总产出的比重 g_t。

根据上述数据拟合对数人均GDP与政府财政开支占GDP比重，结果如下：

$$g_t = 3.8 \ln(y_t)^2 - 56.8 \ln(y_t) + 230.5 \qquad R^2 = 44.7\% \qquad (56)$$

拟合优度 $R^2 = 44.7\%$，即对数人均GDP与政府财政开支占GDP比重有显著的二次相关关系。拟合结果的两个系数和常数在t检验下均具有强显著性，具体如表1所示。

表1　经济治理结构实证拟合结果

项目	系数	t统计量	P值
截距	230.5	27.5	8.1×10^{-159}
一次项	−56.8	−29.3	1.6×10^{-178}
二次项	3.8	33.8	2.6×10^{-233}

---

① 可获取数据的经济体共158个，其中部分经济体因自身经济发展特殊原因导致数据较大异常，予以剔除。这些经济体包括刚果、厄立特里亚、赤道几内亚、利比亚、莱索托、东帝汶、不丹等不稳定国家，剔除了图瓦卢、马绍尔群岛、基里巴斯、瑙鲁、所罗门群岛、圣多美和普林西比等岛国，剔除了伊拉克、科威特、卡塔尔、沙特阿拉伯、阿联酋、以色列等海湾地区经济体，剔除了新加坡、中国香港等城市型经济体。

② 人均GDP数据来源于麦迪森2020数据库（Maddison Project Database 2020），政府财政开支占比数据来源于IMF数据库（"Public Finances in Modern History"和"Fiscal Monitor"）。

拟合结果如图6所示。

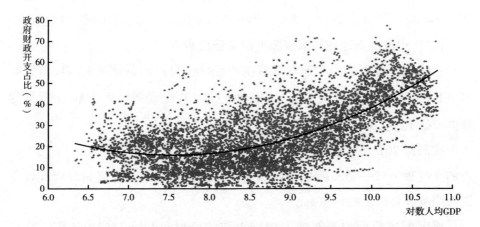

图6 全球137个国家近220年对数人均GDP与政府财政开支占比的关系

资料来源：IMF 数据库，https://www.imf.org/external/datamapper/datasets；麦迪逊 2020 年数据库，https://www.rug.nl/ggdc/historicaldevelopment/maddison/releases/maddison-project-database-2020。

上述拟合结果说明，模型输入项 $\ln y_t$ 每增加1，二次项上升幅度为49.4~79.8个百分点[①]，一次项下降幅度为56.8个百分点。在曲线左侧，二次项上升幅度小于一次项下降幅度，因此曲线呈下降趋势；在曲线右侧，二次项上升幅度大于一次项下降幅度，因此曲线呈上升趋势。

不少经济体更早数据难以获取，导致上述分析中左侧样本数据较少，但这并不影响实证结果的可信度。本文尝试增加其他机构发布的更早的96个数据点，拟合优度由44.7%提升到45.0%，进一步证实了拟合的可信度。但考虑到数据口径可能存在差异，未将这一结果作为本文实证结论。本文进一步从空间维度对模型开展稳健性检验，选取有100年及以上IMF数据的经济体、发达和发展中经济体开展分析，实证结果都具有强稳健性，详见表2。

[①] 文中输入项 $\ln y_t$ 取值在 6~11，即人均 GDP 折 2011 年 400 万~60000 万美元，取该区间值模拟。

表2　经济治理结构实证分析结果的稳健性检验

项目		1800~2018年 IMF 数据	1800~2018年 IMF 数据+96 个补充数据点	1800~2018 年 有100年及以上 IMF 数据的经济体	1800~2018 年 有 100 年及以 上 IMF 数据的发达经济体	1800~2018 年 有100年及以上 IMF 数据的发展中经济体
R²		0.447	0.450	0.702	0.706	0.523
二次项系数	系数值	3.765	3.775	4.621	4.894	3.211
	标准差	0.111	0.111	0.138	0.230	0.228
	P值	2.6012E-233	3.4337E-237	3.1602E-214	4.48854E-93	1.93569E-41
	显著性	***	***	***	***	***
一次项系数	系数值	−56.846	−56.991	−68.845	−73.661	−46.326
	标准差	1.943	1.931	2.458	4.191	3.832
	P值	1.5586E-178	1.8606E-181	7.6864E-157	1.73955E-65	1.13508E-31
	显著性	***	***	***	***	***
常数项	系数值	230.474	230.927	265.037	286.361	175.717
	标准差	8.382	8.334	10.817	18.956	15.938
	P值	8.1496E-159	3.1436E-161	4.4746E-123	1.63054E-49	6.98365E-27
	显著性	***	***	***	***	***

注：*、**、***分别表示在10%、5%、1%的水平下显著。

　　基于上述实证结果，我们证实随着对数人均GDP增长，政府财政开支占GDP比重呈先下降后上升的"U"形特征。实证结果与理论模型吻合，这也说明自1800年以来多数经济体政府基本满足理性政府假设。

　　从图6可以看出，当以2011年不变价美元计价的对数人均GDP低于7.55时，即人均GDP低于1898美元之前，政府财政开支占GDP比重随经济发展而下降，即政府治理占比从高位下降；当上升到1898美元时，政府财政开支占GDP比重下降到最低，为15.9%；当人均GDP高于1898美元后，政府财政开支占GDP比重随经济发展而上升，即政府治理占比上升。

　　以2011年不变价美元计价的人均GDP1898美元，是欧美主要国家第一次工业革命初步完成时的经济发展水平。除英国因海外殖民扩张，特别是从印度获取高额利益，人均GDP在工业革命启动前即跨越这一节点外，法国、德国、瑞典、荷兰等欧洲大陆国家都是在第一次工业革命时期（1740~1840年）跨越人均GDP1898美元这一节点的。因此，工业革命是人类社会经济治理结构演进的重要历史节点。经历第一次工业革命的欧洲国家，多数在工业革命时期经历政府治理占比的低点。其他后发国家在追赶的过程中，也往往会在快速工业化时期经历政府治理占比低点，呈现与欧洲国家工业革命时期类似的经济治理结构演变规律。

（三）经济治理结构演变理论与历史规律

1.经济治理结构演变理论

上述经济治理结构模型与实证说明，经济体处于不同经济发展水平时，微观个体让渡资源给政府配置的比例不同，经济体的经济治理结构不同。它是经济体在特定经济发展水平上，对运用市场治理激发个体积极性与运用政府治理获取规模效应、赋能个体降低交易不确定性影响的权衡。这种权衡内生于微观个体追求生产效率最大化的过程，它推动人类社会经济治理结构随经济发展水平提升而动态演变，其中，政府治理占比演变呈"U"形特征，市场治理占比演变呈倒"U"形特征。

经济体由微观个体组成，个体逐利是经济社会发展的原动力。在经济资源有限的背景下，个体逐利转变为追求生产效率提高。人类通过分工和协作推动生产效率提升。社会分工提高专业化水平，群体协作形成规模经济、降低经济活动不确定性，二者都是人类提高生产效率的重要方式，但二者都有成本。分工深化会放大个体逐利带来的不利影响，增加个体间协调工作量，形成分工成本；强化协作会降低经济活动的不确定性，还会因规模效应形成规模经济，但需组织个体间开展协作，进而形成协作成本。当且仅当深化分工与强化协作带来的边际收益大于边际成本时，人类才能实现通过分工与协作提高生产效率的目的。

人们在分工与协作过程中，因个体逐利而存在相互冲突和不同利益，它需要通过经济治理加以调和，既通过个体逐利提升效率，又降低分工与协作成本。调和的方式有通过个体间博弈，形成一致遵循的规则开展经济活动，表现为市场治理；有通过威权建立规则、秩序，组织开展经济活动，表现为政府治理。政府治理和市场治理构成经济治理，调和的成效表现为政府治理和市场治理效用，政府治理效用占比和市场治理效用占比形成经济治理结构。

市场治理的效用体现在，经济体通过市场开展组织协调，有效调动个体积极性，发挥分工带来的专业化水平提升，通过市场治理降低交易的不确定性，进而降低分工成本。但经济体运用市场治理也面临市场治理成本，体现在建设和运用市场交易场所、交易机制的成本，市场治理下的交易不确定性成本，以及市场机制自身缺陷带来的外部性成本、公共品缺失成本和供需失衡成本等市场失灵成本。

政府治理的效用体现在，经济体通过政府建立和维护市场规则，开展宏观调控、提供公共品和直接开展经济活动，减少市场失灵、获取规模经济效应。但经济体运用政府治理面临政府治理成本，体现在政府的组织成本、通过政府的分工协作成本、政府自身不足带来低效失误成本、课税带来的个体生产效率降低成本，以及监管俘获和政策套利等行为带来的个体消极配合成本。

在漫长的发展历史上，人类通过协作抵御灾害事故、赋能个体生产能力，通过分工提高生产效率。分工深化促使交易链条延长和交易环节增多，交易不确定性增加，放大个体逐利带来的负面影响，带来分工成本。人类运用市场治理降低交易不确定性，控制分工成本上升，但同时带来建立和运用市场机制的成本和市场失灵成本。为降低市场失灵成本，人们通过政府组织将部分市场治理转化为政府治理，同时弥补市场治理不足。政府治理边界扩大，治理成本增加。人们权衡政府治理的边际成本与降低市场失灵成本和扩大规模效应带来的边际效用之间的关系，从而形成市场与政府的合理边界。当政府治理带来的规模经济效应和市场失灵成本下降形成的治理边际效用，与政府治理的边际成本相等时，政府治理的范围不再扩大，政府和市场之间形成合理边界。在这一过程中，微观个体对政府治理和市场治理的权衡，在宏观上形成经济体对政府治理与市场治理的权衡，它是经济体权衡运用分工和协作推动经济发展的结果。

在人类社会的发展进程中，不断深化分工、提高生产效率，不断优化协作、形成规模经济并降低分工成本，无论是分工的水平还是协作的水平都在持续提升。但在不同的经济发展水平下，分工与协作带来的成本与效用不同，使得政府治理和市场治理的成本与效用不同。为追求个体生产效率最大化，人们基于经济发展水平不断权衡市场治理和政府治理的成本与效用，不断优化政府与市场治理边界。人类社会发展进程，就是分工与协作不断深化的过程，同时也是政府治理与市场治理边界不断优化的过程。在这一过程中，不同的经济发展水平具有与之相适应的经济治理结构，外在表现为随着经济发展水平的提升，政府治理占比演变呈"U"形特征，市场治理占比演变呈倒"U"形特征。

2.经济治理结构演变的历史规律

现代政府与古代政权，现代市场与古代简单商品交换，既有共性也有变化发展。本文基于共性与变化发展，研究政府与市场治理演变规律。

在古代，人类社会经济发展水平较低，个体生产效率低，难以有效开展生产，难以应对灾害事故冲击，同时个体间交易面临的不确定性高，难以通过个体间的分工和交易组织生产。微观个体被迫通过政府集聚有限的经济资源，在不同历史阶段，通过氏族部落、奴隶主庄园、封建领主和地主庄园等形式，开展有组织的生产，发挥规模经济效应，增强抵御灾害事故冲击的能力，提高生产效率，因此政府治理占比高。它反映为政府治理演变"U"形曲线的左半端，政府治理占比处于较高水平。人均GDP越低，政府治理占比越高。

随着个体分工深化、专业化水平提高，个体生产效率提升，推动经济发展、市场规模扩大。市场规模扩大又进一步促进分工深化，形成"分工深化—效率提升—市场扩大—分工深化"的正反馈循环。人类走过漫长的经济低增长历史，到工业革命前夕，这一正反馈循环的影响才加速显现，经济体由简单商品经济向市场经济快速演进。在这一发展进程中，由于个体生产效率提升、抗风险能力增强，通过政府组织协作生产的必要性下降；同时个体自主意识提高，让渡资源给政府配置的意愿降低，厌恶政府管制的影响增大，政府组织生产的边际收益下降、边际成本增加，基于市场交易的专业化分工的重要性逐步提高，政府治理占比降低，市场治理占比上升。反映在政府治理占比"U"形曲线中，即随着经济发展水平的提升，政府治理占比由左端的高位逐步下降，并在较低水平保持稳定。

　　进入20世纪，随着分工高度深化，迂回生产链条加长，交易环节增多、每个交易环节的不确定性加大，分工带来的协调成本上升，公共品缺失、贫富分化、供需失衡等现象日益严重，阻碍个体生产效率的进一步提高。当分工深化促进生产效率提升的边际收益低于分工的边际成本时，单纯依赖分工难以进一步推动生产效率的提升。为了提高生产效率，个体不得不加大对政府的资源配置让渡力度，通过政府组织协作，降低交易不确定性、减少协调成本，具体表现在：通过强化政府治理，完善市场秩序，抑制交易成本上升，降低负外部性影响；扩大公共品供给，降低公共品缺失带来的影响；进行宏观调控，建立社会保障制度，避免供需失衡，降低经济波动带来的影响。因此，随着经济发展、分工高度深化，市场治理占比相对下降，政府治理占比再次上升，这也是"瓦格纳法则"出现的根本原因。Wallis 和 North（1986）发现，从1870年到1970年美国交易部门经济产出占比由25%上升到45%，从1902年到1970年政府支出占比由6.9%上升到33.5%，它正是随着市场规模扩大、分工深化、交易成本上升、市场机制不足显现，美国强化政府治理、弥补市场不足、抑制交易成本上升的反映。

　　经济治理结构的演变历史揭示，在人类发展进程中，经济体处于不同的经济发展水平时，具有与之相适应的经济治理结构，表现为随着经济发展水平的提升，政府治理占比演变呈"U"形特征，市场治理占比演变呈倒"U"形特征的历史规律，它是生产关系要适应生产力发展规律的反映，同样适用于不同历史时期、不同文化背景、不同交易方式、不同社会形态的经济体。

五　经济治理结构演变理论的现实意义

（一）我国经济治理结构历史演进成因

　　聚焦新中国成立以来经济治理结构演变，从新中国成立到改革开放前，我国实施计划经济体制，建立了较完整的工业体系，1952~1978年GDP年均增速6.7%，人均GDP从119元人民币增加到385元①，体现出经济发展水平较低时政府在组织生产方面的重要作用，政府治理占比较高。随着经济发展，高度计划的经济体制难以适应经济发展需要。1978年我国实施改革开放，逐步建立市场经济体制，推动经济快速发展，1978~1998年GDP年均复合增速达到9.8%，人均GDP从385元人民币增加到6860元，1997年我国进入"中等收入国家"行列，这段时期政府治理占比持续下降。在经济发展取得巨大成就的同时，市场体系不完善的缺陷也开始显现，出现经济增速回落、通货膨胀、即期消费减少、突发性高失业率等问题，客观上需要通过政府治理完善市场体系。1998年我国GDP增速7.8%，同比降低1.4个百分点。从1998年开始，我国大规模进行宏观调控，实施积极财政政策，加大政府投资，陆续出台医疗、住房、教育等一系列改革政策，加入世贸组织，全面融入国际大循环，推动经济持续快速发展，2000年GDP增速回升到8.5%。这一阶段政府治理占比上升。

对比英国和新中国成立后我国经济治理结构演变可以发现，我国经济治理结构70年演变历程与英国300年的历史演变具有相似性。新中国成立后到改革开放前，通过政府组织经济活动，奠定了工业化发展基础，与英国工业革命高峰期前的历史表现类似。改革开放后，我国政府治理比重呈先下降后上升趋势，与英国工业革命高峰期之后的历史表现类似。英国通过工业革命完成工业化，建立世界性经济强国，我国则通过改革开放创造了长达四十余年罕见的"奇迹增长"。

比对英国发展历史后，再比较世界各国发展历史。如图7所示，与世界137个经济体219年的拟合曲线相比，改革开放前我国政府治理比重高于拟合曲线水平，这源于在一穷二白基础上，我国需要通过高度集中的计划经济来快速建立工业体系，奠定工业化基础。改革开放后，政府治理比重从高位回归拟合曲线水平。随着市场体制建设的深入推进，1993~2011年，我国政府治理比重小幅低于拟合曲线水平。2012年之后，我国经济进入新常态，加强宏观调控，强化民生建设，政府开支占比转为略高于拟合曲线水

---

① 本部分人民币计量的我国人均GDP数据引自中国国家统计局官网，https://data.stats.gov.cn。

平。2015年开展供给侧结构性改革，加大产业政策投入和民生保障支出，政府治理比重高于拟合曲线水平的幅度增加。它是在这段时期为应对经济增速持续下降，政府加强治理，推动产业结构转型升级和有效需求提高，实现经济增速企稳意图的体现。

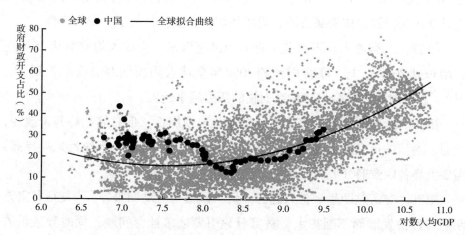

图7　中国政府治理占比与拟合曲线比较

注：为保持实证数据口径统一，该图中我国人均GDP引自麦迪逊2020数据库，与其他国家一致。

（二）人类社会经济治理结构演变趋势

2008年全球金融危机爆发后，世界主要经济体普遍实施了强力的调控政策，2020年疫情全球大流行加剧了这一趋势。根据IMF数据，多数国家在全球金融危机后和疫情后一两年内政府支出占比都明显上升[①]。全球金融危机和疫情的应对措施显示，随着经济发展，不确定性增加，世界各经济体都在通过强化政府治理来稳定经济社会发展，为市场机制创造更好的环境。

20世纪后半叶以来的特征事实表明，全球经济社会正在发生如下九大变化。

第一，气候和环境恶化。全球碳排放量和平均气温持续上升，极端天

---

① 根据IMF统计的全球193个有效数据经济体中，有122个财政开支占GDP比重2009年比2008年高1个百分点以上，占比63.2%；有150个财政开支占GDP比重2020年比2019年高1个百分点以上，占比77.7%。全球整体财政开支2009年和2020年分别比上一年提升3.1个和5.8个百分点。

气增多，海平面上升、冻土融化，环境污染加剧，生物多样性遭破坏。面对气候和环境变化，各国政府缔结各类国际公约，携手应对挑战。

第二，新疾病不断出现。气候和环境恶化、人类生活习惯改变，引发新的疾病。在影响人类的传染病中，有 58% 会因气候变化而加剧①。20 世纪 70 年代以来出现的新型传染病约 40 种②，大流行疾病发生间隔缩短③。应对新疾病特别是传染病挑战，需要各国协作强化公共卫生安全管理。

第三，人类进入长寿时代。近一个世纪以来，全球人均寿命从 35 岁左右增长到 70 岁以上，联合国预测 2050 年全球人均预期寿命将增长到 77.2 岁④。长寿时代下社会保障体系面临的压力越来越大。

第四，全球联系越来越紧密。全球化出现周折，但总体趋势并未改变，交通、通信的迅猛发展使得全球联系的紧密性不断提升、系统性风险提高，需要世界各国政府开展更紧密的合作。

第五，贫富差距呈现扩大趋势。资本回报与劳动回报差异⑤使得贫富差距随着经济发展而不断扩大。贫富分化引发诸多社会问题，同时导致供需失衡、影响经济循环畅通，对政府缩小贫富差距的能力提出更高的要求。

第六，科研创新成本和难度不断增加。以芯片为例，先进工艺每一代至少较上一代增加 30%~50% 的设计成本⑥。研发投入的不断加大使得技术突破对政府的依赖性越来越强，政企合作成为推动科技创新取得突破的主要驱动力。

第七，经济运行复杂度持续提高。分工深化推动专业化，带来效率提升。但分工深化的同时带来交易复杂度增加，交易不确定性使全球经济体

---

① 数据来自人民健康网转引 *Nature Climate Change* 杂志 2022 年 8 月 8 日发表的一项研究，https://baijiahao.baidu.com/s? id=1740835519070778848。
② 数据来自《2007 年世界卫生报告》。
③ 2021 年世界卫生组织表示，随着气候的变化以及国际旅行越来越频繁，大流行疾病发生间隔的时间开始变短。https://www.163.com/dy/article/GQV30CEM0535I9DC.html。
④ 源自联合国《世界人口展望 2022》。
⑤ 托马斯·皮凯蒂（2014）在《21 世纪资本论》中指出，全球范围内的资本收益率长期高于经济增长率，导致财富分化程度不断加深，并预测 21 世纪的财富分化程度可能比 19 世纪更加不平等。
⑥ 数据引自《芯片研发成本上升 30%～50%，异构集成渐成新潮流》，http://finance.sina.com.cn/chanjing/cyxw/2019-10-12/doc-iicezuev1751056.shtml。

系脆弱性上升、稳定性下降、系统性风险增加。

第八，宏观杠杆率持续提升。全球杠杆率从全球金融危机后的198%①持续攀升至2021年的267.9%②，疫情后全球性宽松货币政策进一步推升杠杆率，加剧全球经济的脆弱性。

第九，政府管理经济的能力增强。面对各类危机和挑战，政府管理经济的能力不断提升，经济理论的发展推动政策工具不断丰富，大数据时代的来临与经济实力增强更是赋能政府治理能力提升③。

面对全球这九大变化发展趋势，客观上要求世界各国强化政府治理，弥补市场缺陷，应对各类冲击，推动经济稳定发展。政府治理能力提升也为政府更大程度参与经济治理奠定基础。展望未来，在坚持市场对资源配置起决定性作用的同时，强化政府治理是当今世界的发展趋势，政府治理占比将逐步提升，印证政府治理占比演变"U"形曲线右半段的发展趋势。

政府治理占比演变呈"U"形特征、市场治理占比演变呈倒"U"形特征，揭示了人类社会经济治理结构演进的历史规律，经济治理结构的理论模型揭示了规律背后的经济学原理，在当今世界面临百年未有之大变局下，把握经济治理结构演变的历史规律和未来发展趋势，更好运用经济治理推动我国经济高质量发展，助力加快推进中国式现代化，具有重大的理论和现实意义。

参考文献

[1] B.R. 米切尔编，2002，《帕尔格雷夫世界历史统计 美洲卷 1750–1993 年（第四版）》，贺力平译，经济科学出版社。

---

① 数据引自《全球杠杆率变化的信号：经济危机已结束，但尾部风险大》，https://www.sohu.com/a/202358718_115124。

② 根据国际金融协会统计，截至2021年末，全球有统计数据的国家的宏观杠杆率为267.9%。详见《张晓晶：宏观杠杆率或将步入上行周期》，http://www.ce.cn/xwzx/gnsz/gdxw/202206/01/t20220601_37700358.shtml。

③ Athey（2017）、Chettyt等（2020）研究了大数据解决经济和社会问题的方法，提出运用大数据可以优化政策，增进社会福利。

［2］B.R.米切尔编，2002，《帕尔格雷夫世界历史统计 欧洲卷 1750–1993 年（第四版）》，贺力平译，经济科学出版社。

［3］埃利诺·奥斯特罗姆，2012，《公共事物的治理之道：集体行动制定的演进》，余逊达、陈旭东译，上海译文出版社。

［4］安格斯·麦迪森，2009，《世界经济千年统计》，伍晓鹰、施发启译，北京大学出版社。

［5］奥利弗·E.威廉姆森，2020，《契约、治理与交易成本经济学》，陈耿宣编译，中国人民大学出版社。

［6］保罗·萨缪尔森、威廉·诺德豪斯，2013，《经济学（第19版，教材版）》，萧琛主译，商务印书馆。

［7］彼得·马赛厄斯、悉尼·波拉德主编，2004，《剑桥欧洲经济史 第8卷 工业经济：经济政策和社会政策的发展》，王宏伟、钟和等译，经济科学出版社。

［8］樊纲、王小鲁、朱恒鹏，2010，《中国市场化指数——各地区市场化相对进程2009年度报告》，经济科学出版社。

［9］哈里·兰德雷斯、大卫·C.柯南德尔，2014，《经济思想史（第四版）》，周文译，人民邮电出版社。

［10］金星晔、管汉晖、李稻葵、Broadberry Stephen，2019，《中国在世界经济中相对地位的演变（公元1000 —2017年）——对麦迪逊估算的修正》，《经济研究》第7期。

［11］克拉潘，1986，《现代英国经济史（中卷）》，姚曾廙译，商务印书馆。

［12］李新宽，2008，《论英国重商主义政策的阶段性演进》，《世界历史》第5期。

［13］刘鹤主编，2013，《两次全球大危机的比较研究》，中国经济出版社。

［14］米歇尔·德弗洛埃，2019，《宏观经济学史——从凯恩斯到卢卡斯及其后》，房誉、李雨纱等译，北京大学出版社。

［15］青木昌彦，2001，《比较制度分析》，周黎安译，上海远东出版社。

［16］托马斯·皮凯蒂，2014，《21世纪资本论》，巴曙松等译，中信出版社。

［17］维托·坦茨，2014，《政府与市场——变革中的政府职能》，王宇等译，商务印书馆。

［18］向荣，2018，《水利与英国社会》，《光明日报》2018年11月12日。

［19］约瑟夫·E.斯蒂格利茨，2005，《公共部门经济学（第3版）》，郭庆旺等译，中国人民大学出版社。

［20］詹姆斯·M.布坎南，2020，《民主财政论——财政制度与个体选择》，穆怀朋译，中国人民大学出版社。

［21］Al Mamun, Md Sohag, Kazi Hassan, Kabir. M. 2017. "Governance, Resources and Growth."*Economic Modelling* 63：238–261.

［22］Athey S.2017. "Beyond Prediction：Using Big Data for Policy Problems." *Science (*New York, N.Y.) 355(6324)：483–485.

［23］ Avinash Dixit.2009. "Governance Institutions and Economic Activity." *American Economic Review* 99(1): 5-24.

［24］ Bota-Avram Cristina, Grosanu Adrian, Răchişan Paula, Gavriletea Marius. 2018. "The Bidirectional Causality between Country-Level Governance, Economic Growth and Sustainable Development: A Cross-Country Data Analysis." *Sustainability* 10: 502.

［25］ Chetty Raj, Friedman John, Hendren Nathaniel, Stepner Michael. 2020. "The Opportunity Insights Team: The Economic Impacts of Covid-19: Evidence from a New Public Database Built Using Private Sector Data (June 2020)."NBER Working Paper No.w27431.

［26］ Daryaei Abbas Ali, Setayesh Mohammad.2017. "Good Governance, Innovation, Economic Growth and the Stock Market Turnover Rate." *Journal of International Trade and Economic Development* 10: 1080.

［27］ John Eatwell, Murray Milgate, Peter Newman. 2018. *The New Palgrave Dictionary of Economics* (Third Edition), Palgrave Macmillan.

［28］ Li, John Shuhe.2003. "Relation-based Versus Rule-based Governance: An Explanation of the East Asian Miracle and Asian Crisis." *Review of International Economics* 11(4): 651-673.

［29］ Murrell, Peter Olson, Mancur. 1991. "The Devolution of Centrally Planned Economies." *Journal of Comparative Economics* 15(2): 239-265.

［30］ North D.C.1990. *Institutions, Institutional Change and Economic Performance*, Cambridge University Press.

［31］ North Douglass, John Wallis. 1994. "Integrating Institutional Change and Technical Change in Economic History: A Transaction Cost Approach." *Journal of Institutional and Theoretical Economics* 150(4): 609-624.

［32］ Olson J. R. M., Sarna N., Swamy A. V. 2000. "Governance and Growth: A Simple Hypothesis Explaining Cross-country Differences in Productivity Growth." *Public Choice* 102: 341-364.

［33］ Wallis J., North D.1986. "Measuring the Transaction Sector in the American Economy." *Long-Term Factors in American Economic Growth*, in Engerman S.L. and Gallman R.E., Universitg of Chicago Press.

［34］ Williamson Oliver E. 1971. "The Vertical Integration of Production: Market Failure Considerations." *American Economic Review* 61: 112-123.

［35］ Williamson Oliver.2005. "The Economics of Governance." *American Economic Review* 95: 1-18.

（责任编辑：张容嘉）

脱贫摘帽的经济影响及财政扶持绩效

——来自中国地方政府财政预决算的证据

仇童伟　彭嫦燕[*]

摘　要： 党的二十大报告强调"巩固拓展脱贫攻坚成果，增强脱贫地区和脱贫群众内生发展动力"，财政投入无疑是关键。然而，现有研究尚未评估贫困县脱贫摘帽的经济影响，以及财政持续投入效果，难以为优化财政支出结构提供参考。本文利用中国地方财政预决算数据库中2016~2018年县级财政数据，借助贫困县脱贫摘帽的准自然试验，考察了脱贫县的经济发展以及财政扶持绩效。结果显示，脱贫摘帽促进了脱贫县第一产业和第二产业的增长，但对第三产业无显著影响。而且，脱贫县在利用财政资金发展第一产业和第二产业中的效率得到了明显改善。我们还发现，胡焕庸线以东脱贫县的财政扶持在发展第一产业中效果更好，胡焕庸线以西脱贫县在发展第二产业中更具比较优势。对财政支出结构的分析进一步显示，农村基础设施仍是第一产业发展的重要基础，生产投入对第一产业和第二产业发展均存在积极效果。本文指出，脱贫攻坚提升了脱贫地区财政资金利用效率，下一步在保持财政支持政策总体稳定的前提下，需因地制宜配置财政资金，加大生产发展类投入。

关键词： 脱贫摘帽　财政扶持　经济发展　脱贫攻坚　乡村振兴

---

* 仇童伟，副教授，南京农业大学经济管理学院，电子邮箱：15150561782@163.com；彭嫦燕，助理研究员，西南财经大学中国家庭金融调查与研究中心，电子邮箱：pengchangyan@chfs.cn。本文获得中国博士后科学基金项目（2021M702701）、国家社科基金后期资助重点项目（20FGLA004）的资助。感谢匿名审稿专家的宝贵意见，文责自负。

一 问题的提出

2021年2月，习近平总书记在全国脱贫攻坚总结大会上宣布，我国现行标准下9899万农村贫困人口全部脱贫，832个贫困县全面摘帽，12.8万个贫困村全部出列。2020年12月发布的《中共中央　国务院关于实现巩固拓展脱贫攻坚成果同乡村振兴有效衔接的意见》（以下简称《意见》）强调，要在巩固拓展脱贫攻坚成果的基础上，做好乡村振兴这篇大文章，持续推进脱贫地区发展和群众生活改善。党的二十大报告进一步强调，在全面推进乡村振兴过程中，巩固拓展脱贫攻坚成果，增强脱贫地区和脱贫群众内生发展动力是重要一环。在落实脱贫攻坚和推动乡村振兴及共同富裕中，政府主导下的公共转移支付是最为重要的资金来源（解垩，2010）[1]。为此，《意见》提出，要保留并调整优化原财政专项扶贫资金，聚焦支持脱贫地区巩固拓展脱贫攻坚成果和乡村振兴；合理安排财政投入规模，优化支出结构，调整支持重点；逐步提高用于产业发展的比例。

实际上，我国政府在脱贫攻坚中已进行了大量财政投入。据《中国农村贫困监测报告》，2016~2019年，全国832个贫困县实际整合资金规模达到1.26万亿元，县均整合资金规模超过15亿元。2013~2021年，中央、省、市、县财政专项扶贫资金累计投入近1.6万亿元。如果将地方投入和社会扶贫投入统计进来，扶贫的转移支付还要提高1/3以上（陈锡文和韩俊，2021）。如此大规模的财政扶持到底起到了什么样的效果呢？

Jha等（2009）、田勇等（2019）、卢洪友和杜亦譞（2019）、尹志超和郭沛瑶（2021）发现，直接的转移支付政策能够降低个体贫困、营养不良和风险冲击。此外，财政支出结构的优化也能够有效弥补市场机制的不足并调整社会财富分配、解决相对贫困（程名望等，2014；李永友和沈坤荣，2007；平卫英等，2021；罗良清等，2022）。贫困的减少不仅使得物质资本和人力资本增加（Bardhan等，2000；Azariadis，2006；World Bank，2006），

---

① https://mp.weixin.qq.com/s/Al6zz4PE0XPAbP90eS0Hsg.

还有益于经济发展（Deininger和Squire，1998；Knowles，2005，Voitchovsky，2005）。相反，如果缺乏减贫政策的介入，社会不平等将加剧（Banerjee和Duflo，2012；蒋奕，2012；李小云和徐进，2020）。

不同的是，解垩（2018）认为，公共转移支付的减贫作用极为有限。实际上，大多数发展中国家的减贫机制并不完善，使得扶贫资金并未到达真正需要的贫困人口手中（Coady和Parker，2009；刘凤芹和徐月宾，2016；朱梦冰和李实，2017）。樊丽明和解垩（2014）发现，公共转移支付对慢性贫困和暂时性贫困家庭的脆弱性无任何影响。而且，城乡低保等不仅未能改善贫困脆弱性，反而增加了家庭贫困的脆弱性（徐超和李林木，2017）。刘穷志（2009）甚至发现，公共转移支付不但没有减少农村贫困，反而加剧贫困。实际上，无条件的普惠性转移支付有可能使得受益者在心理和生理上产生依赖，对受益者劳动供给产生负向激励（Chaudhuri等，2002）。此外，政府转移支付对农村贫困的影响还存在非线性门槛效应（储德银和赵飞，2013）。

已有研究对财政扶持的减贫效果和经济影响并未达成共识，但可以确定的是，其大多是基于微观调查数据的分析而非关注政府实际的财政支出情况，且并未评估本轮脱贫攻坚的具体绩效。一方面因难以判断脱贫攻坚效果而导致后续巩固拓展的思路不够清晰，另一方面则使得优化财政支出结构的难度增加。实际上，无论是减贫还是财政扶持，其目的都是通过暂时性输血培育脱贫地区的造血功能。只有使其具备自我经济发展能力，才能够巩固拓展脱贫攻坚成果，并与乡村振兴有效衔接。由此需要回答的问题是：脱贫攻坚是否塑造了脱贫地区的自我发展能力？财政扶持绩效如何？对于不同地区的财政扶持是否存在绩效差异？不同财政支出结构的效果是否存在差异？对于上述问题的回答，不仅可以明确脱贫攻坚对脱贫地区经济发展的实际效果，还能够判断财政扶持的重点领域和区域投入差异，为针对性地巩固拓展脱贫攻坚提供政策参考。

本文主要工作如下：第一，利用贫困县脱贫摘帽的准自然试验，结合渐进式双重差分法评估脱贫摘帽对脱贫县三次产业发展的影响。第二，利用中国地方政府财政预决算数据库中2016~2018年县级财政数据，考察财政转移支付对三次产业发展的影响是否因脱贫摘帽而改善。第三，利用胡焕庸线区分东西部，探讨财政扶持对脱贫县三次产业影响的区域性差异。第四，结合财政专项扶贫支出的名目，考察农村基础设施建设支出和生产发展支出对脱贫县经济发展的影响。本文主要贡献包括：首先，评估贫困县脱贫摘帽的经济影响，以期为完善脱贫地区发展支持政策提供有益参考。其次，利用县域财政数据评估脱贫摘帽对财政扶持绩效的影响，为优化财政支持政策提供经验证据。最后，通过明确财政扶持绩效的区域差异和结构差异，为优化财政支出结构、持续推进脱贫地区发展和群众生活改善提供针对性举措。

本文剩余部分安排如下：第二部分是研究背景与分析线索，介绍了脱贫攻坚和乡村振兴中的财政扶持政策，并构建了脱贫攻坚、财政扶持与经济增长的分析框架；第三部分是数据、变量与模型选择；第四部分是实证结果与分析，包括主要模型结果、进一步分析和稳健性检验；第五部分为结论与政策启示。

二　研究背景与分析线索

（一）研究背景

尽管 1949~2012 年我国政府在扶贫工作中付出了巨大努力，但 2013 年农村仍有 9899 万贫困人口。2012 年，国务院扶贫开发领导小组办公室确定了全国 832 个贫困县①。从党的十八大开始，扶贫被列为首要民生工程，且关系到全面建设小康社会和党的第一个百年奋斗目标的实现。2013 年 11 月，

---

① 832 个国家级贫困县的确定实际上经历了两次调整。2001 年，国务院印发《中国农村扶贫开发纲要（2001—2010 年）》，其中明确了在四类地区确定扶贫开发工作重点县，即贫困人口集中的中西部少数民族地区、革命老区、边疆地区和特困地区，经过调整，东部地区的 33 个指标全部调到中西部地区，共确定了 592 个贫困县。2012 年，原来 592 个贫困县中有 38 个被移出名单，加上 14 个集中连片特殊困难地区涉及的县，最终确立了分布于 22 个省份的 832 个贫困县。其中，14 个片区划分是以 2007~2009 年 3 年的人均县域国内生产总值、人均县域财政一般预算收入、县域农民人均纯收入等与贫困程度高度相关的指标为基本依据，考虑到对革命老区、民族地区、边疆地区加大扶持力度的要求。

习近平总书记到湖南湘西考察时首次作出了"实事求是、因地制宜、分类指导、精准扶贫"的重要指示,精准扶贫概念由此诞生。2015 年召开的十八届五中全会指出,要在 2020 年前使处于贫困线以下的贫困人口摆脱贫困。正是在这一年,有贫困县分布的 22 个省区市党政主要负责同志向中央签署了脱贫攻坚责任书。从 2016 年开始,就有贫困县相继提出脱贫摘帽申请。2017 年宣布正式退出贫困县行列的县有 31 个,2018~2020 年脱贫摘帽的贫困县数量分别有 125 个、302 个和 374 个①。

在贫困县脱贫摘帽背后是中央和地方财政大规模的转移支付,其中又以中央财政专项资金为主。表 1 汇报了 2013~2020 年中央财政专项扶贫资金投入状况。数据显示,中央财政专项扶贫资金投入从 2013 年的 394 亿元增至 2020 年的 1461 亿元,年均增长率高达 20.59%。在具体的投入方面,2016~2019 年,政府财政总共投入了 265 亿元用于改善农村贫困人口的饮用水安全问题;2012~2019 年,安排贫困地区中央水利建设投资 4726 亿元;2018~2020 年,中央预算内投资分别为 120 亿元、140 亿元和 146 亿元用于实施新一轮农村电网改造升级;贫困地区国家高速公路、普通国道、农村公路中央投资分别占全国的54%、55%、74%。此外,包括农村最低生活保障制度、临时救济、城乡居民基本养老保险、教育扶贫和产业扶贫等,中央都进行了大量的转移支付。

表 1 中央财政专项扶贫资金投入

单位:亿元

项目	2013 年	2014 年	2015 年	2016 年	2017 年	2018 年	2019 年	2020 年
中央财政专项扶贫资金投入	394	432.87	467.45	670	860.95	1060.95	1260.95	1461

资料来源:《中国农村贫困监测报告》(2011~2020),财政部官网。

从中央和地方转移支付的科目和县域财政转移支付的科目来看,财政专项扶贫资金的归类相对复杂。以 2016 年中央对地方税收返还和转移支付决算

---

① 判定脱贫的标准为"一收入两不愁三保障"。"一收入"是指以 2010 年的不变价格,农民年收入需达到 2300 元;"两不愁"是指不愁吃、不愁穿;"三保障"是指义务教育有保障、基本医疗有保障、住房安全有保障。

表为例，一般性转移支付中的"老少边穷地区转移支付""城乡义务教育补助经费"等部分涉及扶贫功能，而专项转移支付中的"补助贫困地区法律援助办案经费""农村义务教育薄弱学校改造补助资金""困难群众基本生活救助补助""残疾人事业发展补助资金"等也部分涉及扶贫功能。从功能来说，一般性转移支付的目的是缩小地区间财力差距，实现地区间基本公共服务能力均等化；专项转移支付主要用于基础设施建设、天然林保护工程、退耕还林还草工程、贫困地区义务教育工程、社会保障制度建设、公共卫生体系建设等经济社会事业发展项目实施等方面。从本文使用数据的统计结果来看（见表2），除了2016年非贫困县的专项转移支付均值略高于贫困县外，贫困县获得的一般性转移支付和专项转移支付均高于非贫困县。

表2　2016~2018年贫困县与非贫困县财政转移支付的比较

年份	贫困县			非贫困县		
	一般性转移支付	专项转移支付	样本量	一般性转移支付	专项转移支付	样本量
2016	35.52亿元	2.64亿元	444	18.22亿元	2.92亿元	815
2017	47.80亿元	3.42亿元	509	16.11亿元	3.14亿元	951
2018	44.52亿元	3.98亿元	520	31.14亿元	2.43亿元	949

注：贫困县与非贫困县的数量总和之所以与全国县级城市总量不等，是由于该年部分县未公布财政决算数据，或者公布的信息中不包括一般性转移支付和专项转移支付两类指标。

资料来源：西南财经大学中国家庭金融调查（CHFS）中心。

在财政部印发的政府收支分类科目中，财政扶贫支出结构由10项构成①。其中，生产发展是专门用于贫困地区生产发展项目支出的（农村基础设施建设支出占比和生产发展支出占比分别为39.69%和22.06%，也是占比最高的两项），且已取得良好效果。根据农业农村部数据，截至2019年，贫困户参与种植业的有1157.8万户，参与养殖业的有935.2万户，参与加工业的有167.8万户，贫困县建成3.3万个休闲农业和乡村旅游点，带动37.9万

---

① 具体包括行政运行、一般行政管理事务、机关服务、农村基础设施建设、生产发展、社会发展、扶贫贷款奖补和贴息、"三西"农业建设专项补助、扶贫事业机构及其扶贫支出。

贫困户，产业扶贫帮扶政策覆盖98%以上的贫困户。2015~2019年，贫困地区农民人均经营性收入从3282元增至4163元，产业扶贫对贫困户收入增长贡献率达57%。截至2020年8月，832个贫困县累计实施产业扶贫项目超过100万个，建成种植、养殖、加工业等各类产业基地超过30万个；累计培育引进各类企业6.76万家，直接带动贫困人口1200万人。贫困地区已发展农民合作社71.9万家，带动贫困户626万户、贫困人口2200万人。

随着贫困县脱贫摘帽的完成，《意见》针对巩固拓展脱贫攻坚成果与乡村振兴衔接作出了财政方面的具体规划。一方面，注重区域协调性，适当向国家乡村振兴重点帮扶县倾斜[①]。另一方面，优化支出结构，调整支出重点，逐步提高用于产业发展的财政支出比例。从区域分布来看，乡村振兴重点帮扶县全部位于西部地区，原来的832个贫困县则全部位于中西部地区。在进一步分析中，本文将利用胡焕庸线区分东西部。其原因是，胡焕庸线在某种程度上是城镇化水平的分割线。这条线的东南各省区市，绝大多数城镇化水平高于全国平均水平；这条线的西北各省区市，绝大多数城镇化水平低于全国平均水平。由此，该划分可以反映脱贫县所处地区的社会经济发展水平。在本文样本中，胡焕庸线东侧和西侧的贫困县占比分别为57.04%和42.96%，既满足统计需要，也符合区域禀赋差异性的刻画。

（二）分析线索

贫困不仅使人力资本投资受限（Bardhan等，2000；Azariadis，2006），还使得人们缺乏基本的生活物品，包括食物、住房、教育和医疗服务等（Duclos等，2010；Ward，2016），由此对经济发展形成阻碍（Knowles，2005；Voitchovsky，2005）。世界各国减少贫困和迈向共同富裕的路径选择依

---

① 根据党的十九届五中全会精神、中央农村工作会议精神和《中共中央 国务院关于实现巩固拓展脱贫攻坚成果同乡村振兴有效衔接的意见》安排部署，中共中央办公厅、国务院办公厅印发有关文件，西部10省区市综合考虑人均地区生产总值、人均一般公共预算收入、农村居民人均可支配收入等指标，统筹考虑脱贫摘帽时序、返贫风险等因素，结合各地实际，经中央农村工作领导小组批准同意，确定了160个国家乡村振兴重点帮扶县，并于2021年公布。各省份分布情况如下：内蒙古10个、广西20个、重庆4个、四川25个、贵州20个、云南27个、陕西11个、甘肃23个、宁夏5个、青海15个。

然是政府主导下的财政支持（解垩，2010）[①]。Aghion等（2015）和Alder等（2013）发现，产业政策是推动经济增长的重要决定因素。而且，区际经济发展差异很大程度上也可以归因为产业政策的区别支持（Fleisher和Chen，1997；Démurger等，2001）。作为产业政策中最为重要的种类，财政支持对于基础设施建设、产业发展、营商环境改善和企业创新等都具有不可替代的作用（Romer，1990；Démurger等，2001；Steinmueller，2006；Lin，2009）。从理论上来说，财政支持和基础设施建设等扶贫项目的实施具有推动贫困地区经济增长并塑造其自生能力的作用。

　　然而，政策支持及其绩效与受援区域的具体情境存在密切的依存性，或者说，财政支持或产业扶持对贫困地区经济发展所能发挥的作用在很大程度上取决于其要素禀赋结构。林毅夫（2017a）指出，一个经济体在每个时点上的产业和技术结构内生于该经济体在该时点给定的要素禀赋结构，与产业、技术相适应的软硬件基础设施也因此内生决定于该时点的要素禀赋结构。大卫·李嘉图（2013）的比较优势理论表明，贸易的基础是生产技术的相对差别（而非绝对差别），以及由此产生的相对成本的差别，而要素丰裕度（即要素禀赋）对相对成本的形成具有决定性影响。因此，对于贫困地区来说，目前的政策重点是着力改善其基础设施，并根据其禀赋条件相应地发展第一产业和第二产业。正如背景部分介绍的，在脱贫攻坚阶段，国家在道路、水利、通信等基础设施建设方面投入了大量资金；培育农业企业、合作社、家庭农场等农业经营主体，为贫困地区第一产业发展夯实基础，并进行大量固定资本投入。同时，引进培育制造业、加工业及其他工业企业，为地方经济发展提供了重要动力。

　　（1）财政扶持与贫困县三次产业发展的差异性。遵循比较优势是经济快速发展的药方，而经济发展必须依赖于地区所具备的资源禀赋。余永定（2013）认为，经济增长过程是一个产业升级过程，要建立在给定时点上特定要素的禀赋状态之上。相反，"产业错位"不仅会直接造成经济脆弱，还可能导致贫困加剧（林毅夫和付才辉，2017）。对于贫困县来说，一方面，

[①] https://mp.weixin.qq.com/s/Al6zz4PE0XPAbP90eS0Hsg.

其自身不具备规模性的市场需求，又距离大城市较远，内需和跨区域市场需求均不足。另一方面，产业基础差，高端制造业和人才稀缺，难以内生出对现代商业、服务业和金融等第三产业的需求。贫困县的比较优势及其潜能发挥逻辑如图1所示。贫困县的相对比较优势在于：第一，劳动力成本低，可为第一产业和第二产业提供大量廉价劳动力，从而形成区际劳动力比较优势；第二，资源未开发程度高，低价要素可为过渡阶段发展提供重要支撑。通过脱贫攻坚，为贫困县提供大量的基础设施，并引进培育经济组织，本质上是为贫困县的比较优势发挥提供启动器。按照比较优势来生产和交易产品，经济会最具竞争力，可以创造最大的剩余和资本的积累（大卫·李嘉图，2013；林毅夫，2014）。显然，从脱贫攻坚阶段的策略来看，一方面，利用贫困县的农业资源和廉价劳动力，扩大生产规模，立足本地市场，通过网络等渠道向周围市场扩散；另一方面，利用贫困县的劳动力价格优势，吸引外来工业企业，尤其是劳动密集型产业，辅之以政策优惠（例如减税等），扩大本地工业品产能，带动就业规模增加和消费能力升级，从而与第一产业形成联动，形成以内循环为主，向外输出工业品的发展模式。从脱贫攻坚的短期效果来看，第一产业和第二产业会因比较优势的存在而较快增长，第三产业则难以实现长足进步。

尽管贫困县作为一个整体，在第一产业和第二产业上存在相对比较优势，但处于不同地域和市场环境的贫困县，其内部也存在比较优势的势差。林毅夫（2017b）认为，经济体应根据可随时间变化的禀赋和禀赋结构所决定的比较优势来投资产业。即使某产业在目前不具备比较优势，但只要通过政策予以支持和保护，那么等该产业成长到一定规模，反而符合未来的比较优势（Redding，2002）。随着脱贫摘帽的完成，脱贫县的产业基础得到了提高，此时其持续或深化发展就必须依赖新比较优势的形成。

随着脱贫攻坚的完成，脱贫县的基础设施、产业基础都得到极大的改善。而且，固定资本的投入也会增加后续投入的边际产出率。同时，随着时间推移，从业人员会出现"干中学"的专业化经验积累，从而呈现规模报酬递增的发展态势（Arrow，1962；Solow，1969；Yang 和 Borland，1991）。换言之，财政扶持对第一产业和第二产业的激励作用会因贫困县脱贫摘帽而得到提升。

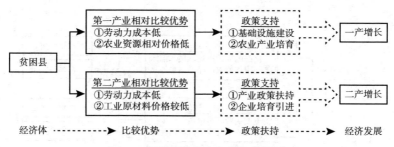

图1　贫困县脱贫攻坚的经济影响

（2）财政扶持三次产业发展的区域差异性。为便于分析，本文利用胡焕庸线将脱贫县的区位划分为东西部。其中，东部脱贫县面临的周边市场环境更佳，市场对特色农产品和工业制成品的要求更高，但由于大市场和大城市的辐射，其劳动力价格较西部更高；西部脱贫县面对的周边直接消费市场不足，但劳动力成本相对较低。由此，脱贫县内部出现了比较优势的分化，且对财政扶持绩效存在决定性影响。

图2在图1基础上，区分了脱贫县之间的相对比较优势。对于东部地区的脱贫县来说，其在发展高附加值农产品方面具有市场容量的比较优势。尤其考虑到东部省份在品牌宣传、产品包装和市场推广等方面具有更强的优势，且结合本地大市场，能够打造"一村一品"等具有市场知名度的特色农产品。因此，在发挥区域比较优势的基础上，东部脱贫县在利用财政扶持发展第一产业上的优势比西部更强；对于西部地区来说，虽然其农产品发展不具备"屠能环"的内圈优势，但与东部地区相比，其劳动力价格因远离发达市场而相对更低。类似地，在欠发达地区，生产材料和本地资源的价格相对于发达地区也更低。在这种情形下，以推动第二产业发展为媒介，释放劳动力成本的区域比较优势和本地原材料价格优势，可以充分发挥劳动密集型产业（如加工业、制造业等）的产能。换言之，在财政扶持和产业投资的过程中，西部脱贫县在第二产业发展中更具优势。

此外，在贫困县的财政支持中，还需要着重考虑支持结构问题。林毅夫（2014）就认为，硬的基础设施和作为上层建筑的软的制度安排决定于产业和技术结构。在不同的发展阶段，扶持政策和制度设计需要相机调整。在贫困县经济发展的前期投资中，投资重点集中于基础设施建设和产业扶持两大

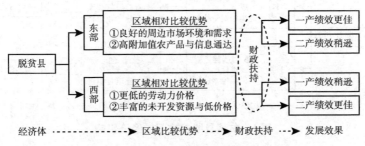

图2 脱贫县区域比较优势与财政扶持绩效

领域。一方面，贫困县发展受到道路、信息网络等多方面制约，造成资源开发和产品生产难以规模性开展。另一方面，缺乏产业基础，造成资源难以有效开发利用。因此，发挥劳动力和工业原材料价格比较优势的前提是，完善基础设施，培育产业基础，打通市场网络。随着《意见》的印发，产业投资将作为下一步财政扶持的重点，这是建立在前期产业培育基础之上的。同时需要注意的是，基础设施建设尤其是农村基础设施建设仍然是深化第一产业发展的关键。对于开发特色农产品、打造农业产业基地的地区，基础设施建设（如种植基地配套设施、农业技术培训基地、高标准农田建设、乡村旅游规划等）仍然是吸引外来企业或新型农业经营主体加强内外交流、拓展市场的关键。

综上所述，基于比较优势的贫困地区产业发展，符合贫困县脱贫以及长期持续发展的要求。利用贫困县的劳动力和原材料价格比较优势，配套基础设施建设和产业扶持，可以提升脱贫地区第一产业和第二产业的增长速度。但同时需要考虑脱贫地区内部的相对比较优势，针对性地进行产业扶持。最后，借助差异化的制度设计，将地区比较优势与财政支出结构有效衔接，可以实现脱贫地区更快发展。

三　数据、变量与模型选择

（一）数据来源

本文数据为2016~2018年县域面板数据。数据主要来源包括：第一，经济增长数据。本文采用三次产业增加值刻画县域经济结构性增长。其原因在于，在脱贫攻坚和乡村振兴过程中，县域同时开展三次产业的发展。除了种植业、畜牧业等第一产业外，加工业、制造业、乡村旅游业等第二和第三产业也普遍被各地作为重要的扶贫产业。该数据来源于2017~2019年《中国县域统计年鉴》[①]。第二，中国地方政府财政预决算数据库。本文采用2016~2018年县级财政一般性转移支付收入和专项转移支付收入共同衡量财政扶持。该数据来自中国地方政府财政预决算数据库，由西南财经大学中国家庭金融调查与研究中心整理构建而成。第三，县域特征数据。包括县域行政面积、所辖乡镇数、户籍人口、二三产业从业人数等指标，均来自2017~2019年《全国县域统计年鉴》。在数据处理方面，由于部分县（区、市）在某些年份未公布具体财税指标，《全国县域统计年鉴》中也存在少部分县域的指标信息缺失，本文将其作缺失值处理，故后文估计中会出现样本量不一致的情况。

（二）变量选择

第一，因变量。本文因变量为地区经济增长，采用三次产业增加值进行衡量。在以往研究中，大家普遍采用GDP或夜光亮度来衡量经济增长（Chen 和 Nordhaus, 2011；Hodler 和 Raschky, 2014；Michalopoulos 和 Papaioannou, 2013）。然而，上述指标均为总量指标，难以反映部门产业增长。而且，夜光亮度更宜反映第三产业发展，农业和第二产业较少产生夜光。因此，本文采用能够反映不同部门情况的三次产业增加值作为因变量，这也是本文研究检验脱贫县财政扶持的产业差异和地区差异的现实需求。

第二，主要自变量。本文主要自变量包括贫困县脱贫摘帽和财政扶持。前者参考 Hoynes 和 Schanzenbach（2009），以及韦东明等（2021）的做法，采用渐进式双重差分的方法进行构造，即贫困县脱贫摘帽后各年赋值为1，否则为0。需要说明的是，参考范子英和李欣（2014）的做法，非贫困县也作为本文估计样本，其所有年份均赋值为0；后者采用县级财政一般性转移支付和专项转移支付收入共同刻画。实际上，对于贫困县的公共转移支付，除了扶贫专项外，以缩小地区间财力差距为目的的一般性转移支付也是重要

---

① 采用2017~2019年数据的原因为统计年鉴数据均为前一年的指标值。

的组成部分。而且，扶贫类转移支付并不完全归在扶贫专项之中。另外，下文显示脱贫摘帽会降低脱贫县的一般性转移支付收入，即贫困县的财政扶持分散在多科目中。但无论如何划分收支科目，上级财政转移支付仍以一般性公共转移支付和专项转移支付为主①。

第三，其余控制变量。参考已有研究，本文也控制了其他变量，具体包括县域行政面积、所辖乡镇数、户籍人口（Neanidis，2019）、第二产业从业人数、第三产业从业人数（Mukoyama 和 Osotimehin，2019；Neanidis，2019）、公共财政支出（Dreher 等，2014；Chen 和 Kung，2016）。其理由在于，地方经济发展与行政规划、建制和人口均具有紧密联系。同时，不同产业从业人数，也是决定产业经济发展的基础性力量。此外，公共财政支出是地方公共服务供给、良好营商环境构建和拉动产业发展的重要工具，对经济发展具有不可替代的作用。同时，本文在实证估计中还控制了时间固定效应和县域固定效应。具体变量定义与描述见表3。

表3 变量定义与描述

变量	定义与说明	均值	标准差	观测值
ln（第一产业增加值）	第一产业增加值（万元，自然对数）	12.164	0.934	4425
ln（第二产业增加值）	第二产业增加值（万元，自然对数）	13.091	1.322	4425
ln（第三产业增加值）	第三产业增加值（万元，自然对数）	13.443	1.004	4425
脱贫摘帽	1=贫困县脱贫摘帽，0=否	0.022	0.147	4425
一般性转移支付	县域人均财政一般性转移支付收入（千元）	17.360	153.861	4186
专项转移支付	县域人均财政专项转移支付收入（千元）	0.893	2.013	4186
县域行政面积	县域行政面积（千平方公里）	3.911	9.827	4425
所辖乡镇数	县域所辖乡镇个数	13.763	7.606	4425
户籍人口	县域当年户籍人口数（万人）	51.729	36.850	4425
第二产业从业人数	县域第二产业从业人员（万人）	7.883	9.378	4346
第三产业从业人数	县域第三产业从业人员（万人）	8.268	7.701	4354
ln（公共财政支出）	县域公共财政支出（万元，自然对数）	11.208	1.616	4425

---

① 实际上，财政转移支付包括三部分，即一般性转移支付、专项转移支付和税收返还。税收返还是固定的，且是根据分成税收进行下拨，故不宜作为衡量中央对地方的财政扶持。而且，税收返还占财政转移支付的比例很小。以2020年中央对地方转移支付决算为例，一般性转移支付和专项转移支付占比分别为83.47%和9.33%。此外，从历年中央财政决算报告来看，2018年及之前的转移支付包含税收返还，但2019年转移支付并不包括税收返还，2020年则以特殊转移支付替代税收返还。

（三）模型选择

本文主要目标是考察贫困县脱贫摘帽的经济影响，以及财政扶持绩效的变化。为此，首先识别如下模型：

$$Y_{it} = \beta_0 + \beta_1 Treat_{it} + \beta \mathbf{X} + \delta_i + \gamma_t + \varepsilon_{it} \tag{1}$$

式（1）中，Y_{it}表示县级城市i在t年的经济发展水平，采用三次产业增加值共同刻画；$Treat_{it}$是贫困县脱贫摘帽的虚拟变量，表示县级城市i在t年是否已经脱贫摘帽；$\mathbf{X}$表示由控制变量——县域行政面积、所辖乡镇数、户籍人口等组成的向量。β_0为常数项，β_1和β为待估计系数。δ_i和γ_t分别为县域和时间固定效应，ε_{it}为随机扰动项。为缓解面板数据中标准误低估的问题，本文将所有参数的标准误聚类到地级市层面。

其次，为考察贫困县脱贫摘帽对财政扶持绩效的影响，识别如下模型：

$$Y_{it} = \eta_0 + \eta_1 Treat_{it} + \eta_2 Treat_{it} \times Trans_{it} + \eta_3 Trans_{it} + \eta \mathbf{X} + \delta_i + \gamma_t + \varepsilon_{it} \tag{2}$$

式（2）中，$Trans_{it}$表示县级城市i在t年的财政扶持水平，分别由一般性转移支付和专项转移支付刻画；$Treat_{it} \times Trans_{it}$为脱贫摘帽与财政扶持的交互项。$\eta_0$为常数项，$\eta_1$、$\eta_2$、$\eta_3$和$\eta$为待估计系数。其余参数与变量的定义与式（1）中的一致。

为考察财政扶持绩效的区域性差异，以及支出结构对脱贫县经济增长的影响，在进一步分析中还做了如下处理：第一，利用胡焕庸线将全国各县域区分为东西两部分。具体原因参见"研究背景"部分。在式（2）基础上，引入脱贫摘帽、财政扶持与胡焕庸线三者的交互项，以识别分布于胡焕庸线东西侧脱贫县的财政扶持绩效。第二，利用农村基础设施建设支出和生产发展支出反映财政支出结构。尽管可以根据一般公共预算收入考察财政扶持，但难以区分不同类型资金的规模。为此，本文利用财政扶贫支出中的农村基础设施建设支出和生产发展支出反映财政支出结构。前者反映用于贫困地区乡村道路、住房、基本农田、水利设施、人畜饮水、生态环境等生产生活条件改善方面的支出；后者反映用于贫困地区发展种植业、养殖业、畜牧业、农副产品加工、林果地建设等生产项目的支出。在式（2）基础上，将财政扶持变量分别替换为农村基础设施建设支出和生产发展支出，以识别财政支出结构对脱贫地区经济发展的影响。

关于使用渐进式双重差分法评估贫困县脱贫摘帽的影响有必要作进一步的说明。使用双重差分的前提是，存在外生冲击或政策性冲击。换言之，贫困县脱贫摘帽必须源于政策干预，而不是贫困县主动作为。首先，全国 832 个国家级贫困县是由国务院扶贫开发领导小组办公室审核认定的，具有政策决定属性。其次，国家级贫困县享有更多的财政转移支付。从逻辑上来说，为了获得更多的财政支持，贫困县显然没有动机主动脱贫摘帽，甚至有可能会尽力延迟脱贫摘帽时间，即贫困县脱贫摘帽缺乏内生动力。最后，贫困县脱贫是中共中央、国务院下达给地方政府的政治任务。尤其是对于省市两级政府，其具有很强的动力下指标、定任务，以推动贫困县在指定时间内完成脱贫摘帽。而且，有贫困县分布的 22 个省区市党政主要负责同志在 2015 年向中央签署脱贫攻坚责任书。2016 年 10 月 11 日，中共中央办公厅、国务院办公厅印发并实施了《脱贫攻坚责任制实施办法》，要求脱贫攻坚按照中央统筹、省负总责的原则落实。在脱贫攻坚后期，中央直接下达挂牌督战指令，要求相关省区市切实在规定时间内保障贫困县脱贫摘帽。由此可见，贫困县脱贫摘帽是中央及省区市政府有组织、有目标、有部署的政策安排，从而具备外生政策冲击特征。此外，范燕丽等（2021）也将贫困县摘帽作为外生冲击，并使用渐进式双重差分法。

使用渐进式双重差分法的另一个前提为平行趋势，参考 Beck 等（2010）和范燕丽等（2021）的做法，本文对贫困县脱贫摘帽前后的平行趋势进行了检验。表 4 汇报了检验结果并表明，在以脱贫摘帽前 1 期为参照组的情况下，脱贫摘帽前 2 期和当期对第一产业增加值均无显著影响，但脱贫摘帽后 1 期显著影响第一产业增加值，满足平行趋势假设；对于第二产业增加值，尽管脱贫摘帽前 2 期具有显著性，但脱贫摘帽前 1 期和当期满足平行趋势；对于第三产业增加值，脱贫摘帽各期对其均无显著影响，后文的实证估计中也验证了该结论。鉴于本文所用数据仅为三期短面板数据，其平行趋势检验结果可能受到质疑。为此，我们也检验了其余控制变量在政策实施前后的变化。从逻辑上来说，控制变量在政策变化前后应该一致，否则就可能出现因变量与政策变量的伪相关问题。表5汇报了控制变量（除脱贫摘帽变量外）在政策变化前后的变化趋势。结果显示，本文控制变量在政策实施前后均无显著性差异。由此表明，平行趋势检验结果并未受到政策实施与控制变量相关性的干扰，也说明，在脱贫摘帽前后，仅与脱贫最为相关的经济水平发生了显著变化。由此表明，脱贫摘帽是具有政策上和政治上导向性的事件，并不以区县特征或地方官员的主观意志为转移。加之本文控制了县域固定效应，那么在短期内影响贫困县脱贫摘帽的特征就会被控制住，由此缓解了脱贫摘帽不随机的干扰。

表4　平行趋势检验

变量	ln(第一产业增加值)	ln(第二产业增加值)	ln(第三产业增加值)
	以"脱贫摘帽前1期"为参照组		
脱贫摘帽前2期	−0.011（0.013）	−0.102**（0.043）	−0.012（0.010）
脱贫摘帽当期	0.189（0.105）	0.037（0.035）	0.013（0.012）
脱贫摘帽后1期	0.179*（0.110）	0.098***（0.032）	0.027（0.041）

注：*、**和***分别表示在10%、5%和1%水平下显著，括号内为地级市层面的聚类标准误。

表5　控制变量在政策变化前后的变化趋势

变量	一般性转移支付	专项转移支付	县域行政面积	所辖乡镇数	户籍人口	第二产业从业人数	第三产业从业人数	ln(公共财政支出)
	以"脱贫摘帽前1期"为参照组							
脱贫摘帽前2期	−0.272（0.394）	−0.046（0.028）	−0.085（0.079）	0.084（0.130）	0.177（0.386）	−0.056（0.076）	0.027（0.198）	−0.001（0.031）
脱贫摘帽当期	−0.327（0.199）	0.001（0.032）	0.001（0.042）	−0.007（0.051）	0.642（0.448）	−0.656（0.471）	0.464（0.296）	−0.054（0.089）
脱贫摘帽后1期	−0.671（0.450）	−0.068（0.044）	0.017（0.053）	0.093（0.095）	0.405（0.861）	−2.496（1.552）	0.743（0.937）	0.005（0.089）

注：*、**和***分别表示在10%、5%和1%水平下显著，括号内为地级市层面的聚类标准误。

四　实证结果与分析

（一）贫困县脱贫摘帽的经济影响

表6汇报了式（1）的模型估计结果。结果显示，引入和未引入控制变量的估计结果基本一致。具体来看，首先，贫困县脱贫摘帽显著提高了第一产业增加值。在脱贫攻坚阶段，贫困县的基础设施得到了有效改善。2012年以来，交通运输部先后制定了《集中连片特困地区交通建设扶贫规划纲要（2011—2020）》《"十三五"交通扶贫规划》《关于支持深度贫困地区交通扶贫脱贫攻坚的实施方案》等文件，优先推进贫困地区加快建设"外通内联、通村畅乡、客车到村、安全便捷"的交通运输网络，极大地保障了第一产业的发展需求。同时，2018年水利部发布了《水利扶贫行动三年（2018—2020年）实施方案》；2016年以来贫困地区新增和改善农田灌溉面积8029万亩，新增供水能力181亿立方米。在保障农村基础设施建设基础上，产业扶贫也作为发展贫困地区第一产业的重要举措。2017年以来，全国创建扶贫产业园区2100多个、特色农产品优势区43个、农业产业强镇212个、全国"一村一品"示范村镇770个。基础设施建设与产业扶持的双重推动无疑为脱贫地区第一产业发展奠定了坚实的基础，也保证了其后续的稳定增长。

其次，贫困县脱贫摘帽显著提高了第二产业增加值。除了发展第一产业外，产业扶贫还采取引入企业、发展加工制造业等方式，推动贫困县第二产业发展。农业农村部数据显示，截至2020年8月底，832个贫困县累计实施产业扶贫项目100万个，建成加工业等各类产业基地超过30万个。同时，培育引进各类企业6.76万家。此外，为响应国家扶贫的大战略，众多企业（如娃哈哈、汇源等制造业公司[①]）均在贫困地区投资建

[①] 相关资料显示，1994年开始，娃哈哈在西部贫困地区投资办厂，走产业投入、实业扶贫的路子。截至2019年底，娃哈哈集团先后在中西部、贫困地区的17个省市投资85亿元，建立了71家分公司，约占总量的四成，https://baijiahao.baidu.com/s? id=1675306762746719743&wfr=spider&for=pc。

厂，社会力量的介入进一步推动了贫困地区第二产业的发展。随着扶贫工作的开展和贫困地区第二产业配套设施建设，脱贫县不仅建立起扎实的产业基础，而且中共中央、国务院进一步强调要把产业发展作为巩固拓展脱贫攻坚成果的重要抓手，财政投入也更偏向于支持脱贫地区产业发展。显然，两方面的利好是脱贫地区第二产业持续增长的重要决定因素。

最后，贫困县脱贫摘帽对第三产业增加值无显著影响。尽管脱贫摘帽有利于第一产业和第二产业的增长，但这是建立在农产品和工业制成品可转移、可运输基础之上的。只要保证道路和中转基础设施的完备，那么一定程度上可以克服第一产业和第二产业对市场距离的依赖。然而，第三产业必须依赖于充足的本地和周边市场需求。一方面，贫困地区人均收入水平较低，难以形成对服务业的充足需求。另一方面，贫困地区往往处于偏远地带，距核心城市较远，较难吸引外来消费人群。对于贫困地区而言，他们也较难形成规模化、现代化的服务业。即使打造乡村旅游业，仍然需要依赖特大、中等规模城市的需求。但问题在于，过于偏僻的地理位置并不利于吸引城市人口。尤其考虑到，这些地区并非著名景区，其吸引力就更低。而且，从旅游业的发展特点来看，除匹配健全的配套设施（如交通、餐饮、住宿）外，还需要投入大量资源进行包装、宣传、营销等。换言之，贫困地区暂时不具备发展第三产业的基础。

表6 贫困县脱贫摘帽对经济增长的影响

变量	ln(第一产业增加值)		ln(第二产业增加值)		ln(第三产业增加值)	
脱贫摘帽	0.042** (0.019)	0.042*** (0.017)	0.078* (0.046)	0.079* (0.044)	0.004 (0.011)	0.003 (0.012)
县域行政面积		−0.009*** (0.001)		0.039*** (0.001)		0.006*** (0.001)
所辖乡镇数		0.009* (0.005)		−0.004 (0.007)		0.001 (0.004)
户籍人口		0.007*** (0.002)		0.007 (0.005)		0.007*** (0.002)
第二产业从业人数		0.003** (0.001)		0.006* (0.003)		0.002** (0.001)

续表

变量	ln(第一产业增加值)		ln(第二产业增加值)		ln(第三产业增加值)	
第三产业从业人数		−0.001 (0.001)		0.005** (0.002)		0.003** (0.001)
ln(公共财政支出)		0.020 (0.015)		0.227*** (0.048)		0.085*** (0.020)
时间固定效应	是	是	是	是	是	是
县域固定效应	是	是	是	是	是	是
常数项	12.168*** (0.005)	11.467*** (0.198)	13.129*** (0.008)	10.037*** (0.522)	13.522*** (0.003)	12.141*** (0.237)
观测值	4425	4342	4425	4342	4425	4342
F 值	47.54***	41.98***	11.83***	266.77***	242.29***	102.35***

注：*、**和***分别表示在 10%、5% 和 1% 水平下显著，括号内为地级市层面的聚类标准误。

其余控制变量的影响方面，县域行政面积与第一产业增加值负相关，但与二三产业增加值正相关。可能的原因是，辖区面积越大，可开发资源越多，越可能促使地方政府发展非农产业。所辖乡镇数与第一产业增加值正相关，这可能是因为乡镇数越多，农业用地面积就越大，第一产业增加值也就越高。同时，户籍人口与第一产业和第三产业增加值正相关。其原因在于，人口越多，农业劳动力也可能越多，从而提升了农业部门的绩效。类似地，随着户籍人口的增加，当地消费需求也会相应增加，有利于第三产业发展。我们还发现，第二产业从业人数与三次产业增加值均正相关。其原因在于，工业为第一产业提供了装备，也为第三产业提供了原材料。而且，第二产业从业人数的增加也具有提升消费需求的作用。然而，第三产业从业人数仅与二三产业增加值正相关。可能的原因是，第三产业的发展表征了地区经济发展水平更高，此时第一产业在国民经济中的比重会随之降低。此外，地方财政支出仅与二三产业增加值具有正相关关系。其原因在于，目前的地方经济发展重心是二三产业。尽管农业的作用很重要，但地方政府投入第一产业中的资金比例是呈现下降态势的，由此对第一产业促进作用有限。其余控制变量未呈现显著影响。

（二）脱贫摘帽对财政支持绩效的影响

表 7 汇报了式（2）的模型估计结果，即脱贫摘帽对财政支持绩效的改

善作用。结果显示，首先，一般性转移支付和专项转移支付与脱贫摘帽的交互项分别在1%和5%水平下显著正向影响第一产业增加值。这表明，随着贫困地区脱贫摘帽，其财政转移支付收入将对第一产业发展起到更为积极的作用。正如上文所述，在扶贫过程中，中央在交通等基础设施建设、农业经营主体培育和农业产业扶持等方面对贫困县第一产业进行了大规模财政或政策支持，为其奠定了坚实的产业基础。显然，随着第一产业前期投资的增加，脱贫地区将在后续发展中具备更强潜力。此时，通过一般性转移支付和专项转移支付的方式持续对脱贫地区进行财政支持，可以获得比脱贫前更佳的效果。因此，在脱贫攻坚过渡期内，应注重脱贫地区第一产业后续培育，保持财政支持政策总体稳定。

其次，一般性转移支付与脱贫摘帽的交互项在1%显著水平上正向影响第二产业增加值，但专项转移支付与脱贫摘帽的交互项对第二产业增加值无显著影响。其原因在于，专项转移支付是用于基础设施建设、天然林保护工程、退耕还林还草工程、贫困地区义务教育工程、社会保障制度建设、公共卫生体系建设等经济社会事业发展项目实施，与直接发展第二产业的关系不显著。此外，尽管范子英和李欣（2014）、范子英等（2016）发现政治关联具有增加专项转移支付进而推动地方经济发展的作用，但2015年发布的《国务院关于改革和完善中央对地方转移支付制度的意见》指出，从严控制专项转移支付，规范专项转移支付分配与使用，逐步取消竞争性领域专项转移支付。财政部数据显示，专项转移支付占比从2011年的41.51%大幅压缩至2019年的7.12%。换言之，专项转移支付已经难以对具有竞争性质的第二产业产生显著影响。相反，一般性转移支付作为平衡地区发展的财政工具，对于推动贫困地区第二产业发展具有重要作用。随着脱贫县前期培育引进企业，以及产业基础的完善，一般性转移支付对第二产业的促进作用将持续提升。

最后，一般性转移支付和专项转移支付与脱贫摘帽的交互项分别在1%和5%水平下显著负向影响第三产业增加值。作为经济发展到一定程度之后才会大幅增长的产业，服务业对于地区经济水平、消费水平和消费结构均有较高要求。显然，对于脱贫地区来说，首要任务不是发展商业、旅游、金融等服务行业，而是着眼于现有或扶持产业的长期培育。换言之，脱贫地区的发展需建立在前期产业基础之上，这样才能保证财政资金的高效使用。显然，与脱贫前相比，部分脱贫地区正在试图发展第三产业，以拓展产业结构，推动新业态发展，但这显然不是当前工作的重点。而且，在着力发展一产和二产的过程中，财政资金也会较少进入第三产业，从而弱化第三产业发展。但必须强调的是，第三产业发展是依附于一产和二产的，其暂时性下降属于经济发展的自然过程。随着脱贫地区一产和二产发展出对服务业的规模性需求，社会组织的规模经营优势将得以释放，从而推动经济社会发展。

表7 贫困县脱贫摘帽对财政支持绩效的影响

变量	ln(第一产业增加值)		ln(第二产业增加值)		ln(第三产业增加值)	
脱贫摘帽	0.021 (0.021)	0.022 (0.022)	−0.057 (0.036)	0.077 (0.062)	0.012 (0.014)	−0.009 (0.016)
一般性转移支付	0.000 (0.000)		0.000 (0.000)		0.000 (0.000)	
专项转移支付		0.001 (0.001)		0.006 (0.003)		0.001 (0.001)
脱贫摘帽×一般性转移支付	0.003*** (0.001)		0.040*** (0.007)		−0.004*** (0.002)	
脱贫摘帽×专项转移支付		0.005** (0.002)		−0.001 (0.007)		−0.003** (0.001)
控制变量	是	是	是	是	是	是
时间固定效应	是	是	是	是	是	是
县域固定效应	是	是	是	是	是	是
常数项	11.445*** (0.219)	11.440*** (0.219)	9.976*** (0.540)	9.902*** (0.559)	12.005*** (0.298)	12.009*** (0.268)
观测值	4109	4109	4109	4109	4109	4109
F值	21.06***	22.10***	13.39***	11.63***	72.85***	104.92***

注：*、**和***分别表示在10%、5%和1%水平下显著，括号内为地级市层面的聚类标准误。

（三）进一步分析1：财政扶持绩效的区域差异

众所周知，在具有不同资源禀赋和市场环境的地区，其产业布局的相对优势是存在差异的。尽管财政扶持总体上有利于脱贫县一产和二产的增长，但是否意味着巩固拓展脱贫攻坚成果的产业发展模型可以予以一体化推进？为此，表8在表7基础上，引入了表征东西部的虚拟变量——胡焕庸线，处于胡焕庸线东部的县域赋值为1，否则为0。如上文所言，胡焕庸线东侧较西侧地区的城镇化率、经济发展水平和市场环境都更加优越，但其劳动力成本也会更高，市场对产品品质的要求也会相对苛刻。表8的其余变量和估计策略与表7中的一致。

估计结果显示，脱贫摘帽、专项转移支付和胡焕庸线三者的交互项对三次产业增加值的影响均不显著，即位于胡焕庸线东西侧的贫困县脱贫摘帽并不会干扰专项转移支付的经济影响。一方面是由于专项转移支付更注重基础设施建设等服务型项目的支持，另一方面其占比较低，较难直接对具体产业发展产生实质性影响。与之不同的是，脱贫摘帽、一般性转移支付和胡焕庸线三者的交互项分别在5%显著水平上正向和负向影响一产和二产的增加值。这表明，相较于西部地区，一般性转移支付对东部地区的一产增加值具有更积极的作用，而西部地区的一般性转移支付更有益于第二产业发展。其原因在于，首先，第一产业，尤其是特色农业产业，作为扶贫项目的重要部分，是以地域特色和自然禀赋为基础搭建的。但是，特色农产品必须依赖规模性的消费人群和良好的市场基础。显然，东部地区在特色农产品包装、宣传等方面更具优势。尤其像"一村一品"这类项目，都是立足于本省市场，进而开拓外部市场的，东部地区显然比西部地区更具优势。

其次，相比于东部地区，西部地区的劳动力成本更低，这就使得劳动密集型的第二产业在西部地区更容易发展起来。随着东部地区产业结构的升级和更新换代，传统的制造业或手工业已经难以满足当地市场需求。而且，从劳动力成本来说，在东部地区发展劳动密集型、低附加值的第二产业显然缺乏竞争力。在这种情况下，西部地区在承接相关产业、降低生产成本等方面更具比较优势，这也符合国际贸易理论中的劳动力比较优势。另外，西部地区，尤其是贫困地区，其资源开发程度相对较低，且自然生态保持比较好。这就使得那些对资源依赖性较强的产业更可能向这类地区集聚，从而促进当地二产的发展。例如，娃哈哈的产业基地，既需要借助当地的水源，又必须考虑产业工人的工资成本，这在一定程度上可以解释其在贫困地区建厂的逻辑。换言之，从产业布局的角度来说，对于脱贫地区的财政扶持应充分考虑当地的资源禀赋和经济发展阶段，因地制宜地进行产业选择和财政扶持。

表8　进一步分析1：财政扶持绩效的区域差异

变量	ln(第一产业增加值)		ln(第二产业增加值)		ln(第三产业增加值)	
脱贫摘帽	0.020 (0.035)	0.027 (0.036)	−0.068 (0.046)	0.182 (0.132)	0.021 (0.018)	−0.017 (0.022)
一般性转移支付	−0.000 (0.000)		−0.000 (0.000)		0.000 (0.000)	
专项转移支付		−0.000 (0.002)		0.004 (0.004)		0.001 (0.001)
脱贫摘帽×一般性转移支付	0.003*** (0.001)		0.040*** (0.007)		−0.004*** (0.001)	
脱贫摘帽×专项转移支付		0.025 (0.003)		−0.006 (0.012)		−0.004** (0.002)
脱贫摘帽×胡焕庸线	−0.044 (0.058)	−0.020 (0.051)	0.068 (0.058)	−0.174 (0.139)	−0.029 (0.029)	0.010 (0.030)
一般性转移支付×胡焕庸线	−0.000 (0.000)		−0.000 (0.000)		0.000 (0.000)	
专项转移支付×胡焕庸线		0.003 (0.004)		0.006 (0.006)		−0.001 (0.002)
脱贫摘帽×一般性转移支付× 胡焕庸线	0.034** (0.015)		−0.038** (0.019)		0.010 (0.008)	
脱贫摘帽×专项转移支付× 胡焕庸线		0.019 (0.016)		−0.000 (0.016)		0.002 (0.006)
控制变量	是	是	是	是	是	是
时间固定效应	是	是	是	是	是	是
县域固定效应	是	是	是	是	是	是
常数项	11.447*** (0.220)	11.444*** (0.221)	10.106*** (0.533)	10.014*** (0.556)	12.045*** (0.267)	12.053*** (0.267)
观测值	4002	4002	4002	4002	4002	4002
F值	19.00***	15.44***	11.45***	10.43***	58.25***	108.14***

注：*、**和***分别表示在10%、5%和1%水平下显著，括号内为地级市层面的聚类标准误。

（四）进一步分析2：财政支出结构的作用差异

表9进一步探讨了财政支出结构对脱贫县三次产业发展的影响。在

《意见》中，中共中央、国务院提出要调整财政支持重点，逐步提高用于产业发展的比例。但如何调整财政支出结构并未作明确说明。表9引入了扶贫支出中最重要，也是占比最高的两项支出——农村基础设施建设和生产发展支出。在表7基础上，表9将一般性转移支付和专项转移支付替换为农村基础设施建设支出和生产发展支出，其余变量和估计方法与表7中的一致。

结果显示，脱贫摘帽与农村基础设施建设支出的交互项仅显著正向影响第一产业增加值。换言之，二三产业增加值并未因新增农村基础设施建设支出而明显提高。这表明，尽管在前期的扶贫阶段，国家对贫困县的农田水利建设已经进行了大量投入，但仍没有完全满足当地第一产业发展的需求。尤其是对于高标准农田建设、农业技术推广、农产品销售渠道搭建等基础设施建设，贫困地区仍然是相对缺乏的。因此，接下来还需要推进第一产业基础设施建设，尤其是加大软性基础设施方面的扶持力度，以保障脱贫县第一产业的持续发展。对于第二产业来说，一是在前期的基础上第二产业基础设施建设，包括公共道路、城市电网、信息网络等均已经大幅改善；二是投资建厂的企业会在厂房建设等方面进行大幅投入。换言之，城市建设在一定程度上能够满足第二产业的发展需求。此外，由于脱贫县尚未具备满足发展第三产业的前提，农村基础设施建设支出暂未对其产生影响。

然而，生产发展支出与脱贫摘帽的交互项同时在5%水平下显著正向影响第一产业和第二产业增加值。这表明，提高用于产业发展的财政支出比例具有合理性。实际上，在脱贫攻坚阶段，中央和地方政府已经为贫困地区培育引进了大量企业，并通过项目的形式扶持了众多企业。这些前期投资已经形成了地区重要的产业资产，脱贫攻坚过渡阶段的持续财政支持保障了前期投资经济潜力的释放。"扶上马再送一程"不仅是巩固脱贫地区产业发展基础的要求，也是优化第一产业布局、推动第二产业规模增长的必要过程。此外，对于一产和二产来说，前期的投资布局可能还存在较多的问题，只有加大产业扶持力度，合理化产业布局，甚至重新梳理脱贫地区产业发展思路，才有可能保证脱贫地区长期稳定的经济发展，从而巩固拓展脱贫攻坚成果，实现与乡村振兴有效衔接。

表9 进一步分析2：财政支出结构的作用差异

变量	ln(第一产业增加值)		ln(第二产业增加值)		ln(第三产业增加值)	
脱贫摘帽	0.029 (0.020)	0.035* (0.019)	0.060* (0.033)	-0.018 (0.038)	0.008 (0.012)	0.012 (0.013)
农村基础设施建设支出	0.000 (0.000)		-0.000*** (0.000)		-0.000*** (0.000)	
生产发展支出		0.000 (0.000)		-0.000*** (0.000)		-0.000*** (0.000)
脱贫摘帽×农村基础设施建设支出	0.001** (0.000)		0.000 (0.000)		-0.000 (0.000)	
脱贫摘帽×生产发展支出		0.001** (0.000)		0.001** (0.000)		-0.000 (0.000)
控制变量	是	是	是	是	是	是
时间固定效应	是	是	是	是	是	是
县域固定效应	是	是	是	是	是	是
常数项	11.472*** (0.199)	11.473*** (0.198)	10.024*** (0.522)	10.088*** (0.207)	12.138*** (0.238)	12.133*** (0.237)
观测值	4342	4342	4342	4342	4342	4342
F值	38.42***	39.91***	317.63***	376.84***	210.16***	88.11***

注：*、**和***分别表示在10%、5%和1%水平下显著，括号内为地级市层面的聚类标准误。

（五）进一步分析3：财政扶贫专项支出对经济增长的影响

在表7~表8的估计中，本文采用了一般性转移支付和专项转移支付来衡量上级财政支持。其原因在于，对于贫困地区的支持不仅体现在扶贫专项上，还可能包含在其他科目中。而且，一般性转移支付本身就是为了平衡地区公共服务，这就造成利用扶贫专项并不足以体现财政扶持力度。但很显然，贫困县的扶贫专项支出也体现了财政扶持力度。从某种程度上来说，其更能体现扶贫的力度。为此，表10在表7和表8基础上，将一般性转移支付和专项转移支付替换为财政扶贫专项支出，其余变量和估计方法与表7和表8中的一致。

估计结果显示，脱贫摘帽与财政扶贫专项支出的交互项显著正向影响第一产业和第二产业增加值，且对第三产业增加值无显著影响。同时，脱贫摘帽、财政扶贫专项支出与胡焕庸线三者的交互项分别正向和负向影响第一产业和第二产业增加值。上述结果表明，首先，财政扶贫专项支出对脱贫县经济发展的影响与利用财政转移支付数据的估计结果一致，意味着上文估计结果的稳健性。其次，《意见》中也提到，在过渡期内，要保留并调整优化原财政专项扶贫资金，聚焦支持脱贫地区巩固拓展脱贫攻坚成果和乡村振兴。为了提高财政扶贫专项资金使用效率，一方面需要保证投入的持续性，另一方面则要明确资金使用效率的区域差异和产业差异。同时，也需要优化财政扶贫专项资金支出结构，如表9所示。

表10　进一步分析3：财政扶贫专项支出对经济增长的影响

变量	ln(第一产业增加值)		ln(第二产业增加值)		ln(第三产业增加值)	
脱贫摘帽	0.025 (0.022)	0.300 (0.038)	−0.068 (0.067)	−0.096 (0.088)	0.017 (0.016)	0.025 (0.022)
财政扶贫专项支出	0.000 (0.000)	0.010** (0.004)	−0.001*** (0.000)	0.010 (0.011)	−0.000 (0.000)	−0.005 (0.004)
脱贫摘帽×财政扶贫专项支出	0.030** (0.014)	0.016 (0.016)	0.264* (0.154)	0.306* (0.170)	−0.026 (0.022)	−0.029 (0.026)
脱贫摘帽×胡焕庸线		−0.025 (0.054)		0.137 (0.096)		−0.021 (0.029)
财政扶贫专项支出×胡焕庸线		−0.010** (0.004)		−0.011 (0.011)		0.005 (0.004)
脱贫摘帽×财政扶贫专项支出×胡焕庸线		0.095* (0.061)		−0.412** (0.182)		0.027 (0.041)
控制变量	是	是	是	是	是	是
时间固定效应	是	是	是	是	是	是
县域固定效应	是	是	是	是	是	是
常数项	11.476*** (0.199)	11.488*** (0.199)	10.096*** (0.507)	10.220*** (0.499)	12.132*** (0.238)	12.168*** (0.237)
观测值	4342	4231	4342	4231	4342	4231
F值	38.36***	34.48***	630.24***	583.55***	248.38***	127.36***

注：*、**和***分别表示在10%、5%和1%水平下显著，括号内为地级市层面的聚类标准误。

（六）进一步分析4：脱贫摘帽经济影响的形成机制

表7的结果显示，脱贫摘帽提高了财政支持对第一产业和第二产业增加值的正向激励作用，但其背后的作用机制是什么呢？众所周知，农业的发

展，无论是种植业或是农产品加工业，都伴随着机械化的发展。尤其对于合作社等新型农业经营主体来说，规模化经营必须依赖机械化作业，否则难以带动脱贫地区第一产业的增长。对于第二产业来说，贫困县也是以第一产业的延伸带动第二产业发展的。为此，本部分选择了农产品加工企业来反映贫困县第二产业的发展状况。利用《中国县域统计年鉴》中的农机总动力、浙江大学企研数据库中的农业合作社数量和农产品加工企业数量3个指标，表11展示了财政扶持对脱贫县农业经济组织发展的影响。结果显示，脱贫摘帽与一般性转移支付的交互项对农机总动力、农业合作社数量以及农产品加工企业数量均存在显著正向影响。这一方面确保了脱贫地区具备持续产出的经济潜能，另一方面也为后续的产业结构优化调整和改善资金利用效率提供了基础。此外，脱贫摘帽与专项转移支付的交互项仅对农业合作社数量存在激励作用。这是由于农机补贴存在专门分类，不属于专项转移支付门类；农产品加工企业属于竞争类行业，不在专项转移支付的支持范围内；农业合作社则是扶贫资金下拨的重要承载主体。

表11 进一步分析4：脱贫摘帽经济影响的形成机制

变量	ln(农机总动力)		ln(农业合作社数量)		ln(农产品加工企业数量)	
脱贫摘帽	−0.008 (0.022)	0.034 (0.029)	−0.209** (0.086)	−0.230** (0.090)	−0.096** (0.040)	0.070 (0.068)
一般性转移支付	0.000* (0.000)		0.000** (0.000)		0.000 (0.000)	
专项转移支付		−0.002 (0.003)		0.016 (0.011)		−0.009 (0.006)
脱贫摘帽×一般性转移支付	0.014*** (0.003)		0.012** (0.005)		0.044*** (0.010)	
脱贫摘帽×专项转移支付		0.003 (0.003)		0.026*** (0.009)		−0.007 (0.008)
控制变量	是	是	是	是	是	是
时间固定效应	是	是	是	是	是	是
县域固定效应	是	是	是	是	是	是
常数项	3.209*** (0.304)	3.193*** (0.307)	1.908** (0.962)	1.854** (0.959)	3.269*** (0.789)	3.224*** (0.806)
观测值	4073	4073	4073	4073	4109	4109
F值	8.14***	5.13***	4.69***	4.84***	28.99***	29.23***

注：*、**和***分别表示在10%、5%和1%水平下显著，括号内为地级市层面的聚类标准误。

（七）进一步分析5：脱贫摘帽对公共转移支付的影响

前文提到，脱贫县在利用财政转移支付方面较贫困县的效率更高，中央对脱贫攻坚过渡期的财政支持也以保持财政支持政策总体稳定为主。那么在脱贫摘帽后，脱贫地区的财政支持是否真的保持稳定呢？为此，表12展示了脱贫摘帽对公共转移支付的影响，估计方法与其余自变量均与表6中一致。结果显示，贫困县脱贫摘帽后，获得的一般性转移支付收入显著下降，但专项转移支付收入并未出现明显变化。这一方面说明，随着脱贫攻坚顺利完成，脱贫地区的公共服务和产业发展都具备了一定的基础，从而造成一般性转移支付缩减。另一方面则表明，在某些特定的社会发展领域，如义务教育工程、社会保障制度建设、基础设施建设等，中央仍然保持稳定的财政支持。此外，本文也估计了脱贫摘帽对财政扶贫专项支出的影响，结果仍然显示脱贫摘帽并未降低针对贫困县的财政扶贫专项支出。这说明，即使脱贫攻坚取得了全面胜利，但财政扶持仍然在充当巩固拓展脱贫攻坚成果的政策工具。同时，这也在一定程度上解释了为何脱贫县的一产和二产能够保持稳定增长态势。

表12　进一步分析5：脱贫摘帽对公共转移支付的影响

变量	一般性转移支付		专项转移支付	
脱贫摘帽	-13.061^{*}	-13.625^{*}	0.323	0.330
	(7.035)	(7.343)	(0.315)	(0.324)
控制变量	否	是	否	是
时间固定效应	是	是	是	是
县域固定效应	是	是	是	是
常数项	23.943^{***}	38.158^{***}	0.947^{***}	2.368
	(4.685)	(74.923)	(0.030)	(1.968)
观测值	4186	4109	4186	4109
F值	1.74	0.85	1.87	1.29

注：*、**和***分别表示在10%、5%和1%水平下显著，括号内为地级市层面的聚类标准误。

（八）稳健性检验1：替换因变量的估计

为检验本文估计结果的稳健性，引入县域固定电话用户量作为因变量，以此反映当地经济发展状况，如表13所示。一方面，固定电话用户量可以反映当地通话设施建设情况，即生产生活基础设施完善程度。另一方面，即使手机互联网已经相当普及，但对于欠发达地区的农民来说，固定电话仍是更加便捷和便宜的通信手段。估计方法和其余自变量与表 7 中一致。估计结果显示，脱贫摘帽在 1% 水平下显著正向影响固定电话用户量。这表明，脱贫地区依然保持了经济的持续增长和基础设施的持续完善。另外，脱贫摘帽与一般性转移支付的交互项也在 1% 水平下显著正向影响固定电话用户量。这表明，脱贫地区利用一般性转移支付的效率较贫困地区更高。然而，脱贫摘帽与专项转移支付的交互项对固定电话用户量无显著影响。如表 7 所示，二者的交互项对第二产业增加值也不存在显著影响。实际上，缺乏第二产业的支持，地方经济发展水平很难实现长足的提高。因此，第一产业和第二产业的双向驱动才有可能保证脱贫地区持续稳定的经济增长。

表 13　稳健性检验 1：替换因变量的估计

变量	固定电话用户量		
脱贫摘帽	0.497*** (0.130)	0.471*** (0.141)	0.500*** (0.147)
一般性转移支付		0.001* (0.000)	
专项转移支付			0.026 (0.018)
脱贫摘帽×一般性转移支付		0.013*** (0.004)	
脱贫摘帽×专项转移支付			0.004 (0.020)
控制变量	是	是	是
时间固定效应	是	是	是
县域固定效应	是	是	是
常数项	−0.681 (2.966)	−0.193 (2.649)	−0.263 (2.651)
观测值	4304	4074	4074
F 值	10.76***	8.36***	8.19***

注：*、**和***分别表示在 10%、5% 和 1% 水平下显著，括号内为地级市层面的聚类标准误。

（九）稳健性检验 2：利用滞后期 GDP 反映地区发展基础

在表 8 中，我们利用胡焕庸线来表征区域差异，即经济发展水平。这种划分虽然有利于在整体上把握财政扶持的区域布局，但仍不够细致。为此，

表14展示利用滞后一期的GDP反映地区经济整体发展水平，以识别不同经济基础的脱贫县在利用财政扶持方面的差异性的结果。估计方法和其余自变量与表8中一致。结果显示，首先，对于不同GDP的脱贫县，其在利用专项转移支付方面的效率是不存在显著差异的。

其次，脱贫县随着前期GDP的提高，一般性转移支付收入对于第一产业增加值具有更大的促进作用。这说明，经济越发达的区域，反而越适合发展第一产业。由此表明，市场容量和农业相关配套设施（如品牌建设、包装、营销等）建设已在地区农业发展中起到了重要作用。相反，在GDP越低的地区，其一般性转移支付收入对第二产业的促进作用越大，这是由第二产业的劳动和原材料等成本因素，以及区域产业布局和转型升级共同决定的。

最后，与利用胡焕庸线表征东西部的结果不同，在GDP越高的地区，其一般性转移支付收入的增加明显提高了第三产业增加值。正如上文所言，第三产业是建立在较高的经济发展水平基础上的。当地区的经济发展到一定程度后，人们财富的增加会引发其对更多物质、服务、娱乐和新业态的需求，从而加速第三产业发展。

表14　稳健性检验2：利用滞后一期GDP反映地区发展基础

变量	ln（第一产业增加值）		ln（第二产业增加值）		ln（第三产业增加值）	
脱贫摘帽	0.769*** (0.291)	0.553* (0.307)	0.552 (0.980)	3.630* (2.073)	0.676* (0.403)	-0.031 (0.596)
一般性转移支付	0.000 (0.000)		0.000 (0.000)		0.000 (0.000)	
专项转移支付		0.015 (0.016)		0.026 (0.053)		0.021* (0.011)
ln（GDP滞后一期）	0.207*** (0.044)	0.206*** (0.043)	0.428*** (0.099)	0.472*** (0.103)	0.201*** (0.044)	0.193*** (0.047)
脱贫摘帽×一般性转移支付	-0.071** (0.029)		0.205*** (0.041)		-0.088*** (0.018)	
脱贫摘帽×专项转移支付		-0.008 (0.036)		-0.204 (0.167)		0.005 (0.047)
脱贫摘帽×ln（GDP滞后一期）	-0.058*** (0.022)	-0.040* (0.023)	-0.040 (0.074)	-0.267* (0.453)	-0.052* (0.030)	0.001 (0.045)

续表

变量	ln(第一产业增加值)		ln(第二产业增加值)		ln(第三产业增加值)	
一般性转移支付×ln(GDP滞后一期)	−0.000 (0.000)		−0.000 (0.000)		−0.000 (0.000)	
专项转移支付×ln(GDP滞后一期)		−0.001 (0.001)		−0.002 (0.004)		−0.002 (0.001)
脱贫摘帽×一般性转移支付×ln(GDP滞后一期)	0.006** (0.003)		−0.016*** (0.004)		0.007*** (0.002)	
脱贫摘帽×专项转移支付×ln(GDP滞后一期)		0.001 (0.003)		0.016 (0.013)		0.000 (0.004)
控制变量	是	是	是	是	是	是
时间固定效应	是	是	是	是	是	是
县域固定效应	是	是	是	是	是	是
常数项	8.533*** (0.617)	8.557*** (0.615)	4.008*** (0.013)	3.327** (1.542)	9.173*** (0.669)	9.288*** (0.710)
观测值	4097	4097	4097	4097	4097	4097
F值	25.93***	23.19***	43.42***	16.43***	92.10***	131.66***

注：*、**和***分别表示在10%、5%和1%水平下显著，括号内为地级市层面的聚类标准误。

五　结论与政策启示

实现巩固拓展脱贫攻坚成果与乡村振兴有效衔接，既要防止规模性返贫，又要借助产业发展，为乡村振兴奠定基础。无论对于前者还是后者，地方经济增长都是重要且不可或缺的。没有持续稳定的经济增长，脱贫县就无法通过自我发展来解决返贫问题，也难以振兴乡村。为此，中共中央、国务院强调要在脱贫攻坚过渡期，保持对脱贫地区的财政支持，优化支出结构，调整支持重点，并提高产业发展比例。但问题是，脱贫攻坚是否使得脱贫县经济具备了自我发展能力？持续的财政扶持是不是有效率的？财政资金又该重点扶持哪些产业和地区？只有明确上述问题，才能够保证财政扶持达到预期的政策目标。

为此，本文借助贫困县脱贫摘帽的准自然试验，并利用中国地方政府财政预决算数据库中的2016~2018年县级财政数据，分析了脱贫摘帽对经济增长及财政扶持绩效的影响，估计结果表明：第一，脱贫摘帽显著提高了脱贫县第一产业和第二产业增加值，但对第三产业发展无显著影响；第二，在发展第一产业和第二产业中，脱贫县比贫困县的财政利用效率更高，但在发展第三产业中两者无明显差异；第三，脱贫县的财政利用效率存在区域差异，即东部脱贫县在发展第一产业中利用财政扶持的效率更高，西部脱贫县则更适合利用财政扶持资金发展第二产业；第四，财政支出结构对脱贫县经济发展具有差异化影响，即农村基础设施建设仍然是发展第一产业的重要前提，生产发展支出则对第一产业和第二产业发展均具有促进作用。

基于上述发现，本文提出如下政策建议：第一，稳定财政扶贫专项支持，巩固脱贫地区发展基础。尤其考虑到脱贫地区财政资金利用效率明显改善，持续性的财政投入可以加速巩固脱贫攻坚成果，强化脱贫地区产业基础，从而实现与乡村振兴有效衔接。第二，科学制定产业规划，实施区域差异化产业布局。在推动脱贫地区产业发展的过程中，应规避跟风、随大溜、一窝蜂上马的乡村产业扎堆现象，以防止资金浪费和产能过剩。对于经济基础和市场基础较好的脱贫地区，可以着力发展特色农产品和乡村服务业。对于西部欠发达省份，则应借助当地资源优势和劳动力价格优势，着力发展第二产业，充分发挥东西部的相对比较优势。第三，重视产业资金投入在脱贫地区经济发展中的支撑性作用。推动乡村振兴，产业发展是关键，故需要加大产业发展资金投入，将乡村产业振兴作为留住人、吸引人、发展人的重要载体。考虑到产业发展支持对于第二产业具有较强的促进作用，以及第二产业在推动经济增长中的重要性，脱贫地区应在巩固第一产业基础上，加大第二产业项目投资。第四，平衡政府扶持和市场经济在巩固拓展脱贫攻坚成果中的关系。既要注重输血式扶贫和巩固脱贫成果，又要正确认识市场经济在持续性脱贫和乡村振兴中不可替代的作用。因此，在接下来的产业项目投资中，需根据当地禀赋特征、市场特征等，因地制宜地发展具有自我造血能力的产业和企业，使其在地区发展和乡村振兴中发挥支撑性作用。

参考文献

[1] 陈锡文、韩俊主编，2021，《中国脱贫攻坚的实践与经验》，人民出版社。

[2] 程名望、Jin Yanhong、盖庆恩、史清华，2014，《农村减贫：应该更关注教育还是健康？——基于收入增长和差距缩小双重视角的实证》，《经济研究》第11期。

[3] 储德银、赵飞，2013，《财政分权、政府转移支付与农村贫困——基于预算内外和收支双重维度的门槛效应分析》，《财经研究》第9期。

[4] 大卫·李嘉图，2013，《政治经济学及赋税原理》，周洁译，华夏出版社。

[5] 樊丽明、解垩，2014，《公共转移支付减少了贫困脆弱性吗?》，《经济研究》第8期。

[6] 范燕丽、丛树海、郗曼，2021，《从"争穷保帽"到"主动摘帽"：正向激励与农民持续增收》，《财政研究》第12期。

[7] 范子英、李欣，2014，《部长的政治关联效应与财政转移支付分配》，《经济研究》第6期。

[8] 范子英、彭飞、刘冲，2016，《政治关联与经济增长——基于卫星灯光数据的研究》，《经济研究》第1期。

[9] 蒋奕，2012，《怎样帮助穷人？——评介〈穷人经济学：关于对抗全球贫困的激进再思考〉》，《世界经济文汇》第5期。

[10] 解垩，2010，《公共转移支付和私人转移支付对农村贫困、不平等的影响：反事实分析》，《财贸经济》第12期。

[11] 解垩，2018，《税收和转移支付对收入再分配的贡献》，《经济研究》第8期。

[12] 李小云、徐进，2020，《消除贫困：中国扶贫新实践的社会学研究》，《社会学研究》第6期。

[13] 李永友、沈坤荣，2007，《财政支出结构、相对贫困与经济增长》，《管理世界》第11期。

[14] 林毅夫、付才辉，2017，《基于新结构经济视角的吉林振兴发展研究——〈吉林报告〉分析思路、工具方法与政策方案》，《社会科学辑刊》第6期。

[15] 林毅夫，2014，《新结构经济学与中国产业政策》，《决策探索》第10期。

[16] 林毅夫，2017a，《产业政策与我国经济的发展：新结构经济学的视角》，《复旦学报（社会科学版）》第2期。

[17] 林毅夫，2017b，《新结构经济学、自生能力与新的理论见解》，《武汉大学学报》第6期。

[18] 刘凤芹、徐月宾，2016，《谁在享有公共救助资源？——中国农村低保制度的瞄准效果研究》，《公共管理学报》第1期。

[19] 刘穷志，2009，《经济增长与社会公平：财税激励的理论模型与实证研究》，武汉大学出版社。

[20] 卢洪友、杜亦譞，2019，《中国财政再分配与减贫效应的数量测度》，《经济研究》第2期。

[21] 罗良清、平卫英、单青松、王佳，2022，《中国贫困治理经验总结：扶贫政策能够实现有效增收吗?》，《管理世界》第2期。

[22] 平卫英、罗良清、张波，2021，《我国就业扶贫的现实基础、理论基础和实践经验》，《管理世界》第7期。

[23] 田勇、殷俊、薛慧元，2019，《"输血"还是"造血"？面向农户的公共转移支付的减贫效应评估——基于农业产出的视角》，《经济问题》第3期。

[24] 韦东明、顾乃华、韩永辉，2021，《"省直管县"改革促进了县域经济包容性增长吗?》，《财经研究》第12期。

[25] 徐超、李林木，2017，《城乡低保是否有助于未来减贫——基于贫困脆弱性的实证分析》，《财贸经济》第5期。

[26] 尹志超、郭沛瑶，2021，《精准扶贫政策效果评估——家庭消费视角下的实证研究》，《管理世界》第4期。

[27] 余永定，2013，《发展经济学的重构——评林毅夫〈新结构经济学〉》，《经济学（季刊）》第2期。

[28] 朱梦冰、李实，2017，《精准扶贫重在精准识别贫困人口——农村低保政策的瞄准效果分析》，《中国社会科学》第9期。

[29] Aghion P., Cai J., Dewatripont M. 2015. "Industrial Policy and Competition." *American Economic Journal: Macroeconomics* 7(4): 1–32.

[30] Alder S., Shao L., Zilibotti J. 2013. "Economic Reforms and Industrial Policy in A Panel of Chinese Cities." *Journal of Economic Growth* 4: 305–349.

[31] Arrow K. 1962. "The Economic Implication of Learning by Doing." *Review of Economics & Statistics* 29(3): 155–173.

[32] Azariadis C. 2006. *The Theory of Poverty Traps: What Have we Learned?* In Samuel Bowles, Steven Durlauf and Karla Hoff (eds.) Poverty Traps, Princeton: Princeton University Press.

[33] Banerjee A., Duflo E. 2012. *Poor Economics*, Public Affairs.

[34] Bardhan P., Samuel B., Herbert G. 2000. *Wealth Inequality, Wealth Constraints and Economic Performance*, In A. B. Atkinson and F. Bourguignon (eds.) Handbook of

Income Distribution Volume 1, Amsterdam: North-Holland.

［35］ Beck T., Levkov R. L. 2010. "Big Bad Banks? The Winners and Losers from Bank Deregulation in the United States." *Journal of Finance* 65(5): 1637–1667.

［36］ Chaudhuri S., Jalan J., Suryahadi A. 2002. *Assessing Household Vulnerability to Poverty from Cross-sectional Data: A Methodology and Estimates from Indonesia*, Discussion Paper, Columbia University.

［37］ Chen T., Kung K. S. 2016. "Do Land Revenue Windfalls Create a Political Resource Curse? Evidence from China." *Journal of Development Economics* 123: 86–106.

［38］ Chen X., Nordhaus W. D. 2011. "The Value of Luminosity Data as a Proxy for Economic Statistics." *Proceeding of the National Academy of Sciences* 108: 8589–8594.

［39］ Coady D., Parker S. 2009. "Targeting Performance under Self-selection and Administrative Targeting Method." *Economic Development and Cultural Change* 57: 559–587.

［40］ Deininger K., Squire L. 1998. "New Ways of Looking at Old Issues: Inequality and Growth." *Journal of Development Economics* 57(2): 259–287.

［41］ Démurger S., Jeffrey D., Woo W., Bao S., Chang G., Mellinger A. 2001. *Geography, Economic Policy and Regional Development in China*, CID Working Paper No.77.

［42］ Dreher A., Fuchs A., Hodler R., Parks B., Raschky P. A., Tierney M. J. 2014. *Aid on Demand: African Leaders and the Geography of China's Foreign Assistance*, Aid Data Working Paper, No.3.

［43］ Duclos J. Y., Araar A., Giles J. 2010. "Chronic and Transient Poverty: Measurement and Estimation, with Evidence from China." *Journal of Development Economics* 91: 266–277.

［44］ Fleisher B., Chen J. 1997. "The Coast-Noncoast Income Gap, Productivity, and Regional Economic Policy in China." *Journal of Comparative Economics* 25(2): 220–236.

［45］ Hodler R., Raschky P. A. 2014. "Regional Favoritism." *Quarterly Journal of Economics* 129(2): 995–1033.

［46］ Hoynes H., Schanzenbach D. 2009. "Consumption Responses to In-kind Transfers: Evidence from the Introduction of the Food Stamp Program." *American Economic Journal: Applied Economics* 1(4): 109–139.

［47］ Jha R., Imai K., Gaiha R. 2009. "Poverty Undernutrition and Vulnerability in Rural India: Public Works versus Food Subsidy." Working Paper.

［48］ Knowles S. 2005. "Inequality and Economic Growth: The Empirical Relationship Reconsidered in the Light of Comparable Data." *Journal of Development Studies* 41: 135–159.

［49］ Lin Y. J. 2009. *Economic Development and Transition: Thought, Strategy, and Viability*,

Cambridge：Cambridge University Press.

［50］ Michalopoulos S., Papaioannou E. 2013. "Pre-colonial Ethnic Institutions and Contemporary African Development."*Econometric* 81(1)：113-152.

［51］ Mukoyama T., Osotimehin S.2019."Barriers to Reallocation and Economic Growth：The Effects of Firing Costs."*American Economic Journal：Macroeconomics* 11(4)：235-270.

［52］ Neanidis K.2019."Volatile Capital Flows and Economic Growth：The Role of Banking Supervision."*Journal of Financial Stability*, https：//doi.org/10.1016/j.jfs.2018.05.002.

［53］ Redding S.2002."Specialization Dynamics." *Journal of International Economics* 58(2)：299-334.

［54］ Romer P.M.1990."Endogenous Technological Change." *Journal of Political Economy* 98 (5)：71-102

［55］ Solow R.M.1969."Investment and Technical Progress."*Oxford Review of Economic Policy* 8 (4)：43-56.

［56］ Steinmueller T.E.2006."Government Policy, Innovation and Economic Growth：Lessons from a Study of Satellite Communications."*Research Policy* 11：271-287.

［57］ Voitchovsky S.2005."Does the Profile of Income Inequality Matter for Economic Growth？" *Journal of Economic Growth* 10(3)：273-296.

［58］ Ward P.S.2016."Transient Poverty, Poverty Dynamics, and Vulnerability to Poverty：An Empirical Analysis Using A Balanced Panel from Rural China." *World Development* 78：541-553.

［59］ World Bank.2006.*World Development Report：Equity and Development*, New York：Oxford University Press.

［60］ Yang X., Borland J.1991."A Microeconomic Mechanism for Economic Growth."*Journal of Political Economy* 99(3)：409-436.

（责任编辑：张容嘉）

中国代际收入流动性的变迁及影响机制研究

——基于出生队列的视角

张焕明　马瑞祺　马昭君[*]

摘　要： 本文测度中国长期代际收入流动性的变动趋势，并探讨其背后的成因。基于CHIP与CHNS数据，使用多种测度方法得出我国1960~1990年出生子代代际收入流动水平变动趋势的一致性结论，并通过Blanden分解法和反事实分析法，从微观与宏观两个维度探讨我国代际收入流动变动的原因。研究发现：第一，1960~1990年出生子代的代际收入流动性呈递增趋势；第二，家庭财富资本对代际收入流动的贡献率最高，人力资本则呈逐年递增趋势，社会资本的贡献率则表现为先增后减的倒"U"型特征，上述三种传递机制对代际收入弹性系数的贡献率逐年递增，由1960~1964年出生子代的20.73%提升至1980~1984年出生子代的57.46%；第三，更高速的经济增长与更包容的收入分配方式能够促进代际收入流动水平的提高。以多种测度方法得出我国出生队列的代际收入流动变动趋势的稳健性结论，并分析我国代际收入流动性发生趋势变动的原因。为我国阻断代际贫困陷阱、实现共同富裕目标提供新的经验和政策支撑。

关键词： 代际收入流动性　出生队列　机制分解　反事实分析

---

* 张焕明，教授、博士生导师，安徽财经大学统计与应用数学学院，电子邮箱：zhanghm@aufe.edu.cn；马瑞祺（通讯作者），博士研究生，武汉大学经济与管理学院，电子邮箱：ruiqima@whu.edu.cn；马昭君，博士研究生，中国社会科学院大学经济学院，电子邮箱：mazhaojun@ucass.edu.cn。本文获得安徽省高校人文社会科学研究重大项目（SK2020ZD004）的资助。感谢匿名审稿专家的宝贵意见，文责自负。

一　引言

党的二十大报告提出，中国式现代化是全体人民共同富裕的现代化。①改革开放40多年来，从温饱不足到摆脱绝对贫困再到全面建成小康社会，中国式现代化一直在阔步前进。虽然中国的经济发展和居民物质生活水平实现了历史性跨越，但仍面临发展不平衡、收入分配差距较大的问题。因此，如何缩小居民收入差距与减少相对贫困，避免贫者愈贫、富者愈富的马太效应，成为实现共同富裕目标的重要问题。代际收入流动（Intergenerational Income Mobility）本质上是社会收入分配格局的动态度量，通常被定义为父代收入水平与其子代收入水平的关联程度。经济学家普遍认为，个人在社会中所处的收入阶层主要由家庭背景、人力资本、公共政策与劳动力市场等方面决定，其中，家庭背景对个人收入的影响体现了社会的代际收入流动性。若家庭背景能完全决定子代未来的收入水平，那么相对贫困阶层家庭出身的个体将丧失努力改变贫困现状的动力，这势必将造成整个社会的人力资本浪费，并持续扩大贫富差距，破坏社会的和谐稳定。因此，我国若要想实现包容性增长，就必须弱化代际流动的障碍机制，提升社会的代际流动水平。

对于代际收入流动的研究，已有文献最先探讨的话题是如何估计出较为准确的代际收入流动水平。不同文献采用了不同的方法或指标来衡量代际收入流动性，比如较为经典的代际收入弹性系数法与代际收入转移矩阵法，并探讨该如何克服收入变量单年观测所带来的经典测量偏误或生命周期偏误（Solon，1992；Solon，2018）。目前学者们对代际收入流动测度所使用的不同方法持不同态度。但可以肯定的是，每种方法或多或少都存在一定的缺陷（Acciari 等，2019；杨沫和王岩，2020）。而且我国缺乏长期的家户调查追踪数据，这使得已有文献对我国代际收入流动水平的测度结果分歧很大，最终形成相对于发达国家水平，我国具有较低与较高代际收入流

---

① http：//www.gov.cn/xinwen/2022-10/25/content_5721685.htm.

动性的相悖结论（王海港，2005；陈琳，2016；郭建军等，2017）。已有文献还从教育、社会资本等方面对中国代际收入流动的传递机制进行了一些讨论，但对于长期的代际收入流动趋势的机制研究还不够充分。对于从时间层面考量的代际收入流动性变动趋势而言，某一时点上代际收入流动性的准确估计或许已经不再重要，重要的是验证趋势判断结论的稳健性，并挖掘代际收入流动趋势背后的传递机制，这些工作更具有现实意义。

减少相对贫困、建设更高质量的小康社会和实现共同富裕是我国的长期目标，继续深入探讨我国代际收入流动现象十分必要。本文则在前人研究的基础上，基于CHIP与CHNS微观家户调查数据，使用多种测度方法与稳健性检验判断我国1960~1990年出生队列（Cohorts）的代际收入流动水平，并尝试通过中间变量分解法与反事实分析法从微观和宏观两个维度探讨我国代际收入流动性发生变动趋势的原因。本文的边际贡献主要体现在：第一，使用多种测度方法与稳健性检验得出我国代际收入流动水平变动趋势的一致性结论；第二，使用Blanden分解法，分析更为长期的代际收入流动传递机制贡献率的变动趋势；第三，将Chetty等（2017）基于绝对代际收入流动设定的反事实分析框架引入相对代际收入流动，考察经济增长与收入分配这两大宏观因素对我国代际收入流动性产生的影响。本文将进一步丰富和发展代际收入流动理论框架，为后续以中国为样本的代际流动理论与亲贫困理论方面的研究提供新的思路，因此具有一定的理论前瞻性和研究价值。本文还将在机制分析基础上，为目前我国阻断贫困再生、实现共同富裕目标提供新的经验和政策支撑。

余下部分的安排如下：第二部分为相关文献综述；第三部分为研究方法介绍以及数据处理；第四部分为中国1960~1990年出生子代的代际收入流动水平测度以及稳健性检验结果；第五部分为实证分析结果的拓展性分析，试图探讨中国代际收入流动发生变动的原因；第六部分为全文总结及政策启示。

二　理论基础与文献综述

经济学领域所提出的代际收入流动性最早是以家庭人力资本投资行为

为基础进行理论阐述的（Becker 和 Tomes，1979）。Becker 和 Tomes（1979）使用家庭效用函数与家庭消费、投资约束函数推导出用于估计代际收入弹性系数（IGE）的计量模型。代际收入弹性系数越大，社会的代际收入流动性越弱。代际收入弹性系数是目前文献中最常用的代际收入流动性测度方法。一般认为，若能获取父代与子代的永久性收入，那么直接使用最小二乘回归就能得到代际收入弹性系数的真实估计值（Mazumder，2005；郭建军等，2017）。但现实中所能得到的样本数据不可能追踪样本家庭成员整个生命周期历程的收入信息，更多的是获取父子在调查年份的单年数据。而使用单年收入代替永久性收入就会产生多种估计偏误（Haider 和 Solon，2006）。Böhlmark 和 Lindquist（2006）发现，当使用个人 30~40 岁的收入替代永久性收入时的估计偏误最小。在经验研究中，克服 IGE 的内生性问题通常有两种可行的做法，一是使用个体的多年收入近似替代永久性收入（Solon，1999），二是使用 IV 或两样本两阶段最小二乘法（TS2SLS）纠正内生性偏误（Angrist 和 Krueger，1992；Inoue 和 Solon，2010）。但是，对于我国代际收入弹性系数的估计，目前尚未取得一致结论。国内学者计算出近 30 年来我国的 IGE 估计值为 0.2~0.9，文献结论间差异性较大（杨沫和王岩，2020）。杨沫和王岩（2020）使用 CHNS 数据发现，中国居民的代际收入流动性 1991~2004 年基本保持稳定，2004 年后则呈现不断上升的趋势。Fan 等（2021）基于 CFPS 数据对不同出生年代子代的代际流动性进行了研究，发现矫正偏误后的中国居民代际收入弹性系数从 1970~1980 年出生队列的 0.390 增加到 1981~1988 年出生队列的 0.442。汪小芹和邵宜航（2021）使用 Copula 方法刻画了 1964~1985 年出生子代的绝对收入向上流动率，研究发现各期子代的持久收入超过父代的比例均不低于 64%，且总体向上流动率未呈现下降趋势。袁青青和刘泽云（2022）基于 CHIP 数据，在考虑了收入测量偏误的基础上，测度了中国 1970~1995 年出生子代的代际收入流动变动趋势，结果发现，中国居民的代际收入秩回归系数由“70 后”的 0.397 上升至“90 后”的 0.493。胡霞和李文杰（2022）使用 TS2SLS 方法分析了中国代际收入流动性的城乡差异及其时间趋势，研究结果显示，出生于 1973 年以后的城乡迁移子辈的代际收入流动性高于出生于 1973 年以后的非迁移农村子辈。除了 IGE 等回归方法外，不少学者还使用转移矩阵法来度量代际流动性。代际收入转移矩阵中的元素对应了父代与子代处于不同收入阶层概率的排列组合，因此不仅能度量代际流动性，还能刻画不同阶层家庭向上或向下流动的概率，即能够反映社会代际收入流动的结构（Bhattacharya 和 Mazumder，2011；曹俊文和刘志红，2018）。

相比于"社会代际收入流动水平有多大"这个问题，更重要的是了解代际收入的传递机制，也就是说"代际收入传递的原因是什么"。显然后者更具有现实意义，尤其是在我国实行全面精准脱贫政策的背景下，弄清上述问题能够帮助我们寻找阻断代际贫困传递的路径（张焕明，2011）。学术界对代际收入传递的机制探讨主要基于人力资本框架，即衡量家庭的教育因素对子代收入地位取得产生的影响（Becker 和 Tomes，1986；Narayan 等，2018）。但事实上，代际收入传递的影响机制非常复杂，家庭的社会资本、基因和健康等禀赋同样是形成代际收入传递的重要路径，而且这些子代的"先天"禀赋的传递往往"世代相传"，这就需要更加深入地对多代际问题进行探讨（Mare，2011；Solon，2014）。杨瑞龙等（2010）使用 CGSS 数据，考察了父母政治身份对子代收入取得产生的影响，发现政治资本特别是权力寻租效应的存在性。李宏彬等（2012）、Li 等（2012）发现，所谓的"官二代"群体的毕业生起薪要高出"非官二代"约 15%。谭远发（2015）则使用 SWTS 数据发现，"官二代"的工资溢价来源于"拼搏"人力资本而非因"拼爹"进入高收入行业。陈琳和袁志刚（2012）发现，以房屋资产和金融资产为代表的财富资本表现出远大于人力资本与政治资本对代际流动的贡献，而这会产生对子代经济能力的投资扭曲。Björklund 和 Jäntti（1997）、Björklund 等（2009）的研究则使用养父母与被收养孩童数据、同卵双胞胎或异卵双胞胎数据，从基因禀赋角度进行机制分解，发现"天赋"的遗传能解释 1/3 左右的子代成年后收入。

总之，对于代际收入流动性的相关探讨还远未停止。尤其是，有关我国家庭代际收入流动领域的研究至少还存在以下不足：第一，缺乏对我国代际收入流动趋势的一致性判断，相比获取无偏的代际流动水平，多种测度方法得到的趋势变动的稳健性结论更具有说服力；第二，缺乏对代际收入流动传递机制的探讨，现有研究还未能合理解释我国代际收入流动趋势发生变动的原因，尤其是缺乏来自宏观层面的解释。我国作为一个新兴经济体，市场化、城市化与经济快速增长改变了几代人的生活水平与社会整体的收入分配格局，那么这也必然改变了原有的代际收入流动模式。本文则在前人研究的基础上尝试弥补上述不足。

三　方法、样本与变量说明

（一）研究方法

1.代际收入弹性系数

根据Becker和Tomes（1979）提出的代际流动理论，经济学领域通常使用代际收入弹性系数（Intergenerational Income Elasticity，IGE）来度量代际收入流动性的大小，这里将基准回归模型设定表示为：

$$\ln y_i^c = \beta_0 + \beta_1 \ln y_i^p + \theta X + \varepsilon_i \qquad (1)$$

其中，$\ln y_i^p$ 和 $\ln y_i^c$ 分别表示父代收入对数与子代收入对数，β_1 为代际收入弹性系数，该系数值越大越说明父子间收入水平的相关性越高，代际流动性越弱。ε_i 表示随机误差项。X 为一系列控制变量，为了尽量克服IGE的内生性偏差，本文设定控制变量包括子代年龄、子代年龄平方项、父代年龄与父代年龄平方项（郭建军等，2017）。

2.代际收入秩关联系数

父代收入与子代收入之间并非完全呈现线性关系，因此使用对数线性表达式估计IGE仍可能出现模型设定偏误。因此，可以使用父代在其同辈人收入中的位次与子代在其同辈人收入中的位次来替代收入变量（杨沫和王岩，2020）：

$$Rank_i^c = \alpha_0 + \alpha_1 Rank_i^p + \theta X + \upsilon_i \qquad (2)$$

其中，$Rank_i^c$ 和 $Rank_i^p$ 分别代表子代和父代在其同辈人收入中的位次。υ_i 表示随机误差项，α_1 被称为代际收入秩关联系数（IRA），X 为一系列控制变量，与式（2）设定相同。与 IGE 对收入绝对量进行估计的思想不同的是，收入位次所提供的等级变动信息是一种相对概念，因此也能在一定程度上缓解收入单年观测带来的生命周期偏误（Black 和 Devereux，2010）。

3. 代际收入秩弹性系数

IRA 在其经济含义的解释层面上不如 IGE 直观，因此本文在 IRA 的模型设定基础上，提出如下回归表达式：

$$\ln \bar{y}_{ranki}^{c} = \rho_0 + \rho_1 \ln \bar{y}_{ranki}^{p} + \theta X + \sigma_i \tag{3}$$

将子代和父代样本分别按照收入的高低划分为 100 等份，$\ln \bar{y}_{ranki}^{c}$ 和 $\ln \bar{y}_{ranki}^{p}$ 分别表示每个等份内的收入的组内均值，此时的回归系数 ρ_1 可被称为代际收入秩弹性系数（IRE）。X 为一系列控制变量，与式（2）设定相同，但变量的具体取值为按收入排序的组内均值。σ_i 表示随机误差项。

4. 代际收入转移矩阵

与 IRA 测算代际收入流动性的思想类似，Prais（1955）将家庭代际间的收入阶层位置变动视为一种重排名现象，并将社会阶层跨代转移的概率排列成矩阵形式。若假设 x 为父代的收入变量，y 为子代的收入变量，且满足 $x \in [0, \infty)$ 和 $y \in [0, \infty)$。此时将 x、y 由低至高分为 m 个等级，并假设 x 与 y 的等级边界分别为 $0 < \zeta_1 < \zeta_2 < \cdots < \zeta_{m-1} < \infty$ 和 $0 < \xi_1 < \xi_2 < \cdots < \xi_{m-1} < \infty$，可记代际收入转移矩阵 $P = \{P_{ij}\}$，元素 p_{ij} 表示当父代收入位于第 i 层等级时，其子代收入位于第 j 层等级的概率（Formby 等，2004），表达式为：

$$p_{ij} = \frac{P_r(\zeta_{i-1} \leqslant x < \zeta_i, \xi_{j-1} \leqslant y < \xi_j)}{P_r(\zeta_{i-1} \leqslant x < \zeta_i)} \tag{4}$$

式（4）的经验估计式可表示为：

$$\hat{p}_{ij} = \frac{\frac{1}{n} \sum_{t=1}^{n} I \left(\hat{\zeta}_{i-1} \leqslant x < \hat{\zeta}_i, \hat{\xi}_{j-1} \leqslant y < \hat{\xi}_j \right)}{\frac{1}{n} \sum_{t=1}^{n} I \left(\hat{\zeta}_{i-1} \leqslant x < \hat{\zeta}_i \right)} \tag{5}$$

其中，I 表示示性函数。式（6）表示将收入按照分位数划分为 m 个等级的代际收入转移矩阵 P。

$$P = \begin{bmatrix} p_{11} & p_{12} & \cdots & p_{1m} \\ p_{21} & p_{22} & \cdots & p_{2m} \\ \cdots & \cdots & \cdots & \cdots \\ p_{m1} & p_{m2} & \cdots & p_{mm} \end{bmatrix} \quad (6)$$

由于矩阵内包含的元素过多，不便于对其解释，文献通常会构建相关统计指标来反映代际收入流动水平或结构。表1总结了三种常用于测度代际收入流动水平的统计指标。

表1 代际收入转移矩阵的指标计算公式

指标名称	计算公式	编号
惯性率（M_1）	$M_1 = \frac{1}{m} \sum_{i=1}^{m} p_{ii}$	(7)
亚惯性率（M_2）	$M_2 = \frac{1}{m} \sum_{i=1}^{m} \sum_{j=i-1}^{i+1} p_{ij}$	(8)
平均流动水平（M_3）	$M_3 = \frac{1}{m} \sum_{i=1}^{m} \sum_{j=1}^{m} p_{ij} |i-j|$	(9)

根据表1，惯性率与亚惯性率主要用于衡量代际收入的不流动性，其数值越大，代际收入流动性越弱，而平均流动水平则为代际收入流动性的正向指标，其数值越大，代际收入流动性越强。

代际转移矩阵与IGE等回归估计均是用于刻画相对代际收入流动性的方法（汪小芹和邵宜航，2021），主要有以下区别：第一，IGE等回归估计方法是参数估计方法，是对总体代际收入流动性的统计推断，而代际转移矩阵法得出的指标则是建立在样本上的统计量，无法对总体作出统计推断；第二，IGE等回归估计参数能够利用样本的所有信息，而代际转移矩阵法所得出指标仅利用了样本的部分信息，如转移矩阵的对角线元素或次对角线元素；第三，IGE等回归估计参数仅能反映代际收入流动性的大小，不能反映代际收入流动性的方向或结构变动，而代际收入转移矩阵法则能根据不同元素的经济含义衡量处于不同收入阶层样本的代际收入流动性，方便刻画代际收入流动的方向与结构性变动趋势（胡棋智和王朝明，2009）。

综上可见，对代际收入流动的测度方法各有利弊。因此，当我们希望从时间维度上来判断我国代际收入流动性趋势时，对于代际收入流动性的精确估计已经不再重要，重要的是多种测度方法得出的代际收入流动性的变动趋势是否具有一致性（Acciari等，2019）。因此，本文将在上述几种代际收入流动性测度方法的基础上，判断在出生队列视角下中国代际收入流动性的长期变动趋势。

（二）样本说明

代际收入流动研究领域最难克服的问题是缺乏长期追踪的家户微观调查数据（Chetty等，2017）。而目前国内能够在家庭层面获取有效数量的父子配对样本的大型家户微观调查数据只有CHIP（Chinese Household Income Project）与CHNS（China Health and Nutrition Survey）。CHIP数据旨在追踪中国家庭收入分配的动态状况，是中国最早的全国性微观家户调查数据库之一。目前CHIP已经形成了CHIP1988、CHIP1995、CHIP2002、CHIP2007（RUMiC2008）、CHIP2008（RUMiC2009）和CHIP2013六轮截面调查数据。CHNS是家庭层面上的追踪调查数据，并详细记录了家庭中每个个体的社会经济特征。目前CHNS共形成了CHNS1989、CHNS1991、CHNS1993、CHNS1997、CHNS2000、CHNS2004、CHNS2006、CHNS2009、CHNS2011、CHNS2015共计十轮调查数据。CHIP与CHNS所包含的样本数据均具备全国代表性。与CHNS的纵向追踪数据（Panel Data）结构相比，CHIP数据的混合截面样本量更大，方便进行不同指标的纵向比较，而且CHIP数据的问卷设计能够有效避免因"同住自选择偏差"而导致代际收入弹性估计的内生性问题。综上，本研究使用CHIP数据进行基准研究，使用CHNS数据进行稳健性分析。

CHIP数据中对个人收入变量的定义不包含个人从事农业生产的收入，这无疑会造成农村样本中以从事农业体力劳动为收入来源的个体收入缺失，从而使整个样本不具备代表性。以往使用CHIP数据进行代际收入流动研究的文献大多使用获得工资收入的个体作为研究样本，这必然会在样本中剔除大多数农民样本，其研究相当于仅分析了整个社会收入分布中处于相对较高收入阶层样本的代际流动性。为了消除已有研究的偏倚，这里参考汪小芹和邵宜航（2021）的研究，推算CHIP农村家户样本中从事农业体力劳动者的个人收入。

CHIP分为农村住户调查与城镇住户调查两部分，城镇住户调查部分中的个人信息包含了其各类收入的详细记录，容易汇总并计算个人的全年总收入。CHIP1988农村住户调查部分在个人层面上记录了工资性收入，在家庭层面上则记录了全家全年农业生产经营收入。这里以家庭成员职业身份来进行推算，若家庭成员身份为农民，那么表示该家庭成员参与了家庭农业生产经营活动，其个人年总收入为全家全年农业生产经营收入与家庭农民数量的比值。CHIP1995农村住户调查则在个人层面上记录了全年参与农业生产经营活动的总天数，因此本文将个人参与农业生产经营活动的总天数与全家参与农业生产经营活动的总天数之比作为此人参与家庭农业生产经营的贡献率，并按照贡献率分摊得到个人的农业生产经营收入。CHIP2002农村住户调查与CHIP1995类似，可通过个人从事家庭农业生产经营的总天数来计算家庭农业经营的贡献率，并推算个人的全年农业生产经营收入。CHIP2007与CHIP2008是为期两年的追踪调查，其农村住户调查部分并未在家庭或个人层面上记录有关农业生产经营收入的信息，而且进行父子一对一匹配后得到的有效样本并不多，因此本文不考虑使用这两期调查数据。CHIP2013农村住户调查部分记录了个人一年中从事农林牧渔生产经营活动的月数，因此可按个人贡献率分摊家庭农林牧渔生产经营总收入，得到个人的农业生产经营收入。其中，CHIP2013农村部分的家庭农林牧渔生产经营总收入是由家庭可支配总收入减所有家庭成员工资性收入和非农生产经营净收入推算得到的。

得到较为可靠的个人年总收入后，本文根据家庭关系在历年调查数据上进行了父子样本一对一匹配[①]，并且获取了父代与子代的年龄、出生年代、受教育程度，以及子代的政治身份、单位所有制、职业类型、家庭金

---

① 本文所指的"父子"是父亲与儿子。

融资产①、家庭房产估值等信息以方便进行拓展性分析。具体而言，政治身份用样本是否为党员来衡量（是党员则等于1）；单位所有制用样本工作单位是否属于党政机关事业单位、国有企业和集体企业来衡量（属于则等于1）；职业类型变量则将样本分为各类单位的负责人、管理者、专业技术人员、私营个体企业主、办事人员、普通工人或农民以及其他六类，并按此顺序赋值5、4、3、2、1、0；工作行业按照样本工作的所属行业进行分类，包括党政团体科教文卫、服务业、工业、农业以及其他共五类，并按此顺序分别赋值4、3、2、1、0。

　　由于1960年以前和1990年之后出生的子代样本量较少，这里我们将子代的出生年代限定在1960~1990年。其中，CHIP1988未记录个人具体的受教育年限，而是记录了其受教育程度，这里参考彭国华（2005）的研究，将个人受教育程度折算成相应的受教育年限。②按照本文的研究目的，进行以下样本处理：①限定子代年龄为20~45岁，限定父代年龄处于65岁以下，并剔除尚未处于或已退出劳动力市场的样本（如在校学生、离退休人员等）；②剔除年龄、受教育年限缺失的样本；③将历年调查数据中的收入、家庭金融资产与家庭房产估值按照CPI平减至2013年。主要变量的描述性统计结果见表2，样本量在各出生年份的分布见表3。

表2　主要变量的描述性统计

变量名称	观测值	均值	标准差	中位数
子代年龄	15630	26.46	3.76	24.00
子代受教育年限	15630	9.76	3.06	9.00
子代收入	15630	3300.59	4862.82	1503.43
子代出生年代	15630	1972.99	8.33	1971.00
父代年龄	15630	52.68	5.47	52.00
父代受教育年限	15630	7.21	3.59	7.50

---

① CHIP 数据中关于金融资产总额的定义为银行活期存款、银行定期存款、股票、各种债券、储蓄类商业保险金总额等价值内容的加总。

② 受教育程度折算成相应受教育年限的规则为："文盲"折算为0年、"1~3年小学"折算为1.5年、"3年或3年以上小学"折算为4.5年、"小学"折算为6年、"初中"折算为9年、"高中"折算为12年、"中专"折算为12年、"大学或大专"折算为16年。

续表

变量名称	观测值	均值	标准差	中位数
父代收入	15630	3531.50	5929.09	1877.48
父代出生年代	15630	1944.78	10.26	1944.00
子代是否为党员	5827	0.03	0.16	0.00
子代单位所有制	5827	0.19	0.39	0.00
子代职业类型	5827	1.77	0.95	2.00
子代工作行业	5827	1.21	0.89	1.00
家庭金融资产	5630	14943.68	50576.64	12144.32
家庭房产估值	5436	19217.60	69768.80	13075.62

根据表2，样本子代年龄均值约为26岁，父代年龄约为53岁，基本符合人类的生命周期规律。子代收入水平的均值为3300.59元、父代收入水平的均值为3531.50元，可见父代收入略高于子代收入，说明父辈普遍为家庭收入的主要来源。样本家庭子代受教育年限约为10年，表明多数子代能够完成9年制义务教育，而且子代受教育平均年限高出父代2.5年左右，说明我国人口的受教育水平得到极大提升，我国义务教育制度与扩张性教育政策的实施已见成效。

表3　样本量在各出生年份的分布

出生年份	样本量	出生年份	样本量
1960	158	1976	302
1961	272	1977	370
1962	475	1978	418
1963	697	1979	446
1964	782	1980	436
1965	887	1981	486
1966	1082	1982	539
1967	1180	1983	265
1968	1332	1984	270
1969	247	1985	312
1970	357	1986	325
1971	394	1987	422
1972	524	1988	317
1973	531	1989	354
1974	530	1990	334
1975	586		

四 实证分析

现有研究通常以微观数据的调查年份作为代际收入流动趋势判断的时间依据，但 CHIP、CHNS 等微观调查数据的调查年份并不连续，这将不利于对代际收入流动趋势作出动态考量。出生队列则不仅在时间层面上连续，而且使同时期出生的群体更具可比性。因此，本文按照样本的数据特征，将子代按照其出生年份划分为 1960~1990 年共计 31 个出生队列，并按照上文提及的不同估计方法，测度我国出生队列的代际收入流动趋势。

（一）代际收入流动性变动趋势的基准结果

按照研究方法中的模型设定，我们首先使用 CHIP 数据依次对 1960~1990 年 31 个子代出生队列的父子配对样本进行数据分析，并得出这 31 个出生队列样本的代际收入弹性系数（IGE）、代际收入秩关联系数（IRA）、代际收入秩弹性系数（IRE）以及代际收入转移矩阵法中惯性率（M_1）、亚惯性率（M_2）和平均流动水平（M_3）。参考多数文献的做法，本文将代际收入秩关联系数和代际收入秩弹性系数估计中的位次设定为按照收入分位数划分的 100 个等级，将代际收入转移矩阵法中的矩阵维度 m 设定为 5（李小胜，2011；阳义南和连玉君，2015）。具体估计结果见表 4。

表 4 1960~1990 年出生队列的代际收入流动性

出生队列	IGE	IRA	IRE	M_1	M_2	M_3
1960	0.874	0.906	0.867	0.695	0.922	0.383
1961	0.811	0.820	0.825	0.665	0.875	0.475
1962	0.834	0.774	0.902	0.633	0.876	0.550
1963	0.669	0.760	0.802	0.581	0.897	0.576
1964	0.753	0.765	0.815	0.651	0.895	0.511
1965	0.783	0.749	0.924	0.651	0.880	0.534
1966	0.794	0.784	0.700	0.689	0.887	0.486
1967	0.849	0.811	0.941	0.676	0.906	0.459
1968	0.710	0.732	0.743	0.611	0.875	0.583
1969	0.498	0.522	0.563	0.413	0.793	0.916
1970	0.472	0.534	0.514	0.398	0.748	0.936

续表

出生队列	*IGE*	*IRA*	*IRE*	M_1	M_2	M_3
1971	0.543	0.536	0.670	0.404	0.784	0.919
1972	0.477	0.503	0.625	0.351	0.742	1.019
1973	0.502	0.509	0.613	0.405	0.785	0.911
1974	0.417	0.463	0.540	0.413	0.774	0.932
1975	0.494	0.447	0.742	0.401	0.754	0.973
1976	0.493	0.454	0.719	0.408	0.762	0.889
1977	0.447	0.393	0.615	0.392	0.770	0.932
1978	0.484	0.413	0.487	0.414	0.821	0.844
1979	0.336	0.292	0.450	0.386	0.749	0.972
1980	0.311	0.244	0.388	0.403	0.758	0.932
1981	0.420	0.311	0.731	0.424	0.803	0.835
1982	0.338	0.312	0.492	0.440	0.847	0.758
1983	0.257	0.336	0.268	0.299	0.676	1.196
1984	0.279	0.354	0.424	0.359	0.704	1.103
1985	0.266	0.370	0.275	0.330	0.715	1.081
1986	0.130	0.269	0.066	0.293	0.672	1.217
1987	0.264	0.376	0.240	0.354	0.696	1.093
1988	0.278	0.355	0.245	0.320	0.639	1.226
1989	0.262	0.358	0.305	0.343	0.700	1.142
1990	0.210	0.295	0.297	0.299	0.642	1.249

不难看出，代际收入弹性系数、代际收入秩关联系数、代际收入秩弹性系数以及代际收入转移矩阵法的三种指标计算结果的变动趋势具有一致性（图1展示了表4的计算结果）。

其中，代际收入弹性系数在1960~1969出生队列（即所谓的"60后"群体）中的均值为0.758，在"70后"群体中的均值为0.466，在"80后"群体中的均值则降低至0.274。代际收入秩关联系数、代际收入秩弹性系数、惯性率与亚惯性率也有类似的变动趋势。其中代际收入秩弹性系数为收入位次区间的组内均值回归结果，这意味着每个出生队列的样本量均会缩减至100，因此会出现相对较大的波动，但这并不影响其估计结果对代际收入流动性变动趋势的一致性判断。代际收入转移矩阵法中的平均流动水平指标值为代际收入流动性的正向指标，其指标值递增的趋势与前几种方法反馈的代际收入流动变动趋势相吻合。

这些迹象表明，我国1960~1990年出生队列的代际收入流动性呈现明显的上升趋势。这也意味着，父代或家庭收入背景对子代社会收入和地位取得的决定性作用正在被逐渐削弱，"70后"相对"60后"、"80后"相对"70后"是收入机会更加公平的一代。

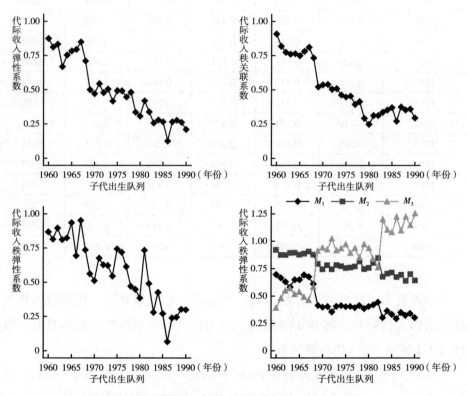

图1　基于出生队列的中国代际收入流动变动趋势

（二）稳健性检验

代际收入流动的测度会受到多种潜在因素的干扰，尤其是需要格外重视收入观测可能存在的生命周期偏误，仅凭多种代际收入流动性测度方法得到的一致性结论还不具备说服力。接下来，本文将通过四种稳健性检验来增强上述实证结论的可靠性。

1. 使用CHNS数据

CHNS数据将个人收入定义为农林牧渔业收入、工资性收入、非农经营性收入等7种类型收入之和，对于家庭农业生产经营这种多人劳动所得也按劳动时长进行了合理的分摊，因此CHNS中的个人年总收入变量能够直接代表农村住户与城镇住户的真实个人年总收入。按照上述CHIP的数据清洗思路，最终得到有效父子配对样本3602个。由于CHNS数据的有效样本相对较少，部分出生年份样本量不足100个，这里按照五年为间隔计算代际收入流动的各项指标。CHNS数据计算的各项指标的变动趋势如图2所示。

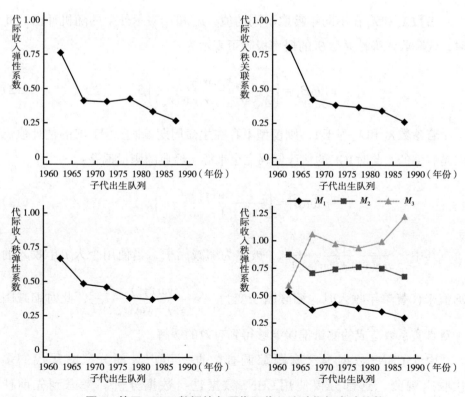

图2 基于CHNS数据的各项代际收入流动指标变动趋势

结果表明，各项指标的稳健性检验结果与基准结果基本一致，即中国1960~1990年出生子代的代际收入流动性呈明显的递增趋势。

2.平滑父代收入

按照 Haider 和 Solon（2006）对父代收入生命周期偏误的解释，若能观测到父代中年时期收入的多年数据，那么可以采取父代中年时代收入数据的均值来替代其当年收入观测数据的方式，以平滑父代收入，大幅降低IGE估计值的生命周期偏误。

首先假设父代或子代单年收入完全由式（10）和式（11）决定：

$$y_{it}^p = \lambda_a y_i^p + \nu_{ia} \tag{10}$$

$$y_{it}^c = \lambda_b y_i^c + v_{ib} \tag{11}$$

参数 λ_a 和 λ_b 在不同年龄取不同的值，ν_{ia} 和 v_{ib} 表示外生的随机冲击。此时，代际收入弹性系数 β_1 的概率极限可表示为：

$$p\lim \hat{\beta}_1 = \left(\frac{\lambda_a \lambda_b \mathrm{var}(y_i^p)}{\lambda_a^2 \mathrm{var}(y_i^p) + \mathrm{var}(v_{ia})} \right) \beta_1 \tag{12}$$

若参数 λ_a 和 λ_b 等于1，则模型不存在生命周期偏误，但IGE的估计值仍然是有偏的，此时IGE的估计偏误完全来源于经典的测量偏差：

$$p\lim \hat{\beta}_1 = \left(\frac{\mathrm{var}(y_i^p)}{\mathrm{var}(y_i^p) + \mathrm{var}(v_{ia})} \right) \beta_1 \tag{13}$$

其中，$\dfrac{\mathrm{var}(y_i^p)}{\mathrm{var}(y_i^p) + \mathrm{var}(v_{ia})} < 1$ 被称为缩减因子，当使用个人 T 年收入的均值来代替单年收入时，缩减因子变为 $\dfrac{\mathrm{var}(y_i^p)}{(\mathrm{var}(y_i^p) + \mathrm{var}(v_{ia}))/T}$，此时缩减因子对真实系数造成的测量偏误能够得到有效的缓解。

由于 CHNS 数据为家庭跟踪调查数据，可记录部分家庭父代的多代收入观测，这部分仅使用 CHNS 数据进行数据分析。考虑到先前使用的混合截面数据中的父代年龄的均值为 53 岁，这里假设父代的中年时期应当向前推移10~15年。①我们从CHNS2004开始，将CHNS2004中的父代收入用CHNS1989、CHNS1991、CHNS1993中均记录过的相同父亲收入的平均值替换。依次类推，CHNS2006用于平滑父代收入的辅样本为CHNS1991、CHNS1993和CHNS1997，CHNS2009用于平滑父代收入的辅样本为CHNS1993、CHNS1997和CHNS2000，CHNS2011用于平滑父代收入的辅样本为CHNS1997、CHNS2000和CHNS2004，CHNS2015用于平滑父代收入的辅样本为CHNS2000、CHNS2004和CHNS2006。②以此方法筛选得到CHNS2004~CHNS2015中的有效父子一对一配对样本共计765个。继续按照子代出生队列将样本划分为1960~1964年出生的子代、1965~1969年出生的子代、1970~1974年出生的子代、1975~1979年出生的子代、1980~1984年出生的子代和1985~1989年出生的子代，样本量分别为39个、105个、242个、206个、125个、48个。

图3则展示了各出生队列平滑父代收入后的代际收入弹性系数估计值，并将表4中的IGE估计结果作为参照。③

根据图3，上述六个出生年代区间的平滑父代收入后的代际收入弹性系数估计值分别为0.796、0.471、0.531、0.272、0.175和0.205，其变动趋势与未平滑父代收入的变动趋势基本保持一致。

---

① 这里仅对父代收入进行平滑而不对子代收入进行平滑的原因有：一是子代年龄相对较小，筛选后子代样本的年龄均值为30.42岁，若与父代收入做同样的向前推移10~15年则可能使结果更加偏离中年时期的收入水平，若对其进行向后推移并平滑收入水平，则会使CHNS2015、CHNS2011、CHNS2009子代的平滑收入缺失，使得有效样本在原有基础上大大减少；二是子代收入水平是被解释变量，而被解释变量存在测量偏误的后果并不严重，一般不会导致内生性偏差，仅会使估计效率降低。

② 用于计算样本父代中年时期平均收入的三个辅样本必须同时包含该父代的收入观测，否则将视为缺失。

③ 1960~1964年和1985~1989年出生子代的有效配对样本较少，不便使用其他方法进行代际收入流动性的测度。

图3　平滑父代收入后的代际收入弹性系数变动趋势

3.缩减子代年龄区间

在 CHIP 数据的样本处理过程中，为了尽可能地扩展有效样本的数量，我们将子代年龄宽泛地限定在 20~45 岁，那么这种宽泛的年龄设定是否会导致子代收入的内生性偏误？本文进一步将子代年龄区间收缩至 25~35 岁，重新计算各出生队列的代际收入流动性。父子配对样本的容量则相应地缩减至 6241 个，由于 1989 年和 1990 年出生子代的父子匹配样本过少，不再对这两年出生队列的代际收入流动性进行估计。图 4 展示了缩减子代年龄区间后的各类代际收入流动性指标的计算结果。经对比，图 4 与基准结果表明的代际收入流动变动趋势一致，出生队列的代际收入流动性呈逐年递增态势。

4.使用调查年份作为时间依据

参照大多数关于代际收入流动水平变动趋势的文献，这里不再以出生队列为变动趋势的时间参照依据，而是将调查数据的调查年份作为时间层面上的参照。我们将 CHIP 与 CHNS 数据在时间层面上融合，得到 1988~2015 年共计 14 个调查年份的混合截面样本。一般而言，调查年份越早则该年的子代出生年份也就越早。代际收入流动性指标计算结果见图 5。以调查年份作为时间参考的变动趋势与以出生队列作为时间参考的变动趋势同样具备一致性，我国 1988~2015 年的代际收入流动水平整体呈上升趋势。

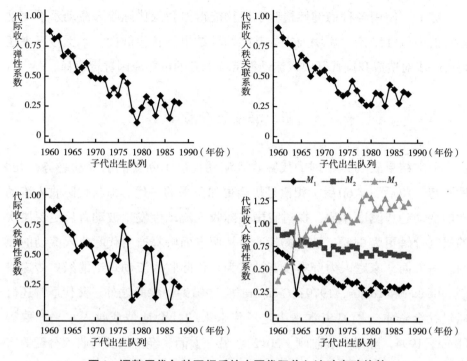

图4　调整子代年龄区间后的中国代际收入流动变动趋势

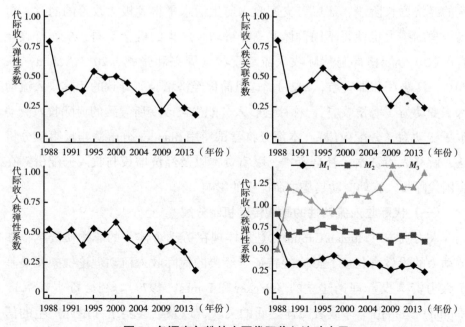

图5　各调查年份的中国代际收入流动水平

综上，使用各种稳健性检验手段均能得出我国代际收入流动水平变动趋势的一致性结论，说明前文的基准估计结果具备稳健性。本文接下来还将进一步对造成我国代际收入流动性持续上升的可能原因进行解释。

五　拓展性分析

上文结果表明，中国的代际收入流动性呈不断提高的变动趋势，"80后"与"70后"、"60后"相比是机会更加公平的一代。但与代际收入流动性的变动趋势测度相比，探讨我国代际收入流动性发生波动背后更深层次的机制分解更为重要。已有文献通常从两方面解释产生代际收入流动的原因。一方面，家庭人力资本投资被认为是代际收入流动理论的经典传递机制（Becker 和 Tomes，1979；Creusere 等，2019），除此之外，父代通常还会通过社会资本、财富资本来决定子代未来的社会地位或收入水平的取得（Bian，1994；陈琳和袁志刚，2012）。另一方面，经济增长与收入分配等宏观经济环境也会显著地影响代际收入流动水平。改革开放后，我国进入快速的经济增长阶段，居民可支配收入与生活水平得到极大改善的同时，市场规模的扩大也使得不同群体共享经济增长成果的机会不同，从而打破原有的收入分配格局与代际收入流动现状（周兴和张鹏，2013；Chetty 等，2017；汪小芹和邵宜航，2021）。这里简称经济增长所导致的代际收入流动水平变动为"增长效应"，称社会收入分配份额改变所导致的代际收入流动水平变动为"分配效应"。本部分将尝试使用 Blanden 分解法与反事实分析法，解释人力资本、社会资本、财富资本以及经济增长与收入分配份额在中国代际收入流动变动趋势中所产生的影响。

（一）代际收入流动性的微观传递机制分解

人力资本（Human Capital）是指体现在劳动个体上的非物质资本，如劳动力的受教育程度、健康等特征。经典的代际收入流动理论框架就是基于人力资本投资理论建立的（Becker 和 Tomes，1979）。社会资本（Social Capital）是指由个体或者团体之间的关联，以及社会网络和由此产生的信任，是人们在社会结构中所处的位置给他们带来资源的资本（Bourdieu，

1985）。中国的社会是一种典型的关系型社会，人们往往可以通过社会关系网络获得某种身份、地位或者财富。由于社会资本具有一定的代际流动性，社会资本也通常被认为是代际收入传递的一种重要机制（Bian，1994）。财富资本是指家庭通过收入的累积所拥有的共同财富，主要包括家庭拥有的房屋、土地、金融资产等。中国居民的住房成本目前处于持续走高的阶段，而且房产等家庭财富能够带来一定的隐性福利。已有文献表明，中国家庭的财富资本显著地影响了子代在劳动力市场中的表现，这也意味着财富资本可能会对代际收入流动性产生重要影响。

Blanden 分解法能够将代际收入弹性系数 β_1 按照不同机制进行分解，方便量化不同机制路径对代际收入弹性的贡献率。首先将式（1）简化：

$$\ln y_i^c = \beta_0 + \beta_1 \ln y_i^p + \varepsilon_i \tag{14}$$

与上文一致，$\ln y_i^p$ 和 $\ln y_i^c$ 分别代表父代和子代的收入对数，β_1 为代际收入弹性系数。Blanden 等（2007）提出的一种机制分解法能够按照中间变量将代际收入弹性系数分解为多个部分。就本文的研究而言，若将子代的人力资本、社会资本与家庭的财富资本设为中间变量，那么可以将 β_1 分解为四个部分：第一部分衡量人力资本对 β_1 的贡献；第二部分衡量社会资本对 β_1 的贡献；第三部分用于衡量财富资本对 β_1 的贡献；第四部分为随机量，用于描述其余因素对 β_1 的贡献。

假设第 j 个中间变量为 $N_{j,i}$，那么进行如下回归：

$$N_{j,i} = \vartheta_j + \lambda_j \ln y_i^p + \mu_{j,i} \tag{15}$$

$$\ln y_i^c = w + \sum_j \theta_j N_{j,i} + v_i \tag{16}$$

其中，ϑ_j 和 w 分别表示常数项，$\mu_{j,i}$ 和 v_i 为随机扰动项，λ_j 和 θ_j 则分别代表父代对子代该项资本的投资系数和子代的收入回报系数。此时，β_1 满足如下关系：[①]

$$\beta_1 = \sum_j \lambda_j \theta_j + \frac{Cov(v_i, y_i^p)}{Var(y_i^p)} \tag{17}$$

---

① 具体证明过程见附录。

中间变量 $N_{j,i}$ 对 β_1 的贡献可表示为：

$$\tau_j = \frac{\lambda_j \theta_j}{\beta_1} \tag{18}$$

在 CHIP 数据的变量处理过程中，本文将子代的受教育年限作为人力资本的代理变量。社会资本由于定义与衡量比较复杂，这里参考陈琳和袁志刚（2012）的做法，选取子代的政治身份、单位所有制、职业类型与工作行业的主成分来代表社会资本。在主成分分析中，得到的四个主成分的特征根依次为 1.71、0.94、0.85 和 0.51。按照主成分的保留原则，本文只保留特征根大于 1 的主成分（林海明和杜子芳，2012），这样我们将第一个主成分作为子代社会资本的代理变量。该主成分在此四个类别变量上的系数分别为 0.313、0.456、0.624、0.552，对四个变量的代表性达到 42.6%。家庭财富资本则将家庭的金融资产总额与房产的现值估价之和作为代理变量，并按照 CPI 对不同年份的财富资本进行价格平减，形成可比价。

根据表 5，按照 Blanden 方法得到的代际收入弹性系数 β_1 的变动趋势与前文研究结论一致，即我国的代际收入流动性呈递增趋势。从各传递机制的投资系数与回报系数来看，人力资本投资的投资系数存在递增趋势，由 1960~1964 年出生子代的 0.176 增长至 1980~1984 年出生子代的 1.138，人力资本回报系数相应地也有所提升。教育选拔机制的完善、高等教育扩张政策以及市场体制改革为中国家庭子代教育投资系数与回报系数的增长提供了一定的解释。社会资本与财富资本的投资系数则存在一种倒 "U" 型的变动趋势，80 年代出生子代相较于 70 年代出生子代的投资系数有所降低。社会资本的回报系数呈递减趋势。一般文献认为，父代的权利寻租与社会资本投资是代际收入流动产生固化的主要来源之一（陈琳和袁志刚，2012；潘艺林等，2022）。子代收入的社会资本投资回报率的降低可能解释了我国代际收入流动性的下降。财富资本的回报系数则始终处于较高水平，说明在中国经济转型背景下，家庭财富对子代收入水平的影响是十分重要的因素。

表5 三种传递机制的投资系数与回报系数

传递机制	参数	1960~1964年	1965~1969年	1970~1974年	1975~1979年	1980~1984年
	代际收入弹性	0.922	0.806	0.505	0.563	0.359
人力资本	投资系数	0.176	0.213	1.058	1.070	1.138
	回报系数	0.018	0.019	0.018	0.021	0.040
社会资本	投资系数	0.255	0.240	0.580	0.476	0.356
	回报系数	0.253	0.183	0.087	0.109	0.020
财富资本	投资系数	0.436	0.395	0.524	0.647	0.470
	回报系数	0.283	0.358	0.322	0.330	0.327

    继续按照Blanden分解法的步骤得出三种传递机制对代际收入弹性系数
的贡献率。结果如图6所示。

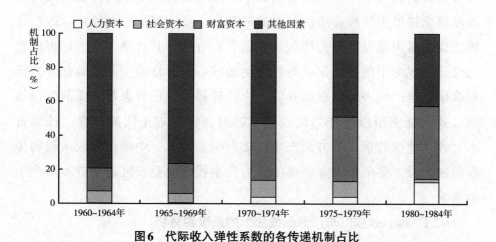

图6 代际收入弹性系数的各传递机制占比

    根据图6，人力资本、社会资本与财富资本对代际收入弹性系数的贡献
率之和在1960~1984年出生子代中逐步提升，由1960~1964年出生子代的
20.73%提升至1980~1984年的57.46%，说明我国代际收入流动的传递机制
在过去不同出生队列中出现了较大的变动，人力资本、社会资本与财富资

本是解释当前我国代际收入流动的主要机制。其中，人力资本的贡献率稳步提高，由 1960~1964 年出生子代的 0.34% 增长至 1980~1984 年出生子代的 12.67%；社会资本的贡献率则表现为先增后减的倒 "U" 型特征，1970~1974 年出生子代的社会资本贡献率达到峰值 9.94%，而 1980~1984 年出生子代的社会资本贡献率仅为 1.98%；财富资本对代际收入流动性的贡献率则相对较高，且呈递增趋势，其在上述五个阶段的子代出生队列中的贡献率分别达到 13.40%、17.52%、33.45%、37.89%、42.81%。

家庭人力资本投资是经济学对代际收入流动最初作出规范性讨论的基础理论依据，其在 1960~1969 年出生子代中的贡献率并不明显，主要原因在于早期出生年份子代的教育投资系数与回报系数较低，根源在于当时中国存在教育基础设施普遍落后、教育制度不健全、人均教育成本较高等问题。随着中国教育体系的快速发展，人力资本对代际收入流动的解释力逐步增强，社会竞争机制趋于公平，父代通过社会资本使其子代获得较高收入水平的手段被削弱了。家庭财富资本对代际收入流动的贡献率始终处于三种传递机制中的最高位，且明显呈扩大趋势。这与我国的商品房市场发展有密切关系，房产私有化与其价格飞涨，使得房产已经几乎成为中国普通家庭的经济生活核心与财富的主要组成部分。拥有高价值房产代表着家庭能获取在户籍迁移、子代教育等方面的隐性福利，这可能使得以房产为代表的家庭财富资本对子代的教育、社会资本、收入地位的形成等方面产生直接影响。因此，中国代际收入流动传递机制的最主要来源并非经典的人力资本投资而是家庭财富资本所产生的影响。

（二）"增长效应"与"分配效应"的反事实分析

参考 Chetty 等（2017）所设计的反事实分析方法，这里从经济增长与分配份额两个角度探讨造成我国代际收入流动下降的原因。先以 1975 年出生的子代为例，记 G_{2005}^o 为 2005 年的劳均实际 GDP 水平，那么可以定义 $\pi_{q,1975}^k = \bar{y}_{q,1975}^k / G_{2005}^o$，$\bar{y}_{q,1975}^k$ 表示 1975 年出生子代第 q 位次收入均值。$\pi_{q,1975}^k$ 表示 1975 年出生子代第 q 位次收入均值占 2005 年劳均实际 GDP 的比重，即 1975 年出生子代各位次收入均值的分配份额。[1]一种子代收入的反事实结果可以这样描述：保持当前的收入份额 $\pi_{q,1975}^{k}$ 不变，但收入的增长率是1965年出生子代所经历的增长率，即得出 $\bar{y}_{q,1975}^{k,F1} = \pi_{q,1975}^{k} \times G_{2005}^{F1}$，其中 $G_{2005}^{F1} = G_{1975}^{O} \cdot (1 + g_{1965\sim1995})$，$g_{1965\sim1995}$ 为1965~1995年劳均实际GDP的实际增长率。考虑另一种反事实结果：假设1975年出生子代与1965年出生子代的收入分配份额一致，那么 $\bar{y}_{q,1975}^{k,F2} = \pi_{q,1975}^{k,F2} \times G_{2005}^{O}$，其中 $\pi_{q,1975}^{k,F2} = \bar{y}_{q,1965}^{k}/G_{1995}^{O}$。按照上述1975年出生子代的两组反事实收入，可进一步计算1975年出生子代的代际收入秩弹性系数（IRE）的两组反事实结果，与实际观测的IRE相比，即可量化"增长效应"与"分配效应"。[2]1985年出生子代的反事实分析原理相同，不再赘述。[3]

　　表6汇总了1965年、1975年、1985年、1995年、2005年和2015年中国的实际GDP、劳均实际GDP、劳均实际GDP年化增长率与部分出生年代子代收入的基尼系数。[4]可见，首先我国宏观经济在1965~2015年取得了较为显著的增长，而且1965年、1975年、1985年出生子代所经历的经济增长率呈递增的阶梯态势。其次是收入分配问题，基尼系数是国际上较为认可的衡量收入差距的统计指标（白雪梅，2009），1965年、1975年、1985年出生子代收入的基尼系数表现出"中间高，两端低"的变动趋势，1975年出生子代的收入分配差距最大，1965年和1985年出生子代的收入分配差距相对较低。可见，这三类相隔十年出生的子代群体所经历的宏观经济环境有较大差异，这也必然导致其家庭的代际收入流动模式的不同，因此便于我们进一步通过反事实方法，从经济增长与收入分配两大宏观因素考察代际收入流动产生波动的原因。

---

[1] 为了方便计算，这里假设样本中各出生队列子代的收入与其30岁时的收入水平相等。

[2] "增长效应"与"分配效应"分别表示经济增长和收入分配对代际收入流动产生影响。

[3] 选择对1965年、1975年和1985年出生子代进行反事实分析的原因是，10年间的宏观经济会发生较大变化，居民的收入水平与分配方式也会发生较大变化，这也与我们熟知的"65后""75后""85后"相对应。

[4] 数据来自国家统计局数据库（https://data.stats.gov.cn）。实际GDP由名义GDP按CPI平减得出，基期为1952年。

表6　1965~2015 年中国实际 GDP、劳均实际 GDP、劳均实际 GDP 年化增速与基尼系数

年份	实际 GDP（亿元）	劳均实际 GDP（元）	劳均实际 GDP 年化增长率*（%）	出生队列样本的基尼系数**
1965	1442.68	503.20	255.47	0.42
1995	12316.20	1788.72	（1965~1995）	
1975	2514.17	658.71	541.38	0.58
2005	32159.41	4224.83	（1975~2005）	
1985	5533.32	1104.19	908.29	0.46
2015	89169.26	11133.49	（1985~2015）	

注："*"劳均实际 GDP 年化增长率的计算公式为：$[(GDP_{t1}/GDP_{t2}) - 1] \times 100\%$。"**"基尼系数由 STATA16 软件 sg30 包中的 inequal 命令计算得出。

　　表7 列示了按照上述方法得到的 1975 年与 1985 年出生子代 IRE 的两种反事实结果。首先与 1965 年出生的子代相比，1975 年出生的子代经历了更快的经济增长率，当保持 1975 年出生子代的收入分配份额不变，将其经历的增长率调低至 1965 年出生子代所经历的水平时，IRE 系数将升高至 0.830，代际收入流动水平下降；同理，将 1985 年出生子代所经历的经济增长率调低至 1975 年出生子代的水平时，代际收入流动水平也发生了降低，IRE 系数提高至 0.411。因此，宏观经济的"增长效应"对代际收入流动水平有促进作用，当保持其他因素不变时，经济增长率越高，代际收入流动性越强。其次是"分配效应"，若保持 1975 年出生子代经历的增长率不变，将分配份额调整为 1965 年出生子代的观测水平，那么其 IRE 由 0.742 降低至 0.679，代际收入流动水平出现显著的提高。将 1985 年出生子代的分配份额调整至 1975 年出生子代的观测水平后，其 IRE 由 0.275 提高至 0.295，代际流动水平下降。因此，当居民收入分配差距拉大时，代际收入流动也将进一步降低。

表7　"增长效应"与"分配效应"的反事实分析结果

出生队列	1965 年	1975 年	1975 年	1985 年
IRE 的实际观测	0.924	0.742	0.742	0.275
反事实结果：经济增长	—	0.830	—	0.411
反事实结果：收入分配	—	0.679	—	0.295

综上所述，收入分配份额变化所导致的"分配效应"低于经济增长率变化所导致的"增长效应"，因此导致代际收入流动水平在"80后"出生子代样本中出现显著提高的主要原因可能在于宏观经济增长所产生的"增长效应"。

六　结论与启示

本文基于CHIP数据，获取1960~1990年子代出生年代的父子收入配对样本，并使用代际收入弹性系数、代际收入秩关联系数、代际收入秩弹性系数以及代际收入转移矩阵法得出了我国代际收入流动水平变动趋势的稳健性结论，同时还从宏观与微观两个角度对我国代际收入流动性趋势出现变动的原因进行解释。现得出以下主要结论：第一，我国代际收入流动水平在1960~1990年出生的子代中呈上升趋势，"80后"相比"70后"和"60后"是收入机会更加公平的一代；第二，基于Blanden分解法对不同阶段出生年份子代的代际收入流动性进行机制分解，发现家庭财富资本对代际收入流动的贡献率最高，人力资本则呈逐年递增趋势，社会资本的贡献率则表现为先增后减的倒"U"型特征；第三，通过反事实分析法，我们量化了经济增长与收入分配这两大宏观经济因素对代际收入流动水平产生的影响，结果表明，增长率的提升与收入分配的公平能够明显地提高代际收入流动性，而且代际收入流动性受社会收入分配的影响更大。

本文的实证结论也给予我们一些政策启示。第一，家庭财富资本是代际收入流动现象出现的重要来源。因此要稳定房价，缩小家庭财产分配差距，坚持"房子是用来住的"。这样能够缩小家庭财产分配差距，提高代际收入流动性。第二，需关注教育资源的合理配置问题。父代教育因素对子代收入水平的传递机制的强化虽可能提高代际收入流动性，但若教育资源进一步被"精英家庭"所垄断，那所造成的后果必然是代际收入流动性的降低，因此要更加重视教育事业的均衡发展，公共政策应帮助提升处于低收入阶层家庭子代的受教育水平。第三，创造公平的就业与竞争环境。社会资本对代际收入传递有重要的解释力，提升代际收入流动性，就必须消除父代通过寻租行为帮助子代进入高收入层级的路径。因此，要完善相关法律法规与政策制度，创造良好的就业竞争机制。第四，在重视经济"效率"的同时，还须兼顾"公平"。因此，应当继续将减贫作为政府的重要发展目标，不断扩大中等收入群体，使居民更加广泛地分享经济增长的成果。

参考文献

[1] 白雪梅，2009，《教育与收入不平等：中国的经验研究》，《管理世界》第6期。

[2] 曹俊文、刘志红，2018，《中国农村居民代际收入流动性趋势及质量研究》，《统计与信息论坛》第3期。

[3] 陈琳，2016，《中国城镇代际收入弹性研究：测量误差的纠正和收入影响的识别》，《经济学（季刊）》第1期。

[4] 陈琳、袁志刚，2012，《授之以鱼不如授之以渔？——财富资本、社会资本、人力资本与中国代际收入流动》，《复旦学报（社会科学版）》第4期。

[5] 陈琳、袁志刚，2012，《中国代际收入流动性的趋势与内在传递机制》，《世界经济》第6期。

[6] 林海明、杜子芳，2012，《主成分分析综合评价应该注意的问题》，《统计研究》第8期。

[7] 郭建军、王磊、苏应生，2017，《样本选择性偏误、TS2SLS估计与我国代际收入流动性水平》，《统计研究》第8期。

[8] 胡棋智、王朝明，2009，《收入流动性与居民经济地位动态演化的实证研究》，《数量经济技术经济研究》第3期。

[9] 胡霞、李文杰，2022，《中国代际收入流动：城乡差异及其时间趋势》，《中国农村经济》第6期。

[10] 李宏彬、孟岭生、施新政、吴斌珍，2012，《父母的政治资本如何影响大学生在劳动力市场中的表现？——基于中国高校应届毕业生就业调查的经验研究》，《经济学（季刊）》第3期。

[11] 李小胜，2011，《中国城乡居民代际收入流动分析》，《统计与信息论坛》第9期。

[12] 潘艺林、吴春燕、刘金典，2022，《教育代际传递与社会分层——来自中国综合社会调查的经验证据》，《中国经济问题》第2期。

［13］彭国华，2005，《中国地区收入差距、全要素生产率及其收敛分析》，《经济研究》第9期。

［14］谭远发，2015，《父母政治资本如何影响子女工资溢价："拼爹"还是"拼搏"?》，《管理世界》第3期。

［15］汪小芹、邵宜航，2021，《我们是否比父辈过得更好：中国代际收入向上流动研究》，《世界经济》第3期。

［16］王海港，2005，《中国居民收入分配的代际流动》，《经济科学》第2期。

［17］阳义南、连玉君，2015，《中国社会代际流动性的动态解析——CGSS与CLDS混合横截面数据的经验证据》，《管理世界》第4期。

［18］杨沫、王岩，2020，《中国居民代际收入流动性的变化趋势及影响机制研究》，《管理世界》第3期。

［19］杨瑞龙、王宇锋、刘和旺，2010，《父亲政治身份、政治关系和子女收入》，《经济学（季刊）》第3期。

［20］袁青青、刘泽云，2022，《中国居民代际收入流动性趋势研究》，《经济学动态》第1期。

［21］张焕明，2011，《农民工家庭贫困水平：模糊收入线测度及代际传递性原因》，《中国经济问题》第6期。

［22］周兴、张鹏，2013，《代际间的收入流动及其对居民收入差距的影响》，《中国人口科学》第5期。

［23］Acciari P., Polo A., Violante G. L. 2019. "'And Yet, It Moves': Intergenerational Mobility in Italy." CEPR Working Paper.

［24］Angrist J. D., Krueger A. B. 1992. "The Effect of Age at School Entry on Educational Attainment: An Application of Instrumental Variables with Moments from Two Samples." *Journal of the American Statistical Association* 87(418): 328–336.

［25］Becker G. S., Tomes N. 1979. "An Equilibrium Theory of the Distribution of Income and Intergenerational Mobility." *Journal of Political Economy* 87(6): 1153–1189.

［26］Becker G. S., Tomes N. 1986. "Human Capital and the Rise and Fall of Families." *Journal of Labor Economics* 4(3): 1–47.

［27］Bhattacharya D., Mazumder B. 2011. "A Nonparametric Analysis of Black-white Differences in Intergenerational Income Mobility in the United States." *Quantitative Economics* 2(3): 335–379.

［28］Bian Y. 1994. "Guanxi and the Allocation of Urban Jobs in China." *The China Quarterly* 140: 971–999.

［29］Björklund A., Jäntti M. 1997. "Intergenerational Income Mobility in Sweden Compared to the United States."*American Economic Review* 87(4)：1009-1018.

[30] Björklund A., Jäntti M., Solon G. 2009. *Influences of Nature and Nurture on Earnings Variation: A Report on a Study of Various Sibling Types in Sweden.* New York：Russell Sage Foundation.

[31] Black S. E., Devereux P. J. 2010. "Recent Developments in Intergenerational Mobility." *Handbook of Labor Economics* 4：1487-1541.

[32] Blanden J., Gregg P., Macmillan L. 2007. "Accounting for Intergenerational Income Persistence：Noncognitive Skills, Ability and Education." *The Economic Journal* 117 (519)：43-60.

[33] Bourdieu P. 1985. *The Forms of Social Capital.* CT：Greenwood Press.

[34] Böhlmark A., Lindquist M. J. 2006. "Life-Cycle Variations in the Association between Current and Lifetime Income：Replication and Extension for Sweden." *Journal of Labor Economics* 24(4)：879-896.

[35] Chetty R., Grusky D., Hell M., Hendren N., Manduca R., Narang J. 2017. "The Fading American Dream：Trends in Absolute Income Mobility since 1940." *Science* 356(6336)：398-406.

[36] Creusere M., Zhao H., Bond Huie S., Troutman D. R. 2019. "Postsecondary Education Impact on Intergenerational Income Mobility：Differences by Completion Status, Gender, Race/Ethnicity, and Type of Major." *The Journal of Higher Education (Columbus)* 90(6)：915-939.

[37] Fan Y., Yi J., Zhang J. 2021. "Rising Intergenerational Income Persistence in China." *American Economic Journal: Economic Policy* 13(1)：202-230.

[38] Formby J.P., Smith W.J., Zheng B. 2004. "Mobility Measurement, Transition Matrices and Statistical Inference." *Journal of Econometrics* 120(1)：181-205.

[39] Haider S., Solon G. 2006. "Life-Cycle Variation in the Association between Current and Lifetime Earnings." *American Economic Review* 96(4)：1308-1320.

[40] Inoue A., Solon G. 2010. "Two-Sample Instrumental Variables Estimators." *The Review of Economics and Statistics* 92(3)：557-561.

[41] Li H., Meng L., Shi X., Wu B. 2012. "Does Having a Cadre Parent Pay：Evidence from the First Job Offers of Chinese College Graduates." *Journal of Development Economics* 99(2)：513-520.

[42] Mare R.D. 2011. "A Multigenerational View of Inequality." *Demography* 48(1)：1-23.

[43] Mazumder B. 2005. "Fortunate Sons：New Estimates of Intergenerational Mobility in the United States Using Social Security Earnings Data." *The Review of Economics and Statistics*

87(2)：235-255.

[44] Narayan A., Weide R. V. D., Cojocaru A., Lakner C., Redaelli S., Mahler D. G., Ramasubbaiah R. G. N., Thewissen S. H. 2018. "Fair Progress? Economic Mobility across Generations around the World." The World Bank Working Paper.

[45] Prais S. J. 1955. "Measuring Social Mobility." *Journal of the Royal Statistical Society: Series a (General)* 118(1)：56-66.

[46] Solon G. 1992. "Intergenerational Income Mobility in the United States." *American Economic Review* 82(3)：393-408.

[47] Solon G. 1999. "Intergenerational Mobility in the Labor Market." *Handbook of Labor Economics* 3(1)：1761-1800.

[48] Solon G. 2014. "Theoretical Models of Inequality Transmission Across Multiple Generations." *Research in Social Stratification and Mobility* 35：13-18.

[49] Solon G. 2018. "What do We Know So Far about Multigenerational Mobility." *The Economic Journal* 128(612)：340-352.

附　录

Blanden 分解法的数学推导

在不引起歧义的情况下，为了方便标记，先省去式（14）中的下标，并分别用符号 C 和 P 代表 $\ln y_i^p$ 和 $\ln y_i^c$。根据 OLS 的性质：

$$E(C) = E(\beta_0 + \beta_1 P + \varepsilon) = \beta_0 + \beta_1 E(P) \tag{19}$$

此时，用式（14）减式（19）可得：

$$C - E(C) = \beta_1(P - E(P)) + \varepsilon \tag{20}$$

根据相关系数的定义可得：

$$Corr(C, P) = \frac{E[(C - E(C)) \cdot (P - E(P))]}{\sqrt{E(C - E(C))^2 \cdot E(P - E(P))^2}} \tag{21}$$

将式（20）代入式（21）中：

$$E[(C - E(C)) \cdot (P - E(P))] = E[(\beta_1(P - E(P)) + \varepsilon) \cdot (P - E(P))]$$
$$= \beta_1 E(P - E(P))^2 \tag{22}$$

即

$$Corr(C, P) = \beta_1 \frac{\sqrt{E(P - E(P))^2}}{\sqrt{E(C - E(C))^2}} \tag{23}$$

式中为满足 OLS 经典假设条件下，计算回归系数的一种方法。我们进一步简记人力资本为 E，那么根据 Blanden 分解的思想有：

$$E = \alpha_1 + \lambda_1 P + \mu_1 \tag{24}$$

$$C = \omega + \theta_1 E + \upsilon \tag{25}$$

将式（14）和式（24）代入式（25）中：

$$\upsilon = (\beta_0 - \omega - \theta_1 \alpha_1) + (\beta_1 - \lambda_1 \theta_1)P + (\varepsilon - \theta_1 \mu_1) \tag{26}$$

若将式（26）视为 P 对 υ 的回归方程，那么可以得到：

$$Corr(\upsilon, P) = (\beta_1 - \lambda_1 \theta_1) \frac{\sqrt{E(P - E(P))^2}}{\sqrt{E(\upsilon - E(\upsilon))^2}} \tag{27}$$

$$\beta_1 - \lambda_1 \theta_1 = Corr(\upsilon, P) \frac{\sqrt{E(\upsilon - E(\upsilon))^2}}{\sqrt{E(P - E(P))^2}} = \frac{Cov(\upsilon, P)}{Var(P)} \tag{28}$$

整理可得：

$$\beta_1 = \lambda_1 \theta_1 + \frac{Cov(\upsilon, P)}{Var(P)} \tag{29}$$

同理，上述可以拓展到存在两个及两个以上中间变量的情形，即满足式（17）成立。

（责任编辑：李兆辰）

生育政策、兄弟姐妹数量与个人创业行为

——来自拐点回归设计的证据

张 路 王 瑞 尹志超[*]

摘 要：本文基于2010年中国家庭追踪调查（CFPS）数据，研究生育政策、兄弟姐妹数量对个人创业行为的影响。为克服内生性带来的偏误，本文以独生子女政策时期征收的社会抚养费为工具变量进行2SLS估计，同时基于我国生育制度背景设计了拐点回归估计局部因果效应。实证结果表明，独生子女创业的概率显著低于非独生子女，兄弟姐妹数量的增加对个人的创业决策存在显著的积极影响。进一步，本文发现拥有更多兄弟姐妹的创业者，其创业表现更优，具体体现在：创业经营项目数量更多、经营时间更长、雇佣员工的概率更高及创业失败的概率更低。另外，本文还发现兄弟姐妹的行政管理职务对个人创业的积极影响更大，但并未发现性别对个人创业影响的显著差异。机制分析表明，独生子女政策提高了个人的受教育水平，高受教育水平群体创业的可能性较小；兄弟姐妹数量的减少削弱了其风险分担功能，从而抑制了个人创业。当前鼓励生育的政策，有望在未来提高个人创业参与度及优化创业表现。

关键词：独生子女率 兄弟姐妹数量 个人创业 拐点回归设计

---

* 张路，副教授，博士生导师，首都经济贸易大学金融学院，电子邮箱：zhanglu_nk@126.com；王瑞（通讯作者），博士研究生，首都经济贸易大学金融学院，电子邮箱：wangrui@cueb.edu.cn；尹志超，教授，博士生导师，首都经济贸易大学金融学院。本文获得国家自然科学基金青年项目（72003132）、国家社会科学一般项目（22BRK017）和首都经济贸易大学科研创新团队项目（QNTD202104）的资助。感谢匿名审稿专家的宝贵意见，文责自负。

一 引言

创业是促进知识溢出、技术进步和创新、推动经济增长的重要力量（Banerjee 和 Newman，1993；Pugsley 和 Sahin，2019）。近年来，我国陆续出台多项政策，鼓励、引导和支持创业。党的二十大报告强调，完善中国特色现代企业制度，弘扬企业家精神，加快建设世界一流企业。支持中小微企业发展。[①]"十四五"规划纲要明确指出，优化民营企业发展环境，完善促进中小微企业和个体工商户发展的法律环境和政策体系，加大税费优惠和信贷支持力度。[②] 2021 年，国家提高小规模纳税人增值税起征点，继续执行制度性减税政策，为企业创造了良好的营商环境。[③]我国经济处于新发展阶段，受新冠肺炎疫情冲击等多方面因素的影响，国内就业压力不断加大，党的二十大指出，完善促进创业带动就业的保障制度，支持和规范发展新就业形态，创业成为缓解当前就业压力的新路径。相比于 G20 国家创新驱动创业，我国仍处于效率驱动创业阶段，技术创业比例不足。现阶段，我国仍需要大力推动创新创业，发挥创业优化经济结构、促进市场创新、推动经济发展的重要作用（李宏彬等，2009）。在中国，从创业形式上看，"创业"更可能是自雇经营，是非正规就业，较少有"小商小贩"能成长为企业。虽然自雇佣形式的"小商小贩"不能严格意义上成为具有创造性意义的企业，但也属于劳动者灵活就业的范畴，能够为我们的经济注入活力。

家庭的创业决策受到多种因素的影响，已有文献大致从宏观环境、家庭背景和个人特征三个维度讨论了影响个人或家庭创业的因素。首先，从宏观层面看，制度环境（吴一平、王健，2015）、行政审批（张龙鹏等，2016）、宗教文化（阮荣平等，2014）等因素会对创业行为产生显著的影

---

① http://www.gov.cn/xinwen/2022-10/25/content_5721685.htm.

② http://www.gov.cn/xinwen/2021-03/13/content_5592681.htm.

③ 《全球创业观察中国报告》（2019/2020）显示我国创业环境指数（NECI）为 5.89，居 G20 国家中第二位。

响。其次，从家庭特征看，家庭结构（杨婵等，2017）、社会网络、流动性约束（胡金焱和张博，2014）等会影响家庭的创业决策。最后，个人的性别、教育、金融知识（尹志超等，2015）等因素均会显著影响个人的创业行为。同时，个人和家庭在开展创业活动时面临着诸多风险与阻碍。一方面，个人创业失败的概率高。2017年中国家庭金融调查数据发现，个人首次创业成功的概率仅为41.22%。另一方面，家庭的创业活动面临着融资约束和信贷约束。面临信贷约束的创业者很难从银行等正规金融机构获得资金，主要依靠家庭成员或亲戚网络作为资金来源（Cai等，2013）。2014年中国家庭追踪调查数据显示，79.63%的创业者资金来自家庭自有，8.23%的创业者资金来源于亲友的资助或入股。在影响创业选择的诸多因素中，社会网络的因素开始越来越多地引起研究者的关注（蔡栋梁等，2018），相关文献认为当家庭增加人情往来及通信交通支出或非亲属间转移支付更多时，家庭创业的可能性更大。

在关系社会中，兄弟姐妹对个人而言是重要的资源和支撑，是强社会网络，如提供非正规借贷，缓解潜在创业者面临的金融约束（胡金焱和张博，2014），为创业者提供有价值的创业信息；或者在创业者遭遇失败时给予其他方面的支持和援助等。在大多数国家，家庭结构由家庭内生决定，父母的收入、职业、对子女的偏好、文化背景都会影响家庭的生育决策，影响创业者兄弟姐妹数量的同时也会影响创业者的创业决策和绩效。我国在20世纪实施的一系列生育政策为克服内生性问题提供了良好的自然实验。自20世纪70年代始，我国开始施行计划生育政策，这一政策减少了随后出生队列兄弟姐妹的数量，改变了中国家庭的人口结构。图1使用2010年中国家庭追踪调查（CFPS）全样本数据描述了该变化：1970年前未实施计划生育政策，我国独生子女率①约5%，新生儿平均有3~4个兄弟姐妹。1970~1980年，国家开始实施和提倡计划生育，致使这十年间独生子女率不断上升，新生儿兄弟姐妹数量持续下降。1979年末，国家严格执行独生子女政策，此后独生子女率保持在20%~25%，新生儿兄弟姐妹数量下降到1个左

---

① 独生子女率定义为出生队列中独生子女数目占总出生队列数量的比例。兄弟姐妹数量定义为出生队列平均拥有的兄弟姐妹数量。

右。根据2010年CFPS城市样本数据，1980年之后出生的城市户口居民，独生子女比例达到52.95%。这些生育政策是否会通过影响家庭结构进而对个体创业行为产生影响呢？这是本文希望研究的问题。

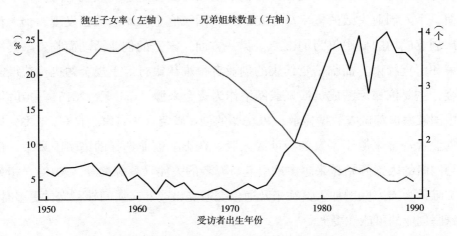

图1　独生子女率和兄弟姐妹数量变化趋势

数据来源：2010年CFPS数据。

本文基于2010年CFPS数据研究了兄弟姐妹数量对个人创业行为的影响。为克服家庭内部生育决策的内生性，基于我国计划生育政策，我们先使用社会抚养费作为工具变量，初步回归发现相比于非独生子女，独生子女创业的概率更低，兄弟姐妹数量的增加可以显著提高个人创业的概率。接下来，为了得到更干净的因果识别结果，我们又设计了拐点回归（Regression Kink Design），通过局部线性回归识别生育制度对创业的影响。拐点回归估计同样印证了上文发现。此外，本文还以社会抚养费为工具变量分析了兄弟姐妹数量对个人创业表现的影响，结果表明：非独生子女创业的概率不仅高于独生子女，且其创业经营项目数量更多、经营时间更长、雇佣员工的概率更高及创业失败的概率更低，总体上创业表现更优。本文还发现兄弟姐妹的行政管理职务对个人创业的积极影响更大，但并未发现兄弟姐妹的性别对个人创业行为影响的显著差异。本文随后从风险分担和人力资本投资两方面探讨了生育政策对创业的影响机制。独生子女政策使个人兄弟姐妹数量减少，一方面，个人可以享受更多的家庭资源，有利于个人受教育水平的提高，另一方面，家庭中缺乏兄弟姐妹之间的竞争，可能会使个体厌恶风险，同时也削弱了兄弟姐妹的风险分担功能，进而抑制个人创业。

本文可能具有如下的边际贡献。第一，从因果识别的角度看，充分考虑了内生性问题，以生育政策为背景设计了拐点回归，同时采用非参数估计和参数估计两种方法克服内生性带来的偏误，更好地识别兄弟姐妹数量与个人创业之间的因果效应。第二，从文献的角度看，本文从经营项目数量、经营时间、雇佣员工的概率及创业失败的概率等多个方面分析了兄弟姐妹数量对个人创业表现的影响，丰富了研究兄弟姐妹创业效应的相关文献。第三，从机制方面看，在Li和Wu（2018）提出的信贷约束机制的基础上，本文从风险分担和教育两方面检验了兄弟姐妹影响个人创业的机制，丰富了有关个人创业的研究。

本文余下部分安排如下：第二部分梳理我国生育政策及研究兄弟姐妹数量影响的相关文献；第三部分介绍RKD模型的理论及设计，对数据、样本、变量进行介绍及描述性统计；第四部分为实证结果，包括全样本回归结果、RKD局部回归结果及对个人创业表现的进一步分析等；第五部分是机制分析，从风险分担和教育两方面展开；最后是研究结论。

二 制度背景和文献综述

（一）制度背景

新中国成立以来，生育政策因时而变，大致可以分为以下四个阶段。结合表1，本文对这四个阶段的生育限额及执行强度进行分析。第一阶段，1949~1953年，国家为恢复生产力、发展经济，大力提倡生育。第二阶段，1955~1978年，国家提倡计划生育、节制生育，这一阶段陆续发出各种指示和口号，宣传计划生育，但并未通过行政手段强制生育。图1也表明这一阶段宣传和鼓励计划生育取得一定成效，新生儿兄弟姐妹数量呈线性下降趋势。第三阶段，1979~2001年，这一阶段计划生育不再停留于各种指示和报告，随着计划生育写入《婚姻法》和《人口与计划生育法》的出台，计划生育上升为法律和基本国策，要求严格执行独生子女政策。相应地，这一时期出生队列兄弟姐妹数量保持在较低水平，独生子女率攀升。第四阶段，2002 年至今，随着人口老龄化问题凸显，国家调整生育政策，从单独二孩到放开二孩，再到放开三孩，积极应对人口老龄化。

以往文献通常认为夫妻的生育决策具有内生性（Zhou 等，2014），个人兄弟姐妹的数量可能与未观察到的父母和家庭特征相关，如家庭的经济条件、父母的职业、对子代的偏好等因素，均可能会影响家庭内部的生育决策。文献中一般使用工具变量法解决此类问题（Cameron 等，2013；刘小鸽等，2016；钟粤俊、董志强，2018）。1979 年后我国严格执行的独生子女政策限制了家庭的生育数量选择，违背这一政策的夫妻还将面临罚款、失业的风险。严格的政策使得我国"80 后""90 后""00 后"中存在较多的独生子女，这也为研究个人兄弟姐妹数量对其行为的影响提供了良好的准自然实验。国内外诸多学者也利用这一政策使用不同方法研究兄弟姐妹数量的效应，Qin 等（2017）基于 2005 年人口普查数据，利用我国计划生育政策设计断点回归，研究人力资本长期积累的问题，研究发现独生子女政策使出生队列的受教育水平显著提高。Huang 等（2021）以计划生育时期征收的社会抚养费为切入点，研究发现年轻时受到生育决策限制有助于个人提高受教育水平，从事白领工作，同时也降低了个人生育子女的数目，能够增加家庭的收入、消费和储蓄。结合图 1，本文以 1979 年严格实施的独生子女政策为拐点，设计拐点回归研究兄弟姐妹数量对个人创业的影响。

表 1　中国生育政策发展脉络

年份	相关政策
1949~1953	鼓励生育阶段，"人多力量大"
1955	中共中央发出《关于控制人口问题的指示》，提出要适当地节制生育
1957	毛泽东在最高国务会议上提出，人类要控制自己，做到有计划地增长；马寅初发表《新人口论》主张控制人口
1962	中共中央发出《关于认真提倡计划生育的指示》，在城市和人口稠密的农村提倡节制生育
1963	暴发"婴儿潮"，当年新生儿数量达到顶峰

年份	相关政策
1971	开始实施计划生育政策，《关于做好计划生育工作的报告》提出"一个不少，两个正好，三个多了"
1973	国务院成立计划生育领导小组，提出"晚、稀、少"政策
1978	《关于国务院计划生育领导小组第一次会议的报告》，"国家提倡和推行计划生育"被写入宪法
1979	独生子女政策正式开始实施
1980	《婚姻法》规定"夫妻双方都有实行计划生育的义务"
1982	《中共中央 国务院关于进一步做好计划生育工作的指示》，提出照顾农村独女户生育二孩
1984	《关于计划生育工作情况的汇报》，"开小口、堵大口"，农村独女户可以生育二孩
2001	全国人大常委会通过《中华人民共和国人口与计划生育法》，2002年1月1日起施行
2002	部分省份规定符合法律、法规规定条件的，可以安排生育第二个子女
2011	各地全面实施双独二孩政策，即"夫妻双方均为独生子女的可以生育第二个孩子"
2013	党的十八届三中全会宣布实施"单独政策"
2015	为应对人口老龄化问题，十八届五中全会宣布全面放开二孩，2016年1月1日正式实施
2021	中共中央政治局召开会议实施一对夫妻可以生育三个子女政策及配套支持措施，宣布实施"三孩政策"

（二）文献综述及影响机制分析

Anastasi（1956）提出同胞资源稀释假说（Siblings Resources–Dilution Hypothesis），该假说认为兄弟姐妹数量增加和间隔缩短会降低父母能支付给每个孩子的资源。进一步，Becker 和 Lewis（1973）提出孩子数量与质量之间负向关联的 Q-Q 替代理论（Quality 和 Quantity Trade-off Theory）。假设家庭面临着有限的预算约束和信贷约束，而且父母对子女是公正的，即家庭投资于子女的资源是有限的。在该假设下，随着子女数量的增加，家庭平均分配给每个子女的资源将减少，兄弟姐妹之间存在资源挤占现象。国内外学者基于这一理论背景，展开论证研究，大量的文献集中讨论兄弟姐妹数量对子代人力资源积累和风险偏好的影响，被解释变量包括子代的教育（Qin 等，2017；钟粤俊、董志强，2018）、婚姻（Chen 和 Zhao，2021）、储蓄（Zhou 等，2014）、风险资产投资（Niu 等，2020）、收入（刘小鸽等，2016）等诸多方面。创业是一项高风险行为（Banerjee 和 Newman，1993），人力资本水平和风险态度显著影响个人的创业决策（李雪莲等，2015），质量权衡理论和现有文献都发现兄弟姐妹数量会影响个人的人力资本积累和风险态度（Qin 等，2017），本文将这两个方面作为主要切入点，探究兄弟姐妹数量影响个人创业的机制。

儿童的素质或其人力资本水平通常以教育或健康状况来衡量。国内外大量研究发现兄弟姐妹之间的教育资源挤占现象。易行健等（2016）基于我国 CFPS 数据的研究发现户主的兄弟姐妹越多，其受教育水平越低。国外也有较多学者发现了孩子个数和每个孩子获得的教育投资相互替代的证据，Lee（2008）使用韩国家庭面板研究（KHPS）数据，Kugler 和 Kumar（2017）使用印度区级家庭调查数据（DLHS-3），均发现在孩子个数多的家庭中，平均每个孩子的教育可得性会下降。此外，Lawson 和 Mace（2009）使用英国父母和孩子纵向调查（ALSPAC）的数据，发现兄弟姐妹数量增加，会使父母分配给孩子的关心和照顾减少。综上，兄弟姐妹个数的增加对家庭资源起一定的分流作用，主要表现在教育和父母对子女的关心照料上。

而关于兄弟姐妹数量对个人风险态度的影响现有文献并未达成一致。一种观点认为兄弟姐妹数量增加使个人厌恶风险。Wang 等（2009）的研究发现兄弟姐妹个数多的家庭中，兄弟姐妹间的合作行为以及相互保护的行为会增加，因而使每个人更为规避风险。易行健等（2016）基于我国 CFPS 数据的研究发现户主的兄弟姐妹越多，其受教育水平越低，从而抑制了家庭的股票市场参与行为。相反，另一种观点认为兄弟姐妹数量增加使个人更偏好风险。Stearns（2004）发现兄弟姐妹数量多的家庭会导致兄弟姐妹间的竞争加剧，从而会使他们更倾向于采取风险行为。Niu 等（2020）的研究发现兄弟数量越多，投资者参与股票市场的概率越大，投资组合中股票的份额越高。

综上，本文关注兄弟姐妹数量对个人创业行为是否存在影响，是否通过受教育水平和风险分担渠道影响个人的创业决策。Li 和 Wu（2018）利用中国独生子女政策作为工具变量研究兄弟姐妹数量对创业的影响，并探讨了可能的机制为，兄弟姐妹替代了正规金融机构，成为信贷提供者，从而促进个人创业。本文在此基础上，采用工具变量法和拐点回归设计进一步分析了是否为独生子女及兄弟姐妹数量对个人创业和创业绩效的影响，并且从人力资本水平和风险分担两个角度探讨了影响的机制。

三　实证设计、数据及变量描述

（一）全样本回归

参考 Li 和 Wu（2018）及 Qin 等（2017）的研究，本文首先设计了如下 Probit 模型研究是否为独生子女及兄弟姐妹数量对个人创业的影响。

$$Entrepreneurship_i^* = \beta_0 + \beta_1 onechild_i/silblings + \sum_{k=1}^{K} \delta_k \cdot X_i^k + \gamma_j + \varepsilon_i \quad (1)$$
$$[Entrepreneurship = 1 \, (Entrepreneurship^* > 0)]$$

其中，被解释变量 $Entrepreneurship$ 是二值变量，当个人从事创业活动时（自雇佣或工商业企业）取值为 1，否则取值为 0。本文主要关注的解释变量是个体是否为独生子女（$onechild$）及兄弟姐妹数量（$silblings$）；控制变量 X_i^k 包括一系列的人口学特征，年龄、性别、民族、婚姻状况、受教育水平、健康状况、父母受教育水平等。γ_j 表示省固定效应，随机误差项 $\varepsilon \sim N \, (0, \delta^2)$。

个人兄弟姐妹数量是其原生家庭的内生决策，与家庭的经济条件、父母对子代的偏好、当地的文化习俗等密切相关。另外，模型中也可能存在遗漏变量问题，遗漏了我们无法观测，但同时影响个人兄弟姐妹数量及创业的家族特有因素，如父母的职业背景、原生家庭的经济能力等。为克服内生性带来的偏误，本文基于计划生育政策寻找工具变量，Li 和 Wu（2018）采用了 1980 年实施独生子女政策以来，我国各省份每年超生一个孩子的平均罚款（社会抚养费）作为工具变量。该变量由 Ebenstein（2010）整理，较多以中国独生子女政策为背景研究兄弟姐妹数量问题的文章使用了这一变量。本文同样使用该变量[①]，社会抚养费满足工具变量的两个条件：一是相关性，社会抚养费高的地区，说明家庭违反计生政策受到的经济惩罚更高，相应的会提高地区的独生子女率；二是外生性，社会抚养费

---

① 社会抚养费在省份和年份层面发生变化，根据省份和年份信息与 CFPS 数据相匹配。

是出生队列在婴儿时期对其原生家庭的惩罚，与其成年时期相隔数年，随着经济发展，社会抚养费对家庭经济状况的影响基本可以消减，婴儿时期对家庭的惩罚与个人成年后的创业行为基本上没有关联。参考一般文献的做法（Liu，2014；Li 和 Wu，2018），使用社会抚养费作为工具变量回归可以初步解决兄弟姐妹数量的内生性问题，在这里社会抚养费是外生变量，可以影响家庭内生的生育决策①，工具变量的回归可以在一定程度上缓解兄弟姐妹数量内生带来的估计偏误。

（二）拐点回归设计

社会抚养费这一工具变量理论上能够缓解兄弟姐妹数量的内生性问题，但是也存在一些缺陷，地区的社会抚养费额度可能并不是随机决定的，而是和一个地区的经济发展水平相关，经济发展水平高的地区，收入高且人口转型快，更倾向于孩子的培养质量而不是增加数量，提高了地区的独生子女率②。独生子女率可能并不完全是由社会抚养费的金额高低决定。Huang 等（2021）提出一个地区的超生罚款额度，并不是随机决定的，可能受到当地经济发展水平和省委书记的特征的影响。为了解决社会抚养费带来的内生性问题，在工具变量法回归的基础上，我们继续寻找其他解决内生性问题的办法。Qin 等（2017）基于 2005 年人口普查数据利用我国计划生育政策设计断点回归，研究人力资本长期积累的问题。我们的研究借鉴改进了这篇文章的做法。

断点回归设计（Regression Discontinuity Design，RDD）在保持其他因素在断点处没有跳跃的条件下，利用结果变量和处理变量在断点处的跳跃来识别因果效应，RDD 方法通过局部回归能够得到相对干净的因果识别。但在一些情况下，结果变量和驱动变量并没有明显的跳跃，RDD 无法适用。为提高这一方法应用的广泛性，Nielsen 等（2010）提出了拐点回归设计，当结果变量和处理变量在其他位置都平滑、在某一点处存在拐点（kink）时，可以将结果变量在拐点处的变化归因为由处理变量在拐点处的变化造

---

① 尽管当时国家实行"独生子女政策"，但是违背政策的现象时有发生，社会抚养费可以在一定程度上减少这一现象。

② 感谢匿名审稿人提出的宝贵建议。

成的，这一识别策略即拐点回归设计。RKD利用拐点处的导数变化来识别因果效应，关心估计斜率的变化，而RD主要关心估计断点截距的位移。通过上述政策梳理及图1所示，我们可以初步看到以1980年作为拐点，独生子女率/兄弟姐妹数量在拐点左侧的变化可以大致以斜率为正/负的线性函数来描述，右侧保持在一个平稳水平，拐点前后出现了明显的斜率变化。本文基于此，设计了RKD回归研究兄弟姐妹数量对个人创业的影响。参考Nielsen等（2010），设计如下模糊RKD：

$$\tau_{rkd} = \frac{\lim\limits_{v_0 \to 0^+} \frac{dE[Y|V=v]}{dv}\bigg|_{v=v_0} - \lim\limits_{v_0 \to 0^-} \frac{dE[Y|V=v]}{dv}\bigg|_{v=v_0}}{\lim\limits_{v_0 \to 0^+} \frac{dE[B|V=v]}{dv}\bigg|_{v=v_0} - \lim\limits_{v_0 \to 0^-} \frac{dE[B|V=v]}{dv}\bigg|_{v=v_0}} \tag{2}$$

其中，Y表示结果变量，即是否创业。B为处理变量，表示个体是否为独生子女，或兄弟姐妹数量。V为驱动变量，即个人出生年份，v表示拐点。独生子女政策于1979年后半年开始大规模严格实施，并且在1980年开始征收社会抚养费。考虑到10个月的妊娠期，本文推测1980年，独生子女率将出现弯折，参考Qin等（2017）的方法并不断进行调试，最终选择拐点为1980年。

（三）数据和变量及描述性统计

1. 数据来源及处理

本文使用2010年中国家庭追踪调查数据（CFPS），该数据搜集个体、家庭、社区三个层次的数据，样本覆盖全国25个省区市，目标样本规模为16000户，调查对象包含样本家户中的全部家庭成员。本文主要使用成人问卷样本，该部分询问了家庭16岁以上成年人的出生年份、兄弟姐妹数量，并在工作模块详细询问了个人的工作状态，为本文研究兄弟姐妹数量对个人创业的影响提供了数据支持。

本文采取了如下的样本筛选过程：首先，由于我国农村地区存在超生现象等，独生子女政策在农村的执行效果相对不理想，且1982年国家规定部分省区市的农村地区独女户可以生育二孩。同时参考Qin等（2017）的研究，本文将研究样本限制在城市地区。其次，为确保个人具有创业能力，本文删除了年龄小于 20 岁和年龄大于 60 岁的样本。最后，删去了兄弟姐妹个数缺失的样本及基本人口学统计特征缺失的样本。经过上述处理之后，本文共保留了 8853 个成人样本。

2. 变量选择及描述性统计

被解释变量：本文的核心被解释变量为个体是否创业，根据问卷中的问题："您现在主要是在哪个机构工作？"如果个人回答目前的工作状态为"自己经营"且为非农业生产经营，则定义创业变量为 1，否则为 0。进一步根据工商业的组织形式定义自雇佣创业和企业型创业，问卷中有问题："您现在主要工作的机构属于？"当回答项目的组织形式为个体工商户或没有正规组织形式且上文中创业变量等于 1 时，定义自雇佣创业等于 1，否则为 0。当项目的组织形式为股份有限公司或有限责任公司等企业形式且上文中创业变量等于 1 时，定义企业型创业等于 1，否则为 0。

基于个人问卷的工作模块可以识别出个人是否创业，为保留更多的样本信息，本文选择在个人层面而非家庭层面定义创业变量。另外，样本中 78% 的家庭中仅有一位家庭成员从事创业活动，约 20% 的家庭中有两位成员创业，因此使用个人创业指标并不会把同一家庭创业项目的效应放大给不同的家庭成员。

解释变量：2010 年 CFPS 个人问卷的兄弟姐妹模块，询问了："请问您一共有几个兄弟姐妹（包含已经去世的）"，如果回答为 0 个，则定义独生子女变量为 1，否则为 0。根据该模块问卷，本文还定义了个人的兄弟姐妹数量、在世兄弟姐妹数量、有行政管理职务的兄弟姐妹数量，以及兄、弟、姐、妹的个数。

控制变量：本文选择的控制变量主要包括个人的人口学统计特征及其父母的教育情况，具体包括个人的年龄、性别、受教育水平、健康状况、婚姻和民族、父母的受教育程度。变量具体的定义及描述性统计如表 2 所示。

从全样本来看，11.2% 的个体从事创业活动，大部分从事灵活且门槛较低的自雇佣创业。全样本中独生子女率为 13.9%，个人平均拥有 2.53 个兄弟姐妹。独生子女率较低的原因可能在于样本中包含了大量拐点左侧 50 年代、

60年代的出生队列。[1]另外，全样本中平均年龄约为40岁，47.9%的个体为男性，平均受教育水平约为初中水平，83.0%的个体已婚，样本中包括4.3%的少数民族个体。

表2　全样本描述性统计

变量	观测值	均值	标准差	最小值	最大值
被解释变量					
创业	8853	0.112	0.316	0	1
自雇佣创业	8853	0.065	0.246	0	1
企业型创业	8853	0.024	0.152	0	1
解释变量					
独生子女	8853	0.139	0.345	0	1
兄弟姐妹数量	8853	2.531	1.868	0	11
控制变量					
年龄	8853	40.081	11.271	20	61
男性	8853	0.479	0.500	0	1
教育	8853	3.340	1.312	1	8
健康	8853	1.652	0.850	1	5
已婚	8853	0.830	0.376	0	1
少数民族	8853	0.043	0.203	0	1
父亲受教育水平	8853	2.263	1.230	1	8
母亲受教育水平	8853	1.812	1.052	1	8
工具变量					
社会抚养费[2]	2362	1.036	0.433	0.1	3

数据来源：2010年CFPS数据。

接下来，为了更直接地看到独生子女政策带来的影响，本文以1980年为分界点，对变量进行分组描述性统计。表3报告了分组描述性统计的结果，1980年左侧样本数为6703个，右侧为2150个。数据表明，1980年后出生队列创业的比例为9.8%，低于1980年前出生队列11.7%的创业比例。《全球创业观察中国报告》（2019/2020）显示24~34岁的青年是参与中国创业活

---

[1]　独生子女率在1950~1980年一直保持在5%以上。

[2]　1979年，我国开始征收社会抚养费（超生罚款），该数据来自 Ebenstein（2010）。

动最活跃的群体，1980~1990年的出生队列在调查年份的年龄处于20~30岁，正是创业的最佳阶段，而数据却显示其创业比例较低，具体成因有待我们后文探讨。另外，独生子女比例从1980年前的6.4%上升到之后的36.9%，平均的兄弟姐妹数量从3.02个下降到1.01个，呈现出显著的差异，说明独生子女政策给家庭的生育决策带来了显著影响。

表3 分样本描述性统计

变量	Before OCP		After OCP		Mean Diff
	观测值	均值	观测值	均值	
创业	6703	0.117	2150	0.098	0.019**
自雇佣创业	6703	0.067	2150	0.056	0.011*
企业型创业	6703	0.022	2150	0.028	−0.006*
独生子女	6703	0.064	2150	0.369	−0.305***
兄弟姐妹数量	6703	3.019	2150	1.009	2.010***
年龄	6703	44.875	2150	25.135	19.740***
男性	6703	0.478	2150	0.485	−0.007
教育	6703	3.141	2150	3.961	−0.821***
健康	6703	1.746	2150	1.359	0.388***
已婚	6703	0.933	2150	0.509	0.424***
少数民族	6703	0.041	2150	0.050	−0.010*
父亲受教育水平	6703	2.046	2150	2.940	−0.894***
母亲受教育水平	6703	1.574	2150	2.554	−0.981***

注：*、**、***分别表示在10%、5%、1%的水平下显著。

四 实证结果

（一）全样本回归：兄弟姐妹对个人创业的影响

关于兄弟姐妹数量对个人创业选择的影响，式（1）的估计结果如表4所示，表中报告的是Probit回归的边际效应。第（1）列报告了是否为独生子女对个人创业选择的影响，在控制个体特征、父母特征和省份固定效应的情况下，实证结果表明独生子女使个体选择创业的概率降低了2.6%，并在10%的统计水平下显著。在一定程度上可以认为，没有兄弟姐妹支持的情况下，个人做出创业决策的概率更低。第（2）列和第（3）列的结果表明，相比于非独生子女，独生子女自雇佣创业和企业型创业的概率都更低。接着考察兄弟姐妹数量对个人创业的影响，第（4）列的估计中兄弟姐妹变量的系数估计为正，说明兄弟姐妹数量增加使个人创业的概率提高。通过 Probit 模型的初步估计，我们发现兄弟姐妹数量对个人创业存在积极的影响，即独生子女不利于个人创业，兄弟姐妹越多，个人创业的可能性越大。接下来本文将基于工具变量法和拐点回归进一步探究二者的因果效应。

表4　兄弟姐妹对个人创业的影响：Probit 估计

变量	(1) 创业	(2) 自雇佣创业	(3) 企业型创业	(4) 创业	(5) 自雇佣创业	(6) 企业型创业
独生子女	−0.026*	−0.007	−0.012**			
	(0.014)	(0.011)	(0.006)			
兄弟姐妹数量				0.003	0.001	−0.001
				(0.002)	(0.002)	(0.001)
年龄	−0.003***	−0.002***	−0.001***	−0.003***	−0.003***	−0.001***
	(0.001)	(0.000)	(0.000)	(0.001)	(0.000)	(0.000)
男性	0.079***	0.035***	0.022***	0.079***	0.035***	0.021***
	(0.008)	(0.005)	(0.004)	(0.008)	(0.005)	(0.004)
教育	−0.007*	−0.007**	0.004**	−0.007*	−0.007**	0.004**
	(0.004)	(0.003)	(0.002)	(0.004)	(0.003)	(0.001)
健康	−0.013**	−0.011***	−0.002	−0.013**	−0.011***	−0.002
	(0.006)	(0.004)	(0.002)	(0.005)	(0.004)	(0.002)
已婚	0.071***	0.058***	0.008	0.074***	0.059***	0.009*
	(0.013)	(0.009)	(0.005)	(0.012)	(0.009)	(0.005)
少数民族	0.011	−0.002	0.001	0.011	−0.002	0.002
	(0.035)	(0.033)	(0.012)	(0.035)	(0.033)	(0.012)
父亲受教育水平	−0.000	0.004	−0.000	−0.000	0.004	−0.000
	(0.003)	(0.003)	(0.002)	(0.003)	(0.003)	(0.002)
母亲受教育水平	−0.015***	−0.013***	−0.001	−0.015***	−0.013***	−0.002
	(0.005)	(0.004)	(0.002)	(0.005)	(0.004)	(0.002)
省份固定效应	是	是	是	是	是	是
R^2	0.050	0.036	0.015	0.050	0.036	0.015
样本量	8853	8853	8499	8853	8853	8499

注：*、**、***分别表示在10%、5%、1%水平下显著，括号里报告的是区县聚类异方差稳健标准误。

表 5 以社会抚养费作为工具变量，使用 2SLS 方法估计了兄弟姐妹对个人创业的影响。一阶段回归的 F 值为 28.83，大于 10% 的临界值 16.38（Stock 和 Yogo，2005），故不存在弱工具变量问题，选择该工具变量是合适的。第（1）~（3）列的估计结果表明，相比于非独生子女，独生子女创业的概率显著较低。随后估计兄弟姐妹数量对个人创业的影响，同样通过了弱工具变量检验，不再赘述。其中第（4）列和第（5）列的估计结果表明，当兄弟姐妹数量增加一个时，个人创业的概率提高了 16.1%，选择自雇佣创业的概率提高了 11.3%。进一步印证了上文的结论，即兄弟姐妹数量的增加有利于个人选择创业。

我们在上文初步分析认为社会抚养费并不是完全外生的（Huang 等，2021），而是受到当地政治经济因素的影响。为了证明上文的猜想，说明社会抚养费这一工具变量的合理性，我们参考 Huang 等（2021）在回归中加入了省委书记的特征。① 本文在 2SLS 回归的一阶段控制了个人出生时在任省委书记的已上任期限这一变量之后，社会抚养费仍发挥效应。

通过上述回归分析，我们发现，独生子女创业的可能性较低，兄弟姐妹数量的增加使个人创业的概率提高，如果不考虑内生性问题，可能会低估这一影响。这一结果并不是由 1980 年后出生的群体在调查时较为年轻、缺乏创业资本而造成的。《全球创业观察中国报告》显示 24~34 岁的青年是参与中国创业活动最活跃的群体，因此，1980 年后出生的群体在调查年份正是处于创业活跃期，而描述性统计结果却表明其创业概率较低。在一定程度上，这一发现可以由计划生育政策减少了兄弟姐妹的数量从而抑制了个人创业来解释。

---

① Huang 等（2021）的研究认为 20 世纪 70 年代之后省委书记的变动与该省份的计生罚款数量正相关。该文章随之检验了一系列宏观经济指标和社会抚养费的相关性，结果发现社会抚养费在省份和时间两个维度的变化是外生的。

表5　兄弟姐妹对个人创业的影响：2SLS估计

变量	(1) 创业	(2) 自雇佣创业	(3) 企业型创业	(4) 创业	(5) 自雇佣创业	(6) 企业型创业
独生子女	−0.928***	−0.652***	−0.052			
	(0.179)	(0.145)	(0.067)			
兄弟姐妹数量				0.161***	0.113***	0.009
				(0.031)	(0.025)	(0.012)
控制变量	是	是	是	是	是	是
省份固定效应	是	是	是	是	是	是
样本量	8853	8853	8853	8853	8853	8853
R^2	0.050	0.036	0.015	0.050	0.036	0.015
一阶段F值		28.83			231.09	
工具变量t值		2.887			−7.610	
DWH Chi/F值	25.245	19.572	0.390	24.8453	19.486	0.703
	(0.000)	(0.000)	(0.533)	(0.000)	(0.000)	(0.403)

注：*、**、***分别表示在10%、5%、1%水平下显著，括号里报告的是区县聚类异方差稳健标准误。

（二）拐点回归设计：兄弟姐妹数量对个人创业的影响

RKD回归结果得到的是局部因果效应，在拐点两侧一定的带宽范围内，可以排除其他因素的影响，认为处理变量的变化是由政策冲击造成的。当我们将样本严格限制在受到独生子女政策影响的群体时，就可以认为独生子女和兄弟姐妹数量的变化是由政策引起的，从而可以在一定程度上克服以往文献中认为的"家庭生育决策是内生的"这一问题。

1. 拐点回归：样本描述

RKD是局部回归，为准确识别因果效应，样本中应只包括受到政策影响的群体。样本筛选过程如下：第一，我国独生子女政策并未在少数民族群体中实施，且部分省份如河南、河北、广西、云南和陕西并未严格执行计划生育，因此拐点回归中剔除了少数民族样本和未严格执行计划生育的省份。第二，参考Qin等（2017），本文将局部回归的样本限制在3岁时是城镇户口的样本，这些群体严格受到了政策的影响。第三，我们将出生队列限制在1970~1990年。局部回归共得到了1414个样本，表6在局部回归的样本上，对拐点前后三期的变量进行了描述性统计。

表6 分样本描述性统计

变量	拐点左侧			拐点	拐点右侧		
	−3	−2	−1	0	1	2	3
出生年份	1977	1978	1979	1980	1981	1982	1983
创业	0.047	0.109	0.033	0.113	0.075	0.092	0.074
独生子女	0.266	0.438	0.483	0.694	0.672	0.736	0.728
兄弟姐妹数量	1.156	0.875	0.678	0.468	0.373	0.267	0.370
男性	0.609	0.516	0.533	0.532	0.493	0.493	0.556
教育	4.453	4.234	4.433	4.312	4.463	4.759	4.765
已婚	0.813	0.828	0.733	0.710	0.716	0.690	0.568
观测值	64	64	60	62	67	87	81

2. 拐点回归：独生子女政策对独生子女率和兄弟姐妹数量的影响

图2描述了独生子女政策对独生子女率和兄弟姐妹数量的影响。横轴是个人出生年份，纵轴是独生子女率或兄弟姐妹数量，图中的散点表示每个区间范围内独生子女率和兄弟姐妹数量的均值，[①]拟合曲线是对拐点两侧的散点进行局部线性回归得到的平滑回归线。

图2中左图可以直观地看到独生子女率的拟合曲线在1980年前后出现了显著的"拐点"，相比于拐点左侧，拟合曲线在拐点右侧更为平坦，斜率变小，独生子女率稳定地保持在相对较高的水平。图2中右图可以直观地看到兄弟姐妹数量在1980年前后拟合曲线的斜率发生了明显的变化，相比于拐点左侧斜率为负的曲线，拟合曲线在拐点右侧更为平坦，斜率变为正，兄弟姐妹数量保持在一个稳定的相对较低的水平。是否独生子女是一个二值变量，兄弟姐妹数量是连续变量，这两个变量都表现出显著的拐点。

---

① 区间 bins 为 50。

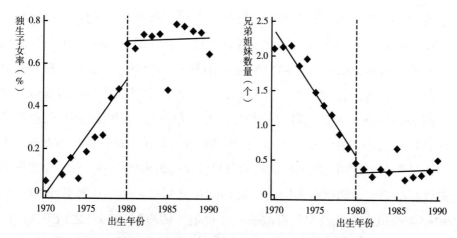

图2　独生子女政策对独生子女率和兄弟姐妹数量的影响

注：2010年CFPS局部回归样本。

3.拐点回归：独生子女政策对出生队列创业的影响

接下来，探究出生年份对个人创业的影响，图3横轴是个人出生年份，纵轴表示个体是否创业，个人创业拟合曲线的斜率在拐点两侧的斜率都为负，不同的是在1980年拐点之前，曲线较为平缓，而拐点之后曲线变得陡峭，说明独生子女政策施行之后，1980年后出生的独生子女创业的概率要低于1980年前出生的独生子女创业的概率。

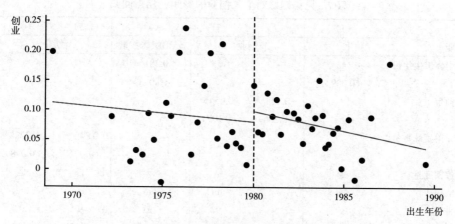

图3　出生年份与创业概率

注：2010年CFPS局部回归样本。散点的区间bins为50。拟合曲线为线性。

表7报告了使用拐点回归的方法估计式（2）得到的非参数估计的结果，Lee 和 Lemieux（2010）认为不需要控制其他变量，就可以得到 RD 的一致估计量。第（2）列和第（5）列的模糊 RKD 回归中没有加入控制变量，其余列中加入了个人的性别、教育和婚姻这三个人口学特征作为控制变量。拐点回归的结果表示变量一阶导的变化情况，第（1）列和第（4）列报告了简约回归的结果，估计系数–0.143并不是指拐点后出生队列独生子女概率下降，而是指图2中左图1980年前后两条拟合曲线斜率的大小，1980年之前拟合曲线斜率为正，曲线较为陡峭，而1980年之后拟合曲线几乎平行于横轴，1980年前的拟合曲线斜率只有减去一个负值才能得到1980年之后平滑的曲线，–0.143正是说明了这一变化，即拐点前后拟合曲线斜率的大小。第（4）列的系数0.281对应图2中右图拐点前后拟合曲线斜率的变化，表明拐点前拟合曲线系数的斜率增加0.281之后，可以得到拐点后拟合曲线的斜率。

第（2）列和第（5）列的估计中"是否独生子女变量"的估计系数为–0.448，说明独生子女身份对个人创业存在的消极影响在1980年之后出生队列中进一步被放大，而兄弟姐妹数量的估计系数为0.229，说明1980年之后出生队列的兄弟姐妹则可以成为个人创业的更大推动力。第（3）列和第（6）列的估计中加入了控制变量，结果仍然是稳健的。

表7 兄弟姐妹对个人创业的影响：拐点回归

变量	(1) 独生子女	(2) 创业	(3)	(4) 兄弟姐妹数量	(5) 创业	(6)
个体出生年份	–0.143***			0.281**		
	(0.039)			(0.093)		
独生子女		–0.448**	–0.454**			
		(0.206)	(0.197)			
兄弟姐妹数量					0.229**	0.222**
					(0.110)	(0.098)
控制变量	是	否	是	是	否	是
Kernel	uni	uni	uni	uni	uni	uni
带宽	9	9	9	9	9	9
样本量	1414	1414	1414	1414	1414	1414

注：*、**、***分别表示在10%、5%、1%水平下显著，括号里报告的是区县聚类异方差稳健标准误。

另外，再次梳理计划生育相关政策，并结合图1，我们发现在1970年附近也可能存在拐点，理由如下：兄弟姐妹数量在1970年之前保持较高的一个水平值，而1970~1980年兄弟姐妹数量的变化大致能以斜率负的一条线性函数来描述，不难看出1970年前后也出现了明显的斜率变化。基于式（2），本文也对这一可能的拐点进行验证。对于1970年的拐点，我们参考Chen和Huang（2018）的研究，以各省份70年代早期建立"计划生育领导小组"的年份为拐点。1969~1975年，各省份逐步建立计生委机构来执行计划生育政策，当时国家主要实行"晚、少、稀"政策。以受访者出生时所在省份计生委机构成立的年份为拐点，本文进行了拐点回归，但并未发现独生子女对创业的显著影响①，原因可能在于当时的政策并不是强制实施的，"晚、少、稀"等初期的计划生育政策在各地实施的具体时间不是很清晰，因此政策的效果很难识别，后文的讨论将集中分析1980年的拐点。

同RD的连续性假设一样，RKD的估计也要求控制变量在拐点前后是平滑的，在一定的带宽范围内，其他不通过独生子女政策，但是会影响个人创业的因素应该在拐点前后保持连续，以保持RKD估计的稳健性。表8报告了控制变量的平滑性检验结果。表中的估计是个人是否为独生子女对控制变量的影响，使用和表7相同的估计方法。结果显示，在局部非参数估计中，拐点前后控制变量没有显著的变化。

表8　兄弟姐妹对控制变量的影响：拐点回归

变量	(1) 性别	(2) 受教育水平	(3) 结婚
独生子女	0.104	−1.035	0.177
	(0.296)	(0.920)	(0.255)
控制变量	否	否	否
Kernel	uni	uni	uni
带宽	9	9	9
样本量	1414	1414	1414

注：*、**、***分别表示在10%、5%、1%水平下显著，括号里报告的是区县聚类异方差稳健标准误。

① 本文以计生委机构成立的年份为拐点，分别在城乡全样本、目前户籍为城市的样本、3岁时户口为城市的样本，分别尝试在带宽为5~15（1年为间隔）的样本上回归，均未发现独生子女政策对独生子女率和兄弟姐妹数量的显著影响，处理效应不显著，即没有发现明显的拐点。

（三）兄弟姐妹数量与个人创业表现

接下来探究兄弟姐妹数量对个人创业表现的影响。由于2010年CFPS数据缺乏相关的信息，本文保留2010年调查中可以追踪到2012年调查的样本①，在2012年CFPS个人问卷部分，定义出个人经营几个创业项目及主要创业项目的经营时长，基于此，本文进行了表9前两列的回归。回归方法和设定与表5保持一致，采用社会抚养费作为工具变量的2SLS估计表明，增加一个兄弟姐妹，个人创业项目个数显著增加0.065个，且项目的经营时长平均增加0.43年。

为了更加全面地了解兄弟姐妹数量对个人创业表现的影响，本文继续将样本扩展到2014年CFPS调查数据，保留从2010年调查追踪到2014年调查的样本②，以便充分利用问卷，获得更多关于个人创业表现的信息。根据2014年CFPS调查数据信息，本文定义了个人创业项目是否雇佣员工这一变量，以及个人在2010年报告的创业项目是否延续到了2014年，即是否一直是创业变量。表9的后两列报告了估计结果，兄弟姐妹数量增加可以使个人创业项目雇工的概率提高4.3%，使个人一直创业的概率提高8.9%。③

表9　兄弟姐妹数量与个人创业表现：2SLS

变量	(1) 创业项目个数	(2) 创业时间	(3) 雇工	(4) 一直创业
兄弟姐妹数量	0.065***	0.430***	0.043**	0.089***
	(0.020)	(0.058)	(0.023)	(0.020)
控制变量	是	是	是	是
省份固定效应	是	是	是	是
样本量	8813	8813	7753	7753
R^2	0.022	0.044	0.024	0.030

注：*、**、***分别表示在10%、5%、1%水平下显著，括号里报告的是区县聚类异方差稳健标准误。

---

① 2012年CFPS调查并未询问个人的兄弟姐妹信息。
② 2014年CFPS调查并未询问个人的兄弟姐妹信息。
③ 限于篇幅，独生子女对个人创业表现的影响的结果未报告在正文，感兴趣的读者可以向笔者索取。

（四）兄弟/姐妹对创业的影响

表10前两列进一步探究了在世兄弟姐妹数量、有行政管理职务的兄弟姐妹数量对个人创业的影响，与表5保持一致，使用社会抚养费作为工具变量进行2SLS回归，估计系数分别为0.11和0.97，与表6的估计系数相比较，可以发现兄弟姐妹的行政管理职务对个人的创业决策影响更大。增加一个有行政管理职务的兄弟姐妹，可以使个人的创业概率提高96.6%。兄弟姐妹有行政管理职务，可以为个人提供更多的资源和信息支持，有利于个人创业。

Niu等（2020）的研究认为，相比于姐妹，兄弟数量的增加使家庭参与股票市场的概率更高，兄弟可以发挥更大的支持作用。表10后两列检验兄弟和姐妹对个人创业的影响是否存在差异，从估计结果来看，兄弟可以使个人创业的概率提高25.0%，姐妹使个人创业的概率提高22.0%，结果存在一些差异，但是差异较小，总的来说，本文并未发现兄弟或姐妹对个人创业影响的差异。

表10　兄弟/姐妹对创业的影响：2SLS

	(1)	(2)	(3)	(4)
	创业			
在世兄弟姐妹数量	0.107***			
	(0.021)			
兄弟姐妹有行政管理职务		0.966***		
		(0.186)		
兄弟数量			0.250***	
			(0.048)	
姐妹数量				0.220***
				(0.042)
控制变量	是	是	是	是
省份固定效应	是	是	是	是
样本量	8853	8853	8853	8853
R^2	0.050	0.050	0.050	0.050

注：*、**、***分别表示在10%、5%、1%水平下显著，括号里报告的是区县聚类异方差稳健标准误。

五 机 制 分 析

通过上述实证结果分析，我们发现，兄弟姐妹数量的增加对个人创业有积极的影响。Li 和 Wu（2018）的研究认为兄弟姐妹充当了信贷提供者的角色，替代了正规金融机构，兄弟姐妹缓解了信贷约束对个人创业的不利影响，从而促进了个人创业。本文在此基础上，继续寻找其他可能的影响机制。

（一）机制分析一：风险分担渠道

在我国，家庭成员和亲属是家庭主要和持久的风险分担工具（Niu 等，2020），50% 的中国城市居民选择家庭成员和亲属作为最重要的支持来源。根据 2014 年 CFPS 数据，79.6% 的创业者的主要资金来自家庭自有资金，8.2% 的资金来源于亲友资助或入股。可见，兄弟姐妹具有重要的风险分担作用。Stearns（2004）认为兄弟姐妹多的家庭会导致兄弟姐妹间竞争加剧，从而会使他们更倾向于采取风险行为。Niu 等（2020）的研究也发现兄弟数量越多，投资者参与股票市场的概率越大，投资组合中股票的份额越高。

由于 2010 年和 2012 年 CFPS 数据中缺少风险态度相关的问题，本文使用 2014 年 CFPS 数据定义了是否购买金融资产变量和是否风险偏好变量，并进行了表 11 的回归。使用社会抚养费作为工具变量的 2SLS 估计结果表示，独生子女参与风险资产市场的概率更低，且更加厌恶风险。创业同样是一种高风险行为，而独生子女相对厌恶风险，从而抑制了其创业选择。

表 11 兄弟姐妹影响个人创业的机制一：风险分担

变量	(1)	(2)	(3)	(4)
	持有风险资产		风险偏好	
独生子女	−0.417***		−0.060	
	(0.127)		(0.106)	
兄弟姐妹数量		0.078***		0.012
		(0.0237)		(0.022)

变量	(1)	(2)	(3)	(4)
	持有风险资产		风险偏好	
控制变量	是	是	是	是
省份固定效应	是	是	是	是
样本量	7753	7753	3374	3374
R^2	0.132	0.132	0.021	0.021

注：*、**、***分别表示在10%、5%、1%水平下显著，括号里报告的是区县聚类异方差稳健标准误。2014年CFPS调查中风险态度问题仅询问受访者及其配偶，因此样本量减少。

（二）机制分析二：教育

基于Q-Q替代理论，家庭中兄弟姐妹间教育资源存在挤占效应。Kugler和Kumar（2017）的研究发现在多孩家庭中，平均每个孩子的教育可得性会下降。1980年实施独生子女政策以来，独生子女家庭比例提高，家庭可以投入更多的资源到子代，子代受教育水平普遍提高。而《全球创业观察中国报告》（2019/2020）显示中国高学历创业者比例低于G20经济体平均水平，创业者中仅有41%为大专及以上学历，在G20国家中排第七位。翟爱梅和黄立奋（2020）的研究也发现，随着受教育水平的提高，个人选择创业的概率降低。独生子女政策是否通过减少个人的兄弟姐妹数量从而提高了个人的受教育水平而抑制了创业呢？

本文基于2014年CFPS数据进行了检验。样本中1990年出生的个体在2014年基本上已经完成了大学教育或者正在接受大学教育，而如果使用2010年数据，1990年出生的群体可能还未完成学业，则会低估拐点之后群体的受教育水平。如果个人完成大学或者正处于大学教育阶段，则定义个体接受了大学教育，赋值为1，否则为0。表12的回归使用社会抚养费作为工具变量，结果表明独生子女接受大学教育的概率相比于非独生子女高20.1%，增加一个兄弟姐妹使个体接受大学教育的概率降低了3.8%。

表12　兄弟姐妹影响个人创业的机制二：教育

变量	（1）	（2）
	读大学	
独生子女	0.201***	
	(0.076)	
兄弟姐妹数量		−0.038***
		(0.014)
控制变量	是	是
省份固定效应	是	是
样本量	7753	7753
R²	0.073	0.073

注：*、**、***分别表示在10%、5%、1%水平下显著，括号里报告的是区县聚类异方差稳健标准误。

六　结　论

近年来，为应对人口老龄化问题，我国积极调整生育政策，在保持计划生育基本国策不变的基础上，全面放开二孩、三孩，生育政策成为热议话题。本文基于此梳理了我国生育政策发展的脉络，发现生育政策使1980年后的独生子女率上升，兄弟姐妹数量减少，对社会各方面产生了显著影响。基于2010年中国家庭追踪调查（CFPS）数据，本文研究生育政策、兄弟姐妹数量对个人创业行为的影响。以独生子女政策时期的超生罚款作为工具变量进行2SLS估计，并且以我国的生育制度为背景设计拐点回归估计局部因果效应。研究发现严格的独生子女政策抑制了个人的创业活力，本文还发现创业者有更多兄弟姐妹的情况下，创业经营项目数量更多、经营时间更长、雇佣员工的概率更高及创业失败的概率降低，整体上，创业表现更优。兄弟姐妹的行政管理职务对个人创业的积极影响更大，说明兄弟姐妹是个人创业重要的支持。但本文并未发现兄弟或姐妹对个人创业的显著差异。本文还发现风险分担和教育是兄弟姐妹影响个人创业的机制。

本文不仅丰富了关于中国计划生育政策的研究，还具有重要的政策含义。党的十八大之后，在党中央的领导下，各级政府出台了一系列的生育支持政策，完善各类生育支持政策体系，降低生育、养育、教育成本，从而有效地激励了中国家庭的生育决策，最终实现优化人口结构的目标。而优化的家庭人口结构，可以有效地促进家庭创业，激发企业家精神和创新潜力，为实现党的二十大提出的中国式现代化目标提供了有力的支持。

参考文献

［1］蔡栋梁、邱黎源、孟晓雨等，2018，《流动性约束、社会资本与家庭创业选择——基于CHFS数据的实证研究》，《管理世界》第9期。

［2］胡金焱、张博，2014，《社会网络、民间融资与家庭创业——基于中国城乡差异的实证分析》，《金融研究》第10期。

［3］李宏彬、李杏、姚先国等，2009，《企业家的创业与创新精神对中国经济增长的影响》，《经济研究》第10期。

［4］李雪莲、马双、邓翔，2015，《公务员家庭、创业与寻租动机》，《经济研究》第5期。

［5］刘小鸽、魏建，2016，《计划生育是否提高了子代收入?》，《人口与经济》第1期。

［6］阮荣平、郑风田、刘力，2014，《信仰的力量：宗教有利于创业吗?》，《经济研究》第3期。

［7］吴一平、王健，2015，《制度环境、政治网络与创业：来自转型国家的证据》，《经济研究》第8期。

［8］杨婵、贺小刚、李征宇，2017，《家庭结构与农民创业——基于中国千村调查的数据分析》，《中国工业经济》第12期。

［9］易行健、周聪、杨碧云，2016，《户主兄弟姐妹个数对家庭股票投资行为的影响研究：基于中国住户调查数据的实证检验》，《投资研究》第12期。

［10］尹志超、宋全云、吴雨等，2015，《金融知识、创业决策和创业动机》，《管理世界》第1期。

［11］翟爱梅、黄立奋，2020，《学历对劳动者创业决定的影响——基于中国微观数据的实证研究》，《南方经济》第7期。

［12］张龙鹏、蒋为、周立群，2016，《行政审批对创业的影响研究——基于企业家才能的视角》，《中国工业经济》第4期。

［13］钟粤俊、董志强，2018，《更多兄弟姐妹是否降低个人教育成就? ——来自中国家庭的微观证据》，《财经研究》第2期。

［14］邹红、喻开志，2015，《退休与城镇家庭消费：基于断点回归设计的经验证据》，

《经济研究》第1期。

[15] Anastasi A. 1956."Intelligence and Family Size." *Psychological Bulletin* 53(3):187.

[16] Banerjee A. V., Newman A. F. 1993. "Occupational Choice and the Process of Development." *The Journal of Political Economy* 101(2):274–298.

[17] Becker G. S., Lewis H. G. 1973."On the Interaction between the Quantity and Quality of Children." *Journal of Political Economy* 81(2, Part 2):S279–S288.

[18] Cai H., Li H. , Park A., Zhou L. A. 2013. "Family Ties and Organizational Design, Evidence from Chinese Private Firms." *Review of Economics and Statistics* 95 (3) : 850–867.

[19] Cameron L., Erkal N., Gangadharan L., Meng X. 2013. "Little Emperors, Behavioral Impacts of China's One-Child Policy." *Science* 339(6122):953–957.

[20] Chen Y., Huang Y. 2018. "The Power of the Government, China's Family Planning Leading, Group and the Fertility Decline since 1970."GLO Discussion Paper No. 204.

[21] Chen Y., Zhao Y. 2021. "How did China's Later Marriage." Policy Affect the Timing of First Marriage and Later-Life Outcomes? "Available at SSRN 3848654.

[22] Ebenstein A. 2010."The 'Missing Girls' of China and the Unintended Consequences of the One Child Policy." *Journal of Human Resources* 45(1):87–115.

[23] Encarnacion J. 1984."Becker on the Interaction between Quantity and Quality of Children." *Philipp Rev Econ Bus* 21(1–2):113–115.

[24] Huang W., Lei X., Sun A. 2021. "Fertility Restrictions and Life Cycle Outcomes, Evidence from the One-Child Policy in China." *Review of Economics and Statistics* 103 (4):694–710.

[25] Johnston A. C. 2021. "Unemployment Insurance Taxes and Labor Demand, Quasi-Experimental Evidence from Administrative Data." *American Economic Journal, Economic Policy* 13(1) : 266–293.

[26] Kugler A. D., Kumar S. 2017. "Preference for Boys, Family Size, and Educational Attainment in India." *Demography* 54(3):835–859.

[27] Lawson D. W., Mace R. 2009."Trade-Offs in Modern Parenting, A Longitudinal Study of Sibling Competition for Parental Care." *Evolution and Human Behavior* 30(3):170–183.

[28] Lee D. S. 2008. "Randomized Experiments from Non-Random Selection in US House Elections." *Journal of Econometrics* 142(2) : 675–697.

[29] Lee D. S., Lemieux T. 2010."Regression Discontinuity Designs in Economics." *Journal of Economic Literature* 48(2): 281–355.

[30] Li L., Wu X. 2018. "Number of Siblings, Credit Constraints, and Entrepreneurship in

China." *The Journal of Development Studies* 54(7) :1253–1273.

[31] Liu H. 2014. "The Quality–Quantity Trade–Off: Evidence from the Relaxation of China's One–Child Policy." *Journal of Population Economics* 27(2) : 565–602.

[32] Nielsen H. S., Sørensen T., Taber C. 2010. "Estimating the Effect of Student Aid on College Enrollment, Evidence from a Government Grant Policy Reform." *American Economic Journal , Economic Policy* 2(2): 185–215.

[33] Niu G., Wang Q., Li H., Zhou Y. 2020. "Number of Brothers, Risk Sharing, and Stock Market Participation." *Journal of Banking & Finance* 113:105757.

[34] Pugsley B. W., Sahin A. 2019. "Grown–up Business Cycles." *The Review of Financial Studies* 32(3) : 1102–1147.

[35] Qin X., Zhuang C. C., Yang R. 2017. "Does the One–Child Policy Improve Children's Human Capital in Urban China? A Regression Discontinuity Design." *Journal of Comparative Economics* 45(2) :287–303.

[36] Schaffer W. M. 2004. "Life Histories, Evolution, and Salmonids." Evolution Illuminated, Salmon and Their Relatives 20–51.

[37] Stearns P. N. 2004. *Anxious Parents , A History of Modern Childrearing in America.* New York: Nyu Press.

[38] Stock J., Yogo M. 2005. "Identification and Inference for Econometric Models , Asymptotic Distributions of Instrumental Variables Statistics with Many Instruments." *Journal of the American Statistical Association* 89(2) :1319–1320.

[39] Wang X. T., Kruger D. J., Wilke A. 2009. "Life History Variables and Risk–Taking Propensity." *Evolution and Human Behavior* 30(2) :77–84.

[40] Zhou W., Brothers. 2014. "Household Financial Markets and Savings Rate in China." *Journal of Development Economics* 111: 34–47.

（责任编辑：陈星星）

"一带一路"国家碳达峰评估

——兼对"公平—排放困境"理论的实证检验

刘自敏 韩威鹏 慕天媛 邓明艳[*]

摘　要： 党的二十大报告指出，要进一步推动共建"一带一路"高质量发展，使之成为深受欢迎的国际公共产品与合作平台。如何平衡经济持续增长与碳减排目标，同时厘清收入不平等与碳排放关系，则是全面提升"一带一路"倡议发展质量的核心问题。本文以1971~2019年沿线109个国家为研究对象，把随机前沿方法融入环境库兹涅茨曲线构造碳效率前沿，然后通过开发一项基于距离因子的测度方法，在考虑到沿线国家经济增长需求的基础上对各国碳达峰潜力和质量进行二维评估，并进一步考察了沿线国家是否存在"公平——排放困境"。研究发现：（1）"一带一路"国家碳排放与经济发展之间存在名义为倒"N"而实质上为倒"U"形的关系，沿线实现高质量碳达峰所对应的人均GDP为2.53万美元，同时各国需要加强二氧化碳以外温室气体如氟化物等的减排力度；（2）沿线国家碳减排潜力在考察期内呈"W"形波动且具有一定收敛态势，在使用距离因子修正后，欧洲地区碳达峰路径质量位居第一，非洲区域紧随其后，亚洲地区实现碳达峰过程中仍具有较大的减排空间；（3）不同国家需要采取差异化方

---

*　刘自敏，教授，西南大学经济管理学院，电子邮箱：ziminliu@126.com；韩威鹏（通讯作者），硕士研究生，西南大学经济管理学院，电子邮箱：mr.pod@foxmail.com；慕天媛，硕士研究生，西南大学经济管理学院，电子邮箱：mtianyuan1997@163.com；邓明艳，博士研究生，西南大学经济管理学院，电子邮箱：mingyandeng@126.com。本文获得国家社会科学基金一般项目（21BJL080）、重庆市社会科学规划英才计划项目（2021YC016）、重庆市研究生科研创新项目（CYS22160）资助。感谢匿名审稿专家的宝贵意见，文责自负。

法以实现高质量碳达峰，其中，冲刺组国家重点在于绿色技术采用和产业优化，潜力组需兼顾经济发展目标并加强气候融资，边缘组十分容易陷入达峰陷阱；（4）中高及高收入组国家存在"公平—排放困境"，基尼系数每下降1个单位，人均碳排放最高可增加0.889%，在中低及低收入国家则未发现明显证据。本研究对于分析解决"一带一路"沿线高质量发展问题具有重要的理论价值和现实意义。

关键词： 随机环境库兹涅茨前沿　距离因子　碳减排潜力　高质量碳达峰　公平—排放困境

一　引言

推动经济增长、降低收入不平等与减少环境污染是人类社会实现高质量发展、迈向共同富裕的永恒主题，其中以碳排放为核心的环境问题在近年来更是得到了全球各国前所未有的关注，2015年《巴黎协定》签订以来，全球近140个国家相继制定了碳达峰、碳中和等气候目标。一方面，碳达峰不是攀高峰，碳排放总量与碳达峰时点会直接决定碳中和目标的实现难度（Wei 等，2022）；另一方面，经济增长与碳减排存在"两难困境"（Li 等，2017），而保持经济持续增长是发展中国家未来发展的关键所在（Cantore 等，2016）；如何在稳步实现经济增长的基础上，对各国碳达峰时点与碳减排潜力进行评估，对于经济持续增长和实现高质量"低位达峰"具有重要的理论与现实意义。除此之外，在降低收入不平等过程中，不同收入群体碳排放量的变化方向可能并不相同（Uzar 和 Eyuboglu，2019；Langnel 等，2021），收入不平等与碳排放之间的关系并不明晰（Islam，2015），厘清收入不平等与碳排放之间的关系对于增强居民幸福感、获得感，实现经济绿色高质量发展同样颇为重要。

在制定碳达峰、碳中和等气候目标的近140个国家中，有2/3以上为"一带一路"国家，其中又以发展中国家为主要组成部分，其经济社会具有明显的"发展水平低""污染排放高""收入差距大"等特征。一方面，2019年"一带一路"国家二氧化碳排放总量占全球的58%，同期GDP占全球的38.3%，单位GDP碳排放高出世界平均水平1/2以上；另一方面，在中国和俄罗斯等主要"一带一路"国家中，收入前10%的人口拥有30%左右的财富，而在非洲各国，甚至达到40%以上；[①]因此，"一带一路"国家面临着十分严峻的经济、环境与社会等多重目标约束。全球社会与中国政府一贯重视"一带一路"的高质量发展，2016年，"一带一路"倡议被写入联合国大会决议；2017年，中国共产党将推进"一带一路"建设写入党章，2022年，党的二十大报告进一步强调推动共建"一带一路"高质量发展。在此背景下，本文以"一带一路"国家为研究对象，对上述以减少碳排放为核心的经济增长、收入不平等问题进行探究，不仅有利于全面提升"一带一路"区域发展质量，更可以在气候危机日益严重的背景下，为解决全球经济、环境与社会问题发出中国声音、提供中国方案，助力中国政府打造人类命运共同体和人与自然生命共同体。

"一带一路"国家大多处于快速发展阶段，经济发展潜力巨大，据估计其对全球经济增长贡献率有望达50%以上，沿线探明煤炭、石油与天然气储量分别占全球的35%、83%和84%，成为各国推进工业化的重要驱动，但也导致碳排放量长期居高不下（Internation Energy Agency，2019）。为了提升沿线绿色化水平、减少各国对化石能源的依赖，中国在2017年发布《关于推进绿色"一带一路"建设的指导意见》，在2019年发起成立"一带一路"绿色发展国际联盟，同时不断加大对各国可再生能源投资力度；2020年上半年，中国对"一带一路"国家可再生能源投资比重首次超过化石能源，达58%；2021年，中国承诺不再新建海外煤电项目，旨在进一步提升对"一带一路"国家可持续发展和全球气候治理的贡献度。然而从消费端来看，"一带一路"国家对化石能源仍然具有强烈的路径依赖（Dianat等，2021），消费占比仍然为90%左右。在这种"碳锁定"效应下，碳减排与经济增长之间仍然面临着十分尖锐的矛盾。

平衡经济增长与碳减排目标，同时厘清收入不平等与碳排放之间的关

---

① 二氧化碳数据来源于Paris Reality Check；GDP数据来源于世界银行，由于二氧化碳排放数据仅更新至2019年，为方便比较，此处GDP数据也为2019年；收入占比数据来源于标准化世界不平等数据库。

系，对于统筹实现经济目标、气候目标与社会目标具有十分重要的意义。既有文献主要从环境库兹涅茨曲线假说、碳达峰与碳减排分析、收入不平等与环境污染关系三方面展开。

现阶段关于碳达峰与经济增长关系的理论基础主要是环境库兹涅茨曲线假说，即经济发展的结构效应会推动经济体在实现经济高质量增长的同时实现碳排放量下降（Grossman 和 Krueger，1995；Stern，2004；Turner 和 Hanley，2011），因此倒"U"形环境库兹涅茨曲线转折点可被近似视为实现碳达峰的时点（Wei 等，2022）。加强温室气体减排、提升碳排放效率（以下简称"碳效率"）是全球各国实现气候目标的必由之路（Sun 和 Huang，2020；He 等，2021），而现有关于环境库兹涅茨曲线的研究多集中为拐点的检验与影响因素分析（Zhang 等，2017；Haseeb 等，2018；Dogan 和 Inglesi-Lotz，2020；Pata 和 Caglar，2021；崔鑫生和韩萌等，2019；张越杰和闫佳惠，2022），因此目前在关于碳达峰和碳减排的研究中，国内外学者主要采用了情景比较与冗余测度两种范式。

在情景比较方面，现有研究通过计算比较基准情景与模拟情景下的碳排放水平，对碳减排潜力和碳达峰时点进行评估与预测，例如邵帅等（2017）、Li 等（2020）、Li 和 Li（2022）使用"指数分解模型+情景分析"对中国制造业、建筑业及黄河流域的碳排放潜力与碳达峰时点进行了分析和预测。除此之外，常见的模型还有 LEAP 模型（Duan 等，2019；Zhang 等，2020；洪竞科等，2021；周伟铎和庄贵阳，2021）、STIRPAT 模型（吴青龙等，2018；王勇等，2019；Su 和 Lee，2020；Zhang 等，2022）等。在冗余测度方面，学者主要基于 DEA 计算碳排放的无效率水平，表征碳减排最大潜力（Zhang 等，2018；Xia 等，2018；屈秋实等，2021）。为了在碳减排过程中兼顾公平原则，Wei 等（2012）通过计算碳排放的影子价格，将经济发展水平与碳减排份额相匹配，构造了一项碳减排潜力指数，并得到了诸多学者的借鉴和运用（王文举和陈真玲，2019；Wu 等，2020；Li 等，2020；Cui 等，2021；Shen 等，2021）。

有关收入不平等与环境污染的研究主要从理论和实证两方面展开。在理论研究方面，Boyce（1994）基于政治经济学分析范式，认为收入不平等会影响不同群体间政治权力分配以及时间偏好率，进而通过社会选择加剧环境污染。但是Scruggs（1998）认为这种社会选择来源于不同群体偏好的相互作用和社会制度对群体偏好的汇总，因此不平等与环境污染之间可能并不存在必然联系。Ravallion等（2020）从边际排放倾向（Marginal Propensity to Emit，MPE）视角出发，认为收入不平等对碳排放的影响方向取决于穷人与富人群体的边际排放倾向，如果低收入者的边际排放倾向弱于高收入者，那么缩小收入不平等将有助于减少碳排放。在实证方面，部分学者发现收入不平等的加剧会显著提高环境污染、碳排放水平（Masud等，2018；Baloch等，2020；Ekeocha，2021；肖权等，2020；井波等，2021），因此一国在经济发展过程中可以兼顾环境目标与社会目标。然而，Wolde-Rufael和Idowu（2017）、Demir等（2018）、Liu等（2018）、Langnel等（2021）则发现收入不平等的加剧可以降低二氧化碳排放、改善环境水平。一方面，这可能是由于其研究方法、经济指标的差异；另一方面，也可能是由于收入不平等对环境的影响具有异质性。一般而言，在中低收入群体中收入不平等的加剧往往会提高环境污染与碳排放水平，而在中高收入群体中则相反（Grunewald等，2017；占华，2018）。

综上所述，既有文献对碳达峰与碳减排研究较为充分和全面，回答了"如何达峰"和"如何减排"的问题，但是仍然无法较好地将达峰与减排问题有效连接起来，特别地，碳达峰并不意味"攀高峰"，要求各国必须深挖碳减排潜力，优化达峰路径，努力实现高质量的"低位达峰"，而现有文献往往难以对碳达峰的实现质量进行精准评估。同时，实现碳达峰目标也要解决经济持续增长与碳减排之间的矛盾，"一带一路"倡议以发展中国家为主要组成部分，决定了沿线仍然具有强烈的经济增长和转型需求，为实现经济的持续增长，仅亚洲国家在未来10年内基础设施建设资金缺口便达22.6万亿美元，如果要同时实现"将全球气温上升幅度控制在2℃以内"的最低气候目标，这一资金需求最少将增加到26万亿美元以上（ADB，2017），对于沿线国家而言无疑是一项长期且艰巨的任务。碳减排潜力指数虽然体现了公平原则，但是这种减排潜力评估并非建立在经济持续增长基础之上。

基于以上分析，本文首先将随机前沿方法融入传统环境库兹涅茨曲线，利用经验数据构造了一条代表最佳碳效率的随机环境库兹涅茨前沿曲线（Stochastic Environment Kuznets Frontier Curve，SEKFC）；其次为不同发展阶段的国家开发了一项距离因子，通过重构其效率改进方向，在兼顾各国经济增长需求的基础上，对"一带一路"国家碳达峰潜力和达峰质量进行二维评估，体现了"共同但有区别的减排责任"这一基本原则，①回答了"何时达峰"和"如何高质量达峰"的问题；最后使用基尼系数对无效率方差进行参数化处理，对"一带一路"沿线可能存在的"公平—排放困境"进行考察。本研究可能的贡献与创新点在于：一是促进了传统环境库兹涅茨假说与效率分析框架的有效融合，实现了将经济增长、碳达峰评估与收入不平等分析置于同一个框架下，不仅回答了"一带一路"国家碳排放是否存在达峰点，也为各国努力提升碳效率、实现高质量达峰提供了一种全新的理论支撑和方法指导。二是通过开发一项距离因子，重构了"一带一路"国家碳效率的评价体系，这与沿线处于快速工业化的特征事实更加相符，体现了"共同但有区别的减排责任"这一基本原则。三是为研究环境污染、经济增长与社会公平问题提供了一套全新的理论框架和相关实证支持，为各国协同解决经济—社会—环境问题、打造人类命运共同体和人与自然生命共同体提供了一个全新视角和一系列切实可行的政策建议。

本文余下部分安排如下：第二部分为理论分析，在理论层面对随机环境库兹涅茨前沿曲线、距离因子及"公平—排放困境"进行分析；第三部分介绍了本文所使用的实证模型及数据；第四部分为对随机环境库兹涅茨前沿曲线的估计以及碳效率评估；第五部分则对各国达峰潜力和质量进行了评估，同时对沿线可能存在的"公平—排放困境"进行检验和量化；第六部分则是本文的结论和政策建议。

---

① 参见联合国气候变化框架公约，https://unfccc.int/sites/default/files/convchin.pdf。

二 理论分析框架

基于以上分析，本部分从效率视角出发，对随机环境库兹涅茨前沿进行了理论分析，并在此基础上阐明了如何构造距离因子以兼顾沿线经济增长需求，然后对"公平—排放困境"进行了理论分析和模型推导，在随机环境库兹涅茨前沿框架下将基尼系数变动与碳排放水平有效连接起来。

（一）随机环境库兹涅茨前沿曲线（SEKFC）及其距离因子

碳达峰指二氧化碳排放量停止增长并经过平台期后逐步下降，反映了碳排放与经济发展之间的倒"U"形关系，即环境库兹涅茨曲线（Grossman 和 Krueger，1992；Panayotou，1993）。[①]从宏观上来看，这种倒"U"形主要是由规模效应、结构效应与技术效应造成的（Panayotou，1993；Grossman 和 Krueger，1995）。在经济发展初期，经济增长主要依靠要素驱动，经济的规模效应要求资源要素持续投入，导致碳排放水平不断上升；随着经济发展水平的不断提高，结构效应促使投入与产出结构不断优化，这有利于经济结构从制造业转向信息服务业，进而推动排放水平下降（Marsiglio 等，2016）；技术效应则有利于清洁技术的研发与推广和能源效率的提升，进一步推动了产业结构的优化和环境质量的改善（Stern，2004；Turner 和 Hanley，2011），上述三种效应的依次主导作用导致碳排放伴随着经济增长水平呈先上升后下降的趋势。

以环境库兹涅茨曲线的转折点为碳达峰点，那么这种碳达峰实际上是通过经济转型和优化实现碳排放量的下降，即结构达峰。然而由于经济发展模式、能源利用水平以及产业结构等方面的差异，各国碳效率存在巨大鸿沟，其环境库兹涅茨曲线形态，即达峰路径也不尽相同。以图 1 为例，EKC_1、EKC_2 和 EKC_3 分别代表了三个国家的环境库兹涅茨曲线。给定经济发展水平，EKC_3 在经济发展初期的环境污染水平相较另外两条最小；而在经济发展中期和后期，EKC_2 和 EKC_1 均实现了相同经济发展水平下的最低污染

---

① 如果以碳排放作为环境指标，环境库兹涅茨曲线也被称为碳库兹涅茨曲线。

水平。从成本视角出发，将二氧化碳视为经济发展的环境成本，基于上述三条环境库兹涅茨曲线，构造代表最佳碳效率的SEKFC，如图1所示。

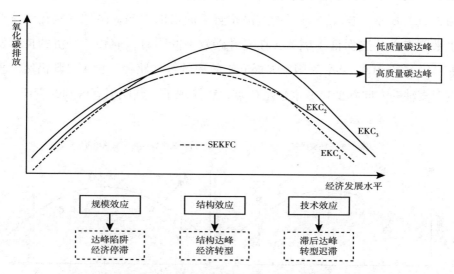

图1　传统环境库兹涅茨曲线和随机环境库兹涅茨前沿曲线

　　一方面，SEKFC转折点所对应的经济发展水平为各国碳排放实现结构达峰的时点，过早地实现碳达峰目标意味着本国经济增长放缓甚至停滞，而过晚实现达峰目标则不利于本国气候目标的实现和经济结构转型。另一方面，SEKFC所对应的碳排放量为不同经济发展水平下的最低碳排放量，代表了最佳碳效率前沿，意味着经济发展—碳排放最佳路径，若一国碳达峰进程偏离此路径，则为低质量达峰，其碳排放仍然具有削减空间。因此本文通过将随机前沿方法融入环境库兹涅茨曲线，构造碳效率前沿，实现了将碳达峰分析与碳减排潜力评估置于同一个框架下。

　　为了实现高质量碳达峰目标，位于前沿曲线上方的国家可以通过技术革新、资源整合等方式降低碳排放，实现碳效率最佳。如图2（a）所示，国家A可以通过降低排放水平至A_1从而实现效率最优，减排量为AA_1，此时其经济发展水平位于M_1点；同理，国家C的减排量为CC_1，经济发展水平位于N_1点。然而碳排放代表着发展权（丁仲礼等，2009），对于已经越过转折点实现经济转型的国家而言，固然可以把碳减排目标置于首位，但是对于尚处在转折点左侧的国家而言，以提升碳效率为首要目标往往意味着经济增长放缓甚至停滞，因此在推进碳减排过程中必须兼顾经济增长水平。如图2（b）所示，国家A可以通过沿垂直于前沿的方向，降低二氧化碳排放水平至点A_2，这保证了国家A在提升碳效率的同时，兼顾了经济的持续发展（由M_1至M_2），AA_2为国家A提升碳效率的最佳路径；国家C则仍然沿垂直于横轴的方向降低排放水平至C_1点，这体现了"共同但有区别的责任"。

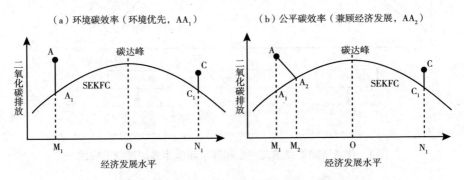

（a）环境碳效率（环境优先，AA_1）　　　（b）公平碳效率（兼顾经济发展，AA_2）

图2　随机环境库兹涅茨前沿曲线中各国碳效率提升方向

为了计算环境碳效率水平和公平碳效率水平，本文借鉴Badunenko等（2021）的思路，为各国开发了一项距离因子。假定第i个国家在t时点的经济发展与碳排放水平处于A点，A点位于转折点左侧，坐标为（x_1，y_1）。如图3（a）所示，点A在竖直方向与抛物线的交点为A_1，此时AA_1即为环境优先的无效率水平，记为μ，据此可以计算环境碳效率$EFFI_{environment}=\exp$（$-\mu$）；该国在提升碳效率的同时为了兼顾经济发展，实际减排方向为AA_2，点A_2位于抛物线上，设其坐标为（x，y），同时假定该抛物线方程式为$y=\alpha_0+\alpha_1 x+\alpha_2 x^2$，则$AA_2$长度为：

$$AA_2 = \sqrt{\left(x_1-x\right)^2+\left(y_1-y\right)^2}$$
$$= \sqrt{\left(x_1-x\right)^2+\left(y_1-\alpha_0-\alpha_1 x-\alpha_2 x^2\right)^2} \tag{1}$$

对式（1）求导并令之等于0，便可得到点A到抛物线的最短垂直距离

AA_2，即兼顾公平的无效率水平，记为μ^*，据此可计算公平碳效率$EFFI_{fair}=$
$\exp(-u^*)$。

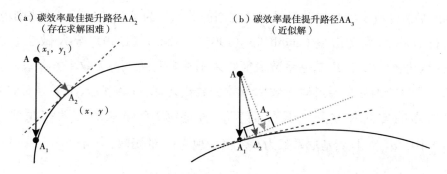

（a）碳效率最佳提升路径AA_2
（存在求解困难）

（b）碳效率最佳提升路径AA_3
（近似解）

图3　碳效率最佳提升路径求解

　　由于式（1）存在求解困难，本文考虑计算其近似值。具体而言，当二
次项系数较小，即抛物线较为平滑时，使用点A_3代替点A_2，如图3（b）所
示。首先求得抛物线在点A_1处切线，进而计算点A到该切线的垂直距离
AA_3，作为AA_2的近似值。由于点A_1位于抛物线上且与点A具有相同的横坐
标，不难得到：

$$AA_3 = \frac{AA_1}{\sqrt{\left(2\alpha_2 x_1 + \alpha_1\right)^2 + 1}} \tag{2}$$

　　那么距离因子$h_{it} = \dfrac{1}{\sqrt{\left(2\alpha_2 x_1 + \alpha_1\right)^2 + 1}}$，且$\mu^*{}_{it} = h_{it} \times \mu_{it}$。$h_{it}$越小表明

国家i在t时刻的经济发展水平越低。对于处于转折点右侧的国家，则$h_{it}=1$，
即

$$\begin{cases} h = \dfrac{1}{\sqrt{\left(2\alpha_2 x_1 + \alpha_1\right)^2 + 1}} & x_1 < 转折点 \\ h = 1 & 其他 \end{cases} \tag{3}$$

（二）"公平—排放困境"理论及量化分析策略

　　"公平—排放困境"即在缩小收入不平等过程中，低收入群体碳排放增

加量大于高收入群体碳排放减少量，因此可能导致社会总体排放水平的上升（Sager，2019），起源于资本—环境之间的权衡引致的代际公平问题（Becker，1982），在应对气候变化上，诺德豪斯（Nordhaus）也认为，人类应该平衡经济发展与应对气候变化之间的关系。为了对"公平—排放困境"进行量化，本文借鉴 Caudill 等（1995）、Hadri（1999）等人做法，在SEKFC框架下，使用基尼系数表征收入不平等程度，将无效率方差表示为基尼系数的函数，通过对无效率方差参数化处理，探究收入不平等对碳效率的影响方向和水平。具体而言，假定第 i 个国家的无效率项满足 $\mu_i \sim N^+(0, \sigma_{\mu_i}^2)$，且其基尼系数为 G_i，将 G_i 视为 $\sigma_{\mu_i}^2$ 的函数：

$$\sigma_{\mu_i}^2 = \exp\left(\frac{1}{2}(\beta_1 + \beta_2 G_i)\right) \tag{4}$$

其中采用指数的方式保证了方差恒为正，无效率水平与收入不平等的关系取决于待估计参数 β_2，如果 β_2 为负，那么收入不平等的缩小会加剧无效率，进而增加人均 CO_2 排放水平，说明沿线存在"公平—排放困境"。进一步估算收入不平等对无效率水平的边际影响：

$$\frac{\partial \mu_{it}}{\partial G_i} \approx \frac{\partial E(\mu_i)}{\partial G_i} = \sqrt{\frac{2}{\pi}} \frac{\partial \sigma_{\mu_i}^2}{\partial G_i} = \frac{1}{\sqrt{2\pi}} \beta_1 \exp(\beta_1 + \beta_2 G_i) \tag{5}$$

由 $\mu_{it}^* = h_{it} \times \mu_{it}$，计算收入不平等对人均二氧化碳排放量的边际影响：

$$\frac{\partial \ln co_2 pc_{it}}{\partial G_i} = h_{it} \frac{\partial u_{it}}{\partial G_i} = h_{it} \times \frac{1}{\sqrt{2\pi}} \beta_2 \exp(\beta_1 + \beta_2 G_{it}) \tag{6}$$

式（6）的经济意义在于，基尼系数每变动1个单位，人均 CO_2 排放水平将会变动 $\beta_2 h_{it} \times \dfrac{1}{\sqrt{2\pi}} \beta_2 \exp(\beta_1 + \beta_2 G_{it}) \times 100\%$。

综上所述，本研究通过将环境库兹涅茨假说与随机前沿方法相融合，构造了一条SEKFC，在此框架下主要进行了两项工作：①在计算碳达峰时点和碳减排潜力的基础上，对各国碳达峰进行评估，包括横向潜力评估和纵向质量评估两个维度；②使用基尼系数对无效率方差进行参数化处理，进而计算收入不平等对碳排放水平的影响方向和影响大小，由此对可能存在的"公平—排放困境"进行检验和量化。通过上述两项工作，本研究实现了将经济增长目标、环境目标、社会目标纳入统一的分析框架，其理论分析框架如图4所示。

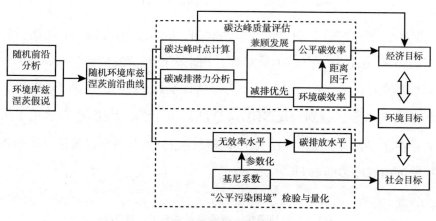

图4　理论分析框架

三　实证策略

（一）模型设定

为了计算"一带一路"国家碳效率水平，并在此基础上对"公平—排放困境"进行检验和量化，本文需要使用随机前沿方法对SEKFC进行刻画。在模型选取方面，考虑到本研究时间跨度为1971~2019年，且研究对象涵盖了不同发展阶段以及不同经济体量的国家，本文采用Greene（2005）所提出的"真实固定效应"随机前沿模型作为估计模型，该模型假定所有无效率因素在考察期内具有时变特征，且充分考虑了个体异质性成分；在模型形式方面，倒"U"形环境库兹涅茨曲线很可能只是经济—环境关系的一种特例，例如Galeotti等（2006）、Lee等（2009）先后发现二氧化碳与经济发展之间存在"N"形关系，Yang等（2015）同样发现倒"N"形或"M"形关系可能比倒"U"形更具有解释力。因此在选择模型形式时有必要遵循

"通用—特定"范式（Hasanov 等，2021），即首先在模型中包含高次项，如果高次项不适用，再将高次项依次剔除，直至模型中的最高次项显著且符合经济意义，则为最佳估计模型。遵循此思路，本文模型如式（7）[①]所示：

$$\ln co_2 pc_{it} = \alpha_i + \alpha_1 \ln gdppc_{it} + \alpha_2 \left(\ln gdppc_{it}\right)^2 + \alpha_3 \left(\ln gdppc_{it}\right)^3$$
$$+ \alpha_4 \left(\ln gdppc_{it}\right)^4 + \gamma control + v_{it} + \mu_{it} \tag{7}$$

其中，下标 i 和 t 分别表示国家和时间，$\ln co_2 pc$ 为人均二氧化碳排放量的对数；$\ln gdppc$ 为人均GDP的对数，用来表征经济发展水平；$control$ 表示系列控制变量；α_1、α_2、α_3、α_4、γ 为待估计参数；v_{it}、μ_{it} 分别表示随机干扰项和无效率水平，分别满足 $N\left(0, \sigma_v^2\right)$ 和 $N^+\left(0, \sigma_{\mu_i}^2\right)$，其中 $\sigma_{\mu_i}^2$ 表示技术无效率方差在各国具有异质性；α_i 为个体异质性成分。各系数显著性、符号及其所反映的曲线形态如表1所示。

表1 系数显著性、符号及所对应的曲线形态

显著性	符号	环境库兹涅茨曲线形态
α_4 显著	$\alpha_4 > 0$	"W" 形
	$\alpha_4 < 0$	"M" 形
α_4 不显著，α_3 显著	$\alpha_3 > 0$，$\alpha_2 < 0$，$\alpha_1 > 0$	"N" 形
	$\alpha_3 < 0$，$\alpha_2 > 0$，$\alpha_1 < 0$	倒 "N" 形
α_4、α_3 不显著，α_2 显著	$\alpha_2 > 0$	"U" 形
	$\alpha_2 < 0$	倒 "U" 形
α_4、α_3、α_2 不显著，α_1 显著	$\alpha_1 > 0$	单调递增
	$\alpha_1 < 0$	单调递减

注：如果高次项不显著，则将高次项剔除再进行拟合，而非将其保留。

（二）数据说明

本研究涵盖了全球109个样本国家，包含36个亚洲国家、36个欧洲国家、31个非洲国家、4个美洲国家、2个大洋洲国家。其中有96个国家已与中国签署"一带一路"倡议相关合作文件，除中国外剩余12个国家分别为

[①] 现有关于环境库兹涅茨曲线的研究加入的最高次项为4次项，本文遵循此思路，不考虑5次项及以上。

摩洛哥、比利时、瑞士、德国、丹麦、西班牙、芬兰、法国、冰岛、荷兰、瑞典、日本，时间跨度为1971~2019年。①相关数据见表2。

表2　样本国家分布

单位：个

区域	国家数量	"一带一路"合作国数量
亚洲	36	35
欧洲	36	26
非洲	31	30
美洲	4	4
大洋洲	2	2
合计	109	97

资料来源：一带一路网。

此外，本研究所使用的数据来源于多个数据库。其中人均GDP和系列控制变量来源于世界银行，控制变量分别包括工业增加值占GDP比重（Jayanthakumaran等，2012；Zhang和Zhao，2014）、人口密度（Akbostancı等，2009；Dutt，2009；Yang等，2015）以及商品服务进口比重（Agras和Chapman，1999；Atici，2009；Yang等，2015）。②人均二氧化碳排放量来源于Paris Reality Check，该数据集涵盖了全球最大时空范围的二氧化碳排放数据，包括基于国家自主报告（HIST-Country Report，HISTCR）和第三方报告（HIST-Third Report，HISTTR）的两组排放数据，为确保数据的可比性和科学性，本文采用第三方报告数据。

本研究采用基尼系数来表征各国收入不平等水平，为使基尼系数在横向与纵向上具备可比性，同时最大限度减少数据损失，本文使用的基尼系数来

---

① 其中摩洛哥为非洲前五大经济体，剩余11个国家均为发达国家，为使本文所构造的碳效率前沿面更加精准，故而将这12个国家纳入研究范围。同理，将美洲和大洋洲共6个"一带一路"国家加入在内也是为了提升碳效率前沿面的精确性，本文的主要研究对象为亚欧非国家。

② 影响二氧化碳排放的控制变量不止上述三个，其中较为重要的控制变量还包括能源价格、政府效能等，但是本文所涉及时间尺度较大，导致其他控制变量缺失值十分严重，而通过缩小时间尺度来增加控制变量会导致样本量大幅减少，降低成本前沿的精确度。

自 Solt（2016）所构造的标准化世界不平等数据库（Standard World Income Inequality Database，SWIID）。该数据库包含基于市场收入的基尼系数与基于再分配收入的基尼系数，前者基于税前与转移支付前的收入水平数据进行计算，反映了由市场力量导致的贫富差距水平，后者基于税后与转移支付后的收入数据进行计算，反映了实际贫富差距，本文在此使用后者。

本文首先将被解释变量、解释变量与控制变量进行匹配，最终得到 3760 个样本，用来对 SEKFC 进行刻画；在此之后，本文使用有限数量的基尼系数数据与第一步的面板数据进行合并，进而得到第二组面板数据，共包含 2768 个样本，用以估算收入不平等对人均 CO_2 排放的影响大小和方向。各变量描述性统计如表 3 所示。

表 3 变量描述性统计

	变量	观察值	均值	标准差	最小值	最大值
被解释变量	人均 CO_2 排放	3760	4969.222	5725.456	19.146	48963.040
解释变量	人均 GDP	3760	11097.590	15801.800	204.0241	105454.700
控制变量	工业增加值占 GDP 比重	3760	29.176	13.147	4.5559	90.513
	人口密度	3760	203.666	656.660	1.1158	8044.526
	进口占 GDP 比重	3760	42.500	25.644	0.0156	208.931
收入不平等	基尼系数	2768	0.368	8.545	0.203	0.664

注："人均 CO_2 排放"单位为 kg，"人均 GDP"单位为 2015 年不变价美元，"工业增加值占 GDP 比重""进口占 GDP 比重"单位为%，"人口密度"单位为人/公里^2。

由表 3 可以发现，各国相关指标之间存在巨大差异。具体来看，人均 CO_2 排放和人均 GDP 的最大值分别为 48963.040 千克、105454.700 美元，分别对应 2014 年的卡塔尔和 2007 年的卢森堡；而最小值则分别对应 1973 年的卢旺达和 1992 年的莫桑比克。基尼系数最大值为 0.664，最小值为 0.203，分别对应 2007 年的纳米比亚和 1981 年的瑞典。在控制变量中，工业增加值占 GDP 比重、人口密度以及进口占 GDP 比重均呈现较大差异，这表明沿线资源禀赋相对多样，且各国所处发展阶段相差较大，这些都为本研究提供了良好的异质性基础。

四 随机库兹涅茨前沿及碳减排潜力

本部分基于异质性随机前沿方法，首先构造了代表沿线最佳碳效率的SEKFC，同时将其与最小二乘估计进行了比较；在此基础上通过计算1971~2019年各国碳效率水平来对各国碳减排潜力进行分析；然后分别计算了亚欧非三大区域的SEKFC，进行异质性分析；最后进一步扩大了被解释量范围，逐步将其他温室气体考虑在内，并计算了其碳达峰时点。

（一）随机库兹涅茨前沿曲线

为了确定SEKFC的最佳形态，本部分基于"通用—特定"范式，使用异质性随机前沿方法，对式（7）进行了估计，为便于比较，本部分同时使用了OLS对环境库兹涅茨曲线进行了估计，相关结果如表4所示。

表4 随机库兹涅茨前沿以及最小二乘估计结果

变量	SEKFC			OLS		
	(1)	(2)	(3)	(4)	(5)	(6)
	四次方	三次方	二次方	四次方	三次方	二次方
ln（人均GDP）	1.138	−2.369***	2.348***	9.027**	−1.915***	2.250***
	(3.601)	(0.559)	(0.096)	(3.651)	(0.570)	(0.095)
ln（人均GDP）^{2}	0.178	0.469***	−0.109***	−1.635**	0.409***	−0.103***
	(0.668)	(0.068)	(0.006)	(0.677)	(0.069)	(0.006)
ln（人均GDP）^{3}	0.029	−0.023***		0.1462***	−0.0205***	
	(0.054)	(0.003)		(0.055)	(0.003)	
ln（人均GDP）^{4}	−0.002			−0.0050***		
	(0.002)			(0.002)		
时间趋势项	−0.012	0.011	0.008	−0.0096	−0.0126	−0.014
	(0.012)	(0.012)	(0.013)	(0.013)	(0.013)	(0.013)
个体效应	固定	固定	固定	固定	固定	固定
控制变量	控制	控制	控制	控制	控制	控制
$\ln\sigma_\mu^2$	−9.710	−2.595***	−2.654***	—	—	—
	(91.567)	(0.086)	(0.094)			

续表

变量	SEKFC			OLS		
	(1)	(2)	(3)	(4)	(5)	(6)
	四次方	三次方	二次方	四次方	三次方	二次方
$\ln\sigma_v^2$	-2.844***	-3.479***	-3.4020***	—	—	—
	(0.042)	(0.067)	(0.065)			
λ	0.032	1.556***	1.454***	—	—	—
	(0.361)	(0.017)	(0.018)			
个体	109	109	109	109	109	109
观测值	3760	3760	3760	3760	3760	3760
曲线形态	—	倒"N"	倒"U"	M	倒"N"	倒"U"
转折点	—	3.365	10.734	1.417	3.039	10.935
		10.1330			10.249	
对应人均GDP	—	29；25366	45889	4	21；28240	56100

注：***、**、*分别表示在1%、5%、10%水平下显著，括号内为标准误；第（4）列"M"形曲线存在3个转折点，其中两个分别是-222.487、-1.426，与经济意义不符，故未在表中列出；$\lambda=\dfrac{\sigma_\mu}{\sigma_v}$；转折点对应人均GDP=$e^{转折点}$。由于篇幅限制，关于控制变量的回归结果并未展示，如有需要可向笔者索取，下同。

表4第（1）～（3）列汇报了基于异质性随机前沿方法所测算的SEKFC。由第（1）列可知，在将人均GDP的四次项纳入SEKFC之后，所有解释变量均不显著，这表明"一带一路"碳排放与人均GDP之间不存在"W"形或"M"形关系。由第（2）列可知，在将人均GDP的四次项剔除之后，人均GDP的所有次项与无效率项均在1%水平下显著，且人均GDP一次项、三次项系数为负，二次项系数为正，表明"一带一路"国家碳排放与经济发展之间存在倒"N"形关系，且存在无效率因素，进一步计算得知两个转折点所对应的人均GDP分别为29美元、25366美元，这实际上等价于倒"U"形关系，其经济含义为："一带一路"国家完成经济转型进而实现碳达峰所对应的人均GDP为25366美元；[1]在控制变量中，人口密度与工业增加值占GDP

---

① 对于这种名义上"N"形关系而实质上是倒"U"形关系的SEKFC而言，依据上文分析不难得到，当人均GDP>29美元时，其距离因子 $h_{it}=\dfrac{1}{\sqrt{\left(3a_3x^2+2a_2x+a_1\right)^2+1}}$。

比重系数为正且均在1%水平下显著，即工业化过程和人口集聚均会对碳排放产生正向影响。为了对上述近似的倒"U"形关系进行验证，同时说明加入人均GDP三次项的必要性，第（3）列只保留了人均GDP的二次项与一次项，结果显示人均CO_2排放与人均GDP的倒"U"形关系仍然十分显著，但是对SEKFC的无效率水平有所低估，而且其转折点达到45889美元。[①]

作为对比，表4第（4）~（6）列汇报了使用OLS对环境库兹涅茨曲线进行拟合的结果。第（4）列结果显示，人均GDP的四次项系数虽然在1%水平下显著，但是对应的人均GDP转折点分别为-222美元、-1美元和4美元，这与经济意义并不相符，因此这种关系同样并不成立。第（5）列结果显示，在将人均GDP四次项剔除后，人均GDP所有次项均在1%水平下显著，其转折点分别为21美元、28240美元，表明人均CO_2排放与人均GDP之间的倒"N"形关系依然成立，进一步验证了上述SEKFC的转折点，但是需要指出的是，由OLS得到的环境库兹涅茨曲线仅仅是对"一带一路"国家碳排放对人均GDP的均值回归，无法体现各国二氧化碳排放过程中的无效率水平。

综上所述，在随机环境库兹涅茨前沿框架下，"一带一路"国家碳排放与经济发展之间存在名义为倒"N"形而实际上为倒"U"形的环境库兹涅茨曲线，各国实现碳达峰所对应的人均GDP为25366美元（2015年不变价），工业增加值比重与人口密度均会对碳排放产生正向影响，各国碳排放存在显著的无效率因素，具有潜在的减排空间。

（二）碳减排潜力分析

在确定SEKFC形状的基础上，本文接下来试图计算"一带一路"国家碳效率水平，从而对各国碳减排潜力进行分析。在此之前，本文根据式（2）对1971~2019年各国距离因子进行计算，在SEKFC既定情况下，距离因子取决于人均GDP水平。人均GDP越高，距离因子越大。当人均GDP超过

---

① 本文在这里选择三次项曲线所对应的25366美元，作为完成经济转型所需实现的人均GDP水平，而没有选择45889美元，原因包括：一方面是遵循"通用一特定"范式；另一方面，若以45889美元为标准，则只有卢森堡、瑞典、芬兰及冰岛等少数北欧国家达到标准，这与事实并不相符。

SEKFC 的转折点，距离因子达到最大值 1。本文利用核密度法，以 1971 年、1981 年、1991 年、2001 年、2011 年及 2019 年为剖面，分别展示了"一带一路"国家环境碳效率、距离因子及公平碳效率在考察期间的动态演进过程，结果如图 5 所示。

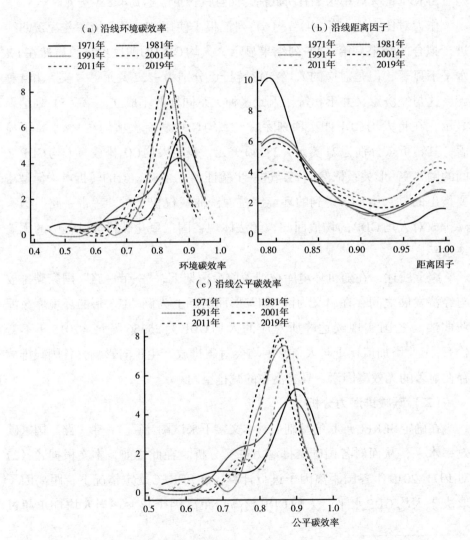

图5 "一带一路"国家环境碳效率、距离因子以及公平碳效率核密度

由图5可以发现，一是考察期内距离因子核密度图的双峰特征逐渐明显，但是双峰均较为扁平，这表明"一带一路"沿线人均GDP水平出现一定程度的"分化"，但是程度较低。二是碳效率核密度图在考察期内发生向右移动，表明"一带一路"沿线整体碳效率水平在考察期内有所提升；碳效率核密度图在X=0.90附近存在一处高峰，且高峰垂直在考察期内呈上升态势，表明沿线国家碳效率水平在此处具有一定的动态收敛态势，这可能得益于绿色技术、管理经验在沿线的扩散与传播。三是与环境碳效率相比，公平碳效率核密度图整体更加偏右，位于0.50~1，表明经过距离因子修正之后，各国公平碳效率有所提升，特别是环境碳效率处于末端的国家，其提升幅度较为明显。

为进一步把握"一带一路"沿线区域碳效率水平演化特征和碳减排潜力，同时直观呈现距离因子对环境碳效率的改进，本文绘制了2001~2019年"一带一路"国家整体和分区域的碳效率时间趋势图，如图6所示。

首先，从碳效率演进特征来看，"一带一路"整体碳效率呈"W"形波动且在考察期内微弱上升，这种特征在分区域后更加突出，其中亚欧国家碳效率在1983~1986年保持高位波动，但是此后急转直下，在1991年左右跌至低谷，意味着其较大的减排潜力；非洲国家碳效率高位点则出现在1991年左右。各区域碳效率出现上述波动可能和20世纪70年代末、20世纪80年代初以来的石油危机、国际政治剧变有关。其中1979~1981年第二次石油危机所催化的高油价大幅增加了伊拉克、阿曼、瑞典、芬兰等出口国的GDP，使得其碳效率一度高涨，在此之后，20世纪80年代末的东欧剧变则造成东欧、中亚等国家经济发展失衡，生产活动均遭到不同程度破坏，导致这些国家碳效率水平显著下降；而非洲部分国家则受益于20世纪90年代初短暂的高油价与相对稳定的生产环境，碳效率在1991年左右出现高点。

其次，从碳效率排名来看，欧洲地区两种碳效率水平长期处于末位，减排潜力较大，1995年后其碳效率上升态势十分明显，2010年前后一跃居于沿线首位且持续上升，一方面这可能得益于欧盟的成立，有效促进了区域内部资源的进一步整合和绿色技术研发，使得其碳效率水平得以提升；另一方面，也有可能是由于经济全球化的加速，欧洲各国可以通过污染转移和商品进口降低国内碳排放水平。亚洲地区从20世纪末开始便呈波动下降趋势，其碳效率自2007年之后降落至末位，这主要是由于以中国为代表的亚洲各国在考察期内处于快速工业化阶段，其碳效率长期位于较低水平。而非洲地区碳效率则在较长一段时间内居首位，2011年开始其碳效率水平排名降至第二，这一特征在公平碳效率中更为明显。

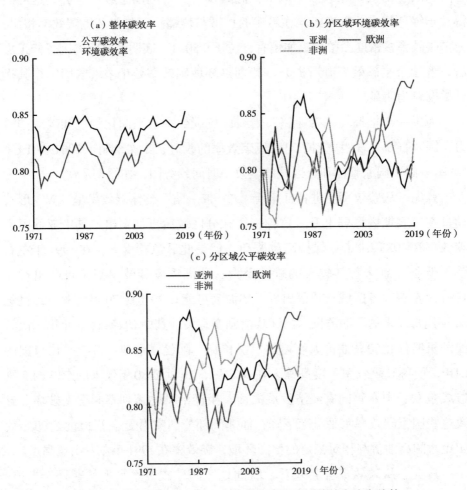

图6 1971~2019年"一带一路"整体与分区域碳效率演变趋势

（三）异质性分析

"一带一路"的核心和最大特点在于其包容性与全球性（贾秀东，

2015)，2014年以来，中国以传统丝绸之路为依托，共与全球149个国家签署了共建"一带一路"合作文件，[1]但由于资源禀赋、自然条件、社会历史等方面的不同，区域间系统性差异较为明显。在欧洲区域，各国经济发展水平整体较高，区域人均GDP在2.5万美元左右，其经济结构以高新技术与信息服务业为主，科技研发投入居全球首位，各主要经济体已经或开始迈入后工业化阶段，同时通过进口碳密集产品等途径降低国内碳排放水平，进口占GDP比重在60%以上。在亚洲区域，人均GDP接近1万美元，各国政府大多致力于推进本国工业化进程，工业占比为35%左右，少数国家已经实现碳达峰。而在非洲区域，人均GDP水平尚不足3000美元，其经济结构仍以农业、采矿业等为主，工业化水平不高，多数国家尚未开启经济转型进程。因此，本文接下来以区域为划分标准，分别计算了亚洲、欧洲与非洲三大区域的SEKFC，从而更加精准识别碳排放与经济发展之间的关系，相关结果如表5所示。

表5　分区域随机环境库兹涅茨前沿曲线

变量	(1)亚洲	(2)欧洲	(3)非洲
ln(人均GDP)	−3.634*** (0.938)	−1.928 (1.586)	8.377*** (2.239)
ln(人均GDP)^2	0.584*** (0.113)	0.384** (0.179)	−1.086*** (0.312)
ln(人均GDP)^3	−0.0265*** (0.005)	−0.018*** (0.007)	0.052*** (0.014)
时间趋势项	0.148*** (0.024)	−0.133*** (0.022)	0.031 (0.023)
个体效应	固定	固定	固定
控制变量	控制	控制	控制
$\ln\sigma_u^2$	−2.072*** (0.093)	−10.919 (64.809)	−2.348*** (0.135)
$\ln\sigma_v^2$	−4.086*** (0.167)	−3.702*** (0.066)	−3.215*** (0.104)
λ	2.737*** (0.026)	0.026 (0.159)	1.543*** (0.030)

[1] 资料来源：中国一带一路网，https://www.yidaiyilu.gov.cn/。

续表

变量	(1) 亚洲	(2) 欧洲	(3) 非洲
个体	36	36	31
观测值	1239	1097	1185
曲线形态	倒"N"	倒"N"	单调递增
转折点	4.481 10.179	3.305 10.588	—
对应人均GDP	88；26354	27；39640	—

注：***、**、*分别表示在1%、5%、10%水平下显著，括号内为标准误；加入四次项后结果与经济意义不符，限于篇幅此处未列出，下同。

根据表5可知，在前沿曲线形态方面，倒"N"形SEKFC在亚洲和欧洲地区仍然成立，但是在亚洲区域更为显著；非洲地区人均CO_2排放水平在考察期内随人均GDP增长而上升，拐点尚未出现，各国要实现碳达峰目标面临十分艰巨的挑战。在控制变量方面，欧洲地区进口比重系数为负且在1%水平下显著，这在一定程度上印证了欧洲国家可以通过进口实现"污染转移"，从而降低国内碳排放水平。在无效率水平方面，亚洲地区和非洲地区无效率项均在1%水平下显著，而欧洲地区无效率项并不显著，说明欧洲各国发展模式、产业结构等特征十分相似，以区域内部构造前沿曲线，各国基本不存在无效率项。

（四）进一步讨论

除二氧化碳外，1997年《京都议定书》中将甲烷、氧化亚氮、氢氟碳化合物、全氟碳化合物、六氟化硫等五类气体纳入温室气体范畴。随着二氧化碳减排边际成本逐渐上升，加强非二氧化碳温室气体减排力度，可以显著降低气候目标的实现成本，同时为温室气体减排提供更广阔的空间（Clarke等，2014），因此本文接下来试图探究人均GDP与其他温室气体之间的关系，以期为"一带一路"国家加强其他温室气体减排提供有益参考。

在各类温室气体中，首先二氧化碳自工业革命以来对全球温度上升的贡献度将近70%，在单一温室气体中居首位；其次则是甲烷和氧化亚氮，贡献度分别达到16%和7%。①人类活动所导致的甲烷排放占甲烷排放总量的60%，其中化石燃料的开采加工与消费、垃圾处理和农业生产等三项占九成以上（United Nations Environment Programme and Climate and Clean Air Coalitionn，2021）；在氧化亚氮方面，人类活动占氧化亚氮排放的40%左右。截至2020年，全球二氧化碳浓度比工业革命前高149%，达413000ppb；甲烷浓度比工业革命前高262%，达890ppb，氧化亚氮则高123%，达333ppb（World Meteorological Organization，2021），②氧化亚氮更是由于其引发全球变暖潜能（Global Warming Potential，GWP）高出二氧化碳近300倍、高出甲烷近12倍而被称为"超级温室气体"。因此本文接下来分别以甲烷和氧化亚氮，甲烷、氧化亚氮和氟化物，所有温室气体为被解释变量，③以此计算沿线国家SEKFC的转折点，并检验其是否存在无效率项，结果如表6所示。

表6　扩大被解释变量范围：加入其他温室气体

变量	(1) 甲烷+氧化亚氮	(2) 甲烷+氧化亚氮+氟化物	(3) 所有温室气体
ln(人均GDP)	−3.166*** (0.712)	−2.985*** (0.3461)	−6.458*** (0.346)
ln(人均GDP)^2	0.441*** (0.087)	0.393*** (0.042)	0.876*** (0.042)
ln(人均GDP)^3	−0.019*** (0.003)	−0.016*** (0.002)	−0.036*** (0.002)
时间趋势项	−0.017 (0.016)	−0.063*** (0.008)	−0.023*** (0.008)
个体效应	固定	固定	固定
控制变量	控制	控制	控制
ln σ_μ^2	−29.669 (15074)	−3.362*** (0.079)	−3.670*** (0.164)

①　工业革命以来一般指1750年以来；温室气体占比最高的是水蒸气，但是由于空气中水蒸气总体水平基本不变，因此水蒸气对温度上升的贡献度几乎为0。

②　ppb（part per billion）为浓度单位，此处指干空气中每109个分子中CO$_2$、N$_2$O、CH$_4$的数量。

③　甲烷与氧化亚氮根据GWP转换为CO$_2$当量，其中甲烷的GWP值为25，氧化亚氮为296；除此之外，数据库提供了以二氧化碳计的温室气体排放总量，本文在此直接使用。

续表

变量	(1) 甲烷+氧化亚氮	(2) 甲烷+氧化亚氮+氟化物	(3) 所有温室气体
$\ln \sigma_v^2$	−2.443*** (0.024)	−4.714*** (0.090)	−4.467*** (0.119)
λ	1.22e−06 (0.027)	1.993*** (0.011)	1.490*** (0.019)
个体	109	109	109
观测值	3417	3417	3417
曲线形态	倒N	倒N	倒N
转折点	5.668 9.767	5.7678 11.089	5.747 10.288
对应人均GDP	289；17449	313；65473	313；29380

注：***、**、*分别表示在 1%、5%、10% 水平下显著，括号内为标准误；部分国家氧化亚氮排放数据存在部分异常值，为确保结果的稳健性，本文将异常值予以剔除，故剩余 3417 个样本值。

表 6 第（1）列汇报了将甲烷和氧化亚氮一并作为被解释变量之后的结果。结果显示人均 GDP 的二次项系数为正，一次项系数和三次项系数为负，且均在 1% 水平下显著，表明上述两类温室气体排放总量与人均 GDP 仍然呈倒 "N" 形关系，但不存在无效率因素；工业增加值占 GDP 比重系数为正，人口密度系数为负，表明工业化进程不仅会增加二氧化碳排放，也会增加甲烷与氧化亚氮等温室气体排放，但是人口密度的增加则有利于减少甲烷与氧化亚氮等温室气体的排放。进一步计算发现，二氧化碳和氧化亚氮排放达峰所对应的人均 GDP 是 17449 美元，远低于碳达峰所对应的人均 GDP。

第（2）列在甲烷和氧化亚氮的基础上，加入了氢氟碳化合物、全氟碳化合物、六氟化硫等氟化物，结果显示所有系数均在 1% 水平下显著，倒 "N" 形关系仍然成立，转折点达到了 65473 美元，其排放存在显著的无效率因素。第（3）列在第（2）列的基础上加入了二氧化碳，使用所有温室气体排放作为被解释变量，结果同样证实了倒 "N" 形关系和无效率因素的存在，但是转折点降至 29380 美元。上述结果表明，对全部温室气体而言，其达峰所对应的人均 GDP 水平与碳达峰相差无几，碳达峰仍然是实现温室气体达峰的核心。但是对除二氧化碳之外的其他温室气体而言，特别是对系列氟化物，其单独达峰所对应的人均 GDP 水平较高，排放水平具有一定的持久性，各国关注度普遍不足。因此在碳减排边际成本不断上升的背景下，各国须加大对氟化物等温室气体的减排力度，这有利于降低气候目标的实现成本。

五　碳达峰评估和"公平—排放困境"分析

在确定SEKFC的转折点，以及对各国碳减排潜力进行分析的基础上，本部分首先对各国碳达峰进行评估，并据此为处于不同阶段的国家实现碳达峰提供有针对性的对策建议；其次将标准化基尼系数与样本进行匹配，以期对"一带一路"国家可能存在的"公平—排放困境"进行检验和量化。

（一）碳达峰评估

基于上述分析，本文从以下两方面对各国碳达峰进行评估：一方面，本文以SEKFC转折点25366美元为参照，通过对比"一带一路"各国在末期的人均GDP水平与转折点之间的差距，对各国碳达峰进行横向潜力评估；另一方面，碳达峰并非攀高峰，实现碳达峰目标必须加强对碳排放总量控制，切实提升碳效率，因此本文基于公平碳效率水平对各国达峰路径进行纵向质量评估。在此之前，为直观展示"一带一路"国家人均GDP水平以及公平碳效率水平，本文绘制了"一带一路"国家SEKFC和各国公平碳效率散点图，如图7所示。

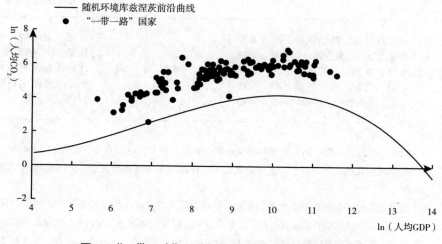

图7　"一带一路"国家SEKFC与公平碳效率散点图

在图7中，"一带一路"国家与前沿曲线的距离大致在转折点附近达到最大，说明了"一带一路"国家较为粗放的经济转型进程和碳达峰路径。最接近效率前沿的前三个国家分别是坦桑尼亚、加蓬和刚果（布），其碳效率水平分别达0.99、0.98、0.97；距离前沿最远的三个国家分别是文莱、柬埔寨和斐济，其碳效率水平均不足0.60。接下来，为了对各国碳达峰进行更加精准的二维评估，本文在横向上以2030年为碳达峰目标时点，[①]计算了各国人均GDP为实现碳达峰所需满足的复合年均增长率，在纵向上以沿线平均碳效率为临界值，对各国碳达峰路径进行评价，并提出相应的政策建议。相关结果如表7所示。

表7 "一带一路"国家碳达峰潜力和质量评估[②]

组别	成员	人均GDP年均增长率目标	达峰路径质量	政策建议
示范组	丹麦、新加坡、法国、瑞典、意大利、芬兰、瑞士、卢森堡、德国、西班牙、日本、比利时、荷兰	无（已达标）	高	加强绿色技术、政策的引领与示范；加大全球绿色产业投资
改进组	冰岛、奥地利、新西兰、塞浦路斯、韩国、马耳他		低	加强绿色技术运用，加大环境规制力度
优化组	阿联酋、卡塔尔、科威特		高	改变单一产业结构，提升能源利用效率
	文莱		低	
冲刺组	罗马尼亚、斯洛伐克、斯洛文尼亚、波兰、俄罗斯、匈牙利、葡萄牙、希腊、克罗地亚、哈萨克斯坦、巴林、爱沙尼亚、中国、捷克、马尔代夫、沙特阿拉伯、阿曼	0~10%	高	优化产业结构，加快第三产业发展，优化资源配置；加大绿色技术采用和绿色能源比重

① 95%以上的"一带一路"国家计划实现碳中和等气候目标的时点为2050年或2060年，碳达峰时点直接决定了碳中和实现难度，本文在此设定沿线达峰时点与中国相同，为2030年。

② 此处意在说明如果按照历史经验数据，各国为实现碳达峰人均GDP增长率需满足何种目标，即实现碳达峰的难度有多大，在全球越来越重视气候问题且各国参与度越来越高的背景下，各国实现碳达峰目标并非一定要满足目标增长率，此处的政策建议便是在实现难度既定的情况下，各国为努力实现碳达峰所需要采取的政策措施。

组别	成员	人均GDP年均增长率目标	达峰路径质量	政策建议
	哥斯达黎加、拉脱维亚、立陶宛、马来西亚、土耳其		低	优化产业结构;加快推进能源系统转型;建立完善的碳交易制度
潜力组	阿塞拜疆、保加利亚、白俄罗斯、摩尔多瓦、黑山、塞尔维亚、加蓬、安哥拉、北马其顿、赤道几内亚、南非、黎巴嫩、埃及、多米尼加、伊拉克、厄瓜多尔、格鲁吉亚、突尼斯、亚美尼亚、菲律宾	10%~20%	高	加强气候适应性融资;加大外资引入力度;积极推进工业化进程
	印度尼西亚、阿尔巴尼亚、阿尔及利亚、泰国、波黑、斯里兰卡、纳米比亚、伊朗、蒙古、斐济、老挝		低	加强气候减缓融资;实施清洁能源替代战略;推动实施产业发展多元化战略
边缘组	乌克兰、塔吉克斯坦、坦桑尼亚、刚果布、乌兹别克斯坦、刚果金、卢旺达、吉布提、肯尼亚、加纳、吉尔吉斯斯坦、埃塞俄比亚、中非共和国、几内亚、尼日尔、苏丹、几内亚比绍、塞内加尔、巴基斯坦、冈比亚	>20%	高	增强经济可持续发展能力;大力发展绿色产业,建立绿色工业体系
	摩洛哥、塞拉利昂、赞比亚、孟加拉国、莫桑比克、缅甸、科摩罗、马里、布隆迪、越南、贝宁、柬埔寨		低	大幅引进国际先进技术与资金,提高产业附加值;推动本国能源系统转型

注:之所以将人均GDP增长率已达标的国家分为三组,是因为示范组与改进组成员国实际上确已完成碳达峰目标,但是优化组成员实际尚未实现达峰目标。在冲刺组、潜力组和边缘组中,也有大量国家已实现碳达峰目标,但是这种达峰实际上只是提前达峰,所对应的人均GDP水平较低,并非通过经济转型所实现的结构达峰。

数据来源:各国碳达峰数据来源于World Resource Institute,由于篇幅限制此处并未列出,如有需要可向笔者索取。

表7将"一带一路"国家共分为六组:示范组、改进组、优化组、冲刺组、潜力组和边缘组。具体来看,示范组成员与改进组成员人均GDP已越

过转折点，且确已实现碳达峰目标，其中示范组成员碳效率水平高于沿线均值，属于高质量碳达峰，因此其在沿线主要扮演"溢出人"角色，一方面要通过国际贸易等途径加强本国先进绿色技术扩散传播，另一方面要加大对全球绿色产业投资，加快其他国家绿色化步伐。改进组成员虽已实现碳达峰目标，但是其达峰质量较低，因此需要进一步加大绿色技术的研发和采用力度，同时加强环境监管，以期进一步提升本国碳效率水平。优化组成员人均GDP水平已越过转折点，但是尚未实现碳达峰，与其国内单一的产业结构有关，优化组成员要以本国良好的资源禀赋为基础，着力优化本国产业结构，大力发展工业和服务业。

对于冲刺组国家来说，要实现2030年碳达峰目标，人均GDP水平需满足年均0~10%的复合增长率，这对各成员国来说难度较大，因此各国必须通过产业结构优化、开发新的绿色增长点以及加强绿色技术与能源应用等方式，降低碳达峰实现难度；对于达峰路径质量较低的成员国来说，还要加快推动本国能源系统转型升级，通过碳交易、绿色税收补贴等方式切实缩小本国与效率前沿的距离。对于潜力组成员来说，其人均GDP年均复合增长率水平需保持在10%~20%，这对于各国来说几无可能，因此各国必须加强气候融资，通过大规模绿色技术产业的运用寻求实现本国经济增长与碳达峰目标的双赢。对于边缘组来说，其人均GDP水平与25366美元相差甚远，并无希望在2030年达到此目标，必须在寻求国际援助的同时，寄希望于二氧化碳捕集封存、核能源零碳技术的大规模推广与运用，否则其几乎没有完成碳达峰目标的可能，从而陷入低水平的达峰陷阱。

（二）"公平—排放困境"分析

本部分在上述分析的基础上，试图探究"一带一路"国家是否存在"公平—排放困境"，并对其进行量化。基于1971~2019年104个国家的2768个有限样本集，使用基尼系数对无效率方差进行参数化处理，结果如表8第（1）列所示，为了说明结果的可靠性，表8第（2）列同时汇报了基于此样本集且未纳入基尼系数的结果。

表8　是否纳入基尼系数的无效率方差函数比较

变量	(1) 纳入基尼系数	(2) 未纳入基尼系数
$\ln($人均GDP$)$	-4.4835^{***}	-4.6193^{***}
	(0.5833)	(0.5853)
$\ln($人均GDP$)^2$	0.7125^{***}	0.7355^{***}
	(0.0698)	(0.0696)
$\ln($人均GDP$)^3$	-0.0324^{***}	-0.0336^{***}
	(0.0028)	(0.0027)
时间趋势项	-0.1031^{***}	-0.0856^{***}
	(0.0149)	(0.0150)
个体效应	固定	固定
控制变量	控制	控制
$\ln\sigma_u^2$		-3.3760^{***}
		(0.1552)
基尼系数	-0.4624^{***}	
	(0.1451)	
常数	5.7348^{*}	
	(3.4404)	
$\ln\sigma_v^2$	-3.4068^{***}	-3.8612^{***}
	(0.0270)	(0.8623)
λ		1.2746^{***}
		(0.0201)
个体	104	104
观测值	2768	2768
曲线形态	倒"N"	倒"N"
转折点	4.5636	4.5716
	10.1181	10.0172
对应人均GDP	96；24788	97；22408

注：***、**、*分别表示在1%、5%、10%水平下显著，括号内为标准误。

表8第（1）列显示，在使用基尼系数对无效率方差进行参数化处理之后，达峰点所对应的人均GDP为24788美元，基尼系数所对应的系数值为负，且在1%水平下显著，表明在人均GDP水平不变的情况下，缩小"一带一路"国家的收入差距会加剧碳排放的无效率，进而增加人均CO_2排放量，沿线存在"公平—排放困境"。表8第（2）列显示，所有变量均在1%水平下显著，SEKFC形态仍然呈倒"N"形，达峰点所对应的人均GDP为22408美元，与全样本下得到的结果相差不大，说明了该有限样本集的稳健性。

一方面，收入不平等往往和经济发展水平密切相关，在"一带一路"高收入国家中，得益于强有力的税收制度及全面的社会保障制度，其收入不平等程度总体较低，基尼系数平均水平在29%左右；而在低收入国家，由于缺乏有效的再分配制度，加之劳动报酬占GDP比重往往较低，收入不平等程度长期在高位波动，基尼系数平均值达43%以上。另一方面，在低收入国家中，收入差距的缩小可能会增强贫困群体对清洁、高质量能源的消费能力，进而降低污染排放（Finco，2009；Shuai等，2019）；而在高收入国家，由于居民贫困发生率较低，缩小收入差距很有可能会增加居民对碳密集产品的消费，进而加剧碳排放；因此，在不同收入层次缩小收入差距对碳排放的影响很可能存在异质性（Grunewald等，2017）。鉴于此，本文接下来以收入水平为划分依据，将样本分为中高—高收入组与中低—低收入组来探讨缩小收入差距对碳效率以及碳排放的影响，相关结果如表9所示。①

表9　按收入水平将基尼系数纳入无效率方差函数

变量	(1)中高—高收入	(2)中低—低收入
ln(人均GDP)	−9.820***(0.839)	−4.583***(0.221)
ln(人均GDP)^2	1.298***(0.097)	0.942***(0.053)
ln(人均GDP)^3	−0.054***(0.004)	−0.051***(0.003)
时间趋势项	−0.073***(0.018)	0.055**(0.023)
个体效应	固定	固定
控制变量	控制	控制
$\ln\sigma_u^2$		
基尼系数	−0.464***(0.230)	−0.006(0.007)

① 对高收入、低收入、中低收入与中高收入的划分来源于联合国官方数据，考虑数据量限制，本文在此没有按照收入将样本分为四组。

续表

变量	(1) 中高—高收入	(2) 中低—低收入
常数	6.133 (5.247)	−1.469*** (0.289)
$\ln \sigma_v^2$	−3.723*** (0.035)	−21.826*** (3.473)
个体	63	41
观测值	1720	1048
曲线形态	倒"N"	倒"N"
转折点	6.093 9.971	1.585 9.122
对应人均GDP	442；21393	28；8340

注：***、**分别表示在1%、5%水平下显著，括号内为标准误。

表9第（1）列汇报了基于中高—高收入组国家的无效率方差参数化结果，结果显示基尼系数的系数为负且在1%水平下显著，同时其系数大小高于分组前的系数值；第（2）列汇报了基于中低—低收入组国家的方差参数化结果，结果显示基尼系数并不显著且绝对值很小。以上结果说明，收入不平等对碳效率和碳排放的影响存在异质性，在中高及高收入组国家，由于经济发展水平整体较高，缩小收入差距可能会促进居民对高排放产品的消费，从而加剧碳排放无效率，进而增加碳排放水平，而在中低及低收入组国家，没有足够证据证明缩小收入差距会增加人均CO_2排放水平，[①]这为处于不同发展阶段的国家统筹实现环境与社会目标提供了重要支持。接下来，本文依据式（4）~（6）量化基尼系数对中高—高收入组国家人均CO_2排放的影响大小，并列出了基尼系数变化对人均CO_2排放影响最大的前10位国家和影响最小的后10位国家，如表10所示。[②]

---

① 这和Ehigiamusoe等（2022）所得出的结论相似。
② 为了方便解释，本文在计算公式（6）时所使用的基尼系数G_{it}为经过百分比处理过的两位数，如0.45记为45，因此G_{it}每下降1单位（45→44），即基尼系数下降0.01（0.45→0.44）。

表10　中高及高收入组国家基尼系数变化对人均CO_2排放的边际影响

排名	国家	人均CO_2排放变化（%）	排名	国家	人均CO_2排放变化（%）
1	芬兰	0.889	54	哥斯达黎加	0.009
2	丹麦	0.799	55	马来西亚	0.009
3	瑞典	0.767	56	多米尼克	0.006
4	斯洛文尼亚	0.724	57	多米尼加	0.005
5	白俄罗斯	0.642	58	厄瓜多尔	0.003
6	斯洛伐克	0.627	59	巴林	0.003
7	捷克	0.607	60	沙特阿拉伯	0.003
8	荷兰	0.529	61	文莱	0.003
9	比利时	0.433	62	赤道几内亚	0.002
10	奥地利	0.388	63	南非	0.001

注：此处使用了各国基尼系数和距离因子的平均值进行计算。

由表10可知，在中高及高收入组中，基尼系数每下降0.01，人均CO_2排放会上升0.001%~0.889%，其中变化幅度最大的国家为芬兰、丹麦、瑞典等10个国家，变动水平在0.3%以上；变化幅度最小的为南非、赤道几内亚等10个国家，变动幅度在0.001%~0.009%。[1]因此各国在缩小收入不平等的同时必须重视由此带来的碳排放增加问题，注重采用税收等方式调整居民对碳密集产品的消费倾向，同时促进低收入群体树立低碳消费观念，优化消费结构，减少非清洁商品及服务的比重。此外，各国还可以通过鼓励相关产品生产部门大力研发低碳产品，降低产品碳含量，进一步降低人均CO_2排放水平。

六　结论和政策建议

如何平衡经济增长与碳减排目标以实现高质量碳达峰，同时厘清收入不平等与碳排放之间的关系，对于统筹实现经济、环境与社会目标，构建人类命运共同体和人与自然生命共同体具有重要的理论意义和现实意义。

---

[1] 这和Rojas-Vallejos和Lastuka（2020）同样采用SWIID数据库所计算的结果相差不大。

本文首先基于 1971~2019 年"一带一路"沿线 109 个国家的非平衡面板数据，将随机前沿方法与环境库兹涅茨曲线相融合，构造了一条反映沿线最佳碳效率的随机环境库兹涅茨前沿曲线。其次通过开发一项距离因子，在兼顾沿线各国经济增长需求的同时对各国碳减排潜力进行了评估，在此基础上对各国碳达峰潜力和质量进行二维评估。最后本文使用标准化的世界不平等数据库，利用基尼系数对技术无效率方差进行参数化处理，对沿线可能存在的"公平—排放困境"进行检验和量化。相关结论和政策建议如下。

首先，"一带一路"国家碳排放与经济发展之间存在名义为倒"N"形实质为倒"U"形的环境库兹涅茨曲线，且沿线碳排放存在显著无效率因素。经验数据显示，各国通过经济增长与结构优化实现人均二氧化碳排放量下降的人均 GDP 为 2.53 万美元（2015 年不变价美元）。各国在推动经济增长与结构转型过程中必须合理制定本国碳达峰、碳中和路线图，协同推进经济增长与减排计划。过高的达峰目标必然会对本国经济持续增长和产业结构转型造成阻碍，实质上是为经济发展人为设置了天花板；过低的减排要求则加剧了对气候与环境的不良影响，同时不利于本国经济与能源转型。沿线温室气体达峰所对应的人均 GDP 与碳达峰相差不大，但是氟化物等其他温室气体达峰点过高，在 6 万美元以上，各国对于二氧化碳以外的温室气体减排关注度大多不足，因此各国需要在工业、农业等领域加大甲烷、氧化亚氮以及氟化物的减排力度，可以降低气候目标的实现成本和实现难度。

其次，在随机环境库兹涅茨前沿框架下，"一带一路"国家碳效率在考察期内呈"W"形波动且具有一定的收敛态势，在经过距离因子修正后，欧洲地区碳效率水平仍然居第一，非洲地区紧随其后，亚洲地区则仍然具有巨大的减排空间。区域气候目标的达成是实现全球气候目标的必要条件，欧洲地区要从整体出发，加强绿色技术和先进理念溢出。此外欧洲地区要进一步加强可再生能源的研发与推广，降低对传统化石能源的依赖度，以减小本国碳效率水平的波动；而亚洲各国由于快速工业化且碳排放比重居"一带一路"国家第一，要从本国国情出发大力推进本国能源系统转型升级；非洲地区较高的碳效率建立在本国经济发展水平较低的客观事实上，各国在推进工业化进程的过程中要利用自身后发优势，淘汰落后生产方式，将先进技术、管理经验运用到本国工业化进程之中。

再次，以 2030 年为实现高质量碳达峰的目标时点，沿线国家可以被划分为示范组、改进组、优化组、冲刺组、潜力组与边缘组。其中示范组成员已经完成碳达峰目标且达峰质量较高，人均 GDP 与碳效率水平均处于领先地位，其成员要进一步加强绿色技术研发与全球投资，在沿线各国形成示范作用，在保持经济持续增长的基础上助力沿线碳效率水平向高位趋同。改进组国家业已完成碳达峰目标，但是其达峰质量较低，因此各国必须加强绿色技术应用，同时加大环境规制力度。优化组成员人均 GDP 水平已达标，但各国大多依赖本国资源禀赋实现高收入，碳排放尚未达峰甚至居高不下，因此各国必须加快推进本国产业结构的优化，同时努力加快本国能源系统转型。

同理，对于冲刺组成员来说，其实现高质量碳达峰目标需满足人均 GDP 年均 0~10% 的复合增长率，目标难度较小，各国要进一步优化产业结构、推进本国能源转型，稳步提升碳效率水平。但是对于潜力组来说，年均 10%~20% 的增长率目标在绿色技术缺乏重大突破的情况下，其压力不容小觑，各国必须认真发展本国工业产业，同时加强气候融资，推动工业化进程。对于边缘组而言，其成员国想要实现高质量碳达峰目标，人均 GDP 年均复合增长率需大于 20%，即使绿色技术出现重大突破，其实现难度仍然非常大，各国必须努力平衡经济增长与碳减排目标，通过切实提升本国发展水平实现减排，否则极易陷入低水平达峰陷阱，导致本国经济发展进程难以为继。

最后，"一带一路"中高及高收入组国家存在"公平—排放困境"，具体而言，在人均 GDP 不变的条件下，基尼系数每下降 0.01，人均 CO_2 排放会增加 0.001%~0.889%，而在中低及低收入组国家则未发现明显证据。因此中高及高收入组国家在缩小收入差距的同时，要注意到可能引起的碳排放增加，换言之，各国必须协同推进缩小收入不平等与碳减排，不能将气候政策与收入分配政策割裂开来，寻求通过个人碳税等经济手段控制碳密集产品的消费，同时，要倡导居民树立低碳消费观念，优化消费结构，减小碳密集产品消费的比重。

由于数据限制，本研究仅使用了有限样本研究收入不平等对人均二氧化碳排放的影响，且模型缺少进一步的控制变量。下一步，本研究将考虑收集更为全面的不平等数据，同时构造、寻找其他替代变量来增加控制变量，以增强本研究的科学性和稳健性。

参考文献

［1］崔鑫生、韩萌、方志，2019，《动态演进的倒"U"形环境库兹涅茨曲线》，《中国人口·资源与环境》第9期。

［2］丁仲礼、段晓男、葛全胜、张志强，2009，《国际温室气体减排方案评估及中国长期排放权讨论》，《中国科学：地球科学》第12期。

［3］洪竞科、李沅潮、蔡伟光，2021，《多情景视角下的中国碳达峰路径模拟——基于RICE-LEAP模型》，《资源科学》第4期。

［4］贾秀东，2015，《"一带一路"最大特点是包容》，《人民日报（海外版）》3月30日。

［5］井波、倪子怡、赵丽瑶、刘凯，2021，《城乡收入差距加剧还是抑制了大气污染?》，《中国人口·资源与环境》第10期。

［6］屈秋实、王礼茂、王博、向宁，2021，《中国有色金属产业链碳排放及碳减排潜力省际差异》，《资源科学》第4期。

［7］邵帅、张曦、赵兴荣，2017，《中国制造业碳排放的经验分解与达峰路径——广义迪氏指数分解和动态情景分析》，《中国工业经济》第3期。

［8］王文举、陈真玲，2019，《中国省级区域初始碳配额分配方案研究——基于责任与目标、公平与效率的视角》，《管理世界》第3期。

［9］王勇、许子易、张亚新，2019，《中国超大城市碳排放达峰的影响因素及组合情景预测——基于门限-STIRPAT模型的研究》，《环境科学学报》第12期。

［10］吴青龙、王建明、郭丕斌，2018，《开放STIRPAT模型的区域碳排放峰值研究——以能源生产区域山西省为例》，《资源科学》第5期。

［11］肖权、方时姣、赵路，2020，《收入差距扩大是否加剧居民环境健康风险——基于CHARLS三期数据的经验分析》，《山西财经大学学报》第6期。

［12］占华，2018，《收入差距对环境污染的影响研究——兼对"EKC"假说的再检验》，《经济评论》第6期。

［13］张越杰、闫佳惠，2022，《中国肉牛产业碳排放的达峰假象——基于EKC理论的实证分析与检验》，《农业经济问题》第6期。

［14］周伟铎、庄贵阳，2021，《雄安新区零碳城市建设路径》，《中国人口·资源与环境》第9期。

［15］ADB. 2017. *Meeting Asia's Infrastructure Needs*. ADB，http://dx. doi. org/10.22617/FLS168388-2.

［16］Agras J., Chapman D. 1999. "A Dynamic Approach to the Environmental Kuznets Curve Hypothesis." *Ecological Economics*, 28(2):267-277.

［17］Akbostancı E., Türüt-Aşık S., Tunç G. i. 2009. "The Relationship between Income and Environment in Turkey: Is There an Environmental Kuznets Curve?" *Energy Policy* 37(3):861-867.

［18］Atici C. 2009. "Carbon Emissions in Central and Eastern Europe: Environmental Kuznets Curve and Implications for Sustainable Development." *Sustainable Development* 17(3):155-160.

［19］Badunenko O., Galeotti M., Hunt L. C. 2021. "Better to Grow or Better to Improve? Measuring Environmental Efficiency in OECD Countries with a Stochastic Environmental Kuznets Frontier." SSRN Working Paper 28.

［20］Baloch M. A., Khan S. U., Ulucak Z. S. 2020. "Poverty and Vulnerability of Environmental Degradation in Sub-Saharan African Countries: What Causes What?" *Structural Change and Economic Dynamics* 54:143-149.

［21］Becker R. A. 1982. "Intergenerational Equity: the Capital-environment Trade-off." *Journal of Environmental Economics and Management* 9(2): 165-185.

［22］Boyce J. K. 1994. "Inequality as a Cause of Environmental Degradation." *Ecological economics* 11(3):169-178.

［23］Cantore N., Calì M., Velde D. W. 2016. "Does Energy Efficiency Improve Technological Change and Economic Growth in Developing Countries?" *Energy Policy* 92:279-285.

［24］Caudill S. B., Ford J. M., Gropper D. M. 1995. "Frontier Estimation and Firm-Specific Inefficiency Measures in the Presence of Heteroscedasticity." *Journal of Business & Economic Statistics* 13(1):105-111.

［25］Clarke L., Jiang K., Akimoto K., Babiker M. , Blanford G., Fisher-Vanden K., Hourcade J. C., Krey V., Kriegler E., Lösche A. L., McCollum D., Paltse S. V., Rose S., Shukla P. R., Tavoni M., van der Zwaan B. C. C., Vuuren D. P. 2014. "Assessing

Transformation Pathways." in: *Climate Change 2014: Mitigation of Climate Change. Contribution of Working Group III to the Fifth Assessment Report of the Intergovernmental Panel on Climate Change*, Cambridge and New York: Cambridge University Press.

[26] Cui Y., Khan S. U., Deng Y., Zhao M., Hou M. 2021. "Environmental Improvement Value of Agricultural Carbon Reduction and Its Spatiotemporal Dynamic Evolution: Evidence from China." *Science of the Total Environment* 754: 142170.

[27] Demir C., Cergibozan R., Gök A. 2018. "Income Inequality and CO_2 Emissions: Empirical Evidence from Turkey." *Energy & Environment* 30(3): 444–461.

[28] Dianat F., Khodakarami V., Hosseini SH., Shakouri H. 2021. "Combining Game Theory Concepts and System Dynamics for Evaluating Renewable Electricity Development in Fossil–Fuel–Rich Countries in the Middle East and North Africa." *Renewable Energy* 190: 805–821.

[29] Dogan E., Inglesi–Lotz R. 2020. "The Impact of Economic Structure to the Environmental Kuznets Curve (EKC) Hypothesis: Evidence from European Countries." *Environmental Science and Pollution Research* 27(11).

[30] Duan H., Zhang S., Duan S., Zhang W., Duan Z., Wang S. 2019. "Carbon Emissions Peak Prediction and the Reduction Pathway in Buildings During Operation in Jilin Province Based on LEAP." *Sustainability* 11(17): 1–23.

[31] Dutt K. 2009. "Governance, Institutions and the Environment–Income Relationship: a Cross–Country Study." *Environment, Development and Sustainability* 11(4): 705–723.

[32] Ehigiamusoe K. U., Majeed M. T., Dogan E. 2022. "The Nexus Between Poverty, Inequality and Environmental Pollution: Evidence Across Different Income Groups of Countries." *Journal of Cleaner Production* 341: 130863.

[33] Ekeocha D. O. 2021. "Urbanization, Inequality, Economic Development and Ecological Footprint: Searching for Turning Points and Regional Homogeneity in Africa." *Journal of Cleaner Production* 291: 125244.

[34] Finco M. 2009. "Poverty–Environment Trap: a Non Linear Probit Model Applied to Rural Areas in the North of Brazil." *American–Eurasian Journal of Agricultural and Environmental Science* 5(4): 533–539.

[35] Galeotti M., Lanza A., Pauli F. 2006. "Reassessing the Environmental Kuznets Curve for CO_2 Emissions: a Robustness Exercise." *Ecological Economics* 57(1): 152–163.

[36] Greene W. 2005. "Fixed and Random Effects in Stochastic Frontier Models." *Journal of Productivity Analysis* 23(1): 7–32.

[37] Grossman G. M., Krueger A. B. 1992. "Environmental Impacts of a North American Free

Trade Agreement." NBER Working Paper 3914.

[38] Grossman G. M., Krueger A. 1995. "Pollution and Growth: What Do We Know." *The Economics of Sustainable Development* 19–41.

[39] Grunewald N., Klasen S., Martínez–Zarzoso I., Muris C. 2017. "The Trade–Off Between Income Inequality and Carbon Dioxide Emissions." *Ecological Economics* 142:249–256.

[40] Hadri K. 1999. "Estimation of a Doubly Heteroscedastic Stochastic Frontier Cost Function." *Journal of Business & Economic Statistics* 17(3):359–363.

[41] Hasanov F. J., Hunt L. C., Mikayilov J. I. 2021. "Estimating Different Order Polynomial Logarithmic Environmental Kuznets Curves." *Environmental Science and Pollution Research* 28(31):41965–41987.

[42] Haseeb A., Xia E., Baloch M. A., Abbas K. 2018. "Financial Development, Globalization, and CO_2 Emission in the Presence of EKC: Evidence from Brics Countries." *Environmental Science and Pollution Research* 25(31):31283–31296.

[43] He A., Xue Q., Zhao R., Wang D. 2021. "Renewable Energy Technological Innovation, Market Forces, and Carbon Emission Efficiency." *Science of The Total Environment* 796: 148908.

[44] Internation Energy Agency. 2019. *World Energy Statistics 2019*. IEA Paris.

[45] Islam S. N. 2015. "Inequality and Environmental Sustainability." DESA Working Paper No.145.

[46] Jayanthakumaran K., Verma R., Liu Y. 2012. "CO_2 Emissions, Energy Consumption, Trade and Income: a Comparative Analysis of China and India." *Energy Policy* 42: 450–460.

[47] Langnel Z., Amegavi G. B., Donkor P., Mensah J. K. 2021. "Income Inequality, Human Capital, Natural Resource Abundance, and Ecological Footprint in Ecowas Member Countries." *Resources Policy* 74:102255.

[48] Lee C. C., Chiu Y. B., Sun C. H. 2009. "Does One Size Fit All? A Reexamination of the Environmental Kuznets Curve Using the Dynamic Panel Data Approach." *Applied Economic Perspectives and Policy* 31(4):751778.

[49] Li B., Han S., Wang Y., Li J., Wang Y. 2020. "Feasibility Assessment of the Carbon Emissions Peak in China's Construction Industry: Factor Decomposition and Peak Forecast." *Science of the Total Environment* 706:135716.

[50] Li F., Emrouznejad A., Yang G., Li Y. 2020. "Carbon Emission Abatement Quota Allocation in Chinese Manufacturing Industries: an Integrated Cooperative Game Data Envelopment Analysis Approach." *Journal of the Operational Research Society* 71(8):

1259-1288.

[51] Li J., Li M.2022."Research of Carbon Emission Reduction Potentials in the Yellow River Basin, Based on Cluster Analysis and the Logarithmic Mean Divisia Index (LMDI) Method." *Sustainability* 14(9):5284.

[52] Li P., Qian H., Zhou W. 2017. "Finding Harmony Between the Environment and Humanity: An Introduction to the Thematic Issue of the Silk Road." *Environmental Earth Sciences* 76(3):1-4.

[53] Liu Q., Wang S., Zhang W., Li J.2018."Income Distribution and Environmental Quality in China: A Spatial Econometric Perspective." *Journal of Cleaner Production* 205:14-26.

[54] Marsiglio S., Ansuategi A., Gallastegui M. C.2016."The Environmental Kuznets Curve and the Structural Change Hypothesis." *Environmental & Resource Economics* 63(2): 265-288.

[55] Masud M. M., Kari F. B., Banna H., Saifullah M. K.2018."Does Income Inequality Affect Environmental Sustainability? Evidence from The Asean-5." *Journal of the Asia Pacific Economy* 23(2):213-228.

[56] Panayotou T.1993."Empirical Tests and Policy Analysis of Environmental Degradation at Different Stages of Economic Development." International Labour Organization Working Papers 39338.

[57] Pata U. K., Caglar A. E.2021."Investigating the EKC Hypothesis with Renewable Energy Consumption, Human Capital, Globalization and Trade Openness for China: Evidence from Augmented Ardl Approach with a Structural Break." *Energy* 216:119-220.

[58] Ravallion M., Heil M., Jalan J.2020."Carbon Emissions and Income Inequality." *Oxford Economic Papers* 52(4):651-669.

[59] Rojas-Vallejos J., Lastuka A.2020."the Income Inequality and Carbon Emissions Trade-Off Revisited." *Energy Policy* 139:111302.

[60] Sager L. 2019."Income Inequality and Carbon Consumption: Evidence from Environmental Engel Curves." *Energy Economics* 84:104507.

[61] Scruggs L. A.1998."Political and Economic Inequality and the Environment." *Ecological Economics* 26(3):259-275.

[62] Shen Z., Li R., Baležentis T.2021."The Patterns and Determinants of the Carbon Shadow Price in China's Industrial Sector: A By-Production Framework with Directional Distance Function." *Journal of Cleaner Production* 323:129-175,213-228.

[63] Shuai J., Cheng X., Tao X., Shuai C., Wang B. 2019. "A Theoretical Framework for Understanding the Spatial Coupling Between Poverty and The Environment: A Case Study

from China." *Agronomy Journal* 111(3):1097−1108.

[64] Solt F. 2016. "The Standardized World Income Inequality Database." *Social Science Quarterly* 97(5):1267−1281.

[65] Stern D. I. 2004. "The Rise and Fall of the Environmental Kuznets Curve." *World Development* 32(8):1419−1439.

[66] Su K., Lee C. 2020. "When Will China Achieve Its Carbon Emission Peak? A Scenario Analysis Based on Optimal Control and the Stirpat Model." *Ecological Indicators* 112: 106138.

[67] Sun W., Huang C. 2020. "How does Urbanization Affect Carbon Emission Efficiency? Evidence from China." *Journal of Cleaner Production* 272:122828.

[68] Turner K., Hanley N. 2011. "Energy Efficiency, Rebound Effects and the Environmental Kuznets Curve." *Energy Economics* 33(5):709−720.

[69] United Nations Environment Programme, Climate and Clean Air Coalitionn. 2021. *Global Methane Assessment:Benefits and Costs of Mitigating Methane Emissions.* Nairobi: United Nations Environment Programme.

[70] Uzar U., Eyuboglu K. 2019. "The Nexus Between Income Inequality and CO_2 Emissions in Turkey." *Journal of Cleaner Production* 227:149−157.

[71] Wei C., Ni J., Du L. 2012. "Regional Allocation of Carbon Dioxide Abatement in China." *China Economic Review* 23(3):552−565.

[72] Wei Y., Chen K., Kang J., Wang X. Y. 2022. "Policy and Management of Carbon Peaking and Carbon Neutrality: A Literature Review." *Engineering* 14:52−64.

[73] Wolde-Rufael Y., Idowu S. 2017. "Income Distribution and CO_2 Emission: A Comparative Analysis for China and India." *Renewable and Sustainable Energy Reviews* 74:1336−1345.

[74] World Meteorological Organization. 2021. *Greenhouse Gas Bulletin:The State of Greenhouse Gases in the Atmosphere Based On Global Observations Through 2020.* Geneva: World Meteorological Organizatio.

[75] Wu J., Yao Y., Chen M., Jeon B. N. 2020. "Economic Uncertainty and Bank Risk: Evidence from Emerging Economies." *Journal of International Financial Markets, Institutions and Money* 68:101242.

[76] Xia Q., Jin M., Wu H., Yang C. 2018. "A Dea-Based Decision Framework to Determine the Subsidy Rate of Emission Reduction for Local Government." *Journal of Cleaner Production* 202:846−852.

[77] Yang G., Sun T., Wang J., Li X. 2015. "Modeling The Nexus between Carbon Dioxide Emissions and Economic Growth." *Energy Policy* 86:104−117.

[78] Yang H., He J., Chen S. 2015. "The Fragility of the Environmental Kuznets Curve: Revisiting the Hypothesis with Chinese Data Via an 'Extreme Bound Analysis'." *Ecological Economics* 109:41–58.

[79] Zhang B., Wang B., Wang Z. 2017. "Role of Renewable Energy and Non-Renewable Energy Consumption on EKC: Evidence from Pakistan." *Journal of Cleaner Production* 156:855–864.

[80] Zhang C., Zhao W. 2014. "Panel Estimation for Income Inequality and CO_2 Emissions: A Regional Analysis in China." *Applied Energy* 136:382–392.

[81] Zhang D., Li M., Ji X., Dong Y. 2018. "Revealing Potential of Energy-Saving Behind Emission Reduction: A Dea-Based Empirical Study." *Management of Environmental Quality* 30(4):714–730

[82] Zhang S., Huo Z., Zhai C. 2022. "Building Carbon Emission Scenario Prediction Using STIRPAT and GA-BP Neural Network Model." *Sustainability* 14(15):9369.

[83] Zhang X., Chen Y., Jiang P., Liu L., Xu X., Xu Y. 2020. "Sectoral Peak CO_2 Emission Measurements and A Long-term Alternative CO_2 mitigation Roadmap: A Case Study of Yunnan, China." *Journal of Cleaner Production* 247:119–171.

（责任编辑：陈星星）

碳交易效率的有效实现

——一种环境、经济、技术效应的评价

李清瑶　张　勇　俞　洁[*]

摘　要： 实现绿色经济高质量发展是中国向世界作出的庄严承诺，也是中国经济长期高速发展的必然选择。党的二十大报告指出实现碳达峰碳中和是一场广泛而深刻的经济社会系统性变革，因此，健全碳排放权市场交易制度成为推动经济发展方式绿色低碳转型的一项制度创新，需借碳市场之力，下活减碳这盘棋。如何确保碳交易具有数量效应和质量效应的双重效果，促进中国以实现"双碳"目标为导向的高质量发展，迫切需要进行相关路径的研究。本文选取2004~2019年中国30个省域的面板数据，从环境、经济、技术三个维度构建连续双重差分模型，综合运用碳排放强度、生产总值平减指数、绿色全要素生产率等指标探究碳交易政策的有效性，并通过有调节的中介效应检验方法，验证低碳减排技术作为碳交易与经济发展的中介效应特征，构建碳交易政策评价与实施效果的市场发展体系。研究发现，碳交易政策是实现国家碳减排目标的有效市场化手段，在刺激试点地区产生"创新补偿"效应的同时实现了宏观层面社会资源的有效配置，但存在地区异质性，且在技术效应方面减排主体生产效率提升但并没有实质性扭转落后的生产方式，仍需多手段并行推动中国绿色可持续性发

---

* 李清瑶，硕士研究生，中国计量大学经济与管理学院，电子邮箱：quinnliqingyao@163.com；张勇，教授，中国计量大学经济与管理学院，电子邮箱：zhfk@cjlu.edu.cn；俞洁，硕士研究生，中国计量大学经济与管理学院，电子邮箱：yujie66926@163.com。本文得到浙江省软科学研究计划重点项目（2020C25033）和浙江省科技计划软科学重点项目（2020C25030）的资助。笔者感谢匿名审稿专家和编辑部的宝贵意见，文责自负。

展。研究创新在于构建环境、经济、技术多维度碳交易市场评价体系，结合考虑碳市场规模及活跃度的连续双重差分模型评价碳排放交易试点的实施效果，并加入产业结构、能源消费结构等作为调节变量，解读碳交易政策对地区的深度影响。从碳交易市场本身的规模和活跃程度等因素来评价区域环境、经济和技术的影响并探究其内在推动力尤为重要，对相关问题的研究和探讨，对于中国实现"双碳"目标、推进全国碳交易市场建设具有现实意义。

关键词： 碳交易市场　连续双重差分模型　碳排放强度　生产总值平减指数　绿色全要素生产率

一　引言

从三次产业革命的实践来看，随着化石能源（煤、油、汽）的发现和利用，整个世界经济实现大繁荣、大发展的同时，强劲的经济增长带来了化石燃料的大规模开采和使用以及全球环境恶化。2018年10月18日，联合国政府间气候变化专门委员会指出全球气温升高已是既定事实，且气温升高导致的生态恶化远远高于预期估计，提出必须将全球气温上升幅度控制在1.5℃以内的目标。碳氧化合物的过度排放导致地球海平面上升、气候反常、土地沙漠化面积增大等恶果，危害人类赖以生存和发展的自然环境。对此，100多个国家通过《巴黎协定》提出碳中和的目标，全球气候治理与低碳发展已是大势所趋。中央财经委员会第九次会议提出，到2030年达到碳峰值，到2060年实现碳中和，是经济和社会体系一场广泛而深刻的变革。把实现"双碳"目标作为生态文明建设总体布局的重要一环，向低污染、低排放、高效益的低碳经济发展模式迈进。2022年8月30日召开党的第二十次全国代表大会提出中国发展的总体目标之一是广泛形成绿色生产生活方式，碳排放达峰后稳中有降，生态环境根本好转，美丽中国目标基本实现。

绿色发展表象是生态环境问题，核心是能源问题，实质是发展问题。在21世纪发达国家迅速崛起的时代背景下，遏制发展中国家碳排放、发达国家实施相应环境制裁的国际形势并未发生实质性变化。西方发达国家在向发展中国家转移大量高污染工业加工厂的同时，保留了自己的核心技术和品牌效应等高附加值效益。发展中国家为满足发达国家的发展需要，却需面对发达国家设置的碳关税、碳补贴等绿色壁垒。为了响应当前低碳发展的迫切需要，中国政府制订和实施了提升生态碳汇能力、推进可再生能源技术创新等一系列减污降碳的措施。随着命令型环境规制造成的减排技术疲态弊端日显，利用市场激励型环境规制已成为减少温室气体（Greenhouse Gas，GHG）排放、缓解气候变化问题的关键措施，且碳市场为处理好经济发展与碳减排关系提供了有效途径。碳交易市场是控制和减少碳排放、促进绿色可持续发展的重要制度创新，也是中国实现"2030 年碳达峰、2060 年碳中和"战略目标的重要政策工具。党的二十大报告强调，健全碳排放权市场交易制度是积极稳妥推进碳达峰碳中和的重要保障措施。碳交易市场的完善有助于健全生态文明制度体系，提升生态系统碳汇能力，向绿色、循环、低碳发展迈出坚实的步伐。

《中国碳交易市场运行态势及市场专项调研报告》指出，自 2013 年碳交易试点政策在北京、上海、天津等八个试点地区开展以来，各试点省份碳交易市场规模不断扩大，碳交易事件数量不断提升。2014~2020 年，碳市场中碳配额成交量从 1578.59 万吨增加至 4340.09 万吨，累计成交量达到 23686.06 万吨；至于市场活跃度方面，碳交易成交金额从 0.49 亿元增加至 12.67 亿元，累计成交额达到 57.26 亿元。目前，中国试点碳市场已成长为配额成交量规模全球第二大的碳市场。在八个试点省份中，广东的碳交易市场规模最大、活跃度最高，累计成交量为 10178.89 万吨，占八个试点省份累计总成交量的 42.97%；而在累计成交额方面，广东作为碳交易试点活跃度最高的试点，交易累计成交额达 22.35 亿元，占累计总交易额的 39.03%。相比较而言，天津和重庆的碳交易市场成熟度低且表现效果不佳，市场发展几乎处于停滞状态。其中，天津的碳市场累计交易成交量最小，为 823.53 万吨；而重庆的碳市场交易事件数量是八个试点地区中最少的，活跃度最低，累计成交额为 0.53 亿元。通过以上统计数据不难推断，由于经济发展水平、产业结构和能源消费结构的差异，各试点碳市场的规模和活动存在很大的异质性。

为践行"绿水青山就是金山银山"可持续发展战略，在完成减污降碳环境目标的基础上探索经济高质量发展途径，实现党的二十大提出的广泛形成绿色生产生活方式、碳排放达峰后稳中有降、美丽中国基本实现的目标，需要以供给侧结构性改革为主线，对各地方实行动力变革、效率变革、质量变革。在促进区域经济发展的同时，不仅要考虑预期产出以国民生产总值为代表的经济增长，还要考虑二氧化碳等温室气体排放。因此，重视环境效益是高质量经济发展的有效前提，引入和采用绿色技术被认为是在不损害经济竞争力的情况下减轻环境压力的最具成本效益的方式。从碳交易市场本身的规模和活跃程度等因素而非是否实行碳交易政策来评价区域环境、经济和技术的影响并探究其内在推动力尤为重要，且对相关问题的研究和探讨，对于中国实现"双碳"目标、推进全国碳交易市场建设具有现实意义。

二　文献综述

国内外学者对碳交易政策的多方效应进行了大量的研究，并取得了许多有益成果，为本文从环境、经济和技术三个维度分析碳市场的效应提供了研究方法和路径。如波特假说的核心理论认为，合理的环境管制不仅能实现环境效益，还可以通过促进减排方提高创新能力来抵消"合规成本"，最终产生经济效益。渠慎宁等（2015）在对绿色经济增长理论进行研究中引入了从生产技术角度分析相关环境政策对一国实现绿色经济增长的影响及其显著性效果。事实上，对碳交易市场本身而言，为评估碳交易政策的有效性，有必要在环境和经济评估中增加一个技术层面，实现经济高质量发展的同时满足减排所需的技术创新的支撑。因此，要衡量碳交易制度的有效性，就必须综合考虑其环境、技术和经济效应。

现有研究表明，碳交易可以显著改善试点地区碳排放总量。Cushing 等（2018）以美国加利福尼亚州为例，分析认为碳交易政策可以更好地减少温室气体与改善当地空气质量，且基于市场的战略总体上可以通过鼓励弱势和高度污染社区局部减少温室气体，从而带来更大的整体效益；董直庆和王辉（2021）采用双重差分模型和空间计量方法研究发现碳排放权交易政策可以降低本地碳排放，且碳减排效应逐年增强；Wu Qunli 等（2020）采用双重差分方法研究中国碳排放权交易试点市场对碳排放和区域绿色发展的影响，得到碳排放交易政策促进了碳排放量的降低，且协同 SO_2 减排实现绿色发展的结论；姬新龙（2021）使用倾向评分匹配双重差分法分析了碳交易区域的碳减排是否存在差异，结果表明，该政策可以显著减少约12%的二氧化碳排放。由此可见，碳排放交易政策可以减少温室气体排放总量，有助于实现二氧化硫和雾霾等空气污染的协同治理效应。

中国作为减排潜力最大的国家，政府颁布了一系列环境规制的强制性目标与措施，还需要考虑在最大限度地减少对环境不利影响的情况下，不要落入经济衰退的圈套。对此许多学者在考量碳交易政策造成的环境效应的基础上，加入了必须考虑的经济效应，且众多学者对此存在争议。王倩和高翠云（2018）认为碳市场通过将碳排放外部效应转换为内部成本，基于利益驱动效应，以减少利润损失，进而推进碳减排的同时，并不损害经济增长。Liu Zhiqing 等（2018）建立了基准情景、ETS 参与部门碳限额情景、上海与 ROC 地区碳限额情景等五种情景，情景预测表明启动全国碳交易市场能够提升上海的环境及经济效益，有助于中国实现 NDC 目标。任晓松等（2020）发现碳交易政策可实现减排主体的减排目标，且通过创新动力效应间接影响企业经济绩效，且非国有企业和小规模企业经济绩效的提升效果更优。然而也有学者认为，在政策实施的初始阶段，碳排放交易无法弥补企业的"合规成本"，在减排效果显著的同时难以保证经济效益。Zhang Haijun 等（2020）实证结果表明中国的碳交易试点并没有促进碳排放与经济产出的脱钩，减产仍是实现碳减排的主要途径。Zhang Jiekuan 等（2021）从国内生产总值和人均 GDP 两个方面考察了中国碳排放权交易制度的经济影响，估计结果表明该政策对经济增长具有统计上的显著负向影响，且这种负向影响随着时间的推移而增加。根据现有的研究结果可以发现，国家或区域等宏观层面的文献往往认为碳交易政策是经济高质量发展的助推器，这种政策可以通过补偿环境治理付出的"遵约成本"来刺激"创新补偿"效应；从试点地区所覆盖的高碳排放企业等微观角度来看，虽然经济发展水平和环境治理水平较高的排放者主动参与碳排放交易，但在促进减少二氧化碳排放的同时，可能影响高碳排放者的正常生产活动，如采取"拉闸限电"等措施而导致产量下降。

从碳交易政策的技术效应来看，绿色低碳技术的升级创新是达成减污降碳目标和保持区域经济强劲发展的关键桥梁。学者们现有的研究认为，碳交易政策确实提高了全要素生产率，而技术效应起着关键作用。孙振清等（2020）采用SFA模型测算碳交易政策对试点地区技术创新效率的影响，得到产业结构由合理化向高级化的演进更多的是受益于碳交易政策，且技术创新效率提升效果也较为明显的结论；任亚运等（2019）采用双重差分法实证检验试点地区绿色发展效应，结论表明碳交易通过技术升级实现区域碳减排及绿色发展；范丹和刘婷婷（2022）研究发现碳排放交易权试点政策并没有使试点省份的国民生产总值提升，但显著促进了技术进步，一定程度上支持了技术创新的"弱波特假说"。Kang Zhiyong等（2018）利用超对数生产函数模型对技术进步的因素偏好进行了估计，技术进步的路径与经济水平高度相关，当人均国内生产总值高于3.7万元时，自主创新是低碳发展的主要动力。

在梳理现有文献后发现，大多数学者采用双重差分法和综合控制法来研究碳交易政策效应，重点研究碳交易政策的实施对碳排放控制的影响，却鲜少考虑碳交易市场本身的因素。以往学者的研究聚焦从不同角度对碳交易政策的实施有效性作量化分析，但并未涉及统一变量的系统研究框架，且缺乏从碳市场自身角度对该政策有效性的深度解读。基于此，本文将构建环境、经济、技术多维度碳交易市场评价体系，并探究其对试点地区经济高质量发展的影响。运用连续双重差分方法研究碳交易市场规模、碳交易市场活跃度对试点地区环境、经济、技术效应的影响。在指标选择方面，以碳排放强度、GDP平减指数、绿色全要素生产率分别作为衡量地区环境效应、经济效应和技术效应的指标，将绿色全要素生产率指标引入分析碳排放交易试点的技术效应维度。不同于以往研究主要选取碳排放效率、能源效率等单要素指标，本文利用绿色全要素生产率衡量碳排放交易试点的技术效应，并且将绿色全要素生产率分解为效率变化指标（EC）和技术变化指标（TC），结合考虑碳市场规模及活跃度的连续双重差分模型评价碳排放交易试点的实施效果。此外，为探究有效碳排放权交易政策背后的动因，构建起有调节的中介效应模型，用于识别碳交易市场通过对控排主体施加影响以实现减排目标的作用机制，并加入产业结构、能源消费结构等作为调节变量，解读碳交易政策对地区的深度影响。

三 理论分析与假设

碳交易制度的理论解析，可以碳交易实现路径的具体过程研究作为分析窗口，具体流程及原理如图1所示。

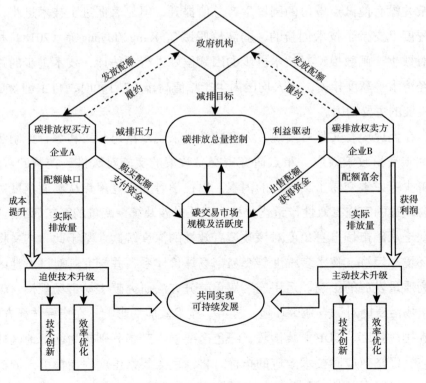

图1 碳交易市场对可持续发展的影响示意

（一）路径实现具体过程一：政府减排目标在不同地区碳市场实现的效果存在差异性，从而影响碳目标的实现，因此有必要建立不同的碳交易市场调节机制，以促进市场潜力的释放

碳交易机制的减排约束作用是通过配额分配进而作用于地方政府和控排企业来实现，主要体现在以下两个方面：一是国家节能减排计划决定地方政府的节能减排计划，地方节能减排目标决定碳配额分配总量。中央政府对地方政府节能减排目标实现情况的评估，将产生增加碳排放政策的约束效应。二是被纳入碳交易体系的企业在进行生产经营时会考虑其实际碳排放量和政府实际发放配额量之间的数量关系，即由配额分配产生了企业被强制参与碳交易的约束性政策效果。因此，碳交易市场可以通过以下三个方面调节排放主体环境效益。

首先，如果某一排放主体完成了减污降碳的环境目标，通过碳市场将剩余的碳配额向配额缺失主体出售，获取的利润可以选择投入生产经营活动，或通过扩大市场占有份额以弥补环境治理成本，也可以选择投资绿色低碳技术争得环境福利的主导权。反之，如果排放主体的高碳排放量超过被分配的碳配额，需要在碳市场付出资金代价购买碳配额以向政府达成履约，则碳排放交易政策可以倒逼排放主体采取绿色技术实现低碳发展。其次，碳交易市场相当于各企业完成减排任务的监督者，即通过设定碳排放上限影响市场适者生存过程中产业链的整体转型，促进可持续发展。最后，以清洁生产为主的排放主体会选择进一步减少温室气体的排放，碳交易市场为其出售碳配额获取额外利润提供交易平台，为了避免为购买碳排放配额付出高昂代价，环境治理成本较高的区域也会敦促管辖区微观企业选择投资绿色技术，从长远角度践行绿色经济增长理论。且波特假说认为，合理的环境规制可以传递资源配置缺乏效率和技术仍需改进的积极信号以激发"创新补偿"效应，不仅可以抵消"遵循成本"改善环境效应，而且可以提高高质量生产能力和国际竞争力，进而增加经济净福利。由此可引申出以下假设：

假设1：在其他条件不变的情况下，碳交易市场规模的扩大及市场活跃度的提升有利于地区降低碳排放强度。

假设2：在其他条件不变的情况下，碳交易市场规模的扩大及市场活跃

度的提升将影响经济增长。

（二）路径实现具体过程二：碳排放买卖双方的不同诉求是影响其市场有效性的重要推动因素和制约因素，因此应该建立合理的市场机制，引导买卖双方实现动态平衡

随着"双碳"工作的不断推进，地方节能减排目标的实现和区域经济的高质量发展逐渐在政府官员考核中具有同等重要的地位，因此地方政府会积极支持开展碳交易市场工作。碳市场的成立既是履约机制又是惩罚手段，促进依赖传统化石能源的行业进行绿色经济、低碳发展的工业革命。随着大数据和数字技术在中国的普及和发展，碳交易市场的线上交易不仅能够提高碳交易的运行效率，而且能够为建立国家碳交易市场提供技术支持，数字技术或减排技术的创新和突破性发展能够成为实现经济可持续发展和经济高质量发展的桥梁。绿色经济增长理论的核心是经济发展不会突破可持续的环境容载阈值，经济活动的社会和生态成本不会超过其收益，政府对经济增长的承诺将被社会福利和环境保护等目标所取代。这并不是说所有形式的经济增长都应该受到抑制。事实上，许多国家需要某种形式的增长，比如可再生能源生产、教育和卫生服务的增长，以帮助改善许多环境和社会问题。然而，其他形式的增长（主要是化石燃料行业）的大幅减少，必须采取绿色技术创新以抵消这种对社会有益的增长所带来的损失。从长期来看，控排主体将加大研发投入力度、推动低碳技术创新，碳交易市场倒逼排放主体产业转型升级以达成减排目标。所以提出以下假设：

假设 3：在其他条件不变的情况下，碳交易市场规模的扩大及市场活跃度的提升能够推动节能减排技术创新。

（三）路径实现具体过程三：实现共同可持续发展目标需要发挥碳市场网络协同效应，并以此建立实现最大效用目标的应用场景，形成示范效应

基于网络协同的角度，碳交易市场中政府与企业相互影响从而共同实现社会可持续发展。碳交易市场体系根据上下游可划分为一级市场和二级市场。一级市场即政府主导碳排放权的市场体系，在初始分配阶段政府拥有碳排放使用权的完全垄断，使用一级市场的卖方有且仅有政府。政府依托于碳排放总量的减排目标，测算出某区域能容纳的温室气体的排放量，且采用无偿分配、公开拍卖、以固定价格出售的方式发放给二级市场中的相关企业。为了达成政府下放的减排任务而履约是企业的基本任务。高碳排放主体与配额富余主体在二级市场中发生碳配额买卖，无论是买方企业即便面临提升经营成本的风险、为了填补排放缺口不得不购买碳配额，抑或是配额富余主体出售多余碳配额获得额外资金，都会促进相关主体的低碳技术升级。碳市场有机会通过技术创新突破的方式实现经济高质量发展，主要体现在节能减排目标与经济发展的融合性，政府与微观企业个体的相互作用共同促进整个社会的碳脱钩。通过理论分析发现，高碳排放主体的产业结构非合理化是无法迈向高质量发展的重要诱因，虽然在低碳技术创新下，优化产业结构、实现碳减排可以实现双赢，但在实际生产活动中，技术创新投资在短期内见效几乎是不可能的。因此决策者必须重点考虑时间成本，从而导致许多高排放主体或许只是采取更多更新的减排生产线及设备，排放主体生产效率得到提升但并没有实质性扭转落后的生产方式。碳排放总量控制及碳排放交易制度迫使减排主体采取更清洁的能源，通过其产业技术的升级替换推进产业结构的演进，摆脱简单技术、建立差异化优势，从而在满足减排目标的同时，调节减排主体的经济发展。因此提出下列假设：

假设4：碳交易市场规模的扩大及市场活跃度的提升在推动低碳技术创新的同时，提升了技术效率但技术进步变化不明显。

假设5：碳交易市场规模的扩大及市场活跃度的提升对生产经营用固定资产、产业结构及能源消费结构产生影响，三者又会对主体的经济增长产生有调节的技术中介效应。

四 实证模型的构建

（一）实证模型的构建

1. 连续型双重差分模型的构建

以北京、上海、天津、广东、深圳、福建、重庆、湖北八个试点地区的碳市场交易作为一项"准自然实验"，处理组选为八个试点地区，控制组是其他非试点地区（西藏、香港、澳门和台湾除外）。借鉴 Petra Moser 等

（2014），构建连续型双重差分模型量化碳交易对试点地区的影响。在传统的双重差分模型中，地区维度的政策分组变量和时间维度的政策时间变量都是二值虚拟变量，这种设定的优点在于交互项的系数反映了经过政策实施前后、处理组和控制组两次差分后所得到的政策效应。但该设定的弊端也很明显，即模型仅仅体现了地区维度有和无的区别、实行政策与未实行政策的区别，无法体现程度的变化。很多情况下不同个体受政策影响的程度不尽相同，即个体维度的变化并非从 0 到 1 的变化，而是一种连续型的变化。根据这一思想可以将个体维度的政策分组虚拟变量替换为一个连续型变量，用以反映程度的变化，从而衍生出一种新型双重差分模型——连续型双重差分模型。

普通双重差分模型无法对碳市场规模与活跃度等连续变化的变量进行量化体现，因而无法更精确地衡量碳交易的政策效果。连续性双重差分模型能够用碳交易市场规模和市场活跃度来代替政策执行的 0~1 变量，能够更好地识别碳市场本身的特征对试点地区的环境、经济、技术效应效果。对此，构建多期连续型双重差分模型：

$$Y_{it} = \beta_0 + \beta_1 volume_{it}(turnover_{it})post_{it} + \lambda CON_{it} + u_i + v_t + \delta_{it} + \varepsilon_{it} \quad (1)$$

其中，被解释变量 Y_{it} 表示多维特征，包括 i 地区第 t 年的碳排放强度（CI）、生产总值平减指数（GDP Index）及地区绿色全要素生产率（GTFP）。$volume_{it}$ 表示地区 i 的碳市场在 t 时碳市场规模，用年化的碳交易日交易额表示，若 i 并非碳交易试点地区，取值自然为 0；$turnover_{it}$ 表示地区 i 的碳交易市场在 t 时的活跃度，用碳市场年化日交易量来测度，同理，若 i 并非碳交易试点地区，取值仍为 0；$post_{it}$ 表示政策实施前后，政策实施之后取值为 1，否则取 0；$volume_{it}(turnover_{it})post_{it}$ 是核心解释变量，β_1 的大小是需要重点关注的结果。当 β_1 显著为正时，表明碳交易市场规模的扩大或碳交易市场活跃度的增加会对地区碳排放环境、经济和技术产生显著的正向影响。CON_{it} 是控制变量集合，u_i 表示地区固定效应，v_t 表示时间固定效应，δ_{it} 表示地区（东、中、西三大区域）与年份的交互效应，控制了随地区且随时间变化的区域时变因素，ε_{it} 表示随机扰动项。

同时运用 Global Malmquist-Luenberger 指数测算绿色全要素生产率可分解为EC和TC。其中EC为效率变化指标，代表生产单元生产效率提升的程度；TC为技术变化指标，代表技术进步的程度。为进一步验证假设4是否成立，构建与之相关的连续型双重差分模型：

$$EC = \alpha_0 + \alpha_1 volume_{it}(turnover_{it})post_{it} + \lambda CON_{it} + \mu_i + \nu_t + \delta_{it} + \varepsilon_{it} \quad (2)$$

$$TC = \varphi_0 + \varphi_1 volume_{it}(turnover_{it})post_{it} + \lambda CON_{it} + \mu_i + \nu_t + \delta_{it} + \varepsilon_{it} \quad (3)$$

效率变化EC和技术变化TC可由GML生产率指数计算得出的系数表示排除时间趋势差异的前提下，试验期碳排放交易试点地区的实际技术处理效应。

2.有调节的中介效应模型的构建

碳交易市场的规模及活跃度对排放主体产生一系列影响，基于本文提出的假设5，以地区城市化率、环境投资力度、地区开放水平的特征值为控制变量，逐一加入生产经营用固定资产、产业结构、能源消费结构做碳市场与绿色全要素生产率有调节的中介效用检验。参考Baron等的实证做法，检验模型如下：

$$Y_{it} = \rho_0 + \rho_1 volume_{it}(turnover_{it})post_{it} + \rho_2 MOD \\ + \rho_3 GTFP + \rho_4 MOD \times GTFP + \rho_5 \sum Controls + \varepsilon_{it} \quad (4)$$

其中，Y_{it} 是指地区 i 在第 t 年的经济效益，$volume \times post$ 表示碳排放权交易市场规模，$turnover \times post$ 表示碳排放权交易市场活跃度；$GTFP$ 为绿色全要素生产率，MOD 表示调节变量，分别为生产经营用固定资产 $asset$、产业结构 $industry$ 和能源消费结构 $energy$。

（二）数据说明

考虑到数据的一致性和可访问性，本文选取2014~2019年中国30个省份（西藏、香港特别行政区、澳门特别行政区和台湾因缺乏数据未包括在内）对样本数据进行研究。碳排放数据来源于中国碳核算数据库（CEADS），其他数据来源于《中国统计年鉴》、《中国工业统计年鉴》及Wind数据库。

1.碳排放强度（CI）

首先，对环境效应的衡量选取二氧化碳排放强度（CI），其测算公式为二氧化碳排放总量与地区生产总值（GDP）之比。碳排放强度与碳排放总量相比，与经济发展联系更加紧密，因此探究碳排放交易市场的环境效应时，宜选择碳排放强度指标作为衡量环境效应的被解释变量。碳排放总量计算公式采用IPCC（2006）部门方法计算：

$$\begin{aligned} CE_{energy} &= \sum_i \sum_j CE_{ij} \\ &= \sum_t \sum_j AD_{ij} \times NCV_i \times EF_i \times O_{ij} \quad i \in [1, 17], j \in [1, 47] \end{aligned} \quad (5)$$

CE_{energy}表示与化石燃料有关的CO_2排放量，i和j分别指化石燃料类型和行业；CE_{ij}代表在j行业燃烧的化石燃料i产生的二氧化碳排放量；AD_{ij}代表行业j的化石燃料i的消耗量，NCV_i代表化石燃料i净热值，EF_i代表化石燃料i的排放系数，O_{ij}代表氧化效率。

此外，中国9个高碳排放工业过程的碳排放量占与过程相关的总碳排放量的95%以上，包括氨、纯碱、水泥、石灰、钢铁、金属硅、铁合金、黑色金属、有色金属生产，计算公式如下：

$$CE_{process} = \sum_t CE_t = \sum_t AD_t \times EF_t \quad (6)$$

式中的下标t表示工业过程。AD_t代表工业生产产品，CE_t和EF_t分别代表工业过程的CO_2排放量和排放系数。AD_t、EF_t等需要从能量平衡表中获取。

2.生产总值平减指数（GDP Index）

在国内生产总值核算中，为了真实反映国民经济的运行状况，除了按当年价格进行核算外，还需按可比价格（不变价格）进行会计核算，即排除纯粹价格因素的影响，也即排除通货膨胀或收缩导致账目结果的虚拟增减，为了真实反映国民经济发展的实际水平和状况，有必要使用相应的物价平减指数来反映当前的经济发展状况。GDP平减指数是选取某一年的GDP水平为基准进行计算，即名义GDP与实际GDP之比。

3. 绿色全要素生产率（GTFP）

GTFP 将碳排放量等非预期产出指标加入单要素生产率指标，不仅能更加灵活地评价政策实施的效果，且对于衡量绿色减排技术更具说服力。基于 Global Malmquist-Luenberger 指数测算，可得到 GTFP 按地区和时间维度的分解情况。为解决 Malmquist 模型求解中决策单元无可行解的问题，利用全局生产可行性集和全局方向性环境函数构造了 GML 指数，有效避免了线性规划无可行解问题。方向性环境距离函数的基本构造思想是在期望产出增长的同时减少污染，可用于衡量环境政策治理的效率。方向性环境距离函数（DDF）仿照方向性距离函数的做法，定义为：

$$D^G\left(x, y^g, y^b\right) = \max\left\{\beta \,/\, \left(x + \beta x, y^g + \beta y^g, y^b - \beta y^b\right) \in P^G\left(x\right)\right\} \quad (7)$$

对 DDF 可用下列线性规划进行求解：

$$D^G\left(x, y^g, y^b\right) = \max\beta; \text{ s.t.} \begin{cases} \lambda X + \beta g_x \leq x_k \\ Y^g - \beta g_y \geq y_k^g \\ \lambda Y^b - \beta g_b \leq y_k^b \\ \lambda \geq 0, g_x \geq 0, g_y \geq 0, g_b \leq 0 \end{cases} \quad (8)$$

g_x 为投入方向向量，g_y 为期望产出方向向量，g_b 为非期望产出方向向量。β 为投入减少、期望产出增加、非期望产出减少所能得到的最大比例。因此，方向性环境距离函数值代表了非效率的大小。在此基础上建立 GML 指数及其分解形式：

$$GML_t^{t+1}\left(x^t, y^{gt}, x^{t+1}, y^{g(t+1)}, y^{b(t+1)}\right)$$
$$= \frac{\left[1 + D^G\left(x^t, y^{gt}, y^{bt}\right)\right]}{\left[1 + D^G\left(x^{t+1}, y^{g(t+1)}, y^{b(t+1)}\right)\right]}$$
$$= \frac{1 + D^t\left(x^t, y^{gt}, y^{bt}\right)}{1 + D^{t+1}\left(x^{t+1}, y^{g(t+1)}, y^{b(t+1)}\right)} \quad (9)$$
$$\times \left\{\frac{\left[1 + D^G\left(x^t, y^{gt}, y^{bt}\right)\right]/\left[1 + D^t\left(x^t, y^{gt}, y^{bt}\right)\right]}{\left[1 + D^G\left(x^{t+1}, y^{g(t+1)}, y^{b(t+1)}\right)\right]/\left[1 + D^{t+1}\left(x^{t+1}, y^{g(t+1)}, y^{b(t+1)}\right)\right]}\right\}$$
$$= EC_t^{t+1} \times TC_t^{t+1}$$

4.控制变量（CON）

碳排放、绿色减排技术与经济发展紧密相关，因此，为了使得处理组和控制组在环境、经济、技术效应方面具有可比性，有必要对处理组和控制组的三方面异质性特征进行控制。本文选取的控制变量包括：①产业结构，具体为第二产业占比（*strind*）、第三产业占比（*strsev*）；②经济结构，具体为社会商品零售额与生产总值的比值（*strls*）；③经济集聚程度，具体为人口密度（*popden*）、年末总人口的对数值（ln*pop*）、城镇化率（*city*）；④市场发展程度，具体为市场化指数（*mark*）、工业企业数量的对数值（ln*qys*）、城镇私营和个体从业人员与城镇单位从业人员期末人数的比值（*strsq*）；⑤财政依存度，具体为地方一般公共预算收入与生产总值的比值（*strpub*）；⑥环境污染投资力度，具体为环境污染投资与地区 GDP 之比（*environment*）；⑦清洁能源的供给，以水利发电量的对数值（ln*energy*）表示；⑧创新强度，具体为发明专利授权数与 R&D 经费支出之比（*patient*）、研发投资额对数值（ln*RD*）、技术市场成交额与研发经费支出之比（*technology*）。表 1 汇总了主要变量的描述性统计结果。

表 1 主要变量的描述性统计结果

变量	（1） 样本量	（2） 均值	（3） 标准差	（4） 最小值	（5） 最大值
CI	480	0.025	0.025	0.002	0.237
GDP Index	480	10.990	9.237	0.169	12.380
GTFP	480	1.022	0.034	0.930	1.238
TC	480	1.047	0.057	0.747	1.613
EC	480	0.978	0.059	0.626	1.367
volume × post	480	0.093	0.450	0	4.470
turnover × post	480	3.863	21.350	0	6.499
patient	480	0.811	0.433	0.097	2.608
strsev	480	43.290	9.467	28.600	83.500
strind	480	45.690	8.418	16.200	61.500
strls	480	6.871	7.083	1.421	42.952
city	480	0.534	0.142	0.235	0.896
popden	480	5.215	6.261	5.228	18.290
pop	480	7.453	2.689	2.135	11.521

变量	(1) 样本量	(2) 均值	(3) 标准差	(4) 最小值	(5) 最大值
qys	480	12.097	1.375	3.350	65.495
strpub	480	0.100	0.032	0.048	0.227
environment	480	0.547	0.841	0.075	1.440
RD	480	0.018	0.062	0.178	1.360
energy	480	1.229	0.329	0.564	2.167
technology	480	0.533	0.615	0.015	4.588
mark	480	6.470	1.843	2.372	11.110

五 实证结果与分析

（一）初步回归结果分析

为了检验研究假设1~3，本文得到碳交易政策对地区环境、经济、技术三方面的实证结果，汇总至表2，列（1）至列（6）都进行了个体固定效应和时间固定效应的控制。列（1）至列（2）探讨了核心解释变量 *volume* × *post* 及 *turnover* × *post* 系数的大小，即碳排放权交易政策对地区碳减排效果的影响，以 *CI* 作为被解释变量，以产业结构、经济结构、经济聚集程度等十个指标作为控制变量。列（1）结果表明，核心解释变量 *volume* × *post* 在5%的水平下显著为负，即碳交易市场规模与试点地区的碳排放强度呈负向关系，也即碳交易市场规模越大，试点地区碳排放强度越低。对数据进行具体分析可知，碳交易额每提升1%即会促进试点地区降低0.532个单位的碳排放强度。同理列（2）考察了核心自变量 *turnover* × *post* 的大小及显著性，结果表明核心解释变量系数在5%的水平下显著为负，表明碳市场活跃度越高，碳交易试点的排放强度越低。碳市场活跃度每增加1单位，试点地区的 *CI* 显著下降0.565个单位。通过对碳交易市场自身因素分析可知，列（1）和列（2）基本验证了本文的假设1，即碳交易试点地区在执行碳交易政策后，其二氧化碳减排效果优于非试点地区。

表2中列（3）至列（4）分析了中国碳交易试点地区的经济效应，其中 *GDP* 平减指数是评价碳交易试点地区经济效应的被解释变量。列（3）中核

心解释变量系数 *volume × post* 显著为正，即每增加 1 单位的碳交易市场规模都会促进 0.244 个单位的 GDP 平减指数增长；同理列（4）中交互项系数 *turnover × post* 也显示碳交易试点地区产生正向的经济效应，即每增加 1 单位的碳交易市场活跃度都会促进 0.231 个单位的 GDP 指数增长。通过对碳交易市场规模和活跃程度的分析可知，本文提出的假设 2 基本成立，即碳交易试点地区在执行碳交易政策后，对其经济增长呈显著正向效应。

列（5）和列（6）的被解释变量 *GTFP* 是根据 Global Malmquist-Luenberger 生产率指数计算的绿色全要素生产率，该指数被纳入连续双重差分模型，用于分析碳排放交易试点地区的技术效果。双重差分模型的回归结果表明，列（5）中交互项系数 *volume × post* 表明中国碳排放权交易试点具有显著的技术效应，在 5% 的显著水平下 *GTFP* 增加了 0.410 个单位；列（6）中 *turnover × post* 系数显著为正，即每增加 1 单位的碳交易市场规模都会促进地区 0.424 个单位的 *GTFP* 增长。通过对碳交易市场规模和活跃程度的分析可知，本文假设 3 基本成立，即碳交易试点地区在执行碳交易政策后，对其技术增长呈显著正向效应，表明中国碳排放交易在试点地区层面激发出"创新补偿"效应，促进地区减排技术发展。

表 2　连续双重差分模型初步回归结果

变量	(1) CI	(2) CI	(3) GDP Index	(4) GDP Index	(5) GTFP	(6) GTFP
volume × post	−0.532**		0.244***		0.410**	
	(0.001)		(0.002)		(0.003)	
turnover × post		−0.565**		0.231**		0.424**
		(0.002)		(0.001)		(0.002)
strind	−0.011	−0.011	0.103***	0.099**	−0.031	−0.031
	(0.017)	(0.018)	(0.061)	(0.059)	(0.015)	(0.014)
strsev	−0.051*	−0.052*	1.330*	1.334*	−0.013*	−0.053*
	(0.027)	(0.027)	(0.089)	(0.086)	(0.024)	(0.023)
strls	0.703	0.692	0.042*	0.045*	3.631***	3.623***
	(0.001)	(0.000)	(0.002)	(0.001)	(0.000)	(0.001)
popden	1.921***	1.941***	0.729*	0.814*	−6.291	−5.821
	(0.001)	(0.001)	(0.001)	(0.002)	(0.001)	(0.000)

变量	(1) CI	(2) CI	(3) GDP Index	(4) GDP Index	(5) GTFP	(6) GTFP
lnpop	−1.791*	−1.751*	−1.144**	−1.153**	2.671	2.831
	(0.006)	(0.001)	(0.085)	(0.087)	(0.004)	(0.004)
city	−0.167**	−0.160**	52.230	49.810	0.051**	0.070*
	(0.025)	(0.004)	(0.115)	(0.174)	(0.021)	(0.024)
mark	0.036*	0.035*	−1.202	−1.195	0.078**	0.078**
	(0.001)	(0.066)	(0.504)	(0.569)	(0.001)	(0.001)
lnqys	0.771***	0.761***	−2.951*	−2.401*	0.791*	0.547**
	(0.003)	(0.095)	(0.073)	(0.068)	(0.004)	(0.003)
strsq	−4.601*	−4.931*	2.425	2.730	1.994*	2.018*
	(0.004)	(0.007)	(0.672)	(0.650)	(0.007)	(0.115)
strpub	0.043	0.047	−1.008***	−0.776***	0.030*	0.050*
	(0.066)	(0.005)	(0.167)	(0.190)	(0.117)	(0.213)
environment	−0.137**	−0.138**	−25.940	−25.470	0.005	0.003
	(0.014)	(0.003)	(0.249)	(0.236)	(0.216)	(0.117)
lnenergy	0.015	0.014	−0.195	−0.195	−0.025	−0.028*
	(0.007)	(0.001)	(0.096)	(0.137)	(0.008)	(0.007)
patient	−0.025*	−0.024*	0.889	0.860	0.028***	0.028***
	(0.005)	(−0.025)	(0.352)	(0.337)	(0.009)	(0.009)
lnRD	−0.271**	−0.282**	2.155	2.322	−0.034	−0.070
	(0.003)	(0.014)	(0.135)	(0.154)	(0.003)	(0.004)
technology	−0.004**	−0.004**	1.819**	1.863**	−0.023	−0.024*
	(0.001)	(0.001)	(0.525)	(0.545)	(0.003)	(0.002)
Constant	0.478**	0.485**	7.471***	7.499***	0.972**	0.998**
	(0.198)	(0.197)	(0.335)	(0.446)	(0.127)	(0.122)
样本量	480	480	480	480	480	480
调整 R² 值	0.682	0.682	0.976	0.976	0.813	0.813
个体固定效应	是	是	是	是	是	是
时间固定效应	是	是	是	是	是	是
个体与时间交互效应	是	是	是	是	是	是

注：为了缓解可能存在的序列相关问题，列（1）至列（6）括号中的参数为省级层面的聚类标准误，***、**、* 分别代表 1%、5% 和 10% 的显著性水平。

（二）剔除同时期其他相关政策的影响分析

此外，还有一个可能的担忧是在此时间区间内推行的其他环境、经济等相关政策对碳市场试点政策效应的识别形成干扰。为此，本文收集并整理了自 2010 年起的基于城市层面的大型环境、经济政策，除了碳市场试点政策以外，同时期环境规制政策包括排污权交易试点、低碳城市政策试点（徐佳和崔静波，2020）、2012 年印发的《重点区域大气污染防治"十二五"规划》、2018 年初施行的《环境保护税法》等；经济政策则包括自由贸易区政策、"一带一路"合作倡议等。为剔除其他相关政策的影响，进行以下实验设计：首先如何将碳交易政策经济效应从同期其他相关政策中剥离出来是剔除干扰的一大难点。借鉴陆菁等（2021）控制代理变量法，拟在基准模型的基础上额外控制了代表"一带一路"、自贸区等政策的关键代理变量，即进出口贸易总额（*open*）、实际利用外资金额（*invest*），从而控制相关基于地区的经济政策对估计结果的影响。表 3 汇报了相关结果，能够看出碳市场规模及活跃度对降低试点地区碳排放强度、推动试点地区经济增长及促进减排技术发展产生显著影响且这一结果十分稳健；针对同时期环境政策产生的干扰，以仅覆盖排污权交易试点地区、低碳地区、大气污染重点控制区、征收环保税试点地区进行多期连续双重差分回归检验，结果如表 4 所示。剔除同时期其他相关环境政策后，连续双重差分模型的回归系数均在 1%~10% 水平下显著，且正负不变。因此，本文的基准回归结果具有稳健性。

表 3　考虑相关经济政策后的再检验

变量	(1) CI	(2) CI	(3) GDP Index	(4) GDP Index	(5) GTFP	(6) GTFP
volume × post	−0.243**		0.255***		0.464**	
	(0.090)		(0.056)		(0.003)	
turnover × post		−0.244*		0.241***		0.422*
		(0.085)		(0.049)		(0.005)
strind	−0.013	−0.013	2.522**	−1.333*	−0.083*	−0. 085*
	(0.449)	(0.453)	(0.324)	(0.317)	(0.014)	(0.013)
strsev	−0.243*	−0.244*	−2.777*	−2.714**	−0.003	−0.028
	(0.752)	(0.750)	(0.317)	(0.319)	(0.023)	(0.022)
strls	4.001	3.841*	1.992***	1.989***	2.911**	2.901**
	(0.001)	(0.002)	(0.000)	(0.001)	(0.001)	(0.001)

续表

变量	(1) CI	(2) CI	(3) GDP Index	(4) GDP Index	(5) GTFP	(6) GTFP
popden	1.901	1.911	0.333***	0.358***	−3.051	−2.901
	(0.010)	(0.015)	(0.269)	(0.267)	(0.196)	(0.188)
lnpop	−1.431	−1.381	0.135	0.156	3.871*	4.031*
	(0.100)	(0.120)	(0.104)	(0.108)	(0.047)	(0.049)
city	−0.188**	−0.183**	0.702*	0.882*	−0.105	−0.092
	(0.509)	(0.508)	(0.092)	(0.100)	(0.021)	(0.025)
mark	0.034*	0.034**	0.357*	0.353*	0.073**	0.072**
	(0.320)	(0.302)	(0.134)	(0.204)	(0.011)	(0.016)
lnqys	0.821**	0.151**	0.128*	0.127*	0.031	0.981
	(0.069)	(0.068)	(0.194)	(0.185)	(0.300)	(0.375)
strsq	0.002*	0.002**	1.996*	2.105*	−6.111	6.561
	(0.165)	(0.169)	(0.177)	(0.133)	(0.114)	(0.149)
strpub	0.067	0.071	−0.324**	−0.314**	0.214**	0.224**
	(0.108)	(0.113)	(0.104)	(0.110)	(0.258)	(0.270)
environment	−0.138*	−0.138*	1.208	1.201	−0.010*	−0.011*
	(0.149)	(0.210)	(0.047)	(0.039)	(0.207)	(0.296)
lnenergy	0.015	0.014	−0.314	−0.510	−0.036**	−0.037**
	(0.212)	(0.178)	(0.034)	(0.037)	(0.008)	(0.010)
patient	−0.019*	−0.020**	−0.925	−0.923	−0.341***	−0.408***
	(0.177)	(0.151)	(0.187)	(0.182)	(0.006)	(0.007)
lnRD	−0.200*	−0.206*	−1.146***	−1.145**	−0.761	−0.762
	(0.156)	(0.210)	(0.056)	(0.052)	(0.107)	(0.106)
technology	−0.004**	−0.035**	−0.461*	−0.471**	−0.041***	−0.042***
	(0.067)	(0.062)	(0.068)	(0.063)	(0.003)	(0.004)
open	0.013*	0.014*	−3.996**	−3.633*	0.013*	0.016*
	(0.051)	(0.049)	(0.052)	(0.050)	(0.369)	(0.375)
invest	−6.227*	−5.741	0.648**	0.663***	−0.776***	−0.762***
	(0.087)	(0.084)	(0.039)	(0.032)	(0.039)	(0.032)
Constant	0.419**	0.423**	0.815***	−0.212***	1.099***	1.092***
	(0.475)	(0.476)	(0.264)	(0.254)	(0.121)	(0.127)
样本量	480	480	480	480	480	480
调整 R^2 值	0.684	0.684	0.992	0.992	0.745	0.745
个体固定效应	是	是	是	是	是	是
时间固定效应	是	是	是	是	是	是

注：同表2。

表4 剔除相关环境政策后的再检验

变量	CI					
	低碳地区		大气污染重点控制区		排污权交易试点地区	
volume × post	−0.027**		−0.393*		−1.205**	
	(0.025)		(0.105)		(0.304)	
turnover × post		−0.0174**		−0.290*		−1.183**
		(0.031)		(0.120)		(0.313)
控制变量	是	是	是	是	是	是
个体固定效应	是	是	是	是	是	是
时间固定效应	是	是	是	是	是	是
个体与时间交互效应	是	是	是	是	是	是

变量	GDP index					
	低碳地区		大气污染重点控制区		排污权交易试点地区	
volume × post	0.094***		0.236**		−0.117*	
	(0.110)		(0.215)		(0.193)	
turnover × post		0.015***		0.205**		0.069**
		(0.104)		(0.227)		(0.188)
控制变量	是	是	是	是	是	是
个体固定效应	是	是	是	是	是	是
时间固定效应	是	是	是	是	是	是
个体与时间交互效应	是	是	是	是	是	是

变量	GTFP					
	低碳地区		大气污染重点控制区		排污权交易试点地区	
volume × post	−0.062		−1.296		−0.417	
	(0.556)		(0.703)		(0.562)	
turnover × post		−0.071		−1.088		−0.380
		(0.563)		(0.720)		(0.550)
控制变量	是	是	是	是	是	是
个体固定效应	是	是	是	是	是	是
时间固定效应	是	是	是	是	是	是
个体与时间交互效应	是	是	是	是	是	是

注：①低碳地区试点政策覆盖的样本包括2010年、2012年、2017年依次确定的三批试点地区，共包含6个省份，具体地区名单详见国家发改委于2010年7月发布的《关于开展低碳省区和低碳城市试点工作的通知》、2012年11月发布的《关于开展第二批低碳省区和低碳城市试点工作的通知》、2017年1月发布的《关于开展第三批国家低碳城市试点工作的通知》；②大气污染重点控制区覆盖的样本为中国京津冀地区（北京、天津、石家庄、唐山、保定、廊坊）、长三角地区（上海、南京、无锡、常州、苏州、南通、扬州、镇江、泰州、杭州、宁波、嘉兴、湖州、绍兴）、珠三角地区（广州、深圳、佛山、东莞、珠海、中山、惠州、肇庆、江门）和十大城市群（沈阳、济南、青岛、淄博、潍坊、日照、武汉、长沙、重庆、成都、福州、三明、太原、西安、咸阳、兰州、银川、乌鲁木齐）共47个城市；③排污权交易试点地区覆盖的样本为天津、河北、山西、内蒙古、江苏、浙江、河南、湖北、湖南、重庆和陕西11个省区市。

（三）稳健性检验

1. 平行趋势检验

连续双重差分模型的估计结果满足准确性的前提是在没有政策干预的情况下，结果变量的发展趋势在处理组和控制组中一致。为了精确地检验平行趋势，本文以碳排放强度、GDP平减指数、绿色全要素生产率三者为自变量构建模型，模型如下所示：

$$Y_{it} = \alpha_0 + \sum_{t=2004}^{2019} \alpha_t d_{it} + \beta_c X_{it} + u_i + v_t + \delta_{it} + \varepsilon_{it} \tag{10}$$

其中，d_{it}表示地区i所属t年的虚拟变量，当试点地区i在时间t时，d_{it}为1，其他情况下，d_{it}为0。当$\alpha_{2004}-\alpha_{2019}$不显著时，说明碳排放强度、$GDP$平减指数、绿色全要素生产率在碳交易政策执行前的变化趋势相同，满足平行趋势假设。此外，基准年为政策执行时间点的前一年，即2012年。由表5列（1）可知，2013年（current）作为政策执行年度，核心解释变量系数为负且在1%的水平下显著，也即碳交易政策可显著改善试点地区的环境效应，且这种减排作用具有持续性与累积性。同理对表5中列（2）数据进行具体分析，2013年政策执行年的交叉项系数显著为正，且接下来六年的政策虚拟变量系数仍显著为正，表明碳交易政策对区域经济发展具有显著的增长效应，但在政策实施当年仍需一年的政策反应期进行调整。表5中列（3）数据结果体现了技术效应的平行趋势检验。由结果可知技术效应在政策实施两年后系数出现显著性负向差异，说明激发"创新补偿效应"，产生技术发展的"外溢效应"非一日之功。

表5 平行趋势检验

变量	(1) CI	(2) GDP Index	(3) GTFP
pre9	5.806	−0.020	−0.008
	(0.004)	(0.004)	(0.009)
pre8	2.554	−0.029	0.012
	(0.003)	(0.010)	(0.010)
pre7	−0.755	−0.020	0.001
	(0.003)	(0.006)	(0.015)
pre6	−1.248	−0.019	0.005
	(0.002)	(0.008)	(0.012)
pre5	−1.038	−0.003	0.008
	(0.003)	(0.004)	(0.007)
pre4	2.237	0.004	−0.011
	(0.003)	(0.007)	(0.006)
pre3	11.380	0.062	0.002
	(0.005)	(0.007)	(0.006)
pre2	1.770	0.085	0.004
	(0.003)	(0.004)	(0.004)
current	3.883***	0.008***	0.013***
	(0.003)	(0.006)	(0.002)
post1	−3.463***	0.011***	0.026***
	(0.003)	(0.001)	(0.010)
post2	−3.873***	0.018***	0.015*
	(0.009)	(0.008)	(0.016)
post3	−4.529***	0.021***	0.017**
	(0.007)	(0.007)	(0.005)
post4	−9.214**	0.016***	0.022***
	(0.017)	(0.008)	(0.009)
post5	−10.140**	0.017***	0.029***
	(0.015)	(0.004)	(0.002)
post6	−9.621***	0.029***	0.036**
	(0.009)	(0.006)	(0.015)

注：同表2。

为了更直观地显示政策的作用效果和影响时长，本文绘制了碳排放强度、GDP平减指数和绿色全要素生产率的平行趋势检验图。图2可表明2013年之前的虚拟变量与处理组虚拟变量的交互项的系数都不显著，平行趋势假设成立。

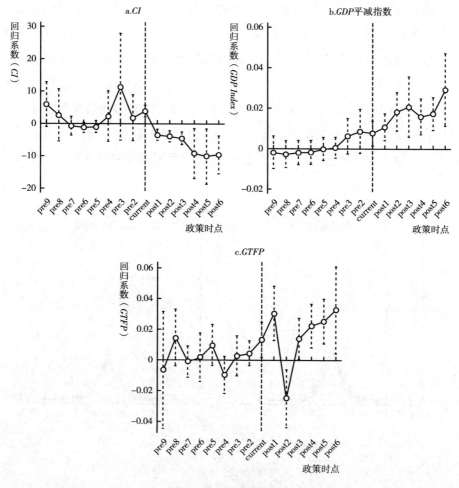

图2　平行趋势检验图

2.安慰剂检验

为了增强表1、表2得到的回归结果的可信度，本文还需进行安慰剂检验。Bertrand 等（2004）指出，采用多年数据进行连续双重差分的经验分析时，可能存在由序列相关引起标准误偏差问题，进而导致回归检验过度拒绝零假设。为此，Chetty 等（2009）和 La Ferrara 等（2012）采用非参置换检验的方法进行安慰剂检验，陆菁等（2021）等研究也采用该方法进行安慰剂检验。对于本文的双重差分模型而言，非参置换检验方法的操作如下：对所有省级地区和政策时间进行不重复随机抽样，每次抽取各省级地区对应的随机政策时间点，将所抽中30个省级地区对应的自己政策时间点作为虚拟处理组，余下作为虚拟控制组，将这个过程重复500次，从而获得500个虚拟处理组及虚拟政策时间交互的回归估计系数。如果碳市场确实对试点地区具有显著的环境、经济、技术效应，那么相应的估计系数（分别为-0.243、0.241和0.422）应位于非参置换检验系数分布的低尾位置。相关回归结果显示基准回归结果通过安慰剂检验，基本验证了前文双重差分模型对中国碳排放交易试点环境、经济技术效应回归结果的稳健性。

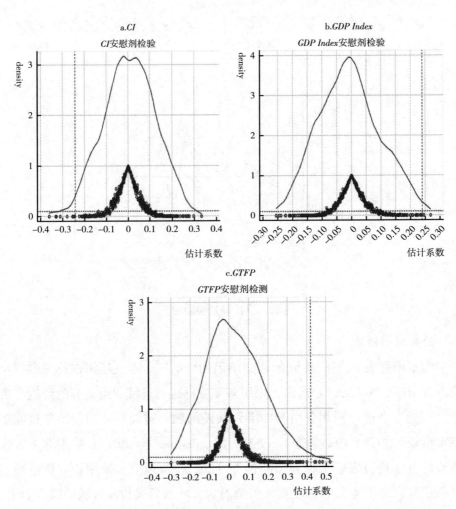

图3 安慰剂检验结果图

六 进一步讨论

（一）地区异质性分析

中国区域发展存在不平衡、不协调的问题，为了进一步验证碳交易市场在环境、经济、技术三方面对地区发展的影响性，同时讨论分区域情况下假设1~3是否成立，进行地区异质性分析讨论，结果如表6所示。

表6 东部、中部与西部地区的区分考察

东部地区	(1)	(2)	(3)	(4)	(5)	(6)
变量	CI	CI	GDP Index	GDP Index	GTFP	GTFP
volume × post	−0.232**		0.303*		0.0108*	
	(0.312)		(0.226)		(0.539)	
turnover × post		−0.374*		0.812***		0.0175*
		(0.306)		(0.102)		(0.795)
Constant	−4.677	−4.528	1.133***	1.133***	1.049***	1.050***
	(0.400)	(0.467)	(0.104)	(0.113)	(0.048)	(0.037)
控制变量	是	是	是	是	是	是
时间固定效应	是	是	是	是	是	是
个体固定效应	是	是	是	是	是	是
样本量	176	176	176	176	176	176
调整R²值	0.690	0.689	0.596	0.598	0.682	0.678
中部地区	(7)	(8)	(9)	(10)	(11)	(12)
变量	CI	CI	GDP Index	GDP Index	GTFP	GTFP
volume × post	−0.201**		0.621**		0.0120	
	(0.006)		(0.299)		(0.630)	
turnover × post		−0.351**		0.124**		0.262
		(0.107)		(0.249)		(0.765)
Constant	3.526***	3.538***	1.100***	1.099***	1.011***	1.011***
	(0.557)	(0.568)	(0.421)	(0.414)	(0.008)	(0.007)
控制变量	是	是	是	是	是	是
时间固定效应	是	是	是	是	是	是
个体固定效应	是	是	是	是	是	是
样本量	128	128	128	128	128	128
调整R²值	0.616	0.617	0.574	0.574	0.699	0.701

续表

西部地区 变量	(13) *CI*	(14) *CI*	(15) *GDP index*	(16) *GDP index*	(17) *GTFP*	(18) *GTFP*
volume × post	−0.015 (0.792)		0.164* (0.627)		0.101 (0.610)	
turnover × post		−0.166 (0.152)		0.306** (0.690)		0.038 (0.624)
Constant	4.596*** (0.022)	4.603*** (0.013)	1.087*** (0.016)	1.141*** (0.015)	1.004*** (0.013)	1.003*** (0.016)
控制变量	是	是	是	是	是	是
时间固定效应	是	是	是	是	是	是
个体固定效应	是	是	是	是	是	是
样本量	144	144	144	144	144	144
调整后 R² 值	0.342	0.348	0.520	0.520	0.351	0.353

注：同表2。

　　碳交易试点地区的选择具有高度代表性，这些地区横跨中国东部沿海地区，延伸到西部地区。本文将中国30个省份（不含西藏、港澳台）按照地理位置划分为东部、中部、西部地区，考察碳市场在不同地区环境、经济及技术的异质性。从表6第（1）、（2）、（7）、（8）、（13）、（14）列回归结果可以看出，碳交易市场的成熟发展对中国东部和中部地区的碳排放具有显著的促进作用，但对中国西部地区的环境效应没有显著影响；第（3）、（4）、（9）、（10）、（15）、（16）列数据结果展现碳交易市场规模对地区的各方面影响，可以极大地促进中国东部、中部和西部的经济发展。究其原因是重庆是八个碳交易试点地区中唯一被列为西部地区的城市，主要依靠制造业、建筑业等第二产业来推动经济增长，且以一省代表西部地区整体的影响情况存在一定误差。早期为了协调好区域减排与拉动经济增长之间的关系，重庆碳交易市场的碳配额供给较为充足，远大于配额需求的碳供给导致交易市场总体呈现疲态。相较于中国其他碳交易试点地区，重庆碳交易市场规模最小，其发挥的环境约束作用并不显著。且西部地区拥有丰富的化石能源资源，决定了其主要经济支撑力量为高耗能、低产出的能源密集型产业，必然导致碳排放强度较大。此外，由于西部地区得到西部大开发政策如税收优惠的扶持，经济发展处于快速上升期，碳交易市场的受重视程度不足，对参与碳交易市场的企业的惩罚力度较小，进一步加剧了西部地区碳交易市场的有效性失灵。第（5）、（6）、（11）、（12）、（17）、（18）列汇总了碳排放权交易对地区经济效应的影响，结果表明，碳市场成熟度的提高对中国东部地区有显著影响，而对中西部地区影响不显著。大多数碳交易试点项目都集中在东部沿海地区，减排技术创新或大数据发展基础条件较好，碳交易市场的规模和市场活跃度的提升能够倒逼区域内减排主体为达标而优化资源配置、引进先进的生产技术，甚至诱致绿色技术创新。综上所述，本文提出的假设1在东部和中部地区成立，假设2适用于所有地区，假设3仅在东部地区成立。

（二）技术效应进一步分析

为了验证本文假设4的正确性，利用包括非期望产出的 Global Malmquist-Luenberger 生产率指数测算地区绿色全要素生产率并将其作为研究碳市场对地区技术效应的被解释变量，绿色全要素生产率可以进一步分解为效率变化指数（EC）和技术变化指数（TC），并引入连续双重差分模型得到相应的分析结果。表7显示了 EC 与 TC 的连续双重差分模型的回归结果，第（1）~（4）列都控制了地区固定效应和时间固定效应。第（1）和第（2）栏的交叉项系数表明，中国碳排放交易试点地区的技术效率已经发生了显著的正向变化，随着碳交易市场的规模和活动的增加，试点地区的技术效率分别提升1.022个单位和1.044个单位。而第（3）和第（4）列的关键自变量数值表明碳交易市场规模扩张或市场活跃度的提升对试点地区的技术变化起到一定程度上的抑制作用，但效应并不显著。综上所述，研究表明假设4基本成立。碳交易市场的规模和活跃度的提升对绿色全要素生产率和效率变化指标存在正向影响，表明中国碳排放交易在试点地区层面激发出"创新补偿"效应，相关企业不会通过拉闸限电、强制关闭污染排放源等"一刀切"手段达到减排目标。促进社会资源从高排放主体向高效率主体的转变，如通过购买符合减排标准的新生产设备或生产线扩大生产，以达到减排目标、提高生产效率、提高经济效益。技术变革的数据表明，环境监管促进实质性技术进步并最终实现经济增长的时间成本不容忽视。绿色可持续发展不仅需要生产技术效率的提升，更需要地方政府采取相关措施激励管辖区发展方式由"高增长、高消费、高排放"向"高水平、高质量、高效率"转变，推动绿色发展。

表7 技术效率与技术进步变化回归结果

变量	(1) EC	(2) EC	(3) TC	(4) TC
volume × post	1.022***		1.504	
	(0.007)		(0.004)	
turnover × post		1.044**		1.651
		(0.006)		(0.002)
strind	0.360	0.381**	0.970*	0.097**
	(0.020)	(0.014)	(0.019)	(0.018)
strsev	0.060*	0.056	0.797	0.794*
	(0.029)	(0.022)	(0.035)	(0.033)
strls	1.191	1.071*	0.907**	1.081
	(0.001)	(0.006)	(0.001)	(0.003)
popden	1.561*	1.061	−2.441	−0.441*
	(0.005)	(0.004)	(0.006)	(0.012)
pop	2.221**	2.161***	−2.211*	−2.221
	(0.004)	(0.006)	(0.004)	(0.006)
city	0.034***	0.038	−0.025**	−0.024**
	(0.026)	(0.306)	(0.027)	(0.036)
mark	0.450	1.426*	0.369**	0.368*
	(0.002)	(0.009)	(0.012)	(0.028)
lnqys	−1.552**	−1.041	−3.807	−3.781*
	(0.004)	(0.007)	(0.307)	(0.295)
strsq	2.946	2.728**	0.013*	0.131
	(0.199)	(0.217)	(0.022)	(0.021)
strpub	−0.042*	−0.053	−0.071	−0.071**
	(0.015)	(0.017)	(0.278)	(0.283)
environment	0.200*	0.180*	0.107**	0.106
	(0.241)	(0.254)	(0.224)	(0.220)
energy	−0.142	−0.183**	−1.881*	−0.009
	(0.008)	(0.012)	(0.015)	(0.012)
patient	−1.725*	1.743	0.102	0.205*
	(0.011)	(0.015)	(0.015)	(0.017)
lnRD	0.015	0.015	−0.012	−0.012*
	(0.205)	(0.201)	(0.004)	(0.011)

变量	(1) EC	(2) EC	(3) TC	(4) TC
technology	0.802	0.694*	−0.989	−0.102
	(0.005)	(0.008)	(0.007)	(0.005)
open	−0.845**	−1.101	0.174	0.017
	(0.017)	(0.016)	(0.162)	(0.163)
invest	−1.121	−1.641**	−4.041	−4.161*
	(0.009)	(0.023)	(0.190)	(0.196)
Constant	0.878***	0.881***	0.976***	0.977***
	(0.172)	(0.093)	(0.159)	(0.035)
样本量	480	480	480	480
调整 R^2 值	0.670	0.710	0.620	0.680

注：同表2。

（三）有调节的中介效应检验

碳交易市场通过降低碳排放强度提升环境质量，为验证本文假设5，逐一增加生产经营固定资产（asset）、产业结构合理化指数（industry）和能源消费结构（energy）分析技术作为碳交易政策与区域经济高质量发展之间的中介效应检验。模型关系如图4所示。

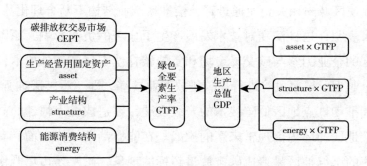

图4　碳交易市场与生产总值有调节的中介效应模型

有调节的中介效应检验分两步走：（1）中介效应检验。按三步法检验模型回归系数是否显著：首先，审查碳交易市场的规模和活动对区域经济发展的影响，数据显示两者之间存在显著的正相关关系。其次，考察碳市场本身对技术效应的影响。结果表明，碳交易市场越成熟，技术效应越显著。通过中介效应检验可以看出，代表技术效应的GTFP是碳交易政策促进区域经济高质量发展的桥梁。

（2）在中介效应的分析基础上逐步加入asset、structure、energy三者作为调节变量。先检验生产经营用固定资产的调节影响：首先，做生产总值对碳交易市场、asset的回归，结果显示核心解释变量的交叉项系数都为正；其次，做GTFP对碳交易市场、asset的回归，结果交叉项系数显著为负；再次，做地区生产总值对碳交易、asset及GTFP三者的回归，结果两项交叉项系数都显著为正；最后，做地区生产总值对碳交易市场、asset、GTFP及后两者交互项的回归，由表8数据可知，相互作用系数显著为正。回归结果表明，随着试点地区碳交易市场规模的扩大，碳交易量和交易事件也在增加，对当地企业的碳排放约束逐渐加强。碳排放限制将迫使企业升级绿色技术，增加运营成本。该地区没有关闭设备以减少排放，而是购买了新的生产和运营固定资产（如符合减排标准的绿色设备或生产线），以达到单位产能碳排放标准而非通过绿色技术进步达到减排标准。然后按照相同的步骤，分别对structure、energy的相互作用项的调节效应进行了检验，结果表明它们都满足显著特性的要求。在产业结构方面，试点地区碳市场发展成熟度的提高，促使区域内相关企业通过碳补偿推动产业结构不断合理化甚至升级。数据结果表明，这种演变对技术发展产生了显著的负面影响，原因可能是试点地区的企业为参与碳交易市场和实施碳补偿支付了额外成本，促使试点地区企业为了规避风险进行高碳排放产业转移，即"污染避难所"假说，不仅不能推动试点地区低碳技术的升级发展，在造成技术惯性的同时也可能给承接地区的环境治理带来新的挑战。在能源消费结构方面，高碳排放产业密集的试点地区易造成碳排放量超标的现象，碳交易市场既作为履约手段又作为惩罚机制，迫使相关传统能源企业优化能源消费结构。先进的能源消费结构优化可能导致试点地区企业要素优化配置所需的技术条件无法满足，迫使相关企业进行绿色低碳技术创新，以适应能源消费清洁度的提高。由此可以确定，本文假设5基本成立。

表8 有调节的中介效应检验结果

变量	(1) GDP Index	(2) GDP Index	(3) GTFP	(4) GTFP	(5) GDP Index	(6) GDP Index	(7) GDP Index	(8) GDP Index
volume × post	1.591***		−0.008**		7.315***		7.212***	
	(0.008)		(0.014)		(0.007)		(0.006)	
turnover × post		1.385***		−0.002**		13.290***		13.020***
		(0.006)		(0.010)		(0.005)		(0.005)
asset	0.408***	0.403***	0.008*	0.009**	0.416***	0.411***	0.916***	0.899***
	(0.007)	(0.005)	(0.104)	(0.103)	(0.002)	(0.003)	(0.138)	(0.145)
GTFP					−2.918**	−3.058**	4.111	1.796
					(0.151)	(0.133)	(0.208)	(1.265)
asset × GTFP							−0.485***	−0.472***
							(0.034)	(0.040)
Constant	−4.061*	−3.825**	0.980***	0.980***	2.892***	3.044***	−4.394	−1.967
	(0.718)	(0.803)	(0.010)	(0.103)	(0.142)	(0.004)	(0.208)	(0.215)
控制变量	是	是	是	是	是	是	是	是
样本量	480	480	480	480	480	480	480	480
调整R²值	0.931	0.924	0.537	0.537	0.929	0.922	0.931	0.924

变量	(1) GDP Index	(2) GDP Index	(3) GTFP	(4) GTFP	(5) GDP Index	(6) GDP Index	(7) GDP Index	(8) GDP Index
volume × post	1.283*		−0.006*		1.004***		5.373***	
	(0.109)		(0.153)		(0.008)		(0.002)	
turnover × post		2.491***		−0.002**		2.076***		9.270***
		(0.004)		(0.026)		(0.006)		(0.003)
structure	6.958**	7.225***	0.112***	0.109***	1.270***	6.514	−1.823***	−1.871***
	(0.168)	(0.016)	(0.004)	(0.003)	(0.008)	(0.006)	(0.047)	(0.035)
GTFP					3.374*	3.606*	6.382*	6.401*
					(0.325)	(0.306)	(0.722)	(0.710)
structure × GTFP							16.032***	16.696***
							(0.016)	(0.008)
Constant	1.374*	1.385**	0.972***	0.973***	−3.653**	−3.737**	11.752***	12.092***
	(0.293)	(0.248)	(0.028)	(0.024)	(0.335)	(0.392)	(0.003)	(0.018)
控制变量	是	是	是	是	是	是	是	是
样本量	480	480	480	480	480	480	480	480
调整R²值	0.887	0.860	0.529	0.528	0.914	0.865	0.922	0.900

续表

变量	(1) GDP Index	(2) GDP Index	(3) GTFP	(4) GTFP	(5) GDP Index	(6) GDP Index	(7) GDP Index	(8) GDP Index
volume × post	1.148*		−0.007**		7.170***		7.162***	
	(0.241)		(0.008)		(0.049)		(0.087)	
turnover × post		2.466***		−0.001*		13.140***		13.090***
		(0.084)		(0.122)		(0.112)		(0.014)
energy	1.258*	1.303**	−0.016***	−0.017**	3.600***	4.075***	3.750**	2.318**
	(0.230)	(0.202)	(0.040)	(0.058)	(0.018)	(0.004)	(0.442)	(0.076)
GTFP					−2.441**	−2.506**	1.609**	−2.271**
					(0.055)	(0.190)	(0.271)	(0.214)
energy×GTFP							−3.326*	−1.874*
							(0.449)	(0.556)
Constant	1.482**	1.041***	1.007***	1.007***	2.249***	2.265***	−1.876***	−2.665***
	(0.304)	(0.887)	(0.025)	(0.019)	(0.085)	(0.088)	(0.148)	(0.288)
控制变量	是	是	是	是	是	是	是	是
样本量	480	480	480	480	480	480	480	480
调整 R^2 值	0.683	0.688	0.550	0.551	0.932	0.926	0.932	0.926

注：同表2。

七　结论及政策建议

（一）基本结论

基于"波特假说"理论和绿色经济增长理论，利用2004~2019年中国30个省份的面板数据，对碳交易政策进行了一次准自然实验，分析碳市场规模、市场活跃度对试点地区所产生的环境、经济、技术效果，同时实证研究结果通过平行趋势检验等验证了其稳健性，并进一步对碳市场的地区异质性、生产经营用固定资产等因素做调节的中介效应进行探讨，主要发现如下。

总体上看，以碳排放强度为主要解释变量，采用连续双重差分模型分析了碳交易政策对试点地区的环境效应，对比非试点地区，碳交易额、碳交易量每增加1%会促进碳试点地区的二氧化碳排放强度分别下降0.243个单位和0.244个单位，也即碳市场的成熟度与环境改善效果为同向效应，其中研发强度、环境治理投资等可持续性因素均在一定程度上减少了二氧化碳排放。

碳市场的成熟发展促进了碳排放交易试验区经济发展，GDP平减指数分别上升0.255个单位和0.241个单位。由于碳排放交易试验区的整体效应，实现了全社会资源的有效配置，激发出的区域创新补偿效应促进了碳排放交易试验区整体经济发展。

利用包括碳排放等非期望产出的GML生产率指数测算了不同地区的GTFP，并将其分解为效率变化（EC）和技术变化（TC），代入连续的双重差分模型探讨了试点地区的技术效应。研究表明随着碳交易市场规模、碳交易市场活跃度的提升，试点地区的绿色全要素生产率分别增加0.464个和0.422个单位，其中效率变化指标分别显著提升1.022个和1.044个单位，是绿色全要素生产率提升的关键。

对碳交易市场的地区异质性分析发现，碳交易市场对所有试点地区的经济效益产生了正向影响，而在减排效果方面，东中部地区的碳减排效果优于西部区域，而在技术效应方面，东部沿海地区的技术变化同样比中西部地区显著。

通过有调节的中介效应检验的进一步分析可以看出，碳排放交易试点确实刺激了试点地区产生"创新补偿"效应，而中国存在的现实问题是阻碍环境和经济"脱钩"的主要因素，如受制于传统节能低碳技术路径虽然相关企业因应减排规制而更换生产线、购进减排设备、提升技术来满足减排要求，但结果可能是大量产能仍被锁定在高污染、高排放的环节上。

（二）政策建议

中国实施的碳排放交易政策是实现碳排放总量控制目标的有效途径。因此，从环境、经济和技术三个方面衡量碳交易市场本身的有效性，不仅对进一步完善中国碳排放交易体系具有重要启示，而且对实现"双碳"目标、发挥世界减排大国的作用具有现实意义。本文从碳排放强度、GDP平减指数、绿色全要素生产率三方面进行实证分析总结研究结论，提出相关政策建议。

1. 大力推进碳市场发展，提升碳市场的活跃度

实证分析发现碳交易政策能有效降低碳排放强度，应加快推进全国碳市场建设，尽快敦促全国各省份加入碳市场，扩大碳交易市场的参与规模。有序推进各交易试点地区与全国碳市场深度对接融合，在电力部门实施全国碳交易的基础上，加快推进石油、化工等其他行业进入全国碳交易市场。同时应加快构建支撑碳市场发展的金融机制，有效引导投资机构等不同主体参与全国碳市场交易，开发各类碳金融产品与服务，提升全国碳市场的流动性，增加交易量。

2. 加大技术创新投资，实现技术创新效应

为确保环保投资的有效性，中央政府应加强地方环保监管，更好地了解地方环境问题，避免地方政府"无所作为、乱作为"。要规范中央环保检查，随时抽查地方环境问题，创造环境保护高压条件。通过中央政府的宏观调控和干预，可以提高绩效考核和奖励标准，逐步消除地方贸易保护主义，防止地方政府成为高污染、高税收企业的"雨伞"。反过来，为了绿色技术创新，地方政府应用环境污染治理的激励可以得到改善。各地区可以通过制定环境规制政策，制定合理的创新计划，实现资源互补。同时，加强创新资源投入和绿色技术应用，加快产业结构转型，促进创新成果产出。

3. 充分考虑地区发展差异性，继续发挥试点碳市场作用

碳交易试点政策的地区异质性表明，各地应实施具有差异化的碳交易政策。从建立电力部门的全国碳市场到涵盖所有行业的全国碳市场仍需一定时间，过渡期间应充分发挥好试点碳市场的作用，各试点碳市场应结合当地产业发展现状，采取更加积极的措施推进碳市场建设，欠发达地区的政策措施力度应更大。应努力提高欠发达地区政府对低碳环保的重视程度，增强欠发达地区控排主体的市场参与意愿。

4. 多手段并行推动绿色可持续性发展。

碳交易市场通过一系列调节变量对地区可持续性发展产生有调节的技术中介效应，应联合其他多项环境保护政策共同协作，从而推动能源消费结构合理化及产业结构高级化，完善配套环保标准和管理规范，诱导减排主体完成"创新补偿"的蜕变。

参考文献

［1］ 董直庆、王辉， 2021，《市场型环境规制政策有效性检验——来自碳排放权交易政策视角的经验证据》，《统计研究》第10期。

［2］ 范丹、刘婷婷， 2022，《低碳城市试点政策对全要素能源效率的影响机制和异质性研究》，《产业经济评论》第2期。

［3］ 方一平、朱冉，2021，《"两山"价值转化的经济地理思维：从逻辑框架到西南实证》，《经济地理》第10期。

［4］ 黄震、谢晓敏，2021，《碳中和愿景下的能源变革》，《中国科学院院刊》第9期。

［5］ 姬新龙， 2021，《碳排放权交易是否促进了企业环境责任水平的提升?》，《现代经济探讨》第9期。

［6］ 姜磊、姜煜、赵秋运、付才辉、吴清扬，2020，《政府发展战略与企业全要素生产率》，《当代经济科学》第5期。

［7］ 景维民、张璐，2014，《环境管制、对外开放与中国工业的绿色技术进步》，《经济研究》第9期。

［8］ 刘金科、肖翊阳， 2022，《中国环境保护税与绿色创新：杠杆效应还是挤出效应?》，《经济研究》年第1期。

［9］ 陆菁、鄢云、王韬璇，2021，《绿色信贷政策的微观效应研究——基于技术创新与资源再配置的视角》，《中国工业经济》第1期。

［10］ 渠慎宁、李鹏飞、李伟红，2015，《国外绿色经济增长理论研究进展述评》，《城市与环境研究》第1期。

［11］ 任晓松、马茜、刘宇佳、赵国浩，2020，《碳交易政策对高污染工业企业经济绩效的影响——基于多重中介效应模型的实证分析》，《资源科学》第9期。

［12］ 任亚运、傅京燕， 2019，《碳交易的减排及绿色发展效应研究》，《中国人口·资源与环境》第5期。

［13］ 孙振清、李欢欢、刘保留， 2020，《碳交易政策下区域减排潜力研究——产业结构调整与技术创新双重视角》，《科技进步与对策》第15期。

［14］ 王倩、高翠云，2018，《碳交易体系助力中国避免碳陷阱、促进碳脱钩的效应研究》，《中国人口·资源与环境》第9期。

［15］ 吴茵茵、齐杰、鲜琴、陈建东， 2021，《中国碳市场的碳减排效应研究——基于市场机制与行政干预的协同作用视角》，《中国工业经济》第8期。

［16］徐佳、崔静波，2020，《低碳城市和企业绿色技术创新》，《中国工业经济》第12期。

［17］薛飞、周民良，2021，《中国碳交易市场规模的减排效应研究》，《华东经济管理》第6期。

［18］余萍、刘纪显，2020，《碳交易市场规模的绿色和经济增长效应研究》，《中国软科学》第4期。

［19］张浩然，2021，《中国碳排放交易试点的环境、经济、技术效应研究》，太原理工大学博士学位论文。

［20］朱群芳，2000，《绿色经济与中国外贸的发展》，《经济与管理研究》第2期。

［21］Bertrand M., Duflo E., Mullainathan S. 2004. "How Much Should We Trust Differences-in-Differences Estimates." *Quarterly Journal of Economics* 119(1):249-275.

［22］Change, I. P. O.2006. "2006 IPCC Guidelines for National Greenhouse Gas Inventories." Institute for Global Environmental Strategies, Hayama, Kanagawa, Japan.

［23］Chen L., Bai X., Chen B., Wang J. J. 2022. "Incentives for Green and Low-Carbon Technological Innovation of Enterprises Under Environmental Regulation: From the Perspective of Evolutionary Game." *Frontiers in Energy Research:* 817.

［24］Chetty R., Looney A., Kroft K. 2009. "Salience and Taxation: Theory and Evidence." *American Economic Review* 99(4):1145-1177.

［25］Cushing L., Blaustein R.D., Wander M., Pastor M., Sadd J., Allen Z., Morello F. R. 2018. "Carbon Trading, Co-pollutants, and Environmental Equity: Evidence from California's Cap-and-Trade Program." *PLoS Medicine* 15(7):2011-2015.

［26］Kang Z.Y., Li K., Qu Jianying.2018. "The Path of Technological Progress for China's Low-carbon Development: Evidence from Three Urban Agglomerations." *Journal of Cleaner Production* 178:644-654.

［27］La Ferrara E., Chong A., Duryea S. 2012. "Soap Operas and Fertility: Evidence from Brazil." *American Economic Journal Applied Economics*, 4(4):1-31.

［28］Liu Z.Q., Geng Y., Dai H.C., Jeffrey W., Xie Y., Wu R., Wei Y., Yu Z.J. 2018. "Regional Impacts of Launching National Carbon Emissions Trading Market: A Case Study of Shanghai." *Applied Energy* 230:232-240.

［29］Ma C.S., Yuan T. T., Zhong L., Liu W. 2021. "Production Decision-making System for Manufacturing Enterprises Constrained by Carbon Reduction Policies." *Complex & Intelligent Systems* 1-29.

［30］Moser P., Voena A., Waldinge F. 2014. "German Jewish Emigres and US Invention." *The American Economic Review* 104(10).

［31］Wang H., Chen Z.P., Wu X.Y., Nie X. 2019. "Can a Carbon Trading System Promote the Transformation of a Low-carbon Economy Under the Framework of the Porter Hypothesis? Empirical Analysis Based on the PSM-DID Method." *Energy Policy:* 930–938.

［32］Wu Q.L., Li C.X. 2020. "How Quota Allocation Affects the Unified ETS of China: A Simulation with Dynamic CGE Model." *Environmental Science and Pollution Research International*, 27(2):701–712.

［33］Zhang H. J., Duan M. S. 2020. "China's Pilot Emissions Trading Schemes and Competitiveness: An Empirical Analysis of the Provincial Industrial Sub-sectors." *Journal of environmental management* 258:109997.

［34］Zhang J.K., Zhang Y. 2021. "Examining the Economic Effects of Emissions Trading Scheme in China." *Journal of Environmental Planning and Management* 64(9):1622–1641.

［35］Zhang T. 2019. "How Do Information Technology Resources Facilitate Relational and Contractual Governance in Green Supply Chain Management?" *Sustainability* 11(13):3663.

（责任编辑：许雪晨）

动态碳转移驱动因素研究

王先柱　黄　河　李　蒙*

摘　要：碳转移是指全部隐含碳基于经济贸易所发生的排放转移现象。厘清经济增长对碳排放上升作用的具体路径是实现"双碳"目标的重要保证，但动态碳转移问题的存在使得节能减排政策的有效性和公平性受到挑战。据此，本文基于地区异质性和区域不平衡的视角，首先运用基于多区域投入产出表的结构分解分析方法测算经济增长的技术效应、结构效应和规模效应对全国和地区层面的碳排放增长的总效应。然后参考空间计量模型溢出效应的设定，通过改进结构分解技术来量化经济增长引致的区域间动态碳转移问题。本文主要研究发现，技术进步是抑制全国碳排放上升的重要因素（-29.54%），而规模效应在碳排放增长中起决定性作用（59.80%）。整个研究期内经济增长引致的动态碳转移占碳排放总量的58.17%；区域层面上，动态碳转移总量与经济规模呈正相关，污染天堂假说可以解释不同区域动态碳转移的非均衡性；从地区异质性视角来看，重工业发达地区经济结构优化有助于缓解动态碳转移现象，而绝大多数地区经济规模的扩张是动态碳转移产生的根源。本文研究为实现节能减排目标、构建统一碳市场提供了参考。

关键词：动态碳转移　经济增长　地区异质性　区域不平衡　结构分解分析

---

* 王先柱，教授，安徽工业大学商学院，电子邮箱：wxpillar@163.com；黄河（通讯作者），硕士研究生，安徽工业大学商学院，电子邮箱：Hyellowriver@163.com；李蒙，硕士研究生，中央民族大学经济学院，电子邮箱：LiMeng_gratitude@163.com。本文获得国家自然科学基金面上项目（71974003）和2021年安徽省属公办普通本科高校领军骨干人才项目资助。笔者感谢审稿人和编辑部的宝贵意见，文责自负。

一 引言

党的二十大报告明确提出要积极稳妥推进碳达峰碳中和。"双碳"目标以及能源消耗总量和强度的"双控"目标是我国政府应对全球气候变化、推动经济高质量发展的重要举措。然而，我国碳排放总量始终随着经济增长而增加（见图1），距离实现碳排放脱钩①目标依然面临挑战。因此，厘清经济增长对碳排放的作用路径为制定有效的节能减排政策提供有益的参考。进一步，经济发展水平和资源禀赋的客观差异使得各地区承担不同的减排压力，北京、上海等经济高度发达的地区，经济增长主要由低能耗低排放的服务业驱动，地区经济增长和碳排放基本脱钩；而对于陕西和新疆等经济欠发达地区，工业化和城市化进程不断深入，碳排放总量显著攀升（见图1标注点）。此背景下，经济增长对地区碳排放影响的异质性值得重点关注。

地区之间贸易分工以及政策差异会带来隐含碳排放转移的问题（王文治，2022）。本文认为碳转移分为静态和动态两个维度。已有研究更侧重于静态视角，分析单个时期碳排放的空间转移情况，并由此引申出"隐含碳排放"的概念。然而，鲜有研究关注动态的碳转移过程，即在我国当前经济增长和碳排放并未脱钩的背景下，跨期经济增长引致的碳排放增加如何在地区间重新分配需要进一步研究。具体而言，动态碳转移是指从当期到下一期经济增长所增加的隐含碳溢出问题。比如，A地区随着经济增长所额外增加的隐含碳不仅在本地消费，还会通过生产转移的方式在B地区消费，这就导致了A地区对B地区生产侧的动态碳转移问题。虽然现有文献主要从跨国视角来研究碳转移问题（Pan等，2022；Xu等，2022），但一国内各地区的碳转移现象也不容忽视。中国各省级地区在资源禀赋、经济规模、技术结构等方面存在显著差异，而我国采用层层分解的方式来分解碳减排目标，各省、自治区和直辖市作为重要的行政单

---

① 碳排放脱钩是经济增长与温室气体排放之间关系不断弱化乃至消失的理想化过程，即实现经济增长基础上逐渐降低二氧化碳排放量。

元，在构建责任制的碳配额方案以及执行碳减排政策方面发挥着重要的作用。厘清省际碳转移问题为制定兼顾公平与效率的省级碳配额分配方案打下了坚实的基础。在区域层面[①]，发展的不平衡不充分问题依旧突出。"东部率先发展""中部崛起""西部大开发""东北老工业基地振兴"战略虽然在一定程度上缓解了该矛盾，但在碳减排的视角下，区域间经济发展模式的差异是否会加剧"碳转移"现象，造成另一种形式上的区域不平衡或者不公平现象值得深入探讨。据此，本文侧重研究各区域动态碳转移现象并深入探究其内在演化机理。

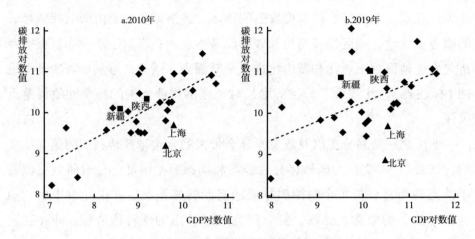

图1 地区经济增长与碳排放的相关性

注：图1展示了2010年和2019年各省份碳排放和GDP的关系（均取对数），虚线是两者关系的拟合线，可以发现碳排放和GDP之间呈现明显的正向相关性。

资料来源：国家统计局编，《中国统计年鉴》，中国统计出版社，2010、2019；CEADs数据库，https://www.ceads.net.cn/data。

总结而言，本文基于地区异质性和区域发展不平衡的视角，通过改进结构分解分析方法，重点测算不同空间层级上经济增长带来的技术效应、结构效应和规模效应对动态碳转移的影响。相较于现有研究，本文的主要

---

① 由于本文研究不同空间层级的碳排放增长路径及动态碳转移的问题，对地区、区域的叫法予以区分；本文所指"地区"是各省、自治区和直辖市；"区域"则划分为东北区域、东部区域、中部区域和西部区域。

创新之处在于：第一，"双碳"目标下，平衡经济增长和节能减排目标之间存在现实挑战，量化地区经济增长对碳排放的作用效应有助于明晰碳排放增长的具体路径，是对前述文献的重要补充；第二，充分关注区域发展的非平衡问题，总结动态碳转移问题在区域和地区层面的表现规律，为制定有效的碳减排政策提供了有益的参考；第三，对结构分解分析方法进行拓展，一是定义了技术变化的溢出效应，二是将不同类型最终需求矩阵进行拆分，细化了经济增长对碳排放作用的结构路径和规模路径，在方法上具有一定创新。该方法同样为大气污染等问题的分析提供了一个基本框架。接下来，第二部分主要进行文献梳理，归纳经济增长对碳排放的作用路径、碳转移的有关研究以及方法适用性的讨论；第三部分则构建了基于多区域投入产出表的结构分解分析模型；第四部分从国家、区域和地区三个维度对驱动因素进行分析；第五部分则总结主要研究发现并提供相关的政策启示。

二　文献梳理

（一）碳转移问题的研究

理解碳转移问题需要先介绍"隐含碳"（Embodied Carbon）的概念：在产品或服务生产过程中会产生二氧化碳排放，考虑这种碳排放内含于（Embodied）生产之中，由此认为产品或服务中带有二氧化碳这一负外部性产品，这种在产品或服务中并不真实存在的二氧化碳被定义为"隐含碳"（Chen等，2017）。碳转移直观的理解即隐含碳在地域之间的转移（余娟娟和龚同，2020）。"碳泄漏"这一概念常被同时提及，但两者之间并不完全等同。联合国政府间气候变化专门委员会（IPCC）将"碳泄漏"定义为承担减排义务的国家采取减排行动导致的无减排约束国家碳排放增加的现象[①]。前者是因规避有关减碳政策约束而转移碳排放的生产过程，而后者则是因地区间产业服务贸易和政策差异而导致的隐含碳转移，从范围来看后

---

① 具体参见 http://refhub.elsevier.com/S0048-9697(21)01833-7/rf0235。

者更大。

相较于碳转移的问题，现有研究更多地关注碳排放上升问题。Grossman 和 Krueger（1995）提出的分解框架总结了经济增长对碳排放的三种作用效应：规模效应，即经济总量的扩张将引致更多的能源投入以及二氧化碳等非期望产出；技术效应，经济社会发展伴随着科学技术的进步和管理经验的积累，通常意味着投入要素高效率的使用和配置，从而有着减排的效果；结构效应，经济增长会推动经济结构转型，使得资源在地区和部门之间重新配置，从而影响能耗投入和二氧化碳等的排放。在此框架下，国内外诸多研究分析了中国经济增长对碳排放的作用路径（Yu 等，2020；杨莉莎等，2019；王林辉等，2020），对节能减排政策的制定具有很好的启示。然而，地区经济增长对国家碳排放增长的作用包括两个组成部分：一是本地碳排放的变化，二是由地区经济联系引致的碳排放溢出，后者正是动态碳转移问题产生的根源，这一现象也将对节能减排政策实施产生不利的影响（黄蕊等，2015）。

中国是世界上最大的碳排放国，且地区间资源禀赋和经济发展水平差异巨大，因而导致了明显的碳排放转移现象，如王安静等（2017）、郭正权和荣彤（2021）基于投入产出表分析了中国区域间贸易隐含碳排放转移的时空格局；王育宝和何宇鹏（2021）则基于碳转移的基本事实讨论了中国省域净碳转移权责分配。此外，杨顺顺（2015）还从工业部门的视角讨论了碳排放转移规律。然而，以上有关碳转移的研究主要从静态视角出发，测算单个时期内的隐含碳在不同地区或部门流动的基本情况。在经济增长过程中所额外增加的碳排放如何在地区间重新分配却鲜有研究，后续内容将对此展开分析。

（二）结构分解分析方法

溢出效应的定义来源于空间计量经济学，通过构建空间权重矩阵，可以估计解释变量对其他地区被解释变量作用的平均强度（保罗，2015）。在环境经济学领域已有研究通过构建空间杜宾模型证实了技术进步和产业结构变化对中国 30 个地区碳排放显著的溢出作用并估计了不同地区和部门间溢出效应的差异（张翠菊和张宗益，2015；冯彦等，2017）。然而，各解释变量溢出效应的估计系数计算的是对其他地区影响的平均强度，地区间受不同经济因素作用引致的碳排放溢出总量因模型限制而无法被估算（Huang等，2022），分解分析方法正好弥补这一缺陷。

结构分解分析（SDA）和指数分解分析（IDA）广泛应用于环境经济领域的研究中，两种方法均可计算不同经济因素对碳排放的贡献（Su和Ang，2012），后者主要基于部门数据测算生产端各驱动因素对碳排放作用的直接效应而难以分析需求端因素通过经济联系影响其他地区碳排放的具体情况。基于多区域投入产出表的结构分解分析方法虽然对数据要求更高，但可以在投入产出框架下测算不同地区和部门因最终需求变化而对自身以及其他地区和部门产生的直接效应和溢出效应（Wang等，2020），后者正是本文分析的重点。因此，本文拟采用结构分解分析方法测算经济增长引致的技术、结构以及规模变动对我国以及各地区碳排放增长的影响。当前基于SDA方法的研究主要聚焦国家层面或单个地区碳排放问题的分析，未对地区异质性和区域非均衡性问题进行深入讨论且在因素拆分上具有进一步拓展的空间，驱动因素溢出效应的计算尚未引起足够的重视（王会娟和夏炎，2017；谢锐等，2017；刘云枫等，2018）。Meng等（2017）的研究虽然测算了2007~2010年中国七大区域碳排放增长状况，但没有考虑技术进步带来的碳减排溢出效应。总结而言，当前对碳排放增长问题的研究在时间跨度还可以延伸，对空间异质性的讨论尚显不足，对驱动因素的拆分可以进一步细化，本文据此改进结构分解分析方法。

总结而言，计量方法只能衡量解释变量对被解释变量作用的强度，却无法测算具体的作用数值。而本文拓展的基于多区域投入产出表的结构分解分析方法可以从地区、区域和全国层面分别定量测算各驱动因素作用的直接效应、溢出效应和总效应，并涵盖对不同地区溢出的具体数值，系统归纳经济增长引致的溢出效应在三个空间层级上的一般规律。具体而言，总效应衡量的是某一地区或区域经济增长带来全国层面碳排放上升的具体数值，而直接效应和溢出效应则分别量化了对地区（区域）内和地区（区域）间隐含碳排放的影响，后者正是动态碳转移产生的根源。

三　研究方法

（一）多区域投入产出模型

多区域投入产出表（MRIO）可以清楚展示不同地区各产业之间的经济关联，为环境贸易问题的研究提供了基础的分析工具（尹伟华，2019）。本文借鉴空间计量模型中有关溢出效应的定义，拓展基于投入产出模型的结构分解分析方法，测算不同驱动因素的溢出效应。具体建模过程如下[①]。

假定多区域投入产出表有 M 个地区、N 个部门、K 种最终需求。经典的多区域投入产出模型见方程（1）：

$$X = (I - A)^{-1} F \mu_1 = BF \mu_1 \tag{1}$$

其中，

$$X = \begin{pmatrix} X^1 \\ \vdots \\ X^M \end{pmatrix} A = \begin{bmatrix} A^{11} & \cdots & A^{1M} \\ \vdots & \ddots & \vdots \\ A^{M1} & \cdots & A^{MM} \end{bmatrix} F = \begin{bmatrix} F^{11} & \cdots & F^{1M} & E^1 \\ \vdots & \ddots & \vdots & \vdots \\ F^{M1} & \cdots & F^{MM} & E^M \end{bmatrix} B = \begin{bmatrix} B^{11} & \cdots & B^{1M} \\ \vdots & \ddots & \vdots \\ B^{M1} & \cdots & B^{MM} \end{bmatrix}$$

式中，X 是 $MN \times 1$ 的列向量，表示各地区分部门的总产出；A 是 $MN \times MN$ 的直接系数矩阵，表示中间投入占总投入的比重；F 是 $MN \times (MK + 1)$ 的最终需求矩阵，最后一列表示出口的列向量；B 是 $MN \times MN$ 的完全需求矩阵，表示每增加一单位最终需求而增加的总产出。μ_1 是元素均为 1 的 $(MK + 1) \times 1$ 的单位列向量。不失一般性，考虑 R 和 S 两个地区，$[R, S \in (1, \cdots, M)]$，则上述矩阵的某个元素可以表示如下：

$$X^R = \begin{pmatrix} x_1^R \\ \vdots \\ x_N^R \end{pmatrix} A^{RS} = \begin{bmatrix} a_{11}^{RS} & \cdots & a_{1N}^{RS} \\ \vdots & \ddots & \vdots \\ a_{N1}^{RS} & \cdots & a_{NN}^{RS} \end{bmatrix} F^{RS} = \begin{bmatrix} f_{11}^{RS} & \cdots & f_{1K}^{RS} \\ \vdots & \ddots & \vdots \\ f_{N1}^{RS} & \cdots & f_{NK}^{RS} \end{bmatrix} E^R = \begin{pmatrix} e_1^R \\ \vdots \\ e_N^R \end{pmatrix}$$

[①] 为了统一方程格式，矩阵符号用大写粗体字母表示；上下标用大写斜体字母表示；常量用大写字母表示。

$$\mathbf{B}^{RS} = \begin{bmatrix} b_{11}^{RS} & \cdots & b_{1N}^{RS} \\ \vdots & \ddots & \vdots \\ b_{N1}^{RS} & \cdots & b_{NN}^{RS} \end{bmatrix}$$

考虑 I 和 J 两个部门，$[I, J \in (1, N)]$，X_J^R 表示 R 地区 J 部门的总产出；a_{IJ}^{RS} 表示 R 地区 I 部门对 S 地区 J 部门的投入占总投入的比重；b_{IJ}^{RS} 表示 S 地区 J 部门每单位总产出引致的 R 地区 I 部门的投入；f_{IK}^{RS} 表示 R 地区 I 部门对 S 地区第 k 种需求的产出；e_I^R 表示 R 地区 I 部门的出口总量。

进一步，基于多区域投入产出模型定义碳排放决定方程如下：

$$\mathbf{C} = \hat{c}\mathbf{X} = \hat{c}\mathbf{BF}\boldsymbol{\mu}_1 \tag{2}$$

其中，$\mathbf{C} = \begin{pmatrix} \mathbf{C}^1 \\ \vdots \\ \mathbf{C}^M \end{pmatrix}$，$\mathbf{C}^R = \begin{pmatrix} c_1^R \\ \vdots \\ c_N^R \end{pmatrix}$，$\hat{c}$ 为对角矩阵，其主对角线元素为 $c_I^R = C_I^R / X_I^R$，其经济含义表示单位产出所产生的碳排放，通常被称为碳强度，反映的是技术进步的结果。

某一地区 R 的碳排放决定式可转化为代数式的形式：

$$\mathbf{C}^R = \hat{c}^R \left[\sum_S \left(\sum_T \mathbf{B}^{RS} \mathbf{F}^{ST} \boldsymbol{\mu}_2 + \mathbf{B}^{RS} \mathbf{E}^S \right) \right] \tag{3}$$

式（3）中，$\boldsymbol{\mu}_2$ 是元素均为 1 的 K × 1 的单位列向量，表明一个地区的碳排放由碳强度、中间生产投入结构、最终需求及出口决定。

（二）结构分解分析方法

结构分解分析可以将经济系统中某因素的变动分解为其各组成部分变动的和（陈锡康等，2011）。具体分解过程中需要解决的关键问题在于对残差项的处理，即在交互作用中区分单个因素对结果的影响。在现有研究中，极分解法最为常见（Vaccara 和 Simon，1968；刘云枫等，2018），其基本原理是将不同因素之间交互效应平均分配到各自因素的纯效应中。接下来重点介绍极分解法。

R 地区的碳排放在基准期和计算期（分别用下标 0 和 1 来区分）的变动可定义如下：

$$\Delta \mathbf{C}^R = \mathbf{C}_1^R - \mathbf{C}_0^R = \hat{\mathbf{c}}_1^R \mathbf{B}_1 \mathbf{F}_1 \boldsymbol{\mu}_1 - \hat{\mathbf{c}}_0^R \mathbf{B}_0 \mathbf{F}_0 \boldsymbol{\mu}_1$$

$$= (1/2) \Delta \hat{\mathbf{c}}^R (\mathbf{B}_1 \mathbf{F}_1 \boldsymbol{\mu}_1 + \mathbf{B}_0 \mathbf{F}_0 \boldsymbol{\mu}_1) (4.1)$$

$$+ (1/2) (\hat{\mathbf{c}}_1^R \Delta \mathbf{B} \mathbf{F}_0 \boldsymbol{\mu}_1 + \hat{\mathbf{c}}_0^R \Delta \mathbf{B} \mathbf{F}_1 \boldsymbol{\mu}_1) (4.2) \tag{4}$$

$$+ (1/2) (\hat{\mathbf{c}}_1^R \mathbf{B}_1 + \hat{\mathbf{c}}_0^R \mathbf{B}_0) \Delta \mathbf{F} \boldsymbol{\mu}_1 (4.3)$$

由式（4）可知，R 地区碳排放的变化由碳强度的变动（式4.1）、列昂惕夫逆矩阵的变动（式4.2）以及最终需求矩阵（式4.3）共同决定。首先考虑碳强度的溢出效应，可将式（4.1）重新定义如下：

$$(1/2) \Delta \hat{\mathbf{c}}^R (\mathbf{B}_1 \mathbf{F}_1 \boldsymbol{\mu}_1 + \mathbf{B}_0 \mathbf{F}_0 \boldsymbol{\mu}_1) = (1/2) \Delta \hat{\mathbf{c}}^R (\mathbf{X}_1 + \mathbf{X}_0)$$

$$= (1/2) \Delta \hat{\mathbf{c}}^R \left[\sum_S (\mathbf{X}_1^S + \mathbf{X}_0^S) \right] \tag{5}$$

式（5）中，$\mathbf{X}^S$ 表示对 S 地区的中间投入和最终需求之和。

考虑方程（6）的恒成立，则列昂惕夫逆矩阵的变动（$\Delta \mathbf{B}$）可以转换为直接投入需求矩阵的变动（$\Delta \mathbf{A}$）。

$$\Delta \mathbf{B} = \mathbf{B}_1 - \mathbf{B}_0 = (\mathbf{I} - \mathbf{A}_1)^{-1} - (\mathbf{I} - \mathbf{A}_0)^{-1} = (\mathbf{I} - \mathbf{A}_1)^{-1} \left[\mathbf{I} - (\mathbf{I} - \mathbf{A}_1)(\mathbf{I} - \mathbf{A}_0)^{-1} \right]$$

$$= (\mathbf{I} - \mathbf{A}_1)^{-1} \left[(\mathbf{I} - \mathbf{A}_0) - (\mathbf{I} - \mathbf{A}_1) \right] (\mathbf{I} - \mathbf{A}_0)^{-1} = \mathbf{B}_1 \Delta \mathbf{A} \mathbf{B}_0 = \mathbf{B}_1 \sum_S \Delta \mathbf{A}^S \mathbf{B}_0$$

$$\tag{6}$$

其中，$\sum_S \Delta \mathbf{A}^S = \Delta \mathbf{A}^1 + \cdots + \Delta \mathbf{A}^M$，$\mathbf{A}^S = \begin{bmatrix} 0 & \cdots & \mathbf{A}^{1S} & \cdots & 0 \\ \vdots & \ddots & \vdots & \ddots & \vdots \\ 0 & \cdots & \mathbf{A}^{MS} & \cdots & 0 \end{bmatrix}$

最终需求可以拆分为消费、投资以及出口三个部分，即 $K = 2$。

$$\Delta \mathbf{F} \boldsymbol{\mu}_1 = \sum_S (\Delta \mathbf{F}^{SC} \boldsymbol{\mu}_2 + \Delta \mathbf{F}^{SI} \boldsymbol{\mu}_2 + \Delta \mathbf{F}^{SE}) \tag{7}$$

进一步对三者进行拆分：

$$\mathbf{F}^{SC} = (\boldsymbol{\mu}_3^T \mathbf{F}^{SC})[\mathbf{F}^{SC}/(\boldsymbol{\mu}_3^T \mathbf{F}^{SC})] = \mathbf{O}^S u^S (8.1)$$

$$\mathbf{F}^{SI} = (\boldsymbol{\mu}_3^T \mathbf{F}^{SI})[\mathbf{F}^{SI}/(\boldsymbol{\mu}_3^T \mathbf{F}^{SI})] = \mathbf{I}^S v^S (8.2) \tag{8}$$

$$\mathbf{F}^{SE} = (\boldsymbol{\mu}_4^T \mathbf{F}^{SE})[\mathbf{F}^{SE}/(\boldsymbol{\mu}_4^T \mathbf{F}^{SE})] = \mathbf{E}^S w^S (8.3)$$

式（8）中，$\boldsymbol{\mu}_3^T$ 表示元素均为 1 的 $MN \times 1$ 的列向量的转置，$\boldsymbol{\mu}_4^T$ 表示元素均为 1 的 $N \times 1$ 的列向量的转置。$\mathbf{O}^S$ 表示 S 地区的消费结构，即该地区消

费来自不同地区和部门产品结构的变化，u^s表示S地区的消费总量；$\mathbf{I}^s$表示S地区的投资结构，即该地区接受来自不同地区和部门投资结构的变化，v^s表示S地区的投资总量；$\mathbf{E}^s$表示S地区的出口结构，即该地区出口的部门结构；w^s表示S地区的出口总量。

联立式（5）、式（6）和式（8），R地区碳排放的驱动因素最终拆分为三种类型八个因素。

$$
\begin{aligned}
\Delta\mathbf{C}^R &= (1/2)\Delta\hat{c}^R\big[\sum_S(\mathbf{X}_1^s + \mathbf{X}_0^s)\big] &(9.1)\\
&+(1/2)(\hat{c}_1^R\mathbf{B}_1\sum_S\Delta A^s\mathbf{B}_0\mathbf{F}_0\boldsymbol{\mu}_1 + \hat{c}_0^R\mathbf{B}_1\sum_S\Delta A^s\mathbf{B}_0\mathbf{F}_1\boldsymbol{\mu}_1) &(9.2)\\
&+(1/2)(\hat{c}_1^R\mathbf{B}_1 + \hat{c}_0^R\mathbf{B}_0)\{\sum_S(1/2)\Delta\mathbf{O}^s(u_1^s + u_0^s)\} &(9.3)\\
&+(1/2)(\hat{c}_1^R\mathbf{B}_1 + \hat{c}_0^R\mathbf{B}_0)\{\sum_S(1/2)(\mathbf{O}_1^s + \mathbf{O}_0^s)\Delta u^s\} &(9.4)\\
&+(1/2)(\hat{c}_1^R\mathbf{B}_1 + \hat{c}_0^R\mathbf{B}_0)\{\sum_S(1/2)\Delta\mathbf{I}^s(v_1^s + v_0^s)\} &(9.5)\\
&+(1/2)(\hat{c}_1^R\mathbf{B}_1 + \hat{c}_0^R\mathbf{B}_0)\{\sum_S(1/2)(\mathbf{I}_1^s + \mathbf{I}_0^s)\Delta v^s\} &(9.6)\\
&+(1/2)(\hat{c}_1^R\mathbf{B}_1 + \hat{c}_0^R\mathbf{B}_0)\{\sum_S(1/2)\Delta\mathbf{E}^s(w_1^s + w_0^s)\} &(9.7)\\
&+(1/2)(\hat{c}_1^R\mathbf{B}_1 + \hat{c}_0^R\mathbf{B}_0)\{\sum_S(1/2)(\mathbf{E}_1^s + \mathbf{E}_0^s)\Delta w^s\} &(9.8)
\end{aligned}
\tag{9}
$$

（三）溢出效应的定义

本文基于生产侧的视角对驱动因素的直接效应和溢出效应进行定义，基本思路为，R地区生产的产品（包括中间品和最终品）既用于本地消费，也将在贸易中出口到其他地区被用于进一步加工或直接消费。然而，R地区生产所引致的碳排放全由本地承担，由此产生的碳转移是生产侧的核算结果（Chen等，2017）。相应地，驱动因素的溢出效应则是指，一个地区经济技术、经济结构和经济规模变动不仅影响本地区碳排放的变化，还影响其他地区隐含碳排放的变化。例如，根据方程（9.2），R地区由生产结构导致的碳排放变动可以分为两个部分：

$$
\sum_S\Delta\mathbf{A}^s = \Delta\mathbf{A}^R + \sum_{S\neq R}\Delta\mathbf{A}^s
\tag{10}
$$

式（10）$\Delta\mathbf{A}^R$第一部分表示本地区受生产结构变动影响导致的隐含碳排

放变化，而 $\sum\limits_{S \neq R} \Delta \mathbf{A}^S$ 则表示某一地区生产结构的变动对其他地区隐含碳排放的贡献，由此带来的碳排放变化分别被称为生产结构的直接效应和溢出效应。溢出效应和动态碳转移本质上是相同的。具体来看，溢出效应是从模型的视角来定义的，与直接效应相对应；而动态碳转移是针对现实问题来命名的，即经济增长所引致的碳排放增加量中溢出到其他地区的部分。本文溢出效应的具体数值即作为动态碳转移的衡量指标。

将各驱动因素的符号、方程及其经济含义总结如下（见表1）。在本文情境下，结构分解分析方法的拓展主要表现在以下三个方面。一是扩展到三十个地区，当前基于结构分解分析方法主要聚焦全球碳排放问题的分析，未对地区异质性和区域非均衡性问题进行深入探讨；二是对驱动因素深入拆分，尹伟华（2019）将中国出口贸易隐含碳排放强度变化的驱动因素分解为四个因素；潘晨等（2022）将碳排放的变化分解到四类六个因素，本文对驱动因素溢出效应的拆分细化到八个因素，比如将最终消费需求中的生产结构、消费结构、投资结构和出口结构单独剥离出来，更加全面细致；三是计算溢出效应，现有文献主要关注经济增长对碳排放变化的总效应，隐藏了其中的溢出效应。而本文考虑到了地区间经济联系，即一个地区经济因素的变动不仅会影响本地区隐含碳排放的变化，还会影响到其他地区隐含碳排放的变化，据此本文将溢出效应从总效应中剥离出来。

表1 地区碳排放增长的驱动因素

经济效应	驱动因素	指代符号	对应方程	经济含义
技术效应	碳强度	$\Delta \hat{c}$	9.1	单位 GDP 产生的二氧化碳排放变化
结构效应	生产结构	$\Delta \mathbf{A}$	9.2	中间生产投入结构的变化
	消费结构	$\Delta \mathbf{O}$	9.3	地区消费的空间和部门结构变化
	投资结构	$\Delta \mathbf{I}$	9.5	地区投资的空间和部门结构变化
	出口结构	$\Delta \mathbf{E}$	9.7	地区出口的部门结构变化
规模效应	消费规模	Δu	9.4	地区消费总量的变化
	投资规模	Δv	9.6	地区投资总量的变化
	出口规模	Δw	9.8	地区出口规模的变化

（四）数据来源与处理

本文基于2007年、2010年、2012年、2015年及2017年的多区域投入产出表以及对应的各地区分部门的碳排放数据进行建模，以上原始数据均来源于CEADs数据库[①]。该数据库通过省表制作全国层面的多区域投入产出表，在现有研究中得到了广泛的应用，如王宪恩等（2021）使用CEADs数据库测算了45个行业的碳排放量，李敬和刘洋（2022）使用该数据库提供的多区域投入产出表来测算中国国民经济循环。

为了进一步满足建模需要，本文主要对数据做了以下三点处理：首先，2007年和2010年的投入产出表仅包含中国大陆30个地区的数据（西藏数据缺失），每个地区分为30个部门；而2012年、2015年及2017年的数据则包含31个地区42个部门的数据。为了保持统一，本文对后三年数据进行调整，剔除了西藏地区。其次，将按三次产业的划分标准对各地区的部门进行合并。一方面，本文研究侧重于空间维度的分析，对部门关注相对较少，且部门合并并不影响最终结果的准确性；另一方面，部门合并有利于简化计算过程，防止极端值对结果造成的潜在影响。最后，为保证价格的可比性，以2007年为基期根据三次产业的价格指数对表格数据进行平减处理消除通胀因素的影响。

四 结果分析

（一）中国经济增长对碳排放的总效应和溢出效应分析

1.中国经济增长对碳排放的总效应分析

中国经济增长会推动技术进步、引发结构变迁以及扩大经济规模，这三条路径对碳排放的总贡献随时间的推移而变动的情况如图2所示：与已有研究结果类似（Meng等，2017），经济规模的扩张是我国碳排放增加的根本性决定因素。技术进步和结构优化对抑制我国碳排放的增加起着重要作用。从总量来看，技术进步的减碳总量是结构优化减碳总量的近三倍，说明在研究期内，经济增长带来的技术进步是我国减排的主要原因。在2015~2017

[①] https://www.ceads.net.cn/data.

年这一研究期内，结构效应的减排效果已经远超技术效应的减排效果，推动经济结构转型升级具有巨大的减排潜力。

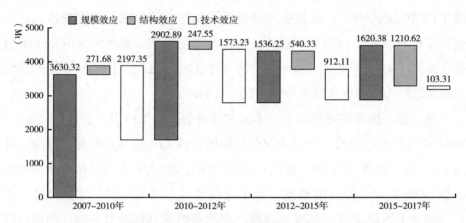

图 2 三种效应对我国碳排放的贡献
资料来源：笔者计算得到。

考虑各经济结构减排的差异（见表2）：生产结构优化带来的碳排放下降是需求侧结构（包括消费结构、投资结构和出口结构）优化减排总量的近三倍，这反映了供给侧结构性改革对我国经济高质量发展的重要作用。需求侧三种结构变化中投资结构优化带来的减排效果最为显著，占比达70.03%，远高于消费结构和出口结构变动带来的减排总量。消费结构和出口结构的调整难以自发进行，往往与投资活动密切相关（彭涛和唐未兵，2014）。投资具有更灵活、更高效、更能反映市场实际需求的特征，且资本的逐利性促使其快速调整进入周期更短、回报更高的金融等非实体经济，这在客观上有助于实现减排目标。2020年中央政治局会议上正式提出需求侧改革，这意味着需求侧结构优化对于实现减排目标将大有可为。

规模效应引致的碳排放增加主要源于投资的增加，贡献率超过60%，这与我国投资拉动型的经济增长模式有关。分时间来看，投资驱动型的碳排放增长放缓，而消费驱动型的碳排放增长则相对稳定，甚至在2015~2017年这一研究期内对碳排放的贡献超过投资驱动型。随着经济发展模式的逐渐转变，投资和消费对经济增长的贡献也处于动态变化之中（见图3），这与投资和消费规模增加对碳排放影响的规律一致。尤其是在2015~2017年这一研究期内，消费对经济增长的贡献已经超过投资对经济增长的贡献，这决定着消费规模驱动型碳排放的主导地位。

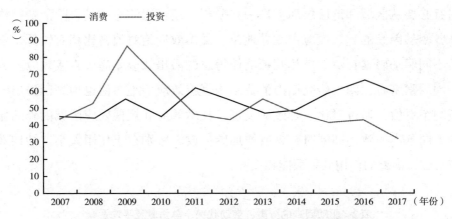

图3　2007~2017年消费和投资对GDP增长的贡献
资料来源：国家统计局编，《中国统计年鉴》，中国统计出版社，2007~2017。

2.全国经济增长引致的动态碳转移问题分析

2007~2017年，我国经济增长引致的碳排放总量上升3177.02百万吨（Mt），其中，溢出的碳排放总量占比58.17%，即地区经济增长的环境代价主要由其他地区承担。分时间来看，2007~2010年以及2010~2012年这两段时期经济增长引致的隐含碳排放增加主要由本地承担，而2012~2017年，隐含碳排放的增加主要外溢到其他地区，四个时期经济增长导致的碳排放溢出总量占比的逐期递增说明动态碳转移问题呈现深化趋势。分具体路径来看，技术效应通过技术扩散来抑制碳排放的增加，总体上有助于缓解动态碳转移的问题；类似地，结构效应也通过结构优化来推动其他地区生产清洁化来实现减排效果。规模效应则是动态碳转移问题的主要原因，基于规模的不断扩增而对其他地区输出碳排放。分规模类型来看，对其他地区投资规模总量的增加是动态碳转移的直接诱因。分结构类型来看，仅有生产结构优化在研究期内持续显著地抑制碳排放的溢出效应，而其他结构对区域内外作用效果可能相反。以投资结构为例，2010~2012年及2012~2015年这两个研究期内投资结构的直接效应为负、溢出效应为正，即投资结构加剧了动态碳转移问题。结合投资规模总量扩增这一事实来看，为了规避环境约束，投资驱动型的经济增长模式使得各地区可能倾向于投资本地区的低排放产业，而增加对其他地区高排放产业的投资。这种躲避碳约束的倾向有必要从区域和地区层面上进一步分析。还值得注意的是，除消费结构外各驱动因素的直接效应占主导地位，溢出效应绝对值占比相对较低，然而不同驱动因素正负效应相互抵消使得总的溢出效应要高于直接效应。分不同因素来看，四个研究期内消费结构直接效应的绝对值也均高于溢出效应的绝对值。通过对比三种效应发现，技术效应和规模效应区域内外的作用方向基本一致，即同时减少或增加碳排放，区别在于作用大小。结构效应对区域内外的作用效果可能相反。

表2　驱动因素的分类、变动状况、总贡献及平均贡献

单位：%

效应	驱动因素	总效应	效应类型	变动状况	平均贡献
技术效应	碳排放强度	−150.64	直接效应	— — — — —	−28.04
			溢出效应	— — — — +	−9.62
结构效应	生产结构	−38.46	直接效应	+ — — — —	−5.65
			溢出效应	— — — — —	−3.96
	消费结构	−3.75	直接效应	— + — —	−0.03
			溢出效应	— — — — +	−0.91
	投资结构	−11.13	直接效应	— — — —	−2.80
			溢出效应	+ — + —	0.02
	出口结构	−1.01	直接效应	+ + — — —	−0.13
			溢出效应	— — — — +	−0.13
规模效应	消费总量	90.49	直接效应	+ + + +	13.42
			溢出效应	+ + + +	9.20
	投资总量	185.50	直接效应	+ + + +	28.83
			溢出效应	+ + + +	17.54
	出口总量	29.01	直接效应	+ + + +	4.85
			溢出效应	+ + + +	2.40

注：表2数据均由笔者计算整理得到。各因素的变动效应指的是该经济因素变化带来碳排放的变动效果。其中总效应指2007~2017年各驱动因素带来的碳排放变动占总的碳排放变动的比重；平均效应指2007~2010年、2010~2012年、2012~2015年、2015~2017年四个阶段各驱动因素的直接效应和溢出效应变动占碳排放变动的平均比重。负号代表与总变动方向相反。

资料来源：笔者计算得到。

（二）区域①经济增长引致的动态碳转移现象的测算与分析

1.区域经济增长的动态碳转移现象分析

图4表示的是在不同效应驱动下，隐含碳在东北、东部、中部和西部四大区域的动态转移现象。总的来看，四个区域经济增长的技术、结构及规模效应对碳排放的贡献以本地效应为主，对动态碳转移问题的影响则具有较大差异性。

技术进步有助于缓解区域层面的动态碳转移问题。分区域来看，东部地区技术进步最为明显，在整个研究期内均对其他三个区域产生负向影响，即通过技术溢出推动其他区域的隐含碳减排。改革开放后，东部地区率先发展，外资的进入不断推动该区域的技术进步，因而在全国层面仍有突出的优势。从效果来看，东部地区的技术进步主要作用于中部地区的碳减排，对东北地区碳减排的作用最小。与东部地区类似，中部地区技术进步同样有助于缓解动态的碳转移问题且主要作用于东部地区，可能的原因在于东部产业结构以服务业为主，因此中部地区生产的低排放产品更多的是消费于东部地区。东北地区和西部地区则展现相似的规律。一方面，两个区域由于经济发展水平较为落后，技术进步缓慢，对缓解动态碳转移问题的贡献较小，甚至在2015~2017年这一研究期内反向推动了隐含碳的溢出；另一方面，两个区域技术变化引致的隐含碳排放溢出主要作用于东部地区，其次为中部地区。

四大区域的结构效应引致的隐含碳溢出在时间上呈现反转的效果。2007~2012年，经济结构变化加剧了动态碳转移问题，而2012~2017年，各区域经济结构优化显著促进了其他地区减排目标的实现。进一步分析发现，结构效应在区域之间的作用效果具有非对称性，如2015~2017年这一研究期内，东部地区结构优化带来东北地区隐含碳排放下降10.23Mt，而东北地区结构变化反而带来东部地区隐含碳排放上升15.48Mt。这种非对称性会带来净的碳排放转移问题，即某一区域经济增长以牺牲其他地区环境为代价。这与动态碳转移问题主要考虑经济增长引致的碳排放溢出总量有所不同，净的碳排放转移是经济发展模式下的碳锁定现象，后文将对此展开深入分

---

① 四大区域划分标准如下：东北地区：辽宁、吉林、黑龙江；东部地区：北京、天津、河北、上海、江苏、浙江、福建、山东、广东、海南；中部地区：山西、安徽、江西、河南、湖北、湖南；西部地区：内蒙古、广西、重庆、四川、贵州、云南、陕西、甘肃、青海、宁夏、新疆。

析。2007~2017 年整个研究期内，规模效应始终驱动着隐含碳的溢出。值得关注的是，区域间动态碳转移则基本处于平衡状态，即由规模效应导致的两个区域相互间的碳排放溢出总量基本持平（以对角线作为参考，对角线两边圆的面积基本相等）。这说明规模效应并不是发达区域对欠发达区域"隐含碳净转移"的主要原因，区域之间技术水平和经济结构的差异才是净转移现象的根本原因。分消费总量、投资总量和出口总量来看，三者变化规律基本保持一致，其中投资增加导致的隐含碳排放溢出总量最大。

2. 动态碳转移规律总结与污染天堂假说

从图 4 可以发现，技术进步带来的减排溢出总量与区域间的贸易规模有关，两个区域的贸易规模越大，则技术溢出的减排效应越明显。与技术效应的作用结果类似，经济结构变迁和最终需求规模扩大引致的动态碳转移总量的绝对值也与区域经济规模相关。贸易引力模型认为，不同经济体双边贸易总量与经济体的规模成正比，与两个经济体之间的距离成反比（吴群锋和杨汝岱，2019）。这同样适用于动态碳转移总量的描述，即两个区域经济增长越快，由此引发的动态碳转移问题越严重。更为重要的是，如果经济增长引致的多边贸易隐含碳排放转移之间能相互抵消，则不会显著影响区域减排的公平性。然而事实似乎并非如此，区域经济发展水平的差异使得一些区域向另外一些区域转嫁碳排放成本。

区域经济结构的不同为这种净的隐含碳转移提供了解释。比如，东北、中部和西部地区的生产、消费、投资及出口结构的变动均给东部地区带来负的溢出效应；然而，东部地区投资结构和出口结构的变动却并未一致带来其他地区的减排效应（见表 3）。一方面，东部地区经济技术水平较高，产业结构更加高级。为满足该区域中间生产和最终需求，其他三个区域投入的中间品和最终品须与东部地区的经济结构相匹配，因而展现出负的溢出效应。另一方面，东部地区对其他区域的产业转移主要集中于第二产品且非高新技术产业，尤其是对西部和东北地区的产业转移往往侧重于重工业，因此表现为明显的动态碳转移现象。这种现象可以用"污染天堂"假说来解释（Smarzynska 和 Wei，2001）：环境规制使得发达地区高排放产业对外转移，接受产业转移的环境约束较低的欠发达地区将面临环境恶化的风险。结合我国实际来看，这与各地区环境约束政策的松紧程度有关："十三五"规划要求全国万元国内生产总值能耗比2015年下降15%，各省级行政区域也制定了相应的节能目标：东部沿海发达地区如江苏、浙江和上海等要求万元国内生产总值比2015年下降17%，中部地区该数值为16%，而西部大多数地区则为14%。资源禀赋和经济发展水平的差异使得各地区节能减排力度不同，环境约束高的经济发达区域可能倾向于转移高排放的产业以实现减排目标。在"双碳"目标背景下，我国需要更加关注净转移带来的区域不平衡发展问题。

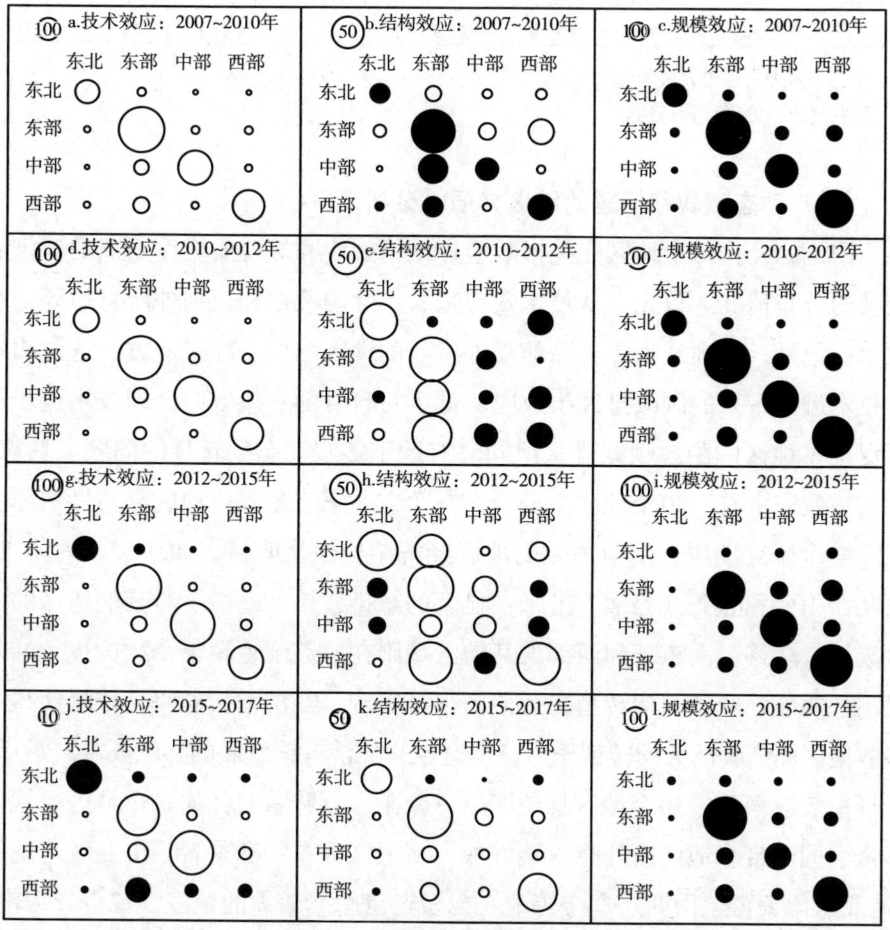

图4　四大区域经济增长引致碳排放的双边溢出效应

注：圆的面积代表碳排放总量；黑色圆圈代表正的溢出效应，空心圆圈代表负的溢出效应。每幅图左边的区域代表起点，上边的区域代表终点。如第一行第二列表示东北地区技术（结构或规模）变动对东部地区隐含碳的溢出效应。

资料来源：笔者计算得到。

表3 2007~2017 年分类型经济结构的溢出效应

单位：Mt

	东北	东部	中部	西部	东北	东部	中部	西部
	生产结构				消费结构			
东北	−231.20	−58.89	−1.82	2.94	−12.86	−18.25	2.56	7.23
东部	−25.75	−309.20	−5.07	−46.38	−4.96	−39.12	−11.84	−19.94
中部	11.08	−50.39	−84.96	39.06	5.09	−11.28	16.54	6.07
西部	−15.07	−207.76	26.93	−265.36	4.55	−45.50	−1.38	3.81
	投资结构				出口结构			
东北	−103.85	4.51	−2.43	15.89	−45.80	−2.97	1.94	1.74
东部	12.28	−176.99	−7.83	0.49	−3.41	−47.28	7.62	6.77
中部	1.86	−31.61	2.76	−15.16	−2.03	−11.47	61.55	4.48
西部	19.86	−4.65	16.39	−85.18	−3.07	−16.21	5.89	10.19

注：负号表示溢出效应为负。

资料来源：笔者计算得到。

（三）动态碳转移问题的地区异质性分析

图5展示了30个地区在技术效应、结构效应和规模效应作用下的碳排放变动的分布情况。首先，从技术效应来看，除内蒙古和新疆外所有地区分布在第三象限，以虚线为界，除新疆外所有的地区均位于虚线上方，这说明地区技术进步带来的碳减排溢出效应均低于对自身的直接效应，即技术进步主要促进本地区的隐含碳减排，但同时有助于缓解动态碳转移的问题。其次，从结构效应来看，30个地区主要分布在第二、第三象限，地区异质性特征明显。整个研究期内，工业主导的地区经济结构优化明显，如辽宁、内蒙古、河北、山西和黑龙江等地，带来了显著的减排效果，减少了对其他地区的隐含碳排放转移。而东部和西部的其他区域则在原点附近聚集，结构优化的效果不甚明显。经济结构转型在短期内很难实现，经济增长的路径依赖使得大多数地区面临着巨大的转型压力，但这也是经济低碳发展的必然要求。最后，从规模效应来看，30个地区均位于第一象限。意味着对任何一个地区，规模扩张会同时带来地区内外隐含碳增加。从地区分布特征来看，工业发达地区（河北、内蒙古、山西、辽宁等地）以及经济总量较大的地区（江苏、河南、广东等地）远离坐标原点，这反映出总规模的扩增，尤其是其中工业产值的增加对隐含碳排放影响最为显著。其中，超半数地区规模扩张带来的溢出效应更为突出（位于虚线上方），即将经济增长所引致的隐含碳转移到其他地区。

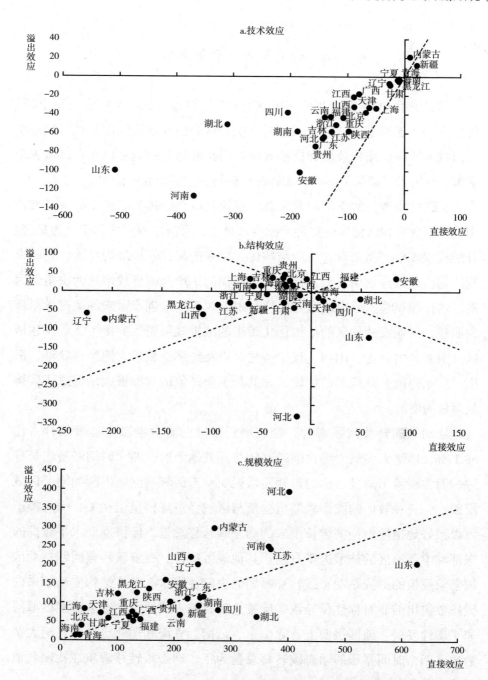

图5　2007~2017年经济增长对单个地区碳排放的直接效应和溢出效应

注：图中各点代表不同地区，横轴对应坐标值表示各地区在三种技术、结构和规模作用下的直接效应，纵轴坐标值表示各地区在技术、结构和规模作用下的溢出效应。虚线上的点表示直接效应和溢出效应的绝对值相等，用以区分两者的相对强弱。

资料来源：笔者计算得到。

五　研究结论与政策启示

本文采用2007~2017年的多区域投入产出表和匹配的各地区分部门碳排放数据，基于改进的结构分解分析方法，从全国和地区维度测算了经济增长的技术效应、结构效应和规模效应对碳排放增长的贡献以及在区域视角下重点分析了三条路径下的动态碳转移问题，主要研究结论如下。

从碳排放增长的驱动因素来看，规模效应在碳排放增长中起决定性作用，技术效应和结构效应有助于减少碳排放，且技术效应的作用更为显著。分结构和规模类型来看，生产结构优化带来的减排效果最为显著，是需求侧结构优化减排效果的近三倍；投资规模的扩增是碳排放增长的决定性因素，占比超60%。考虑地区异质性，中部地区技术进步带来的减排效果最为明显，工业发达地区的结构优化带来的减排效果更为突出，工业发达地区（河北、内蒙古、山西、辽宁等地）以及经济总量较大地区（江苏、河南、广东等地）总规模的扩增，尤其是工业产值的增加极大地促进了碳排放总量的增加。

从动态碳转移问题来看，经济增长带来的隐含碳溢出总量累计占比58.17%，即绝大多数的隐含碳排都转移到其他地区，四个时期经济增长导致的隐含碳溢出总量占比的逐期递增说明动态碳转移问题不断加剧。区域层面上，三种效应的隐含碳溢出总量与区域经济规模呈正相关，引力模型可以很好地描述由经济增长带来的动态碳转移总量。经济发展水平较高的东部和中部地区的技术进步有助于其他地区减排，缓解碳转移问题；而区域需求规模的扩张是动态碳转移问题的决定性因素。经济结构变动带来的碳排放溢出的非对称性是导致净碳排放转移的主要原因，这会加剧区域间非平衡性发展。地区层面上，除山东、云南、青海和湖北等地外，绝大多数地区四个时间累积的动态碳转移总量为正，动态碳转移现象在我国各地区普遍存在。

基于以上研究结论，本文主要得到以下几点启示。

一是大力推进结构降碳。研究结果显示经济结构优化具有巨大的节能潜力。优化能源结构是实现地区减排的重要举措，太阳能、水能、风能和生物质能等可再生能源的推广可同时兼顾节能和减排双重目标。对于不同区域能源结构改善的重点各有侧重：对于东部一些经济发达的省份，需要推进煤炭清洁高效利用，实行燃煤电厂的节能改造，淘汰落后的火力发电；对于中西部地区，因地制宜发展光伏发电、鼓励风电，推动水能、风能等的融合发展更具现实意义。推动产业结构转型升级是低碳发展的必由之路，一方面需要大力发展先进制造业和现代服务业，另一方面则需要促进传统产业的转型升级。北京、上海和天津等地区侧重于发展现代服务业，而浙江、广东、福建、山东等地更适合推进先进制造业发展，同时优化对外出口结构。中西部地区应积极构建绿色制造体系，实现工业品全生命周期、全产业链的管理，对电力、化工、钢铁、煤炭等高排放行业强化环保约束，必要时依法关停。推进结构减碳的同时要加强资金保障，加大政府资金投入和引导市场资金流向低碳产业，提供相应的金融支撑。

二是充分开展技术减排。技术进步是研究期内碳排放下降的重要动因，同时有助于缓解碳转移问题。技术减排的关键在于加快推进重点领域节能减排技术改造、更新、升级、创新，在重点的排放领域遴选减排引领者作为表率推动全行业的技术进步，这对于全国各个区域均是适用的。值得注意的是，地区之间经济技术水平的客观差距提供了技术外溢的客观条件，这要求国家层面的统一协调。产业从东部地区向西部地区转移，推动了西部地区经济增长、带动了西部地区的技术进步，但也不可避免地将一些重能耗、高排放产业转移至西部地区。在减排背景下，对转移产业的"碳含量"做一个限制既可以有效发挥技术溢出的减排效应，也可以有效规避碳转移问题。同时，把握世界经济数字化转型趋势，推动传统工业和信息产业深度融合，运用最新的数字技术对这些传统产业进行改造升级，兼容数字化和低碳化的经济发展目标。

三是压实节能减排目标责任、完善节能减排市场机制。碳排放作为经济增长的负外部性产出，常常因政策约束而引发碳泄漏问题。为了更加有效地实现节能减排目标，首先就是要加强责任评价过程考核。一方面，通过层层分解的管理体系，由国家、省、市、县四级政府层层压实，实行差别化分类管理，强化约束性指标的考核；另一方面，对减排目标实施过程进行考核，奖励技术减排和结构降碳并推广成熟的经验。过程考核也可有效防止转移重能耗、高排放产业的行为。节能减排的目的不仅仅在于单个地区或某些地区的绿色发展，而是通过低碳发展约束倒逼经济转型升级，从而实现我国经济的高质量发展。其次，通过行政命令层层分解的目标管理模式需要匹配相应的市场调节机制，率先完成减排目标的地区可通过市场交易出售剩余的"碳排放权"，增加减排积极性的同时减少"双碳"目标短期内对经济增长的不利影响。同时，需要考虑到欠发达地区在资金、技术、人才方面的不足，通过财政转移和相对宽松的目标对欠发达地区进行扶持，重视减排的地区公平问题。

要顺利实现"双碳"目标，就需要树立"全国一盘棋"的思想，考虑区域的非平衡性和地区的异质性，关注动态碳转移问题对减排目标的影响，真正实现我国经济低碳转型发展。

参考文献

[1] J.保罗·埃尔霍斯特，2015，《空间计量经济学：从横截面数据到空间面板》，肖光恩译，中国人民大学出版社。

[2] 陈锡康、杨翠红等编著，2011，《投入产出技术》，科学出版社。

[3] 邓荣荣、陈鸣，2014，《中美贸易的隐含碳排放研究——基于I-O SDA模型的分析》，《管理评论》第9期。

[4] 冯彦、祝凌云、张大红，2017，《中国产业结构调整对碳强度影响的空间计量研究》，《软科学》第7期。

[5] 郭正权、荣彤，2021，《中国区域间贸易隐含碳转移时空格局演变分析》，《山西大学学报》第6期。

[6] 黄蕊、钟章奇、孙翊、刘昌新、刘丽，2015，《区域分部门贸易的隐含碳排放——以北京为例》，《地理研究》第5期。

[7] 李敬、刘洋，2022，《中国国民经济循环：结构与区域网络关系透视》，《经济研究》第2期。

[8] 刘云枫、冯姝婷、葛志远，2018，《基于结构分解分析的1980～2013年中国二氧化

碳排放分析》,《软科学》第6期。

［9］潘晨、李善同、何建武、周鹏、周德群,2022,《考虑省际贸易结构的中国碳排放变化的驱动因素分析》,《管理评论》第12期。

［10］彭涛、唐未兵,2014,《以投资结构调整促进经济发展方式转变》,《光明日报》4月9日。

［11］王安静、冯宗宪、孟渤,2017,《中国30省份的碳排放测算以及碳转移研究》,《数量经济技术经济研究》第8期。

［12］王会娟、夏炎,2017,《中国居民消费碳排放的影响因素及发展路径分析》,《中国管理科学》第8期。

［13］王林辉、王辉、董直庆,2020,《经济增长和环境质量相容性政策条件——环境技术进步方向视角下的政策偏向效应检验》,《管理世界》第3期。

［14］王文治,2022,《我国省域消费侧碳排放责任分配的再测算——基于责任共担和技术补偿的视角》,《统计研究》第6期。

［15］王宪恩、赵思涵、刘晓宇、段海燕、宋俊年,2021,《碳中和目标导向的省域消费端碳排放减排模式研究——基于多区域投入产出模型》,《生态经济》第5期。

［16］王育宝、何宇鹏,2021,《增加值视角下中国省域净碳转移权责分配》,《中国人口·资源与环境》第1期。

［17］吴群锋、杨汝岱,2019,《网络与贸易:一个扩展引力模型研究框架》,《经济研究》第2期。

［18］谢锐、王振国、张彬彬,2017,《中国碳排放增长驱动因素及其关键路径研究》,《中国管理科学》第10期。

［19］杨莉莎、朱俊鹏、贾智杰,2019,《中国碳减排实现的影响因素和当前挑战——基于技术进步的视角》,《经济研究》第11期。

［20］余娟娟、龚同,2020,《全球碳转移网络的解构与影响因素分析》,《中国人口·资源与环境》第8期。

［21］杨顺顺,2015,《中国工业部门碳排放转移评价及预测研究》,《中国工业经济》第6期。

［22］尹伟华,2019,《中国出口贸易隐含碳排放强度变动及驱动因素研究——基于CMRIO-SDA模型》,《经济问题探索》第12期。

［23］张翠菊、张宗益,2015,《能源禀赋与技术进步对中国碳排放强度的空间效应》,《中国人口·资源与环境》第9期。

［24］Chen G.Q., Wu X.F., 2017. "Energy Overview for Globalized World Economy: Source, Supply Chain and Sink." *Renewable & Sustainable Energy Reviews* 69(C):735-749.

［25］Grossman G. M., Krueger A. B., 1995. "Economic Growth and the Environment." NBER

Working Papers 110.

[26] Huang H., Hong J., Wang X., et al. 2022. "A Spatiotemporal Analysis of the Driving Forces Behind the Energy Interactions of the Chinese Economy: Evidence from Static and Dynamic Perspectives." *Energy* 239.

[27] Meng B., Wang J., Andrew R., et al. 2017. "Spatial Spillover Effects in Determining China's Regional CO_2 Emissions Growth: 2007-2010." *Energy Economics* 63 (C): 161-173.

[28] Pan A., Xiao T., Dai L. 2022. "The Structural Change and Influencing Factors of Carbon Transfer Network in Global Value Chains." *Journal of Environmental Management* 318: 115558.

[29] Smarzynska B. K., Wei S. J. 2001. "Pollution Havens and Foreign Direct Investment: Dirty Secret or Popular Myth?" NBER Working Papers 3.

[30] Su B., Ang B. W. 2012. "Structural Decomposition Analysis Applied to Energy and Emissions: Some Methodological Developments." *Economic Systems Research* 34 (1): 177-188.

[31] Vaccara B. N., Simon N. W. 1968. "Factors Affecting the Postwar Industrial Composition of Real Product." NBER Chapters 5(1):138.

[32] Wang X., Huang H., Hong J., et al. 2020. "A Spatiotemporal Investigation of Energy-driven Factors in China: A Region-based Structural Decomposition Analysis." *Energy* 207.

[33] Xu Z., Huang L., Liao M., Xue J., Yoshida Y., Long Y. 2022. "Quantifying Consumption-based Carbon Emissions of Major Economic Sectors in Japan Considering the Global Value Chain." *Structural Change and Economic Dynamics* 63:330-341.

[34] Yu J., Shao C., Xue C., et al. 2020. "China's Aircraft-related CO_2 Emissions: Decomposition Analysis, Decoupling Status, and Future Trends." *Energy Policy* 138: 111215.

（责任编辑：李兆辰）

Table of Contents & Summaries

Research on Path of High-Quality Economic Development in China: Support Based on "New Technology Group"

LI Haijian[1]   LI Zhenzhen[2]

(1.Institute of Quantitative & Technological Economics, Chinese Academy of Social Sciences; 2.School of Business, University of Chinese Academy of Social Sciences)

Summary: In the new era and new journey, how to achieve high-quality development of China's economy has become an extremely important issue of the times before us. In the face of the impact of the epidemic, China's economy has shown strong resilience and vitality, and new economic forms such as digital economy, intelligent economy, sharing economy, and odd jobs economy has released strong development potential, becoming an important guarantee for work, study, life, and production under the epidemic prevention and control, and driving the new experience of digital and intelligent survival represented by "contactless", "home economy", "cloud office", etc.

Technological revolution leads to economic change and economic development. Now, looking around the world, a new round of technological revolution is coming. Those countries that are in the forefront of economic development are relying on the technological revolution to restructure the new economic model, promote the birth of new industries, cultivate new business forms, and promote economic development. "The wind started at the end of the green duckweed, and the waves formed between the ripples". The great change that has not occurred in a century breeds the great opportunity that has not occurred in a century. We should follow the "call of the times", place economic development in the "torrent of the times", and grasp the "opportunity of the times" of a new round of technological revolution. In the new era and new journey, if China's economy wants to achieve high-quality development, it needs to carry out a series of reforms: first, carry out power reform, and then carry out efficiency reform and quality reform on the basis of power reform. Power reform, efficiency reform and quality reform are the fundamental path to achieve high-quality economic development in China. Only by promoting the "three reforms" can economic development "keep up with the times" and "be in the times". Only by relying on the support of the "new technology group" can the "three reforms" be realized.

Based on the research paradigm of "technology-economy", that is, technological revolution leads to economic change, this paper discusses the path of high-quality development of China's economy, covering "three reforms", namely, power reform, efficiency reform and quality reform. Among them, the power reform includes "five fundamental turns": from factor driven to innovation driven, from traditional elements to data elements, from physical space to virtual space, from physical infrastructure to digital infrastructure, and from material capital investment to human capital investment. Efficiency reform includes "three precise connections": precise connections between research and development, manufacturing, marketing and operation at the micro level; precise connections between innovation chain, industry chain, supply chain and value chain at the meso level; precise connections between production, distribution, exchange and consumption at the macro level. Quality reform includes "three deep integration": deep integration of producers and consumers at the micro level, deep integration of real economy and virtual economy at the meso level, and deep integration of government and effective market at the macro level. With the support of the "new technology group", on the basis of power reform, through efficiency reform and quality reform, we will achieve a new development model that integrates high-quality development and high-speed growth of China's economy.

Generally speaking, in the development model, there are four combinations of the relationship between quality (in broad sense) and speed: one is low-quality and low-speed development model, the other is high-quality and low-speed development model, the third is low-quality and high-speed development model, and the fourth is high-quality and high-speed development model. At present, in the long history of human social development, the first three models have all experienced. In the future, in the development of the new era and new journey of building a socialist modern country in an all-round way, what is being tried and will be tried is the fourth development model, which is to unify high-quality development and high-speed growth, and realize the "double high" development model. This will be a great innovation in the history of human social development, which is unprecedented.

The marginal contribution of this paper may be as follows. First, based on the "technology-economy" research paradigm, explore how the "new technology group" can promote the high-quality development of China's economy, and systematically sort out the path of high-quality development of China's economy. Second, based on the micro, meso and macro perspectives, specifically analyze the path of power reform, efficiency reform and quality reform at the micro enterprise level, meso industrial level and macro mechanism level. Third, based on the era of digital economy, traditional economics and management theories need to be reconstructed. This research breaks through some analytical conclusions of neoclassical economics.

Keywords: China's Economy; High Quality Development; High Speed Growth; New Technology Group; New Development Model

JEL Classification: D61;E10

The Topic of the Times Contained in the Report of the 20th National Congress of the Communist Party of China: How the Coordinated Development of Five Civilizations Shapes Chinese Economics

GUO Chuhan   ZHANG Yan

(School of Economics, Yunnan University)

Summary: According to the report, China is expected to basically realize socialist modernization between 2020 and 2035. Therefore, until 2035, which is the target year in the report, theorists of Chinese Economics still have 12 years to basically establish the knowledge system of Chinese Economics. This is an arduous and urgent task.

This paper puts forward that the logical starting point for the coordinated development of "Five Civilizations" to shape Chinese Economics lies in facing up to the particularity of Chinese Economics. A thorough understanding of the diversity of world civilizations means that economics no longer seeks to be "universal", nor does it need to emphasize which economic system is the most "superior". Instead, it needs to conform to the economic reality of specific countries. The current construction process of the knowledge system of Chinese Economics is tailored around "China's national conditions", mainly from the three aspects of social and economic relations, economic operation and economic development, to anchor the research framework of China's Economic system, economic efficiency and benefit, economic development power and economic security. The coordinated development of the "Five Civilizations" actually builds the "four beams and eight pillars" of the knowledge system of Chinese Economics in a broader dimension, through the coordinated development of political civilization, material civilization, social civilization, spiritual civilization and ecological civilization, the five dimensions anchor the construction of the knowledge system of Chinese economics. The vision of the construction of knowledge system of Chinese Economics is extended from the narrow economic research to the multi-field and interdisciplinary cooperation platform of society, politics, literature and history, ecology and so on.

Grasping "Five Civilizations" together demonstrates the comprehensiveness of China's Economic knowledge system. Major progress has been made in building a modern economic system through the development of Material Civilization. In terms of Material Civilization, over the past 40 years of Reform and Opening up, China has achieved "curve overtaking", surpassing the hundreds of years of industrialization of western developed countries. It has created a miracle of rapid economic development, promoted the profound adjustment of the world economic pattern, and promoted the change of the balance of world power. At the same time, some developing countries are not trapped in the "middle income trap" and the trap of dependency. We will develop political civilization and consolidate and develop a dynamic, stable and united political situation. It avoids the evils of Western money politics, partisan disputes, political polarization, discussion without resolution and short-term behavior, and ensures that the people manage state affairs, economic and cultural undertakings and social affairs through various channels and forms according to law. Develop cultural civilization, firmly grasp the leadership of ideological work, adhere to core socialist values to guide cultural development, strengthen the building of a system of core socialist values, pay attention to the use of advanced socialist culture, build a strong socialist culture, and raise the level of social civilization. It has built up the Chinese spirit and values, consolidated the common ideological foundation for the unity and struggle of the whole Party and the people of all ethnic groups in China, and formed a socialist ideology with strong cohesion and guiding force. We will develop social civilization and raise social fairness, justice and people's well-being to a new level. China has achieved fair welfare distribution through poverty reduction governance, challenging the western welfare state theory, which is an innovative development of welfare state theory. We will develop ecological civilization and strive to build a modernization featuring harmonious coexistence between human and nature. A historic, transforming and overall change has taken place in China's ecological and environmental protection, solved the difficult problem of development and protection, and provided China's wisdom and solutions for mankind to tackle climate change and other global challenges.

The coordinated development of "Five Civilizations" has customized the theoretical characteristics of Chinese Economics. Chinese Economics not only has the ability to reveal the general law of economic growth of the developing countries that catch up with the economic strength, but also is the Chinese school of economics, which aims at the theoretical construction of "benefiting the people and applying the economy to the people", takes the principle of allocating resources by virtue, takes the way of development by ceasing self-improvement, and takes the all-round development of human beings and the sustainable development of mankind as its destination. It is a Chinese solution that highlights Chinese wisdom. Therefore, the coordinated development of material civilization, political civilization, spiritual civilization, social civilization and ecological civilization is the basis and premise of the comprehensive progress of Chinese society, as well as the core characteristics of Chinese Economics. The construction of China's independent economic knowledge system is not a one-way general economic growth theory like western economics, but an organic whole and grand project to promote the coordinated development of the Five Civilizations. The creation of the new form of human civilization and the achievements of the construction of Five Civilizations have played a feeding, nourishing and promoting role in the construction of Chinese Economics.

Keywords: The 20th National Congress of the Communist Party of China; Chinese-Style Modernization; The Five Civilizations; Chinese Economics

JEL Classification: F09；F12

The Historical Law of the Evolution of Economic Governance Structures

LIAN Jinquan   LI Ruirui   LV Yan

(PICC Property and Casualty Company Limited)

Summary: There existed a continuous debate on the influences of market and government on economic growth, and the boundary between market and government, over hundreds of years. The report to the 20th National Congress of the Communist Party of China proposes that the market plays the decisive role in resource allocation and that the government better plays its role. The economic insight is to further promote the productivity improvement, by optimizing the economic governance structure. This paper studies the underlying mechanism of how economics governance affects economics development, and investigates the historical law and realistic application of the evolution of economic governance structures, along with the development of human society.

Firstly, this paper proposes the theory on evaluating the economics governance structures, and establishes the methodology to quantify the proportion of government governance's utility, which is further verified by the history facts of economics governance of the USA over the past 120 years.

Secondly, this paper reviews the evolving history of British economics governance over the past 822 years, as well as the evolving history of Chinese economics governance over the past 919 years, and characterizes the stylized fact that both the proportion of British government governance and the proportion of Chinese government governance evolve as a U-shaped course. Based on interpreting the stylized fact with the history facts of UK and China, this paper proposes a conjecture that, as the development of economics, the proportion of government governance of human society decreases first and then increases, evolving along a U-shaped course, and the proportion of market governance evolves along a inverted U-shaped course.

Thirdly, to verify the conjecture, this paper models the evolution of economic governance structure, and proves that the economics governance structure is inherently determined by individuals' pursuit of production efficiency and individuals' cost-benefit trade-off on government governance, in a neoclassical approach. This paper proposes the mathematical model of economic governance structure, and implies that there exists a second order correlation between the proportion of government governance and the level of economic development, which is empirically verified with the data of 137 economies worldwide for 219 years. The quantitative research characterizes a high interpretation of the mathematical model on the evolution of economic governance structure, which verifies the conjecture. With these studies, this paper refines the theory of economic governance structure, with discussing the logic of the division of labor, collaboration, transaction cost and economic governance. This paper illustrates the historical law of the evolution of economic governance structures, and deduces the development of human society.

Fourthly, this paper interprets the historical reasons for the evolution of the economic governance structure of China since the year 1952. Furthermore, based on analyzing the trend of human society, this paper predicts that, in the future, the proportion of government governance of human society will continue rising from the current high level, which is consistent with the economic governance structure theory.

This paper inherits and extends the discussion of government, market, institution and economics development of classical economics, neo-classical economics, new-institutional economics and new economics history, and proposes the economic governance structure theory. The results of this paper provide an answer to the debate between government and market over hundreds of years, and an guideline to study the boundary between government and market and achieve better economics development with economic governance. In a world that is experiencing momentous changes of a like not seen in a century, it is theoretically and practically important to better understand the historical law and future trends of the evolution of economic governance structures, to better promote economic growth with improving economic governance, and to promote accelerating the Chinese path to modernization.

Keywords: Economic Governance Structure; Government Governance; Market Governance; Division of Labor and Collaboration

JEL Classification: E020; N400

Economic Impact of Poverty Escaping and Financial Support Performance: Evidence from Financial Budget and Final Accounts of Local Governments in China

QIU Tongwei[1]　PENG Changyan[2]

(1.College of Economics and Management, Nanjing Agricultural University; 2. Research Institutes of Economics and Management, Southwestern University of Finance and Economics)

Summary: The report of the 20th National Congress of the CPC emphasized "consolidating and expanding the achievements of poverty alleviation, and strengthening the endogenous development momentum of poverty alleviation areas and population", and financial investment is crucial. However, the existing research has not evaluated the economic impact of poverty escaping in poor counties and the effect of sustained financial investment, which is difficult to provide reference for optimizing the financial expenditure structure. Using the National County panel data from 2016 to 2018 and the quasi natural experiment of poverty escaping in poor counties, this paper investigates the economic development and financial support performance of poverty-escaping counties. The results show that poverty escaping positively stimulates the growth of the primary industry and the secondary industry, but has no significant impact on the tertiary industry. Moreover, the efficiency of poverty-escaping counties in using financial support to develop primary and secondary industries has also been significantly improved. We also find that there is regional dependence on the performance of financial support, that is, the financial support of poverty-escaping counties in the East has a better effect in the development of primary industry, while the West has a more comparative advantage in the development of secondary industry. The analysis of the fiscal expenditure structure shows that the infrastructure construction under the logic of "to be rich, build roads first" is still an important foundation for the development of the primary industry, and the investment in production and development has a positive effect on the development of the primary industry and the secondary industry. This paper emphasizes that poverty escaping has improved the utilization efficiency of financial funds. In the next step, on the premise of maintaining the overall stability of financial support policies, it is needed to allocate financial funds according to local conditions and increase investment in production and development.

Keywords: Poverty Escaping; Financial Support; Economic Development; Poverty Alleviation; Rural Revitalization

JEL Classification: Q14; O11

Trends and Mechanisms of Intergenerational Income Mobility in China: From a Birth Cohort Perspective

ZHANG Huanming[1] MA Ruiqi[2] MA Zhaojun[3]

(1. School of Statistics and Applied Mathematics, Anhui University of Finance and Economics; 2. School of Economics and Management, Wuhan University; 3. School of Economics, University of Chinese Academy of Social Sciences)

Summary: The report of the 20th National Congress of the Communist Party of China proposes that Chinese modernisation is a modernisation in which all the people enjoy common prosperity. Over the past 40 years since the reform and opening up, from insufficient food and clothing to getting rid of absolute poverty to building a moderately prosperous society, Chinese-style modernisation has been marching forward. Although China has made historic leaps in economic development and the material living standards of its residents, it still faces the problems of uneven development and serious income distribution disparities. Intergenerational income mobility is essentially a dynamic measure of social income distribution patterns, often defined as the degree of correlation between the income levels of the father's generation and those of its children. If China is to achieve inclusive growth and ultimately common prosperity, it must weaken the barriers to intergenerational mobility and increase the level of intergenerational mobility in society. However, the mechanisms underlying long-term intergenerational income mobility trends have not been sufficiently studied. The phenomenon of intergenerational income mobility in China has been richly explored in the literature from different perspectives, but no consistent conclusion has been reached on the judgement of long-term intergenerational income mobility trends and transmission mechanisms in China. In this paper, we build on previous research to determine the trends in intergenerational income mobility for the 1960-1990 birth cohort in China using multiple measures and robustness tests based on CHIP and CHNS survey data, and attempt to explore the reasons for the trends in intergenerational income mobility in China in both micro and macro dimensions through the intermediate variable decomposition method and counterfactual analysis.

Based on the CHIP data, a sample of father-son income pairs for the 1960-1990 birth cohort is obtained, and the intergenerational income elasticity coefficient, intergenerational income rank correlation coefficient, intergenerational income rank elasticity coefficient and intergenerational income transmission matrix method are used to draw robust conclusions on the trends of intergenerational income mobility in China, while macro and micro perspectives are also used to explains the reasons for the changes in intergenerational income mobility trends in China from both macro and micro perspectives. The main findings of this study are as follows. First, the level of intergenerational income mobility in China tends to increase among the offspring born between 1960 and 1990, and the post-80s are a generation with more equitable income opportunities than the post-70s and post-60s. Second, based on Blanden's decomposition method, we decompose the intergenerational income mobility of children at different stages of birth, and find that the contribution of household wealth capital to intergenerational income mobility is the highest, while the contribution of human capital tends to increase year by year, and the contribution of social capital shows an inverted U-shaped characteristic of first increasing and then decreasing. Third, through counterfactual analysis, this study quantifies the impact of two macroeconomic factors, namely economic growth and income distribution, on the level of intergenerational income mobility, the results show that higher growth rates and fairer income distribution can significantly increase intergenerational income mobility, and that intergenerational income mobility is more strongly influenced by social income distribution.

The empirical findings of this study give us some policy implications. First, household wealth capital is an important source of the phenomenon of intergenerational income mobility. It is therefore important to stabilise house prices and reduce the gap in household property distribution. This will, on the one hand, reduce the gap in household property distribution and increase the income distribution gap and intergenerational income mobility, and, on the other hand, reduce the "crowding out" effect of property expenditure on household consumption, thereby increasing human capital investment by future generations. Second, attention should be paid to the rational allocation of educational resources. Although the enhancement of the transmission mechanism of the paternal education factor on the income level of the offspring may increase intergenerational income mobility, if education resources are further monopolised by "elite families", the consequence will be a reduction in intergenerational income mobility. Public policies should help to raise the educational level of the children of low-income families. Third, the creation of a level playing field for employment and competition. Social capital has an important explanatory power for intergenerational income transmission, and to increase intergenerational income mobility, it is necessary to reduce the pathway through which fathers help their children to enter the higher income brackets through rent-seeking behaviour. Therefore, relevant laws, regulations and policies should be improved to create a good competition mechanism for employment. Fourthly, while economic "efficiency" is important, "equity" must also be taken into account. Poverty reduction should continue to be an important development objective of the government, and the proportion of middle-income groups should be expanded so that the fruits of economic growth are more widely shared by the population.

Keywords: Intergenerational Income Mobility；Birth Cohort；Mechanism Decomposition；Counterfactual Analysis

JEL Classification: J62；E24；I30

Fertility Policy, Number of Siblings and Entrepreneurial Behavior: Evidence from Regression Discontinuity Design

ZHANG Lu   WANG Rui   YIN Zhichao

(Capital University of Economics and Business)

Summary: Entrepreneurship is an important driving force that promotes knowledge spillovers, innovation and economic growth. In recent years, China has successively issued a number of policies to support entrepreneurship. The report of the 20th National Congress of the Communist Party of China emphasized that it is necessary to: "Improve the modern enterprise system with Chinese characteristics, promote the spirit of entrepreneurship, and accelerate the construction of world-class enterprises. Support the development of small, medium and micro enterprises." At present, China's economy is in the stage of new normal development and is affected by the Covid-19. Affected by many factors, including domestic employment pressure continues to increase, entrepreneurship has become a new path to alleviate the current employment pressure. Compared with the innovation-driven entrepreneurship of G20 countries, China is still in the stage of efficiency-driven entrepreneurship, and the proportion of technology entrepreneurship is insufficient. At this stage, China still needs to vigorously promote innovation and entrepreneurship, and give full play to the important role of entrepreneurship in optimizing economic structure, promoting market innovation, and promoting economic development.

Individuals and families face many risks and obstacles when undertaking entrepreneurial activities. On the one hand, the probability of personal entrepreneurial failure is high. On the other hand, the family's entrepreneurial activities face financing constraints and credit constraints. Entrepreneurs facing credit constraints have difficulty obtaining funds from formal financial institutions such as banks, and mainly rely on family members or relative networks as sources of funds. Among the many factors affecting entrepreneurial choices, social network factors have attracted increasing attention from researchers. Relevant literature believes that when families increase human relations and communication and transportation expenses, or transfer payments between non-relatives increase, family entrepreneurship more likely.

In a relational society, siblings are important resources and support for individuals, and they are strong social networks, including: providing informal lending; providing entrepreneurs with valuable entrepreneurial information; offering assistance in other aspects when entrepreneurs encounter failures. In most countries, the family structure is determined endogenously by the family. However, a series of birth policies implemented in China in the last century provided a good natural experiment for overcoming endogenous problems. Since the 1970s, China began to implement the family planning policy, which reduced the number of siblings in subsequent birth cohorts and changed the demographic structure of Chinese families. Will these fertility policies affect individual entrepreneurial behavior by affecting family structure? This is the question that this paper hopes to study.

Based on the 2010 CFPS data, this paper studies the impact of the number of siblings on individual entrepreneurial behavior. To overcome the endogeneity of family planning, we first used social maintenance fees as an instrumental variable for preliminary regression and found that compared with non-only children, the probability of starting a business is lower for only children, and increase with the number of siblings. Furthermore, we specify a regression kink design to identify the impact of the fertility system on entrepreneurship through local linear regression, which confirms the above findings. This paper also finds that sibling administrative positions have a significant effect on individual entrepreneurship. Finally, this paper explores the impact mechanism of childbearing policy on entrepreneurship from two aspects: risk sharing and human capital investment.

This paper may have marginal contributions as follows. Firstly, from the perspective of causal identification, the endogeneity problem is fully considered. Two methods of non-parametric estimation and parameter estimation are used to overcome the bias caused by endogeneity, and better Identifying causal effects between sibling number and individual entrepreneurship. Secondly, from the perspective of the literature, this paper analyzes the impact of the number of siblings on individual entrepreneurial performance from the number of business projects, business hours, probability of hiring employees, and probability of entrepreneurial failure, which enriches the research on the effect of sibling entrepreneurship related literature. Lastly, from the perspective of mechanism, this paper examines the mechanism of sibling influence on individual entrepreneurship from two aspects of risk sharing and education, which enriches the research on individual entrepreneurship.

Keywords: One-Child Rate; Number of Siblings; Individual Entrepreneurship; Regression Kink Design

JEL Classification: F24; F83

Carbon Peak Assessment of "the Belt and Road" Countries A Empirical Test to the "Equity-Emission Dilemma" Theory

LIU Zimin   HAN Weipeng   MU Tianyuan   DENG Mingyan

(School of Economics and Management, Southwest University)

Summary: The economies and societies of countries along the Belt and Road are characterized by low levels of development, high emissions, and large income gaps. The high-quality development of "the Belt and Road" initiative seeks to balance the sustainable economic growth, carbon reduction target, as well as to clarify the relationship between income inequality and carbon emissions. Using 109 countries along "the Belt and Road" from 1971 to 2019 as the research object, this paper integrates the stochastic frontier method into the environmental Kuznets curve to construct the carbon efficiency frontier, then assesses the carbon peak potential and quality in two dimensions by developing a distance factor-based measure, considering the countries' economic growth needs. And further it is examined whether there is a "equity-emission dilemma" in the countries. The results are as follows.

First of all, there is an "inverted U-shaped" relationship between carbon emissions and economic development in the countries along "the Belt and Road". The per capita GDP required to achieve the carbon peak along "the Belt and Road" is US\$25,300. Meanwhile, besides carbon dioxide, countries need to strengthen the emission reduction of greenhouse gases such as fluorine. Secondly, the carbon efficiency of the countries along "the Belt and Road" fluctuated in a "W shape" and had a certain convergence trend. Revising by the distance factor, the carbon efficiency of the European region still ranked first, followed by the African region, while the Asian region still has a large space for carbon emission reduction.

Thirdly, differentiated paths are needed to take to achieve the high-quality carbon peaking for different countries. As for countries in the sprint group, the focus is on green technology adoption and industrial optimization; The countries in the potential group need to strengthen climate financing and to consider the economic development goals while achieving the carbon peak. And the countries in the marginal group are easy to fall into the carbon peak trap. Finally, there is an "equity-emission dilemma" of the countries in the middle and high-income groups. When the Gini coefficient decreases by 0.01 unit, the per capita carbon emission increases by up to 0.889%. No clear evidence is found in low and middle-income countries.

This research has important theoretical value and practical significance for analyzing the problems of high-quality development along "the Belt and Road".

Keywords: Stochastic Environment Kuznets Frontier; Distance Factor; Carbon Reduction Potential; High-Quality Carbon Peak; Equity-Emission Dilemma

JEL Classification: Q43；Q52；Q48

Effective Realization of Carbon Trading Efficiency: An Assessment of Environmental, Economic and Technological Effects

LI Qingyao   ZHANG Yong   YU Jie

(Institute of Quality Economics, China JiLiang University, Hangzhou 310018, China)

Summary: Achieving high-quality development of green and low-carbon economy is China's solemn commitment to the development of the world economy and an inevitable choice for China's long-term high-speed economic growth. How to achieve carbon trading is effective and efficient, and it is urgent to explore relevant paths to promote China's high-quality development under the guidance of the dual carbon target. Therefore, the data of 30 provinces in China from 2004 to 2019 are selected, a continuous double difference model is constructed from the three dimensions of environment, economy and technology, and the effectiveness of carbon trading policies is explored by comprehensively using indicators such as GDP deflator index and green total factor productivity, and the characteristics of the intermediary effect of carbon trading and economic development of green technology are verified through the adjusted intermediary effect test method, and the market development system of carbon trading policy evaluation and implementation effect is constructed. The study found that the carbon trading policy is an effective market-oriented means to achieve the national carbon emission reduction goal, which stimulates the "innovation compensation" effect in the pilot areas and achieves the effective allocation of social resources at the macro level, but there is regional heterogeneity and the production efficiency of the main body of emission reduction has been improved in terms of technical effects, but there is no substantial reversal of backward production methods, and multiple means are still needed to enhance China's green sustainable development in parallel. The research innovation lies in the construction of an environmental, economic and technological multi-dimensional carbon trading market evaluation system, combined with a continuous dual differential model considering the scale and activity of the carbon market to evaluate the implementation effect of carbon emission trading pilots, and add industrial structure, energy consumption structure, etc. as regulatory variables to interpret the deep impact of carbon trading policies on the region. It is particularly important to evaluate the impact of the regional environment, economy and technology from the scale and activity of the carbon trading market itself and explore its internal driving force, and the research and discussion of related issues is of practical significance for China to achieve the goal of double carbon and promote the construction of the national carbon trading market.

Keywords: Carbon Trading Market; Continuous Double Difference Model; Carbon Emission Intensity; GDP Index ; Green Total Factor Productivity

JEL Classification: E65; P28

Investigation of Driving Factors Behind Dynamic Carbon Transfer

WANG Xianzhu[1]   HUANG He[1]   LI Meng[2]

(1.School of Business,Anhui University of Technology; 2.School of Economics, Minzu University of China)

Summary: Carbon peaking and carbon neutrality goals and the dual control target of total amount and intensity of energy consumption are important measures taken by the Chinese government to cope with global climate change and promote high-quality economic development. Clarifying the effect path of economic growth on the rise of carbon emissions is an important guarantee to achieve the "two-carbon" goal. However, the existence of dynamic carbon transfer problems challenges the effectiveness and fairness of energy conservation and emission reduction policies. Carbon transfer refers to the phenomenon of transfer of embodied carbon emissions based on regional trade. At present, layer by layer decomposition method is used by China's government to assign carbon emission reduction targets. As an important administrative unit, provinces, municipalities or autonomous regions play an important role in building carbon quota scheme of responsibility system and implementing carbon emission reduction policy. Measuring inter-provincial embodied carbon emission transfer will provide a solid foundation for realizing equitable and efficient provincial carbon quota allocation scheme. Therefore, from the perspective of provincial heterogeneity and regional imbalance, multi-regional input-output table-based structural decomposition analysis (SDA) method is adopted in this article to measure the technological effect, structural effect and scale effect of economic growth on carbon emissions growth at the national and regional levels. Then, by referring to the setting of spillover effect of spatial econometric model, the dynamic carbon transfer between regions caused by economic growth is quantified by improving structural decomposition technique.

The following conclusions are concluded: (1) considering the driving factors of carbon emission growth, scale effect plays a dominant role in the growth of carbon emission at the national level, technological effect and structural effect contribute to the reduction of carbon emission, and the former is more significant. In terms of structure and scale type, production structure optimization brings the most significant emission reduction effect, which is nearly three times that of demand side structure optimization. The expansion of investment scale is a decisive factor in the growth of carbon emissions, accounting for more than 60% of total emission growth; (2) from the perspective of dynamic embodied carbon emission transfer, the cumulative amount of spillover brought by economic growth accounts for 58.17%, that is, most of the embodied carbon emissions are transferred to other regions. At the regional level, the total embodied carbon transfer induced by the three effects is positively correlated with the regional economic scale. The gravity model can well describe the dynamic total carbon transfer caused by economic growth. The asymmetry of embodied carbon emission transfer caused by economic structure changes is the main reason leading to net embodied carbon emission transfer, which will aggravate the unbalanced development between regions.

The policy implications of this article include: (1) promote carbon reduction by optimizing economic structure. The results show that the optimization of economic structure has great potential to save energy fuels, and the optimization of energy mix is an important measure to achieve regional emission reduction. The promotion of renewable energy such as solar energy, hydro energy, wind energy and biomass energy can simultaneously achieve both energy conservation and emission reduction goals; (2) promote technology to reduce carbon emissions. Technological progress was an important driver to reduce carbon emissions during the investigation period and contributed to mitigation of carbon transfer issues. The key to technological emission reduction is to accelerate the transformation, updating, upgrading and innovation of energy conservation and emission reduction technologies in key areas, and to select emission reduction leaders in key emission areas as examples to promote technological progress in the whole industry, which is applicable to all regions in China; (3) consolidate the responsibility for energy conservation and emission reduction targets and improve the corresponding market mechanism. Carbon emission, as a negative externality output of economic growth, often leads to carbon leakage due to policy constraints. In order to more effectively achieve the goal of energy conservation and emission reduction, it is necessary to strengthen the assessment process of responsibility evaluation. Besides, the target management mode decomposed needs to match the corresponding market regulation mechanism. The regions that achieve the emission reduction target can sell the remaining "carbon emission rights" through market, which can increase the enthusiasm for emission reduction and reduce the short-term negative impact of the "dual carbon" target on economic growth.

The main innovations of this article are as follows: (1) quantifying the contribution of three effects of regional economic growth to carbon emissions is helpful to clarify the specific path of carbon emissions growth, which is an important supplement to the previous literature; (2) considering the unbalanced regional development, it is necessary to summarize the performance of dynamic embodied carbon emission transfer at different levels, which provides a useful reference for formulating effective carbon emission reduction policies; (3) the structural decomposition analysis method is expanded in this article, which is innovative in the method. On the one hand, the spillover effect of technological change is defined, and on the other hand, the action path of structural effect and scale effect are refined. It also provides a basic framework for the analysis of air pollution problems and etc.

Keywords: Dynamic Carbon Transfer; Economic Growth; Region Heterogeneity; Region Imbalance; Structural Decomposition Analysis

JEL Classification: O40; R15

《中国经济学》稿约

《中国经济学》（Journal of China Economics， JCE）是中国社会科学院主管、中国社会科学院数量经济与技术经济研究所主办的经济学综合性学术季刊，2022年1月创刊，初期为集刊。《中国经济学》被评为社会科学文献出版社"优秀新创集刊"（2022），以及中国人文社会科学学术集刊AMI综合评价期刊报告（2022）"入库"期刊。

本刊以习近平新时代中国特色社会主义思想为指导，以研究我国改革发展稳定重大理论和实践问题为主攻方向，繁荣中国学术，发展中国理论，传播中国思想，努力办成一本具有"中国底蕴、中国元素、中国气派"的经济学综合性学术刊物。立足中国历史长河、本土土壤和重大经济社会问题，挖掘中国规律性经济现象和经济学故事，发表具有原创性的经济学论文，推动中国现象、中国问题、中国理论的本土化和科学化，为加快构建中国特色哲学社会科学"三大体系"贡献力量。

《中国经济学》以"国之大者，经世济民"为崇高使命，提倡发表重大问题的实证研究论文（但不提倡内卷式、思想重叠式的论文），注重战略性、全局性、前瞻性、思想性的纯文字论文，特别关注开辟新领域、提出新范式、运用新方法、使用新数据、总结新实践的开创性论文。本刊主要发稿方向包括习近平经济思想、国家重大发展战略、中国道路、国民经济、应用经济、改革开放创新重大政策评估、交叉融合问题、经典书评等。来稿注意事项如下。

1. 来稿篇幅一般不少于1.8万字。摘要一般不超过600字，包含3~5个关键词。请提供中英文摘要、3~5个英文关键词和JEL Classification。

2. 稿件体例详见中国经济学网站（http：//www.jcejournal.com.cn）下载

栏中的"中国经济学模板"。不需邮寄纸质稿。

3. 投稿作者请登录中国经济学网站作者投稿查稿系统填写相关信息并上传稿件。投稿系统网址：http：//www.jcejournal.com.cn。

4. 作者上传的电子稿件应为WORD（*.doc或者*.docx）格式，必须上传匿名稿（务必去掉作者姓名、单位、基金等个性化信息）和投稿首页，首页须注明中英文标题、摘要、作者姓名、工作单位、职称、通讯地址（含邮编）、电话和电子邮箱等。欢迎作者提供个人学术简介，注明资助基金项目类别和编号，欢迎添加致谢辞。

5. 稿件将实行快速规范的双向匿名审稿流程：初审不超过3周，盲审流程一般不超过2个月，编辑部电话：（010）85195717，邮箱：jce@cass.org.cn。

6. 本刊不向作者以任何名义收取版面费，录用稿件会按照稿件质量从优支付稿酬，每年将评出3~5篇"《中国经济学》优秀论文"。

《中国经济学》杂志诚邀广大经济学专家、学者和青年才俊惠赐佳作。

图书在版编目(CIP)数据

中国经济学. 2023年. 第1辑：总第5辑 / 李雪松主
编. -- 北京：社会科学文献出版社, 2023.3
　　ISBN 978-7-5228-1458-2

　　Ⅰ. ①中…　Ⅱ. ①李…　Ⅲ. ①中国经济－2023－文集
Ⅳ. ①F120.2-53

中国国家版本馆CIP数据核字（2023）第030100号

中国经济学　2023年第1辑（总第5辑）

主　　管 / 中国社会科学院
主　　办 / 中国社会科学院数量经济与技术经济研究所
主　　编 / 李雪松

出 版 人 / 王利民
组稿编辑 / 邓泳红
责任编辑 / 吴　敏
责任印制 / 王京美

出　　版 / 社会科学文献出版社
　　　　　　地址：北京市北三环中路甲29号院华龙大厦　邮编：100029
　　　　　　网址：www.ssap.com.cn
发　　行 / 社会科学文献出版社（010）59367028
印　　装 / 三河市龙林印务有限公司

规　　格 / 开　本：787mm×1092mm　1/16
　　　　　　印　张：20.75　字　数：319千字
版　　次 / 2023年3月第1版　2023年3月第1次印刷
书　　号 / ISBN 978-7-5228-1458-2
定　　价 / 128.00元

读者服务电话：4008918866

版权所有　翻印必究